# 이것이 민주주의다

# 이것이 민주주의다
### 지금은 민주주의를 공부해야 할 시간

2013년 1월 18일 초판 1쇄
2021년 3월 25일 초판 5쇄

지은이 | 김비환

편   집 | 김희중, 이민재
디자인 | 산들꽃꽃

제   작 | 영신사

펴낸이 | 장의덕
펴낸곳 | 도서출판 개마고원
등   록 | 1989년 9월 4일 제2-877호
주   소 | 경기도 고양시 일산동구 호수로 662 삼성라끄빌 1018호
전   화 | (031) 907-1012
팩   스 | (031) 907-1044
이메일 | webmaster@kaema.co.kr

ISBN 978-89-5769-144-1 (93340)
ⓒ김비환, 2013. Printed in Korea

이 도서의 국립중앙도서관  출판시도서목록(CIP)은
e-CIP 홈페이지(http://www.nl.go.kr/ecip)와 국가자료공동목록시스템
(http://www.nl.go.kr/kolisnet)에서 이용하실 수 있습니다. (CIP 제어번호: CIP2013000170)

이것이 민주주의다

지금은 민주주의를 공부해야 할 시간

# 민주적 이상사회를 향한 끝없는 여정에서

민주주의! 아마도 전 역사에 걸쳐 이처럼 인류의 가슴에 뜨거운 열정을 불러일으켜왔고, 또 그 열망만큼이나 많은 피와 헌신을 요구해왔던 정치적 이상은 없을 것입니다. 일찍이 민주주의라는 나무는 그것을 열망하는 사람들과 그것을 가로막는 압제자들의 피를 먹고 자란다고 했던 토마스 제퍼슨의 통찰은 비단 18세기 후반 미국혁명기나 구체제를 무너뜨린 프랑스혁명 시기에만 적합했던 것이 아닙니다. 오늘날 중동과 아프리카 등지에서 거세게 불고 있는 민주화의 바람은 제퍼슨의 통찰이 21세기에도 여전히 유효함을 생생하게 보여주고 있습니다. 예나 지금이나 민주주의라는 나무는 뿌리를 내리거나 더 자라기 위해서 피를 요구하고 있는 것입니다. 이것은 분명 민주주의를 염원하거나 수호하려는 사람들에게는 매우 불편한 진실일 테지만, 우리의 부모와 선배들이 힘겹게 쟁취하고 정착시킨 민주주의란 나무를 우리가 어떻게 지키고 또 가꿔나가야 할 것인가에 대해서는 매우 귀중한 교훈을 제공해줍니다.

인류의 역사를 이해하는 다양한 방식들이 있지만 저는 역사를 민주적 이상사회를 향한 끝없는 여정으로 이해하는 관점을 취하고자 합니다. 이 관점은 몇 가지 이유에서 중요합니다. 먼저 민주주의를 인류가 온갖 역경과 장애를 극복하며 달성한 위대한 역사적 성취로 보기 때문에 중요합니다. 학문과 예술의 발전, 과학과 기술의 발달 등도 인류의 빛나는 성취들임에는 틀림없습니다. 하지만 이런 것들에 비해 민주주의의 성취가 특별한 것은, 평범한 사람들이 높은 지위와 권력과 부를 독점한 사람들의 조직적인 억압과 저항을 무릅쓰고 아주 힘겹게 쟁취한 것이기 때문입니다.

역사를 민주주의를 향한 여정으로 보는 관점이 중요한 다른 이유는, 민주주의는 그것을 쟁취하거나 지키고자 하는 사람들만이 누릴 수 있는 특권이라는 것을 보여주기 때문입니다. 학문과 예술 그리고 과학과 기술 등은 그 혜택이 시차를 두고 자연스럽게 다른 지역 다른 사람들에게 확산되는 경향이 있습니다. 하지만 민주주의는 오직 그것을 얻기 위해 피와 땀을 흘리고 그것을 지키기 위해 노력하는 사람들만이 누릴 수 있습니다. 그리고 이것이 바로 세계 도처에서 자신의 나라를 민주국가로 만들고자 하는 시민들의 처절한 투쟁이 아직도 계속되고 있는 이유이며, 동시에 아직도 지구상에 많은 비민주의 국가들이 존재하고 있는 이유입니다.

이 관점이 중요한 또 다른 이유는, 민주주의가 학문과 기술의 발전 등과는 달리 언제라도 후퇴하거나 붕괴할 수 있다는 사실을 부각시켜주기 때문입니다. 민주주의 발전은 불가피한 것도 아니고 필연적인 법칙에 따르지도 않습니다. 그것은 어렵게 성취되었다가 허무하게 무너져버릴 수 있고, 안정적이고 성숙한 단계에 진입했다고 방심하는 순간 안으로부터 타락할 수 있는 위태로운 성취물입니다. 요컨대 퇴행과 붕괴, 부패와 위기의 가능성은 민주주의가 지니고 있는 숙명적인 불안으로, 역사를 민주주의의 성취 과정으로 보는 관점은 민주주의의 이와 같은 불확실한 성격을 잘 보여줍니다.

그렇다면 민주적 이상사회를 향한 인류의 여정은 어느 즈음에 와 있는 것일까요? 이 여정은 가까운 미래에 끝낼 수 있는 것일까요? 그리고 우리나라는 어디쯤 와 있고 또 언제쯤 이 여정을 끝낼 수 있을까요? 이에 대한 구체적인 판단은 독자들이 이 책의 마지막 쪽을 넘길 때 각자가 내릴 수 있도록 남겨두고자 합니다. 다만, 여기서는 지금 존재하는 어떤 사회에서도 민주주의를 향한 여정이 끝나지 않았고 또 앞으로도 끝나지 않을 것이라는 점과, 민주주의의 공고화와 심화를 위해서는 앞으로도 과거에 못지않은 노력과 헌신이 필요하다는 점만을 강조하고자 합니다. 사회에 부당한 억압과 강제가 존재하고 부당한 불평등과 부자유가 존재한다면, 그리고 독선적이거나 위압적인 사람들이 존재하고 시민들이 서로를 존중하고 포용하지 못하는 문화가 존속하는 한, 민주주의는 언제라도 후퇴하거나 위기를 맞을 수 있습니다. 이처럼 민주주의는 어느 시점에서 멈출 수 있는 종착역이 없습니다. 민주적 이상사회를 향한 여정은 결코 끝이 없고 중단할 수도 없이 계속되는 것이지요.

하지만 어렵고 위태로운 길이라고 해서 의지할 만한 것이 아주 없지는 않습니다. 비록 완벽한 성공을 보장해주지는 않지만 우리를 비교적 안전하고 성공적으로 이끌어줄 수 있는 이정표들이 있습니다. 그것은 민주주의가 걸어온 역사, 민주주의가 작동하는 원리들과 조건들, 민주주의를 잘 운용했던 사람들이 보여준 의식과 태도 등에 대한 축적된 지식들로서, 이런 이정표들은 이 험난하고 긴 여정을 따라가는 데 대단히 중요한 안내자가 되어줍니다. 이 책은 바로 이와 같은 이정표들이 무엇인지를 알아봄으로써 민주적 이상사회를 향한 우리들의 여정이 좀 더 안전하고 희망적이며 성공적이 될 수 있도록 힘을 보태고자 하는 의도의 산물입니다.

저는 무엇보다 우리 사회가 민주주의를 심화시켜나가는 데 필요한 두 가지 조건을 강조하고 싶습니다. 바로 민주주의에 대한 오해와 무지를 극복할 필요성과, 덕스러운 민주시민의 양성을 위한 시민교육의 필요성입니다. 민주주의에 대한 무지는 어떤 다른 요인들보다도 민주주의의 실현에 큰 장애가 됩니다. 왜냐하면, 민주주의가 무엇인지 알지 못하면 민주주의를 추구할 수 없기 때문이기도 하며, 또한 민주주의를 가장한 권위주의로부터 진정한 민주주의를 수호할 수도 없기 때문입니다.

시민교육은 민주주의에 대한 오해와 무지를 극복하기 위해 필요할 뿐만 아니라 덕스러운 민주시민 양성을 위해서도 필요합니다. 민주적 이상사회는 시민들이 민주주의가 무엇인지를 알고 있는 것만으로 자동적으로 성취되지 않습니다. 그것은 확신과 의지와 더불어 올바른 의식과 태도를 갖고 적극 참여하는 시민들만이 성취할 수 있고 누릴 수 있는 축복입니다. 따라서 민주주의에 대한 기본 지식을 갖춘 덕스러운 민주시민의 양성은 민주적 이상사회 건설의 알파와 오메가인 것입니다.

이 책은 바로 이와 같은 목적에 이바지하고자 기획된 것입니다. 정치 일반에 관한 기본 지식을 바탕으로 민주주의의 의미와 역사, 민주주의가 실현코자 하는 이상들과 민주주의의 다양한 형태들, 그리고 민주주의의 실현에 필요한 법적 · 제도적 · 문화적 조건들에 대한 이해의 중요성을 일깨움으로써 유능하고 덕스러운 민주시민의 배양에 일조하고자 하는 소망의 산물입니다. 독자들이 이 책을 통해 민주주의와 사회정의, 그리고 개인 행복의 밀접한 연관성에 대해 다시 생각해볼 수 있는 기회를 갖는다면 저로서는 더할 나위 없는 영광이요 기쁨일 것입니다.

이 책은 『데모크라토피아를 향하여: 민주주의, 정의 그리고 행복』 (교보문고, 2000)을 모태로 하여 새롭게 쓰여졌습니다. 앞선 책이 나온 10여 년 전에 비해 지금은 한국의 민주주의도 많이 자리를 잡았고 성숙해졌습니다. 그리고 아프리카와 중동에서 새로운 민주화의 물결이 일어나고 있고, SNS처럼 새로운 소통방법들도 크게 발달하여 민주주의에 중요한 영향을 미치고 있습니다. 그리고 다문화 사회로의 이행이 급격히 진행되고 있으며 헌정주의와 민주주의의 관계도 새롭게 조정되고 있습니다. 그래서 이 책은 이런 새로운 변화와 경향들이 과연 민주주의에 어떤 영향을 미치고 있는지에 대한 설명을 대폭 덧붙임으로써 민주주의에 대한 독자들의 이해를 크게 높일 수 있도록 기획되었습니다.

이 책을 기획하고 출판하는 데는 많은 분들의 도움이 있었습니다. 누구보다 심승우 박사에게 큰 고마움을 표하고 싶습니다. 심 박사는 제가 이 책을 구상하고 집필하는 전 과정에서 훌륭한 토론자이자 조언자가 되어줌으로써 내용을 훨씬 더 풍부하고 짜임새 있게 만들어 주었습니다. 또한 대학원 제자들인 김선주 양, 이미준 양 그리고 임도영 군에게도 감사의 마음을 전합니다. 이들은 제가 민주주의에 관한 수업을 운영하는 데 힘을 보태고 있을 뿐만 아니라 이 책에 필요한 새로운 자료들을 모으는 데 큰 도움을 주었습니다. 이들이 없었다면 이 책의 출판이 훨씬 늦어졌거나 지금의 체계와 내용을 갖추지 못했을지도 모릅니다.

또한 이 책의 출판을 흔쾌히 허락해주신 개마고원 출판사 장의덕 사장님께 심심한 감사의 뜻을 표하고 싶습니다. 이 책이 민주주의에 대한 시민들의 이해와 관심을 높이는 데 조금이라도 기여한다면 그것은 그와 같은 뜻에 동참하시고자 한 장의덕 사장님의 의지와 개마고원의 노력에 힘입은 바 크기 때문입니다. 아울러 시종일관 놀라운 인내와 책임감으로 이 책의 출판을 이끌어오신 김희중 선생님께 특별한 감사의 마음을 전하고자 합니다. 이 책의 곳곳에는 그 분의 기획력과 세심한 배려가 묻어 있습니다. 마지막으로 언제나 내 곁에서 묵묵히 힘이 되어준 아내에게 정말 고맙다는 말을 전하고 싶습니다. 아내의 지원과 사랑은 저의 인생 전체를 떠받치고 있는 땅과 같기에 아무리 감사한들 턱없이 부족하다는 것을 저는 잘 알고 있습니다.


2013년 1월

명륜골 연구실에서

차례

# 1

인간의 정치,
삶의 정치

# 1. 피할 수 없는 운명, 정치의 매력

　어느 시대든 정치와 정치인들에 대한 불신은 존재했습니다. 하지만 이상한 것은 민주주의가 발전한 오늘날에도 정치에 대한 불신은 줄어들기는커녕 오히려 더욱 증폭되었다는 사실입니다. "정치인들에게는 도대체 기대할 것이 없어!" "정치가는 다 도둑놈들이다" "너는 정치가의 말을 정말로 믿어?" "그 사람은 너무 정치적이야!" 등과 같은 냉소들은 어느 사회에서고 흔히 들을 수 있는 말들로 비단 정치 후진국이나 우리 사회에만 국한된 현상이 아닙니다.(물론 정치에 대한 불신이 커진 데에는 정치에 거는 사람들의 기대도 그만큼 커졌기 때문이라는 점도 고려해야 할 것입니다.)

　정치와 정치인들에 대한 실망과 불평은 서구의 민주주의 국가들에서도 아주 쉽게 찾아볼 수 있습니다. 미국 작가 맥켄H. L. Macken은 미국 정치인들에 대해서 "선한 정치가란 정직한 도적만큼이나 생각할 수 없는 표현이다"고 혹평한 바 있는데, 그의 비난은 현대 자유민주주의를 상징하는 미국의 정치인들을 겨냥한 것인 만큼 정치 선진국들의 정치에 대해서 시사해주는 바가 큽니다. 섹스 스캔들로 물의를 빚은 빌 클린턴이나 각종 매춘행위와 탈세혐의로 세상을 떠들썩하게 만들었던 이탈리아의 전 총리 베를루스코니를 보면서 사람들은 정치와 정치가의 부도덕한 측면을 더욱 절실히 느꼈을 것입니다. 정치에 대한 불신은 정치 선진국 영국에서도 팽배해 있습니다. 많은 영국 사람들이 수년마다 한 번씩 돌아오는 총선을 독재자들을 뽑는 행사로 빗대곤 합니다. 또한 여러분들은 한국이나 이웃 일본에서뿐만 아니라 서구 사회에서도 이권을 주는 대가로 경제인들로부터 뇌물을 받은 정치인들의 비리가 폭로되어 화제가 되는 경우를 종종 접했을 겁니다. 오늘날 정치는 이처럼 사람들의 의식에서 나쁜 인상으로 남고 있습니다.

정치와 정치인들을 이처럼 부정적으로 보는 시각이 일반적임에도 불구하고 사람들은 왜 정치를 폐기하지 않고 용인하며, 또 많은 사람들이 정치에 흥미를 느끼고 심지어 정치가가 되려고 노력하는 걸까요? 첫번째 강의를 통해 저는 그 부정적인 이미지에도 불구하고 정치가 삶의 불가피한 조건이 될 수밖에 없는 이유와, 사람들이 정치에 매력을 느끼게 되는 이유를 설명함으로써 인간의 삶에서 정치가 갖는 의의를 밝혀보도록 하겠습니다.

인간의 삶에서 정치가 필요한 이유를 알기 위해서는 누구나 가질 수 있는 다음과 같은 질문들을 던져보는 것이 도움이 됩니다.

(1)당신은 평화로운 질서가 좋습니까? 아니면 폭력이 난무하는 무질서한 상태가 좋습니까?
(2)우리의 생명과 안전은 물론 인류가 일궈놓은 문명의 성취들을 어떻게

하면 안전하게 지키고 전승할 수 있을까요?

(3)우리 주변에 깔려 있는 공공도로를 누가 어떻게 포장하고 관리할 수 있으며 마구 파헤쳐지는 산과 강을 어떻게 보호하고 아름답게 가꿀 수 있을까요?

(4)공동생활에 필요한 비용을 어떻게 조달하고 공정하게 집행할 수 있을까요? 그리고 누가 그런 일을 전담하며 그 업무에 적절한 대가를 어떻게 지불할 수 있을까요?

(5)공동의 이익을 위해 사익이 침해되는 것이 과연 정당하며 또 정당하다면 어느 정도까지 희생될 수 있는 것일까요?

(6)사회의 주요 가치들—예컨대 권력, 부, 지위, 기회 등—이 어떻게 분배되어야만 사람들 사이에 분쟁이 일어나지 않을까요?

(7)인종이나 성별, 종교 등의 차이를 이유로 다수가 우리들을 차별할 경우 우리들은 어떻게 효과적으로 대응할 수 있으며 안전을 담보할 수 있을까요?

(8)다른 지역에 있는 사람들이 무장을 하고 우리가 살고 있는 지역을 강탈하려 한다면 우리는 어떻게 효과적으로 대응할 수 있을까요?

(9)당신은 기회만 주어진다면 타인을 지배하면서까지 당신의 가치관을 실현하고 싶은 욕망이 있습니까?

(10)당신은 정치권력이야말로 다른 사회적 가치들을 획득하는 가장 유효한 수단이라고 생각하십니까?

이와 같은 질문들은 우리가 일상생활을 통해 암묵적으로 묻고 또 대답하고 있는 질문들입니다. 예컨대, 폭도들이 행인들을 폭행하고 금품을 탈취했다는 소식이나 이라크에서의 자살 폭탄테러와 시리아의 내전으로 많은 사람들이 목숨을 잃었다는 소식을 접할 때, 또는 유럽연합에서 긴축재정에 반대하는 수백만의 인파가 시위를 벌이고 있고 아프리카 일부 지역에서는 만성적인 가뭄과 빈곤 때문에 종족들 사이에 피비린내 나는 전쟁이 계속되고 있다는 소식 등을 접할 때, 우리는 애석한 감정을 품으면서도 나에게 또는 우리 사회에서 그와 같은 현상들이 발생하지 않은 것을 무척 다행스럽게 여깁니다. 이런 이중의 감정은 은연중 우리가 폭력이 난무하는 무질서보다는 평화로운 질서를 선호한다는 것을 말해주는 동시에, 평화와 안전을 보장해주는 국가 제도들을 받아들이고 그 유지비용을 위해 세금을 내는 것에 암묵적으로 동의한다는 표시로 이해할 수 있습니다.

또 다른 예를 들면, 우리가 정부가 부과한 세금을 별말 없이 납부할 수도 있고 또 부당하다고 항의할 수도 있는데, 이때 우리는 은연중에 정부 행위의 적합성을 인정하거나 부정하고 있다고 볼 수 있습니다. 그리고 정부가 국토의 균형발전과 환경보존을 위해 그린벨트의 범위를 조정하는 것에 대한 집단항의는 공익을 위해 개인의 재산권이 자의적으로 침해돼서는 안 된다는 견해를 표현하는 것으로 볼 수도 있습니다.

이상에서 열거한 질문들은 우리가 의식적인 차원은 아닐지라도 일상적인 삶을 통해 간접적으로나마 묻고 대답하고 있는 문제들로서 우리 삶에서 정치의 불가피성을 말해주고 있습니다. 다시 말해 우리가 정치와 정치인들을 용인하는 이유는, 정치와 정치인들이 없을 경우 정치로 인한 부작용보다도 훨씬 더 큰 불편과 고통을 감수해야 하기 때문인 것입니다. 만일 경찰이 없다면 도시생활은 하루아침에 폭력이 난무하는 지옥이 될 겁니다. 우리가 어느 정도의 불편을 감수하면서 경찰의 존재를 용인하는 것은 그 혜택이 비용보다는 훨씬 크기 때문인 것이지요. 그리고 우리가 경찰의 필요성을 인정하는 순간 그 경찰을 운영하는 정부의 필요를 인정할 수밖에 없으며 그에 따라 정부가 부과하는 각종 세금과 의무를 이행할 수밖에 없습니다. 그리고 이 과정에서 중요하거나 사소한 많은 집단적 선택을 할 수밖에 없습니다. 이처럼 정치는 그 부정적인 측면에도 불구하고 좋은 삶을 살기 위한 절대적인 조건이라는 점에서 인간생활에서 불가피한 것으로 간주됩니다.

또한 정치는 공동생활의 불가피한 조건일 뿐만 아니라, 적지 않은 사람들에게 자신의 욕망, 이익 혹은 가치관을 실현할 수 있는 기회를 주기 때문에 가치 있는 활동으로 간주됩니다. 정치인들의 전기를 읽어보면 그들이 정치에 참여하게 되는 다양한 이유들을 알 수 있습니다. 어떤 이들은 자기 민족의 번영에 대한 기대와 희망 때문에, 다른 이들은 남달리 강렬한 지배욕 때문에, 또 다른 이들은 높은 공직에 주어지는 명예와 보상 때문에 정치에 참여합니다. 많은 사람들이 모인 곳에서 연설을 하며 운전사가 딸려 있고 비서가 항상 수행하는 삶의 방식이 멋있어 보여 정치인이 되고자 하는 경우도 있습니다. 때로는 이러한 이유들이 복합적으로 결합하여 정치 참여를 자극하기도 합니다. 이기적인 동기에서든 이타적인 동기에서든 정치에 적극적으로 참여하는 이들은 정치활동이야말로 자신의 목적을 이루는 가장 이상적이거나 효율적인 방법이라고 생각하는 경향이 강합니다.

하지만 정치에 참여하는 사람들이 모두 자신의 목적을 성취할 수는 없습니다. 좌절이 따르기 마련이지요. 그 이유는 다음과 같습니다. 개인들이 추구하는 목적은 서로 다를 수 있으며 심지어는 충돌하는 경우가 흔합니다. 개인 혹은 집단은 현실적으로 아주 제한된 사회적 가치들—부, 지위, 기회, 명예 등—을 놓고 서로 경쟁관계를 형성할 수밖에 없습니다. 경쟁관계에 있는 자들은 목적을 성취하기 위해

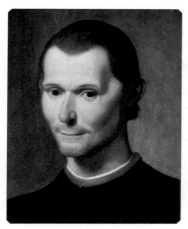
니콜로 마키아벨리

서 가능한 한 많은 수단들을 확보해야만 하는데, 이 경쟁에서 살아남고 승리하는 것은 적합한 전략의 구사와 행운에 달려 있습니다. 이처럼 정치는 일종의 게임과도 같은 측면이 있으며, 따라서 누구나 다 승리와 만족을 얻을 수는 없습니다. 그런 점에서 정치의 세계란 패배자들에게는 매우 비정한 것이며, 승리자에게는 명예, 부, 권력 그리고 대중의 부러움이 따르게 됩니다.

정치의 경쟁적이며 승자독식적인 특성은 때로 정치인들로 하여금 승리를 위해서라면 모든 수단과 방법을 가리지 않도록 만드는 경향이 있습니다. 그렇기 때문에 권모와 술수, 위선과 기만, 위협과 폭력 등은 항상 정치에 필수적인 속성으로 간주되며, 대중의 비난을 받는 원인이 되고 있습니다. 16세기 르네상스 시대 이탈리아의 니콜로 마키아벨리N. Machiavelli•는 정치의 이와 같은 측면을 가장 적나라하게 설명한 정치 사상가로서, 정치를 모든 수단을 동원한 권력게임으로서 정의한 바 있습니다. 그 때문에 권모술수와 폭력과 결부된 정치의 이미지를 우리는 마키아벨리즘으로 표현하게 되었으며, 이 용어는 정치의 부정적인 측면에 대한 대명사로 오늘날의 대중들에게까지 잘 알려져 있습니다.

**니콜로 마키아벨리**
1469~1527. 르네상스기 이탈리아의 작가, 정치가, 정치이론가. 목적만 정당하다면 수단은 아무래도 상관이 없다는 비윤리적 정치관을 제창한 것으로 인식되어 오랫동안 비난을 받아왔다. 그러나 정치·종교의 분리를 주장하고 권력 현실에 대한 객관적인 분석을 시도하고 있다는 점에서 근대 정치학의 초석으로 평가되고 있다. 역저 『군주론』은 지금도 광범위하게 읽히고 있다.

정치게임이 이와 같이 패배의 부담을 안겨주며 대중들에게는 혐오 감과 거부감을 안길 가능성이 큼에도 여기에 참여할 만한 가치가 있을까요? 정치게임의 승리자들은 그들이 누리는 여러 가지 특권 때문에 정치를 예찬할 수 있지만, 패자들과 정치의 부정적인 측면들에 염증을 느끼는 다수 대중들이 여전히 정치를 용인해야 하는 이유는 무엇일까요? 이미 설명한 바와 같이 정치란 평화로운 인간 삶을 위한 필수조건이기 때문에 불가피하게 용인되고 있긴 합니다. 하지만 그것만으로 극히 혐오스러운 정치를 수용해야 하는 충분한 이유가 될 수 있을까요? 대부분의 사람들은 폭력과 무질서보다 평화와 질서를 선호하고, 신변과 재산의 안전을 원하기 때문에 정치가 꼭 필요하다고 생각할 수 있습니다. 그런데 어떤 이들에게 있어서는 정치란 적극적으로 실현되어야 할 하나의 최고가치로 간주되기 때문에 추구되기도 합니다. 예컨대, 영국의 정치사상가 버나드 크릭B. Crick은 정치란 "진정한 자유에 필수적인 것으로 (…) 인간 조건의 역사에 있어 가격을 매길 수 없을 만치 귀중한 진주와도 같은 것이다"고 언급한 바 있습니다. 크릭은 고대 그리스의 사상가 아리스토텔레스가 정치에 관해 내린 이상적인 견해를 받아들이면서 정치를 웅변적으로 옹호하고 있습니다. 일찍이 아리스토텔레스는 "정치공동체인 폴리스polis 바깥에 있는 존재는 신이거나 야수임에 분명하다"고 주장하면서 "인간은 본질적으로 정치적 동물이다"고 규정한 바 있습니다. 이 견해에 따르면, 인간은 정치공동체의 일에 적극적으로 참여하는 경우에 최고의 도덕적 잠재력을 실현할 수 있다고 합니다. 그런 의미에서 정치란 어떤 비非정치적인 목적을 이루는 수단이 아니라, 그 자체로서 최고의 가치를 갖는 것으로 간주되어야 한다는 것입니다.

하지만 아리스토텔레스는 이와 같은 이상적인 의미의 정치가 일반

**표1 통치체제의 대표적 유형**

| 지배자 수 | 순수형 | 타락형 |
|---|---|---|
| 한 명 | 군주제 | 폭군제 |
| 소 수 | 귀족제 | 과두제 |
| 다 수 | 법치적 민주제 | 폭민제 |

적인 정치형태라고 보지 않고, 질서문제를 해결하기 위한 다양한 방식들 중 하나에 불과한 것임을 잘 알고 있었습니다. 역사적으로 볼 때 질서문제에 대한 보다 흔한 해결책은 권위주의적인 통치였습니다. 폭군정<sup>tyranny</sup>•은 가장 일반적인 통치형태였고, 그다음은 과두정<sup>oligarchy</sup>•이었으며, 아리스토텔레스가 이상적으로 묘사했던 정치형태—온화한 민주정의 성격을 갖고 있는 혼합정—는 인류의 전체 역사에서 볼 때 극히 짧은 시기 동안에만 실험되었습니다. 그럼에도 불구하고, 크릭은 정치의 이와 같은 이상적인 특성이 현대

> **폭군정**
> BC 7세기 경 고대 그리스에서 등장한 정치형태. 일반적으로 잔인하고 억압적인 통치자에 의한 지배형태를 의미한다.

> **과두정**
> 권력이 소수의 사람들에게 집중되고 독재적으로 행사되는 지배형태. 귀족제의 타락형으로 평가된다.

의 발전된 다원사회에서 실현될 수 있는 가능성을 확인하면서 정치를 옹호하고 있습니다. 그에 의하면, 정치는 서로 다를 뿐만 아니라 심지어 상충하는 이해관계를 갖고 있는 사람들이 비교적 조화롭게 공존할 수 있는 수단이 된다는 점에서 위대한 가치가 있다고 합니다. 정치는 모든 사회 집단들의 자유와 능력을 극대화시켜줄 수 있는 유일한 가능성을 제공한다는 것이지요. 그는 비록 정치가 불완전하긴 하지만 그 어떤 권위주의적인 대안들보다는 낫다고 확신하고 있습니다.

아리스토텔레스와 크릭의 정치관은 정치에 대한 부정적인 이미지를 어느 정도 해소해줍니다. 비록 실질적인 정치과정에서 나타나는

부작용들이 때때로 정치의 이상적 성격을 침식하기는 하지만, 개인 혹은 집단의 요구와 희망을 대변하고 성취하려고 하는 정치가들이 없다면 보통 사람들의 삶은 훨씬 더 초라해질 가능성이 많을 것입니다. 정치가 우리에게 커다란 축복인지 아니면 큰 비극인지를 판단하는 것은 궁극적으로 독자의 몫일 겁니다. 이 책이 독자들이 그와 같은 판단을 내리는 데 도움이 되기를 기대해봅니다.

# 2. 정치의 일상성과 조건

앞에서 저는 인간의 삶에서 정치가 불가피한 이유를 설명했습니다. 하지만 이것만으로는 삶과 정치가 얼마나 긴밀히 연관되어 있으며 정치가 얼마나 인간적인 현상인가를 충분히 이해하기 어렵다고 생각합니다. 그래서 이번에는 정치가 우리의 일상에 얼마나 깊고 넓게 침투해 있고, 또 정치라는 현상이 어떤 조건에서 발생할 수 있는가를 고찰해봄으로써 인간의 삶에서 정치가 지닌 의미를 좀 더 분명히 드러내고자 합니다.

먼저 우리의 일상생활이 정치와 맺고 있는 밀접한 관계를 살펴보겠습니다. 일반적으로 우리는 정치를 우리의 사생활이나 직장생활과는 별 관계가 없는 전문 정치인들의 활동으로 이해하는 경향이 있습니다. 만일 정치가 우리와 관계가 있다면 그것은 선거 때나 잠시 경험해볼 수 있는 예외적인 활동 정도라고 인식하는 것이 보통이지요. 하지만 우리의 일상생활을 찬찬히 들여다보면 정치가 얼마나 우리의 일상생활에 깊고 넓게 들어와 있는지 이해할 수 있습니다. 수많은 정치적 결정들이 우리의 일상생활을 직접 규제하거나 영향을 주고 있다는 사실을 금방 알아차릴 수 있기 때문입니다.

잠시 우리의 일과를 생각해봅시다. 아침에 일어나면 우리는 세면을 하고 식사를 기다리면서 TV나 신문을 통해 다양한 뉴스를 보게 됩니다. TV방송이나 신문은 언론방송법에 따라 제작 배포됩니다. 우리는 식품위생법에 따라 생산된 재료를 사용하여 만든 음식을 먹으며 기상청에서 정부의 예산으로 작성한 일기예보를 듣습니다. 그리고 학교나 직장에 출근할 때는 행정부나 입법부에서 제정한 도로교통법을 따르게 됩니다. 이런 법규를 위반할 경우 정해진 범칙금을 지불하거나 처벌을 받아야 합니다. 직장과 학교생활에서도 정치는 알게 모르게 관여하고 있습니다. 근로기준법이나 교육관련 법규에 따라 근무를 하고 수업도 해야 하기 때문입니다.

우리는 때로 우리의 일상적 욕구를 규제하는 정치의 힘을 보다 직접적으로 느낄 때도 있습니다. 미성년자들은 담배나 술을 구입하고 싶어도 그럴 수 없습니다. 그것을 금지하는 정부의 규제 때문입니다. 성인이라 해도 외국인 전용 카지노에는 들어갈 수 없고 마약을 복용할 수도 없으며 총기를 소지할 수도 없습니다. 감기가 들었을 때도 우리는 반드시 의사의 처방과 약사의 조제를 통해서만 약을 구할 수 있습니다. 그렇다고 의사와 약사가 우리보다 더 자유로운 것도 아닙니다. 그들은 의료법과 약사법 및 보건위생법의 규제를 받으며 의료행위와 조제행위를 해야 하기 때문입니다. 다른 전문 직종에 종사하는 사람들도 다 그 직종과 관련된 규제에 따라야만 합니다. 우리 삶은 이처럼 정치의 산물이라 할 수 있는 수많은 법규에 의해 규제되고 있습니다.

정치는 우리의 일상생활뿐만 아니라 인생에서 몇 번 경험할 수 없는 특별한 경우와도 연관되어 있습니다. 태어날 때 우리는 출생신고를 해야 하고 결혼할 때는 혼인신고를 해야 하며 부모님이 돌아가실 때는 일정한 기간 내에 사망신고를 해야 하는데 이런 일들은 모두 정치의 산물인 특정한 법률—예컨대, 가족관계등록법—로 규정되어 있습니다. 또 집을 짓거나 새로운 사업을 시작할 때도 우리는 건축과 사업을 규제하는 법규를 따라야만 합니다. 그리고 직장의 노조에 참여하여 파업을 한다든가 정부의 어떤 행위를 비판하며 촛불시위를 할 때도 우리는 집회 및 시위에 관한 법률에 따라야 하는데 그렇지 않을 경우 공권력의 제재를 받게 됩니다.

수 년마다 주기적으로 치루는 지방자치단체 선거와 국회의원 선거 그리고 대통령 선거는 우리가 정치의 주체가 되는 특별한 경우들입니다. 이때는 그동안의 공과를 따져서 직접 공직자들을 평가하고 심판하는 정치적 행위를 합니다. 우리는 TV선거유세나 홍보물에 나온 후보자들의 경력과 정치적 견해를 검토해 정해진 임기 동안 지역살림이나 나라살림을 관리해줄 공직자들을 선출합니다. 이때 우리는 후보자들 간의 토론을 보고 친구들이나 직장동료들과 대화하면서 누구를 선출할 것인가를 진지하게 생각합니다. 필요한 경우 트위터 같은 SNS 매체를 통해 보다 많은 사람들과 소통하며 선택의 합리성을 높이려고 합니다. 때로는 자신의 견해를 널리 알리기 위해 그런 매체를 사용하기도 합니다.

이처럼 우리는 일상적일 때나 특별한 때를 막론하고 직·간접적으로 정치와 관계를 맺으면서 살아갑니다. 그러므로 정치가 우리의 일상생활과 별로 관계가 없다거나 정치인들의 전유물인 것처럼 단정해버리는 것은 매우 피상적인 생각입니다. 그리고 우리의 삶에서 정치가 이토록 광범위한 영향을 미치는 것이라면, 정치과정의 공명정대함은 우리들이 누리는 삶의 질과 직결되어 있는 중차대한 문제가 아닐 수 없는바, 모두가 바람직한 민주정치의 발전을 위해 노력해야 할 이유가 됩니다.

다음으로는 인간사회에서 정치현상이 발생할 수 있는 조건들을 살펴봄으로써 정치에 대한 우리의 이해를 좀 더 깊이 가져가봅시다. 이를 통해 비록 현대 사회에서 정치가 보편적인 현상이 되었음에도 불구하고, 정치가 얼마나 어렵고 복잡한 현상이며 정치적 동물로서의 인간이 왜 특별한 존재인가를 깨달을 수 있습니다.

사람들은 자원이 희소한 상황이 반드시 경쟁을 불러온다고 생각하는 경향이 있습니다. 그러나 조금 더 깊이 생각해보면 인간의 생존에 필요한 자원이 단순히 희소하다는 사실만으로 경쟁이 지속적으로 발생한다고 결론짓기는 어렵습니다. 예를 들어 다음과 같은 경우를 생각해보십시오. 어떤 나라에 극심한 기근이 들어 식량이 고갈되고 들짐승들도 다 죽어버린 상황에 처했다고 합시다. 그곳에서는 외부로부터의 어떤 원조도 기대할 수 없습니다. 그래서 많은 사람들이 굶주림에 허덕이며 생존을 위한 몸부림을 치는 상황에서 극히 적은 양의 식량만이 남아 있다고 하면 과연 경쟁이 발생할 수 있을까요? 가뜩이나 모자란 식량을 살아 있는 모든 사람들이 조금씩 나눠 가질 경우 모든 사람들이 며칠 내로 사망하는 것은 명약관화합니다. 이렇게 극단적으로 자원이 희소한 상황에 있을 때 사람들은 과연 마지막 식량을 공평하게 배급하고 조용히 함께 죽음을 기다릴 수 있을까요? 사람들이 모두 천사와 같다면 가능한 일일 것입니다. 그리고 이 집단을 한 가족이라고 생각한다면 그런 고요한 비극적 죽음이 불가능하지는 않을 것입니다. 하지만 우리는 몇 달을 대양에서 표류한 사람들의 이야기나 극단적인 빈곤과 굶주림의 상황에서 일어나는 끔찍한 이야기들에서 이와 완전히 상반되는 내용의 이야기도 듣게 됩니다. 필수재가 극단적으로 희소한 상황에서는 공존을 위한 협력이나 지속적인 경쟁이 발생하기 어렵습니다. 아비규환의 살육현상이 발생할 가능성이 높아집니다. 다시 말해 극단적으로 자원이 희소한 곳에서는 상대방의 존재를 인정하며, 일정한 조건에서 상대방과 서로 경쟁할 수 있는 가능성이 현저히 감소한다는 것입니다. 오히려 상대방을 제거하고 자원을 독차지하려는 심리가 더 용솟음칠 수 있다는 것이지요. 모든 사람들이 나눠먹을 경우 모두가 곧 사망할 수밖에 없는 극단적인 결핍의 상황에서는 경쟁이 아니라 생사를 건 전쟁이 발생하며, 한쪽이 그 희소한 자원을 확고하게 독점할 때까지 전쟁이 지속될 가능성이 높습니다. 그러므로 자원을 둘러싼 사람들 사이의 경쟁은 경쟁의 대상이 되고 있는 자원의 희소성이 극단적이지 않을 때 더 높아진다고 생각할 수 있습니다. 때로 우리는 아프리카 원주민들 사이에서 빚어지는 비극적인 살육의 이야기를 듣곤 합니다. 그곳에서는 나눠먹을 식량이 절대 부족하기 때문에 경쟁이 아니라 전쟁만이 가능한 겁니다.

그렇다면 자원을 둘러싼 갈등이 전쟁이 아닌 공정한 경쟁으로 정착될 수 있게 만드는 조건은 무엇일까요? 우리는 앞에서 극단적인 자원의 희소성은 경쟁이 아닌 전쟁을 초래하기 쉽다는 결론에 도달했습니다. 이로부터 유추해보면 자원을 둘러싼 경쟁은 대상 자원이 적당히 희소할 때 가능하다고 생각해볼 수 있습니다. 지나치게 자원이 부족할 때는 자신의 생존을 위해 타인들을 제거해야 할 필연성이 발생하지만, 모든 사람이 굶주림을 면하며 생존할 정도의 자원이 존재한다면 어느 정도는 상대방의 생존을 허용하는 범위에서 경쟁이 가능해질 수가 있기 때문입니다. 그런데 과연 어느 정도의 양을 적당하게 희소하다고 말할 수 있을까요? 이에 대한 답은 우리가 앞에서 상정한 것과는 정반대의 상황을 가정해봄으로써 짐작할 수 있습니다.

사람들이 원하는 것은 무엇이든지 얻을 수 있는 어떤 이상적인 공동체가 있다고 가정해봅시다. 누구든지 원하는 만큼 맛있는 고기를 먹을 수 있고, 좋은 옷을 입고 으리으리한 대저택에서 살 수도 있습니다. 또 많은 돈을 갖고 싶다면 누구나 다 원하는 대로 가질 수가 있습니다. 심지어 모든 사람들이 높은 지위를 원할 때에도 누구든지 다 그렇게 할 수가 있습니다. 한마디로 모든 사람들이 필요와 욕구를 완벽하게 만족시킬 수 있을 정도로 충분한 자원이 있는 그런 이상사회가 있다고 생각해봅시다. 그 사회에서는 사람들이 서로를 경쟁상대로 간주할 필요가 없을 것입니다. 지원이 차고 넘치기 때문에 사람들은 열심히 일하거나 다른 사람들과 경쟁하지 않으면서도 원하는 만큼 자원을 가져갈 수가 있기 때문이지요. 물론 이런 이상사회에서도 종교나 가치관의 차이에 따라서 어느 정도의 갈등은 존재할 테죠. 하지만 오늘 날 우리가 경험하고 있는 그런 치열한 경쟁은 보기 어려울 것이며 자원의 희소성 때문에 발생하는 전쟁은 사라지게 될 것입니다. 이런 것을 고려해봤을 때 자원을 둘러싼 사람들 사이의 경쟁은 자원이 극단적으로 희소하지도 않고 또 지나치게 풍요하지도 않은 그 중간 정도의 상황에서 가능해짐을 알 수 있습니다.

데이비드 흄D. Hume●은 이런 상황을 묘사하기 위해 '적당한 희소성moderate scarcity'이라는 표현을 썼습니다. 그에 따르면, 사람들 사이의 협동과 경쟁은 바로 이와 같이 자원이 적당히 부족한 상황에서

데이비드 흄
1711~1776. 영국의 철학자. 근대과학의 방법론을 수용함으로써 인간의 사고방식에 관한 탁월한 이론을 남겼다. 주요 저작으로는 『인간 본성에 관한 논고』 『인간 이해력에 대한 탐구』 등이 있으며 그 외에도 정치, 종교, 역사 등 다양한 영역에 걸쳐 저술을 남겼다.

데이비드 흄

발생한다고 합니다. 그리하여 사람들 사이의 협동과 경쟁은 이를 규율하는 정의의 관념과 규칙들을 낳게 되고 그에 따라 정치사회가 발전하게 된다는 것입니다. 그러므로 자원의 '적당한 희소성'은 사람들 사이의 관계를 적당한 경쟁 상태에 묶어두는 조건으로서, 경쟁을 규제하는 다양한 규칙과 정의의 원리들을 발생시키는 환경을 조성한다고 할 수 있습니다. 그 때문에 흄은 사람들이 가지고 있는 '정의감sense of justice'과 자원의 '적당한 희소성'을 '정의의 환경circumstance of justice'으로 부른 바 있습니다. 자원의 '적당한 희소성'과 더불어 사람들의 '정의감'이 필요한 이유는 아무리 환경이 적당하다고 하더라도 사람들이 무엇이 옳고 그르며 적당한 분배인지에 대해 무감각하거나, 공정한 경쟁의 규칙들을 지키려는 마음이 없다면 사람들 사이의 경쟁이 곧 전쟁으로 변할 수 있기 때문입니다.

그러므로 사람들 사이의 갈등을 조절하고 통합하는 기술인 정치는 자원의 '적당한 희소성'과 어떤 규칙을 제정하고 그에 따르고자 하는 '정의감' 때문에 발생한다고 할 수 있습니다. 그렇게 볼 때 정치의 문제는 결국 한 사회가 이용할 수 있는 적당히 희소한 자원을 공정히 분배함으로써 평화와 질서를 유지하는 문제로 귀착됩니다. 그러기 위해서는 정의로운 분배의 원리와 공동체의 질서와 평화를 확립하기 위한 최소한도의 강제적 규칙이 필요하겠지요. 이처럼 정치는 적절한 환경과 규칙 그리고 정의감 같은 도덕적 능력들이 함께 결합할 때 출현하게 되는바, 인간사회에서만 발생할 수 있는 매우 복잡하고 특별한 현상이라고 할 수 있습니다. 그리고 이것이 바로 인간이 정치적 동물로 정의되는 중요한 한 가지 이유입니다.

# 3. 국가의 발생과 존재근거

국가는 무엇이며 왜 존재하는 것일까요? 국가는 정치와 어떤 관계가 있을까요? 그리고 국가는 국민들에게 무엇을 해주어야 하고 또 국민은 국가에게 어떤 의무가 있는 것일까요? 우리는 태어나면서부터 특정한 국가에서 살다가 그곳에서 생을 마치는 것이 보통이지만, 왜 우리가 국가 속에서 살게 되었으며 왜 국가를 필요로 하는지에 대하여 그리고 국가와 국민들이 상호간에 어떤 권한과 의무를 지는 것이 마땅한가에 대해서는 거의 생각해보지 않습니다. 이런 현상은 한편으로 국가가 인간에게 그만큼 익숙한 제도가 되었기 때문에 우리가 그것을 자연스럽게 받아들인다는 사실을 말해줍니다. 하지만 다른 한편으로 그것은 국가의 존재근거 혹은 목적에 대한 시민들의 성찰을 차단함으로써, 지금의 국가를 좀 더 바람직한 모습으로 발전시켜갈 수 있는 잠재력과 우리가 좀 더 훌륭한 국가의 일원으로 성숙해갈 수 있는 가능성을 봉쇄해버릴 위험이 있습니다. 그래서 저는 두 차례 강의를 통해 이런 문제들에 대한 시민들의 관심과 성찰이 국가 발전과 성숙한 국민 형성의 초석이 될 수 있다는 것을 강조하고 싶습니다.

그러면 먼저 국가가 무엇이며 왜 존재하는가를 살펴보도록 하겠습니다. 그런데 이 문제에서 우리는 국가가 발생하게 된 과정과 국가가 존재하는 목적(=존재근거)을 분리시켜 볼 필요가 있습니다. 국가의 발생에 관한 문제는 역사적으로 국가가 실제로 어떤 과정과 어떤 동기로 수립되었느냐에 관계된 문제이고, 국가의 존재근거에 대한 문제는 수립 과정과 상관없이 국가가 어떤 목적에 이바지해야 하는가를 묻는 것입니다. 이 두 가지 문제는, 인간이 살기 위해 음식을 먹긴 하지만 인생의 목적이 곧 먹는 것이라고 말할 수 없는 것과 같이 큰 차이가 있습니다. 인간은 생존과 안전의 필요 때문에 국가를 구성했지만 생존이 곧 국가의 가장 궁극적인 목적은 아니라는 말입니다.

이와 같은 구분을 최초로 가장 분명하게 표현한 학자는 아리스토텔레스였습니다. 그는 국가(당시로서는 도시국가인 polis)는 가정이 진화함으로써 발생했다는 자연발생설을 주장했습니다. 가정이라는 작은 집단은 의식주와 생명에 관련된 모든 문제를 완벽하게 해결해줄 수 없습니다. 그래서 가정과 가정 간의 노동분화와 물물교환이 필요해지면서 씨족 공동체가 발생했습니다. 그러나 이 역시 모든 인간의 자연적 필요를 충족시켜주지는 못했으므로 부족국가가 출현하게 되었고 이것이 도시국가라는 형태로 발전하게 되었던 것입니다. 노동분화와 물물교환이 자유롭게 일어나는 도시국가에서는 인간의 기본적인 필요들이 대부분 충족될 수 있습니다. 게다가 외부로부터의 침입을 막을 방위력을 갖출 수 있음은 물론 안으로는 사람들 사이의 분쟁을 해결할 수 있는 제도들이 발생합니다. 이와 같은 아리스토텔레스의 설명은 역사적으로도 뒷받침됩니다. 국가가 최초로 발생한 곳은 정착문명을 발전시키는 농경사회였습니다. 농경사회에서의 국가 발생은 아리스토텔레스의 자연발생설과 일치합니다.

하지만 이 밖에도 국가는 다른 방식으로 수립될 수 있습니다. 아리스토텔레스와 홉스는 정복에 의해서도 국가가 수립될 수 있다고 설명했습니다. 그리고 그리스 시대의 글라우콘과 같은 소피스트들과 근대 초 홉스 및 로크와 같은 사회계약 이론가들은 동의를 통한 계약이 국가를 발생시켰다고 주장했습니다. 또 데이비드 흄은 오랜 역사적 과정에서 국가가 그 필요성 때문에 점진적으로 발생했다고 주장했습니다. 말하자면 실험적인 관리기관들이 그 유용성이 확인되면서 점차 국가의 모습을 갖춰가게 되었다는 것입니다.

또 카를 마르크스<sup>K. Marx</sup>• 같은 이는 계급지배의 필요성 때문에 강제적인 억압기구로서 국가가 발생했다고 주장했습니다. 그러므로 국가는 항상 지배계급의 이익에 봉사하는 도구에 불과하다는 것이지요.

> **카를 마르크스**
> 1818~1883. 독일의 사회학자, 경제학자, 정치이론가, 혁명가. 역사발전의 원동력으로서 계급투쟁을 강조하고 사회주의의 도래를 주장했다. 주요 저작으로는 『공산당 선언』, 『자본론』 등이 있다.

물론 국가발생에 관한 이와 같은 이론들은 모두가 국가의 발생을 역사적으로 설명한 것은 아닙니다. 자연발생설과 정복설을 제외하면 국가 발생의 원인과 목적을 동시에 표현하고 있다고 볼 수 있습니다. 예를 들어 사회계약설은 정치사회 혹은 국가가 실질적으로 개인들의 동의와 계약에 의해 구성되었다는 역사적 이론이 아닙니다. 사회계약설은 오히려 국가를 자유롭고 합리적인 개인들의 합의의 산물로서 간주해야 한다는 당위론적인 주장이라 할 수 있습니다. 그렇게 이해할 때만이 국가권력의 정당성과 시민의 의무에 관한 조리 있는 설명이 가능해진다고 보는 것이지요. 그뿐 아니라 앞으로 국가가 무엇을 추구해야 할 것인가에 대한 목표설정이 가능하며 시민들이 계속해서 국가에 복종해야 할 이유를 제시해줄 수가 있습니다.

플라톤

국가의 존재근거 곧, 국가의 목적에 관한 문제에 관해서는 고래로부터 오늘에 이르기까지 많은 논쟁이 있었습니다. 국가의 존재근거에 대한 생각은 전근대와 근대로 크게 나눠서 살펴볼 수 있습니다. 고대에도 국가에 대해 다양하게 이해하고 있었습니다. 플라톤의 『국가론』을 읽어보면 그것을 알 수 있습니다. 글라우콘이나 아데이만토스 그리고 트라시마코스와 같은 소피스트들은 국가를 계약의 산물로서 보거나 강자가 약자를 지배하기 위한 도구 등으로 보았습니다. 그러나 플라톤은 국가를 윤리학적인 관점에서 바라보았습니다. 그에 의하면 도시국가는 타고난 소질이 다른 세 가지 계급 간의 호혜적이고도 조화로운 관계가 성립된 질서입니다. 각 계급은 서로에게 적대적이거나 착취적이지 않습니다. 이상적인 도시국가의 질서는 초월적인 이데아 세계의 조화로운 질서를 모방한 것으로 정의는 각 계급들이 고유한 기능과 역할을 담당하며 전체질서의 유지에 기여할 때 실현됩니다. 좋은 국가는 무엇이 좋은 것인가에 관한 철학적(형이상학적)·윤리학적 탐구에 기초해 있습니다. 그러므로 국가의 가장 중요한 목적은 그 구성원들이 윤리적으

아리스토텔레스

로 좋은 삶을 살 수 있도록 이끌어 주는 것입니다. 철학자만이 무엇이 좋은지에 관한 절대적인 지식을 소유한 존재이기 때문에 가장 이상적인 지도자는 철인이면서 왕인 철인 왕philosopher king이 될 것입니다.

플라톤의 기본 아이디어는 그의 제자 아리스토텔레스에게 전수되었습니다. 아리스토텔레스 역시 국가의 목적은 인간으로 하여금 윤리적으로 좋은 삶을 살 수 있도록 해주는 것이라 믿었습니다. 그래서 그는 '인간은 본질적으로 정치적 존재'라고 말했습니다. 이 말은 국가에서의 공동생활을 통해서만 인간은 그 도덕적 잠재력을 완성시킬 수 있고 표현할 수 있다는 뜻입니다. 그러므로 그 의미에 있어 국가는 개인보다도 우선적인 가치가 있습니다.

아리스토텔레스의 국가관은 중세의 공화주의자들에게 계승되었지만 근대에 들어서면서 이와 같은 고전적 국가관은 후퇴하게 됩니다. 그 대신 정치사회로서의 국가는 사람들이 자신의 생명과 자유와 재산을 보호하기 위해 인위적으로 만든 것이라는 견해가 등장했습니다. 그래서 그 의미와 가치에서 개인이 국가보다 더 중요하게 간주되기에 이릅니다. 이에 따르면 국가는 개인의 필요 때문에 만들어진 것이기 때문에 국가를 통해서 인간의 본질이 계발된다든지 도덕성이 완성된다든지 하는 따위의 일은 발생하지 않습니다. 국가는 개인의 생명과 자유와 재산을 보호하고 질서를 유지함으로써 개인들이 안심하고 자신의 일을 할 수 있도록 돕기 위해 존재합니다. 그러므로 그와 같은 기능을 성공적으로 수행하지 못할 때 국가는 언제든지 교체될 수 있는 것으로 간주됩니다. 이와 같은 사회계약설의 국가관은 무엇보다도 인민의 동의와 합의야말로 정치권력의 정당성을 확보할 수 있는 유일한 길임을 부각시킴으로써 민주주의 사상과 제도의 발전에 지대한 영향을 미쳤습니다.

하지만 인민의 합의나 계약의 행위보다도 더 실용적이고 역사적인 국가에 관한 이해도 있습니다. 흄은 국가가 그 유용성 때문에 제도로서 정착되었다고 봅니다. 이것은 국가에 관한 일종의 공리주의Utilitarianism●적 이해로서 제러미 벤담 J. Bentham과 제임스 밀J. Mill과 같은 후세의 공리주의자들에 의해 계승·발전되었습니다. 이와 같은 관점에서 본다면 국가의 목적은 사회 전체의 공리를 극대화하는 것입니다. 말하자면 '최대다수의 최대 행복'을 이루는 것이 그 목적인 것이지요. 그렇지만 다수의 행복에 초점을 맞추고 있는 관계로 공리주의 국가관은 자칫 소수의 권리와 이익을 지속적으로 침해할 가능성이 높습니다. 그러므로 아무리 사회전체의 공리를 극대화하는 것이 국가의 일차적 목적이라 하더라도, 침해돼서는 안 되는 개인의 권리체계를 확립할 필요성이 생깁니다. 공리주의는 벤담 이후 1세기 남짓 서구 공공철학의 이론적 기초를 제공했지만 1960년대 후반서부터 도전을

**공리주의**
18~19세기에 형성되고 유행한 철학사조. 공리주의에서는 쾌락 혹은 효용을 극대화하는 행위를 도덕으로 간주하며 결과를 중시한다. 결과주의란 올바른 행동에 대한 이론으로 행동의 결과로 나타나는 상황에 근거하여 행동을 평가하는 것을 말한다. 어떤 행위가 모든 사람의 행복을 증진시키는 경향을 가질 때는 옳은 행위이고, 반대의 경우에는 그른 행위라 주장한다. 때문에 이기주의에 반대하여 결과에 근거하여 윤리를 판단한다.

받기 시작했고 오늘날은 개인의 권리보호에 초점을 맞춘 정치이론으로 대체되고 있습니다. 국가는 전체 사회의 행복을 추구해야 하겠지만, 그 과정에서 아주 중요한 개인의 권리까지 희생시켜서는 안 된다는 것이지요. 개인의 권리보호는 오늘날 국가의 중요한 임무 중 하나입니다.

오늘날 국가의 존재근거에 관한 이해는 매우 다양합니다. 민주주의 시대인 만큼 사회계약설이 강조하는 합의와 동의의 정신은 국가의 수립과 권력행사에 있어 도덕적 기초를 이루고 있습니다. 그러면서도 공리주의 역시 국가의 존재근거에 대한 나름대로의 설득력 있는 설명을 제시하고 있습니다. 물론 아직까지도 국가는 단순히 질서와 평화를 유지하는 기능을 넘어선 어떤 도덕적 역할을 담당해야 한다는 주장도 제기되고 있습니다. 이런 주장은 주로 신新아리스토텔레스주의자•들의 견해라 할 수 있습니다. 이들은 국가는 바람직한 가치와 그렇지 못한 가치들을 구분해내고 시민들이 바람직한 가치관을 추구함으로써 행복한 삶을 살 수 있도록 도와야 한다고 주장합니다. 물론 오늘날의 자유주의자들이 중요하게 여기는 자율성이란 가치를 수용하면서 말이지요.

> **신아리스토텔레스주의**
> 아리스토텔레스의 이론을 현대 사회에 비추어 새롭게 구성하는 철학적 사조. 공동체주의의 한 분파이다. 아리스토텔레스의 형이상학적, 생물학적 목적론을 비판하고 인간본성에만 목적론을 국한시킨다. 도덕적 관행 속에서 미덕의 근거를 찾는다

지금까지 저는 국가의 존재근거에 대해 설명했는데 이 문제는 이 책의 주제와 관련하여 두 가지 이유 때문에 중요합니다. 첫째는, 국가가 고래로부터 오늘날까지 정치현상이 발생하는 가장 대표적인 제도로 간주되어왔다는 사실 때문입니다(국가현상설). 정치현상을 국가에만 국한된 현상이 아니라 지배/복종 관계(혹은 권력관계)가 존재하는 거의 모든 집단들—심지어 가정과 직장을 포함하여—속에서 발생하

는 것으로 보는 관점도 만만치 않지만(집단현상설), 어떤 누구도 가장 포괄적인 인간집단인 국가가 정치적으로 가장 중요한 제도임을 부정하지는 않습니다. 그러므로 국가의 본질과 목적에 관한 설명은 정치의 본질과 목적에 대한 설명과 다를 바 없습니다. 둘째는, 우리가 국가의 존재근거를 명확히 알고 있을 때에만 민주시민으로서 국가에 대해 정당하게 요구할 수 있는 것과 요구해서는 안 될 것을 올바로 분별할 수 있으며, 우리가 국가에 대해 어떤 의무와 책임을 지는 것이 마땅한가를 판단함으로써 국가의 일에 적극적으로 참여하는 능동적 시민이 될 수 있기 때문입니다. 다음 강의에서 이 문제를 좀 더 자세히 살펴보겠습니다.

# 4. 국민을 위한 국가,
   국가를 위하는 국민

국가가 우리에게 무엇을 해주어야 하는가 하는 문제는 아주 오래
된 문제로 아직까지도 뜨거운 논쟁이 되고 있습니다. 각 시대마다 사
람들은 다른 가치를 추구했고 또 서로 다른 욕구체계를 가지고 있었
기 때문에 국가에 대한 요구도 저마다 달랐습니다. 사람들의 주된 관
심이 외적의 침입으로부터 자신의 가족과 재산을 보호하는 것이었을
때 국가는 그런 기대에 부응해야 했으며, 중세처럼 사람들의 관심이
온통 종교적인 문제에 쏠려 있었을 때에는 국가가 종교와 제사를 직
접 관장해야 했습니다. 마찬가지로 현대 사회에서도 사람들은 나름
대로의 주된 관심과 욕구체계를 가지고 있습니다. 현대 국가는 그와
같은 인민의 욕구와 기대를 어느 정도는 충족시켜주어야 합니다. 인
민이 국가에 바라는 것들은 수없이 많지만 그중에서도 중요한 것들
은 다음과 같습니다.

국가는 최소한 인민의 생명과 재산을 보호할 의무가 있습니다. 이

점은 반드시 현대 국가에만 해당되는 것은 아닙니다만, 만일 현대 국가가 이런 의무를 효과적으로 이행하지 못한다면 아마도 국가의 자격이 없다는 비판을 면치 못할 것입니다. 여러분들은 중동 지역에서 빈번히 발생하곤 하는 무정부적인 폭동을 알고 계실 것입니다. 어떤 이유에서든 국가가 질서와 평화를 효과적으로 창출해 내지 못한다면 인민의 생명과

토마스 홉스

재산은 위태로워질 것이고 삶은 불안정해질 것입니다. 17세기 영국의 토마스 홉스[T. Hobbes]라는 사상가는 이런 상태를 '자연상태'라고 표현했습니다. 자연상태는 모든 분쟁을 효율적으로 해결해주는 정치권력이 없는 상태로 '만인의 만인에 대한 투쟁'이 발생할 가능성이 높습니다. 이런 상태에서는 예술도 산업도 문화도 꽃피기 어려울 것입니다.

> **토마스 홉스**
> 1588~1679. 영국의 철학자이자 정치이론가. 초기 자유주의와 절대주의의 중대한 이론적 전제가 되는 개인의 안전과 사회계약에 관한 저서로 유명하다. 대표 저서로는 『리바이어던』이 있다.

　다음으로 국가는 공동선을 창출해야 할 의무를 갖고 있습니다. 여기서 공동선이라 함은 모든 인민들이 공통적으로 원하는 것들, 이를테면 국방, 치안, 평화 같은 것들을 의미합니다. 현대 사회에서 공동선은 사람들이 안정되게 자신의 삶을 꾸려갈 수 있는 조건이 됩니다. 만일 국방이나 치안이 불안하다면 사람들이 어떻게 안심하고 자신의 가치관을 추구하며 살아갈 수 있겠습니까.

그런데 문제는 국가가 공동선을 추구하기 위해 필요한 비용에서 발생합니다. 이 비용은 주로 국민들이 낸 세금과 국영사업 등으로 충당하는데 사람들은 이기심이 있기 때문에 많은 이들이 탈세할 가능성이 있습니다. 탈세자들은 다른 사람들이 낸 세금으로 실현되는 공동선을 향유할 수 있습니다. 비용은 지불하지 않고 공동선은 같이 누리기 때문에 이런 사람들을 '무임승차자free rider'라고 부르곤 하지요. 얄미운 사람들입니다. 우리 사회에도 이런 사람들이 대단히 많습니다. 돈을 많이 버는 직업을 가진 사람들일수록 무임승차하려는 사람들이 많습니다. 어쨌든 무임승차자들이 많다면 공동선을 창출할 재원이 크게 부족해지기 때문에 국가는 이들을 최소화할 수 있도록 노력해야 합니다.

국가는 또한 개인들이 자신의 이익을 위해 행동할 때 발생할 수 있는 타인들에 대한 피해를 방지해야 합니다. 가령 어떤 공장이 폐수를 정화하지 않고 방류하게 되면 그 공장은 당장 많은 비용을 절감할 수 있지만 다른 사람들은 고통과 손해를 겪게 되겠죠. 국가는 이런 '부정적 외부효과negative externalities'를 최소화하도록 노력함으로써 만인이 안락한 삶을 살 수 있도록 도와주어야 합니다.

국가는 또한 인민의 권리와 의무를 명시해야 합니다. 앞에서 열거한 국가의 역할을 한답시고 인민의 모든 생활을 국가가 낱낱이 관찰하고 감시할 수는 없지 않겠습니까? 국가는 인민이 해서는 안 될 일과 해야 할 일의 적합한 범위를 일반적인 권리와 의무의 체계로 분명하게 명시해야 합니다. 그래야만 인민은 자신이 어떻게 행위해야 하고 그 행위에 어떤 책임을 져야 할 것인가를 알고서 안정된 생활을 계획할 수 있게 됩니다.

지금까지 언급한 것들은 모든 현대 국가가 이행해야 하는 최소한의 역할이라 할 수 있습니다. 하지만 국가는 그 이상의 다른 역할을 수행할 수도 있는데, 국가가 최소한도의 역할을 넘어서 어떤 역할을 수행해야 하는지에 대해서는 격렬한 논쟁이 진행되고 있습니다. 예컨대 국가는 빈부격차를 해소하는 등 사회정의를 실현하는 데 적극적이어야 한다는 주장이 있는데 이에 대해서는 반대 주장이 만만찮게 제기되고 있습니다. 어떤 이들은 국가가 사회정의를 실현하는 것이 당연하다고 주장하는 데 반해, 어떤 이들은 그것은 국가가 개인의 재산을 강탈해서 다른 사람에게 공짜로 나눠주는 것과 같다고 비판합니다. 여러분들은 어떻게 생각합니까?

또 국가는 나날이 치열해지는 국제적 경쟁에서 승리하기 위해, 그리고 사회정의 실현을 위한 각종의 경비를 충당하기 위해 얼마만큼 노력해야 하는가도 중요한 논쟁거리입니다. 국가가 경제에 얼마만큼 관여해야 하는가 하는 문제는 지금 우리 사회에서도 뜨거운 논란이 되고 있지요. 나아가서 국가는 사회규범과 도덕규범을 확립하고 유지하기 위해 노력해야 하는데, 이 경우 개인의 가치관이나 인생관까지도 간섭할 수 있는가 하는 문제도 논란이 되고 있습니다. 다시 말해 국가가 바람직한 가치관과 바람직하지 못한 가치관을 구분해서 차별하며 취급하는 것이 바람직한가에 대한 논란이 있는 것입니다. 포르노그래피, 도박, 마약 등에 대한 국가의 간섭은 이런 맥락에서 논의되고 있습니다. 우리 사회에서도 얼마 전 간통죄의 존폐문제를 놓고 뜨거운 찬반 논쟁이 벌어지기도 했지요.(포르노그래피를 표현의 자유라고 간주하고 그 어떤 이유에 의해서도 침해될 수 없는 권리의 영역이라고 주장하는 것이 자유주의적 입장이고, 한 사회의 공동선에 위배될 경우에는 제한할 수 있다고 주장하는 것이 공동체주의의 입장입니다. 이에 대해서는 제7강의에서 좀 더 자세히 살펴보겠습니다.)

그러면 국가는 우리에게 이와 같은 일들을 해주어야 하는데 우리들은 국가를 위해 무슨 일을 해야 할까요? 앞에서도 간단히 언급했지만 가장 중요한 일은 아마도 국가가 부과한 시민으로서의 의무를 성실하게 수행하는 것이겠지요. 자신의 이익만을 위해 공익에 반하는 불법·탈법행위를 저질러서는 안 될 것입니다. 국방과 납세의 의무는 그중에서도 가장 중요한 기본적인 의무입니다. 우리 사회에서 가장 유감스러운 일은 이런 기본적 의무들을 주로 국가의 지도층에 있는 많은 인사들이 이행하지 않으려 한다는 것이지요. 전쟁이 발발했을 경우 참전과 군복무를 신성한 의무로 여기는 영국의 왕실과는 얼마나 대조적인지 모르겠습니다.

　　우리들은 또한 자신의 개인적 이득만을 위해 공익을 희생시키는 이기적인 행위를 버려야 합니다. 교통법규를 어기거나 공원을 더럽히고, 폐수를 방류하거나 생태환경을 오염시키는 행위는 자신에게 단기적인 이익을 가져다줄지 모르나, 다른 많은 사람들에게는 고통과 손해를 입히게 되고 결국에는 자신과 자신의 가족들에게도 해를 초래하게 됩니다. 사익과 공익이 충돌할 때 사익만을 일방적으로 추구하기보다는 공익도 고려하는 것이 민주시민의 성숙한 태도입니다. 장기적으로 볼 때 공익을 무시한 사익 추구는 사익마저 잃게 만듭니다.

　　우리들은 또한 국가의 일에 관심을 가져야 합니다. 이 말은 무조건 국가에 복종해야 한다는 뜻이 아닙니다. 국가가 정당하게 옳은 일을 할 때는 적극적으로 지지하는 것이 민주시민의 당연한 일입니다. 그러나 만일 국가가 부당한 일을 할 때는 그것을 지적하고 비판함으로써 국가가 독선적이거나 권위주의적으로 타락하는 것을 막아야 하는 것도 민주시민의 의무입니다. 궁극적으로 나라가 권위주의나 독재로 타락하지 않도록 막아주는 최후의 보루는 모든 시민의 기대와 의지 그리고 노력입니다.(여기서 말하는 권위주의 정치제제란 '단일의 권력 보유자가 일반국민으로 하여금 국가의사를 형성하는 데 효과적으로 참여할 수 없도록 권력을 독점하는 정치형태'를 의미합니다. 그리고 '권위'와 '권위주의'는 구분해서 이해해야 하는데 이에 대해서는 제9강에서 자세히 살펴보겠습니다.) 민주주의를 실현하고 지키려는 모든 시민들의 결집된 노력이야말로 민주공화국의 번영을 위한 가장 확실한 수단인 것입니다. 하지만 한 가지 더, 민주주의를 지키기 위해서는 민주주의가 무엇인지 분명히 알아야 합니다. 그래서 이 책은 민주주의를 정확히 소개하고 그 장점을 변론할 목적으로 기획되었습니다. 여러분들은 2부에서부터 본격적으로 민주주의를 말하는 강의를 접하게 될 것입니다.

# 5. 권력, 두 얼굴의 야누스

야누스 상

야누스는 희랍신화에 나오는 두 얼굴을 가진 신입니다. 두 얼굴을 가졌기 때문에 앞뒤를 동시에 볼 수 있습니다. 그래서 우리는 어떤 것이 상반되는 두 가지 가치를 모두 가지고 있을 때 그것을 야누스에 비유하곤 합니다. 정치의 영역에 있어서도 마찬가지입니다. 정치는 갈등과 분열 그리고 전쟁을 중요한 내용으로 포함하고 있으면서도 동시에 통합과 조화와 질서를 창출하는 기술이기 때문에 야누스의 이미지로 비유되곤 합니다. 프랑스의 저명한 정치학자 모리스 뒤베르제M. Duverger는 실제로 정치를 야누스의 이미지로 표현했습니다. 그는 정치란 갈등과 통합에 모두 관계하고 있다고 생각했던 것이지요. 그런데 우리가 조금 더 정치의 내용으로 들어가보면, 갈등과 통합을 가능케 하는 핵심적인 원리로서의 권력 개념에 도달하게 됩니다. 권력은 여러 세력들로 하여금 갈등케 만드는 원인이 되면서 동시에 통합과 질서를 이뤄낼 수 있는 가장 실질적인 힘이기 때문이지요. 그러므로 이번 강의에서는 정치현상에서 가장 중요한 요소라 할 수 있는 권력의 내용과 권력이 행사되는 방식을 알아봄으로써 정치현상에 대한 우리의 이해를 높여보고자 합니다.

먼저 권력이 무엇인지 알아보기로 하지요. 권력에 관한 가장 권위 있는 정의는 막스 베버M. Weber•라는 학자가 내린 바 있습니다. 그에 의하면, 권력이란 '어떤 사회관계 내에서 자기의 의사를 타인의 행동에 대해 강제할 수 있는 가능성'을 의미합니다. 이 정의에 따르면 권력은 사회현상임을 알 수 있습니다. 인간관계 속에서만 행사될 수 있다는 말이지요. 권력은 일정한 사회관계 속에서 특정한 개인 혹은 집단의 의사가 타인들의 반대에도 불구하고 관철되도록 해주는 능력인 것입니다. 하지만 이렇게만 본다면 권력은 깡패의 폭력과 구분하기 어려운 점이 있습니다. 권력이 깡패의 폭력과 구분되기 위해서는 권력행사의 대상이 되는 사람이 그 권력을 정당한 것으로 받아들일 수 있어야 합니다. 그렇지 않을 경우 권력은 결국 강제력에만 의존해야 하는데, 그 경우 권력과 무력 혹은 폭력은 그 구분이 흐려지고 말기 때문입니다.

그러면 왜 권력이 필요할까요? 그것은 사람들이 몹시 원하는 것들—부, 명예, 지위 등—을 획득할 수 있는 가장 유효한 수단이기 때문입니다. 권력이 있으면 가치 있는 것들을 비교적 용이하게 얻을 수 있고 자신의 욕망을 쉽게 달성할 수 있습니다. 물론 권력 그 자체도 사람들이 원하는 것이기 때문에 권력을 가진 사람은 더 많은 권력을 갖기 위해 노력하지요. 그래서 홉스는 인간의 권력욕은 죽음에 이르러서야 끝나는 끝없는 욕구라고 말하기도 했습니다.

이처럼 권력 그 자체는 서로 경쟁하는 개인과 집단들 사이의 다툼의 원인이 됩니다. 권력을 획득할 때 사람들은 자신을 안전하게 지킬 수 있을 뿐만 아니라, 타인들을 복종시킴으로써 자신이 원하는 것을 얻을 수 있기 때문이지요. 이렇게 권력을 놓고 벌이는 경쟁을 권력투쟁이라고 부릅니다. 권력투쟁은 그 결과에 따라 영광을 가져다줄 수 있고 몰락을 가져다줄 수도 있는 제로섬게임°의 성격이 강합니다. 그 때문에 보통 생사를 건 투쟁으로 발전하기 쉽고 또 실제로 권력게임이 끝나면 패배자는 비극적인 종말을 맞기도 합니다. 투쟁을 통해 획득한 권력으로 패배자를 가차 없이 제거하는 것이요. 이처럼 권력은 상대방을 굴복시키고 파괴하는 능력이 있기 때문에 야수와 같은 이미지로 표현되곤 합니다.

> **제로섬게임**
> 미국 매사추세츠 공과대학 교수인 레스터 서로우(Lester C. Thurow) 교수의 저서 『제로섬 사회』의 제목에서 따온 말. 제로섬이란 통상 스포츠나 게임에서 승패를 모두 합하면 제로가 되는 것을 말한다. 쉽게 말해 나의 이익은 누군가의 손해를 전제한다는 것을 뜻한다.

마키아벨리는 권력을 사자에 비유했습니다. 권력은 갈등과 투쟁의 대상이 되면서도 또한 사자의 발톱과 같은 무기라고 할 수 있는바, 권력에 얽힌 이미지는 투쟁과 갈등 그리고 지배와 복종에 관계되어 있습니다.

그런데 전체 사회의 공동의 권력이라 할 수 있는 정치권력은 다른 일반적인 사회권력—자본가의 노동자에 대한 권력, 어른의 아이에 대한 권력, 부모의 자식에 대한 권력 등—들과는 차이가 있습니다. 메리엄C. Merriam 교수가 이해한 바로는, 정치권력은 강력한 강제력을 동원할 수 있으며, 국가사회 전체에 적용되고, 그 소재가 바뀔 수는 있어도 지속적으로 존재한다는 점에서 다른 사회권력과 구분됩니다.

정치권력은 그것을 장악하고 있는 개인이나 집단이 자의적으로 행사할 경우 엄청나게 파괴적인 힘이 됩니다. 특히 "절대권력은 절대적으로 부패한다"는 역사가 액튼 경Lord Acton의 지적은 우리가 정치권력의 남용을 견제하기 위해 지혜를 모으고 노력해야 할 필요성을 일깨워줍니다. 17세기 이후 절대군주의 권력을 제한하기 위해 갖가지 제도적 장치들이 고안된 것은 바로 이와 같은 이유에서였습니다. 정치권력을 입법부, 행정부, 사법부의 3권으로 나누어 서로를 견제케 함으로써 권력의 남용과 부패를 막는 방법도 고안되었습니다. 그리고 법의 지배의 원칙을 관철시키고 각종 선거제도를 도입함으로써 인민이 직접 정치권력을 견제하고 통제토록 하는 노력도 기울여왔습니다. 나아가서 교육을 통해 바람직한 인간상을 창조함으로써 권력의 남용을 방지하려고 힘써왔습니다. 이렇게 하여 오늘날 정치권력이 길들여진 야수처럼 다소나마 고분고분해진 것이지요. 하지만 아무리 우리 안에서 자랐다고 해도 맹수는 여전히 위험스러운 존재이듯이 정치권력 역시 항상 경계하지 않으면 야수와 같은 성질을 언제든 다시 드러낼 수 있습니다.

권력의 부정적인 측면을 항상 경계하는 것이 현명한 일이라고 생각되지만, 그렇다고 정치권력을 통해 우리가 할 수 있는 위대한 일들을 무시해서는 안 될 것입니다. 권력의 원천이 결국 인민 전체의 의사라고 할 때, 정치권력은 공동체의 이익과 행복을 위해 많은 일을 해낼 수 있으니까요. 우리가 위험성을 무릅쓰면서까지 정치권력을 구성하는 까닭은 정치권력이 공동체의 안녕과 평화와 번영을 위해서 필요하다고 믿기 때문입니다. 우리는 정치권력을 통해 개개인이 할 수 없는 많은 큰일들을 실천할 수 있습니다. 먼저, 국민생활에 필요한 질서와 평화를 확립할 수 있으며, 국민의 결집된 의사를 바탕으로 사회의 발전과 번영을 위해 공동의 계획을 추진해갈 수 있습니다. 사회정의의 실현을 통해 국민통합을 이루는 유효한 수단이 될 수 있고, 국민들의 자기실현과 도덕적 발전을 위한 기반조성을 해줄 수도 있습니다. 그러므로 우리는 정치권력의 부정적인 측면과 아울러 그 긍정적인 측면도 아울러 평가할 수 있어야 합니다.

그러면 정치권력의 부정적인 영향은 최소화하면서 긍정적인 측면은 극대화시킬 수 있는 방법은 없을까요? 바로 여기에 정치권력과 민주주의가 결합되어야 할 이유가 있습니다. 정치권력이 남용되지 않고 그 창조적인 능력이 최대로 발휘될 수 있는 조건은 정치권력이 민주적으로 창출되고 민주적으로 사용되는 것이기 때문입니다.(물론 민주적 다수도 소수를 억압할 수 있기 때문에 헌정주의를 통해 민주주의도 어느 정도 제약할 필요가 있습니다. 이에 관해서는 나중에 설명하겠습니다) 현대 민주주의 사회에서 정치권력의 정당한 계승은 합법적인 절차에 따라 이루어집니다. 선거를 통해서 말이죠. 왜곡되지 않은 선거과정을 통해 합법적으로 정치권력이 계승될 때 그 정권은 이른바 정당성을 얻게 됩니다. 그리고 민주적인 지지와 동의로 정당성을 얻게 된 정권은 국민 다수의 지지를 받고 있는 셈이므로 공동체의 번영을 위해 적극적으로 봉사할 수 있습니다. 국민들도 그 권력의 명령에 자발적으로 따르려 할 것입니다. 그러나 만일 쿠데타와 같은 불법적인 방법으로 정권을 탈취했다면 국민의 지지를 받지 못한 상태이기 때문에 무력과 강압으로 일을 처리할 가능성이 높습니다. 그런 정권은 차후에라도 국민들의 지지와 동의를 얻어야만 계속 존속할 수 있으며, 그렇지 못할 때는 국민의 저항에 부딪히게 되어 몰락하거나 강력한 무단

정치를 감행하게 됩니다.

　결론을 맺겠습니다. 정치권력은 음양의 두 얼굴을 가진 야누스와
같습니다. 권력의 어두운 측면이 최소화되고 밝은 측면이 극대화되는
것은 그것이 얼마나 민주적으로 형성·행사·통제되느냐에 달려 있
습니다. 민주주의 없는 정치권력은 조련사의 훈련을 받지 못한 야생
의 맹수와 같습니다. 그러므로 정치권력이 우리의 삶에 유익하고 위
대한 열매를 가져다줄 수 있기 위해서는 법치주의에 기반한 민주주
의의 발전이 필수적인 조건이라 하겠습니다.

# 6. 민주주의 없이 정치권력 없다?!

　나중에 자세히 설명드리겠지만, 저는 민주주의를 무엇보다도 인간의 자율성과 합리성을 표현하고 계발할 수 있는 최상의 정치형태로 이해하고 싶습니다. 그러나 우리 모두가 현실적으로 경험하고 있듯이 우리의 자유는 국가로부터 상당한 제약을 받습니다. 다시 말해 모든 것을 우리 뜻대로 할 수는 없다는 말이지요. 국가가 이래라 저래라 하면 우리는 꼼짝없이 그렇게 하는 것이 보통입니다. 국가의 명령이 설령 우리의 의사와는 어긋날지라도 우리는 국가의 뜻을 따르게 됩니다. 이런 국가의 힘을 국가권력 혹은 정치권력이라 부릅니다. 권력은 이처럼 우리의 자유를 제약할 뿐만 아니라 우리가 싫어하는 일까지도 강제할 수 있기 때문에, 그 형성과 행사가 정당하지 못할 경우 국민으로부터 큰 반발을 살 수 있습니다. 그러므로 국가권력과 개인적 자유의 충돌, 이것은 근대 이후 민주주의에 관한 논의에서 가장 핵심적인 문제들 중 하나라고 할 수 있겠습니다.(근대 이전의 시대, 즉,

중세 시대에는 인간이 교회와 봉건영주에 종속당했으므로 이러한 대립은 존재할 수 없었습니다. 국가와 개인의 갈등이라는 문제는 종교로부터의 자유, 봉건영주로부터의 자유가 실현된 근대에 와서야 출현한 문제입니다.)

그런데 민주주의에서 정치권력이 정당성을 가져야 하는 이유가 무엇일까요? 그것은 특히 민주주의의 주체인 시민들의 도덕적 특성 때문에 그렇습니다. 민주주의 시민들은 모두 다 자율적이고 평등하며 합리적이라 간주됩니다. 실제로는 다소 그렇지 못한 점이 있을지라도 이는 문제가 되지 않습니다. 모든 사람이 그런 잠재력을 갖고 있고 또 적당한 조건에서 적당한 교육을 받게 되면 다 그렇게 될 수 있다고 간주되니까요. 자유롭고 합리적인 민주시민들을 국가가 마치 어린아이나 노예 다루듯이 일방적으로 명령하고 강제한다고 생각해 보십시오. 참을 수 있는 일이겠습니까. 민주시민들은 국가의 일방적인 명령과 강제를 용납할 수 없을 것이고 비판의 포화를 쏟아부으며 국가에 맞서겠지요. 그렇게 되면 국가는 위기에 빠지고 시민들이 원하는 새로운 정권이 창출돼서야 시민들의 저항은 잠잠해질 것입니다. 이처럼 민주주의 하에서는 정치권력이 멋대로 행사될 수 없습니다. 만일 시민들이 정치권력의 자의적인 행사를 묵과한다면, 그 국가는 이미 권위주의 국가이며 시민들은 신민臣民으로 전락한 상태인 것입니다.

민주주의 하에서의 권력에 대해 말할 때 우리는 두 측면에서 접근할 수 있습니다. 한 가지는 권력이 어떻게 창출되는 것이 정당한가의 문제이고 다른 하나는 어떻게 행사되는 것이 정당한가라는 문제입니다. 먼저 민주주의 사회에서는 권력이 전통적인 사회들과는 다른 방식으로 창출될 때 정당성을 얻을 수 있다는 것을 알 필요가 있습니다. 전통적인 사회에서는 권력이 세습이나 카리스마적인 인물의 개인적 능력에 근거해서 정당하게 간주되었습니다. 다시 말해 혈통에 따른 왕위의 세습이나(전통적 지배), 초인적인 능력을 가진 비범한 인물이 통치자가 되는 것(카리스마적 지배)이 정당한 것으로 인정되었습니다. 하지만 오늘날에는 많은 것이 달라졌습니다. 어떤 사람이 자신은 옛날 왕족의 후손이라고 주장하면서 대통령이 되겠다고 주장한다면 그는 미치광이 취급을 받을 것입니다. 모든 개인들이 평등하고 자유로우며 합리적이라고 여겨지는 오늘날에는 개인의 자발적인 동의나 합의로 형성된 권력만이 정당한 권력으로 인정됩니다.

민주주의에서 권력이 정당성을 얻는 과정은 보통 선거로 구체화됩니다. 그리고 선거의 목적과 절차는 법에 명시되어 있기 때문에 결국 권력은 합법적으로 형성될 때만이 정당한 것으로 간주됩니다.(합법적 지배) 그러므로 올바른 법이 존재할 경우 그 법에 따라 창출된 권력은 합법적이기 때문에 정당성을 갖습니다. 이렇게 볼 때 소수의 야심가들이 쿠데타로 정치권력을 찬탈하는 행위는 민주주의에서는 도저히 정당화될 수 없는 방식입니다. 우리나라 현대사에서도 이런 부류의 불법적인 권력찬탈이 두 번이나 있었다는 사실을 여러분도 알고 계시리라 생각합니다.

둘째로 권력은 어떻게 행사되는 것이 정당할까요? 말할 필요도 없이 법의 테두리 내에서 법에 따라 행사되는 것이 정당할 것입니다. 민주적 법치국가는 만인의 평등을 전제하기 때문에 법 역시 만인에게 평등하게 적용되어야 합니다. 만일 법의 행사가 일부에게는 유리하게 일부에게는 불리하게 적용된다면 그것은 정당한 법의 적용도 정당한 권력의 행사도 될 수 없습니다. 오랫동안 우리 사회에서는 '유전무죄' '무전유죄'라는 말이 일종의 상식이었습니다. 돈 있는 사람은 불법을 저질러도 면죄가 되고 돈 없는 사람은 법을 약간만 저촉해도 죄인이 된다는 뜻이지요. 법과 권력이 편파적으로 적용되고 행사된 것을 비꼰 말입니다. 법치에 대한 이런 냉소적인 평가는 오늘날에도 어느 정도 유효하다고 볼 수 있습니다. 불행히도 이런 말들이 아직 인구에 회자되고 있다는 사실은 우리나라가 아직 온전한 민주적 법치국가가 되지 못했다는 뜻이지요. 그동안 우리나라는 어느 정도 민주주의 발전을 이룩했습니다. 서구를 기준으로 볼 때 아직은 많이 미흡하지만, 공무원들의 부정부패와 정치인들의 불법 탈법행위들이 법에 따라 처벌되는 사례가 늘었습니다. 분명 법치 민주주의로의 진일보를 의미하지요. 하지만 아직 만족할 만한 수준은 아니라고 봅니다. 오래전의 일입니다만 영국 수상 블레어의 부인이 현금이 없어 지하철을 무임승차했다가 많은 벌금을 문 적이 있습니다. 우리나라에서 과연 이 같은 일이 가능할까요? 아마도 그와 같이 높은 사람들이 지하철을 타지도 않겠거니와 설령 지하철을 무임승차했어도 벌금을 무는 일은 없었을 겁니다. 우리나라의 현실과 비교해볼 때 영국에서의 법은 빈부와 지위의 고하를 떠나 비교적 평등하게 적용되는 것 같습니다. 참으로 부러운 일입니다. 우리 사회를 이끄는 지도자들도 솔선수범해서 법을 준수하고 법을 어겼을 경우 남들과 똑같이 법에 따라 벌을 달게 받는 자세를 기대해봅니다.

마지막으로 권력은 또한 남용되지 않도록 제도적으로 통제될 필요가 있습니다. 아무리 정당하게 형성되었다 할지라도 권력이 지나치게 집중되어 있다면, 권력의 속성상 부패하고 남용될 가능성이 높습니다. 이와 같은 부패 가능성 때문에 권력은 분산될 필요가 있고, 분산된 권력끼리 서로 견제할 필요가 있습니다. 민주주의 사회에서 권력이 통상 입법부, 행정부, 사법부의 삼권으로 분리되는 이유가 여기에 있습니다. 권력을 삼권으로 분리하여 서로 견제하고 균형을 이루게 함으로써 권력의 부패와 남용을 막는 한편, 국민에게 책임을 지는 정치를 할 수 있기 위한 것이지요. 민주주의를 가장 빨리 발전시켰던 영국의 헌정사는 따지고 보면 권력의 남용을 막기 위해 온갖 제도적 장치를 마련해온 과정이었다고 할 수 있습니다.

정치권력은 잘 통제되고 관리될 때는 시민의 안전과 행복을 위해 유용하게 쓰이지만, 잘 통제되고 견제되지 않을 때는 시민의 자유와 행복을 앗아가는 잔인한 야수로 변할 수 있습니다. 권력의 부패와 남용을 견제하는 제도적 장치와 아울러 시민들의 빈틈없는 감시와 비판이 권력을 시민에게 봉사하는 전능한 슈퍼맨처럼 만들 것입니다. 반대로 시민들이 권력을 제대로 감시하고 통제하지 않는다면 권력은 우리를 노예처럼 다루는 괴수가 되어버릴 것입니다. 우리가 자유로운 민주공화국의 시민이 될 것인가 아니면 권위주의적인 권력의 노예가 될 것인가 하는 것은 결국 우리 시민들의 관심과 노력에 달려 있는 것입니다. 여러분들은 물론 자유로운 시민이 되기를 원하겠지요. 그러면 우리가 어떻게 해야 할 것인지는 분명해졌으리라 생각합니다.

# 7. 개인의 자유 대 공동선

2011년 우리나라에서는 한 외국 영화의 국내 상영을 놓고 외설성 시비가 벌어졌습니다. 〈지골라〉라는 영화였습니다. 〈지골라〉는 1972년에 성적인 표현에서 매우 관대한 프랑스에서 외설 시비에 휘말려 30년간 출판이 금지되었던 로르 샤르팡티에의 문제적 소설을 영화한 작품입니다. 이 영화는 소설에 나온 25살의 젊은 남장여자 조지의 충격적인 동성애 장면 등이 여과 없이 묘사되어 전세계 영화제뿐만 아니라 2010년에 열린 부산국제영화제에서도 뜨거운 관심을 불러일으켰습니다. 심의를 담당한 영상물등급위원회는 〈지골라〉의 영화 제작사에서 받은 문서는 공인된 자료가 아니기 때문에 메인 포스터의 카피를 쓸 수 없다고 판정했는데, 그보다 더 큰 문제는 바로 예고편이었습니다. 프랑스판 예고편은 여성의 가슴을 노출시킨 것은 물론이고 수위가 높은 동성애와 남녀의 베드신 장면을 담고 있습니다. 수입사에서는 노골적인 장면을 편집하여 심의에 임했음에도 불구하고 신

영화 〈지골라〉(2011)

체 노출과 동성애를 암시하는 장면 등이 여전히 유해성이 높다고 판단한 영상물등급위원회는 이 영화의 심의를 반려했습니다. 이런 결과를 통보받은 〈지골라〉의 수입사는 지적받은 사항을 다시 수정하여 재심의를 신청함으로써 가까스로 영화를 개봉할 수 있었습니다.

저는 이번 강의에서 영화나 소설 혹은 연극 등과 관련하여 발생할 수 있는 '표현의 자유 대 공동선' 논쟁 및 이와 유사한 논쟁들—포괄적으로 볼 때 개인의 자유(=권리) 대 공동선의 갈등에 관한 논쟁들—에 접근하는 상이한 입장들을 살펴보겠습니다. 그리고 이 문제는 결국 중요한 사회·윤리적 문제들에 대한 국가의 최종적인 판단—완전히 금지시킬 것인가, 완전 허용할 것인가, 아니면 제한적으로 허용할 것인가 등—을 요구하는 만큼, 이런 문제들에 대해 국가가 과연 어떤 태도를 취하는 것이 옳은가에 관한 설명들도 함께 제시해보겠습니다.

영화 〈지골라〉의 외설성 논쟁에 접근하는 두 가지 대표적인 시각들은 '표현의 자유'와 같은 개인의 권리를 강조하는 자유주의 시각과 사회전체의 공동선(=공익)을 강조하는 보수적 공동체주의 시각입니다. 표현의 자유와 공동선은 우리 국가사회에서 실현되어야 할 중요한 원리로서 모두가 헌법에 분명하게 천명된 원칙입니다. 하지만 개인들의 표현의 자유를 존중하고자 하면 공중도덕과 미풍양속 같은 전통적인 공동선들이 파괴될 수 있기 때문에 건전한 성도덕과 같은 전통을 강조하는 사람들은 당연히 분개하게 됩니다. 반대로, 만일 일방적으로 공동선만을 강조하게 되면 헌법에 보장하고 있는 개인의 자유와 권리는 유명무실해질 수 있기 때문에 자유주의자들의 저항을 사게 됩니다.

그러면 국가는 이런 문제들에 대해 어떤 자세를 취해야 할까요? 사실 이 문제는 지극히 어려운 문제입니다. 양쪽 다 헌법에 제시된 원칙에 입각해 있을 뿐만 아니라, 나름대로의 설득력 있는 근거들을 제시하며 자신의 입장을 정당화하고 있어서 국가도 어떤 확실한 입장을 취할 수가 없기 때문이지요. 만일 국가가 섣불리 한쪽에 유리한 결정을 내리게 된다면 다른 쪽에서는 국가의 결정은 위헌이라고 주장하며 저항할 것이 자명합니다. 사실 저도 여기에 대한 확실한 대답은 할 수 없습니다. 단지 양측의 입장을 정리·제시해봄으로써 여러분들이 스스로 판단하도록 도울 수 있을 뿐입니다. 민주국가의 시민이 된다는 것은 때로 이런 어려운 선택에 직면하여 자신의 견해를 잘 다듬어 공적인 논쟁에 참여하는 부담과 기쁨을 동시에 누리는 것입니다.

한국 사회에서든 서구 사회에서든 포르노그래피의 전면적 허용 또는 규제의 완화를 주도해온 시각은 자유주의적 시각과 자유주의적 페미니스트들의 시각이었습니다. 이에 비해 주로 가톨릭과 개신교, 그리고 한국의 경우 유림과 연결된 보수주의자들은 포르노그래피가 전통적인 성도덕과 미풍양속을 파괴하며 그 소비자들에게 직·간접적으로 심리적·도덕적·육체적 해를 가져올 수 있다는 이유로 포르노그래피 금지를 주장해왔습니다. 또한 성범죄 혹은 폭력범죄의 계기를 제공해주기 때문에 범죄예방 차원에서라도 포르노그래피는 금지시켜야 한다고 주장합니다. 급진적 페미니스트들 역시 포르노그래피는 남성의 여성에 대한 지배를 극단적이며 노골적으로 표현한 것이라는 이유로 전면적인 금지를 주장해왔습니다. 포르노그래피는 성적으로 학대받거나 강간당하며 남성의 성적 쾌락의 대상이 되는 것에 만족해하는 여성의 성행위를 표현하는 경우가 많기 때문에 여성을 남성에게 예속시키는 것을 정당화하려는 남성우월주의를 숨기고 있다는 것이지요.(저는 포르노그래피를 '그 표면적인 내용은 성적으로 노골적이며 음란하게 보이지만, 그 이상의 예술적·정치적·교육적·문학적 가치 혹은 효과를 함축하고 있을 수도 있는 성적 자료'로 정의합니다.)

이런 반대 입장들이 만만치 않음에도 불구하고 현 시기 한국 사회에서 포르노그래피에 관련된 논쟁을 주도해가는 시각이 주로 자유주의적이라는 점은 분명해 보입니다. 해방 이후 주로 미국의 원조를 등에 업고 진행된 경제의 비약적 발전과 그에 따른 개인주의의 흥기, 그리고 미국을 비롯한 서구 국가들의 인권 압력은 헌법에 천명된 자유주의적 가치에 힘을 실어주었습니다. 그 결과 그저 형식적인 권리로서 전시되었던 개인의 기본권은 그동안 크게 도전받지 않았던 공동체적인 가치들 및 미풍양속과 점차 충돌하게 되었습니다. 결혼과 이혼, 간통, 동성애 등의 사회·윤리적인 문제들 역시 기존의 고정관념을 깨고 개인의 선택과 합의를 존중하는 방향으로 변했거나 변해가고 있으며 그에 맞춰 제도적 개혁도 진행되고 있습니다. 포르노그래피의 자유로운 제작과 유통을 옹호하는 이들 역시 사회적 비난이 약해지는 분위기를 틈타 '표현의 자유'라는 개인의 기본권을 부각시키고 있습니다. 동시에 이들은 포르노그래피 금지를 정당화했던 유력한 근거인 공동체의 공중도덕과 사회윤리의 모호성과 억압성을 공격하기 시작했습니다. 범죄의 증가와 포르노그래피의 유통 사이에 분명한 인과관계를 확인할 수 없다는 경험적 연구는, 타인에 대한 명확하고도 직접적인 해를 야기하는 행위를 제외한 모든 행위들은 개인적 자유의 영역에 해당되어야 한다는 밀[J. S. Mill]의 '해악원리[harm principle]'와 함께 포르노그래피 허용을 위한 논거로 제시되고 있습니다.

하지만 위에서 잠시 소개한 바와 같이 공적 담론의 자유주의적 편향성에 대한 저항도 만만찮습니다. 특히 공동체와 공동선을 강조하는 보수주의적 공동체주의자들은, 표현의 자유와 같은 개인의 권리들은, 비록 없어서는 안 될 것들이긴 해도, 그런 권리들의 모태이자 실현조건인 공동체에 대한 책임 및 의무 관념과 균형을 이뤄야 한다고 주장합니다. 그리고 그와 함께 오랜 공동생활의 결과로 확립된 다양한 공동선들을 보호하고 유지할 필요성을 역설합니다. 여기서 보수적 공동체주의자들이 말하는 공동선은, 단순히 개인들이 개별적으로 추구하는 이익들의 합이 아니라, 주로 개인들이 속한 공동체의 지배적인 가치관 및 그 구체적 표현인 삶의 방식과 미풍양속들을 의미합니다. 그러므로 공동선을 강조하는 입장에서는 공동체의 지배적인 가치관과 미풍양속들을 보호하고 장려하는 것이 국가의 당연한 책무라고 봅니다. 이런 입장은 개인이 타인과 사회에 심각한 해악을 끼치지 않는 한 그들의 자유를 제약해서는 안 된다고 보는 자유주의자들의 입장과 분명히 대조됩니다. 개인의 자유와 권리를 강조하는 자유주의자들은 국가가 다양한 가치관들과 행위양식들 사이에서 최대한 가치판단을 자제하고, 가능한 한 중립적인 입장에서 개인들 사이에서 발생하는 불법적인 권리침해를 방지하거나 처벌 또는 시정하는 역할만을 수행해야 한다고 봅니다. 그것이 자유주의 사회에서 국가가 견지해야 할 올바른 태도이며, 사회를 자유주의적으로 유지할 수 있는 최선의 길이라 생각하는 것이지요.(하지만 자유주의자들도 국가의 중립성이 반드시 결과의 중립성을 가져오지는 않는다는 점을 인정합니다.)

하지만 보수적 공동체주의자들은 국가가 이런 중립적 태도를 취하는 것은 옳지 않다고 보며, 공동체의 가치관과 공동선에 어긋나는 다양한 삶의 방식들과 개인의 행위들을 계도 또는 처벌함으로써 공동체의 고유한 정체성을 유지할 수 있어야 한다고 주장합니다. 이들은 개인의 자유를 지나치게 제약하는 것이 억압적이고 권위주의적인 공동체를 만들 수 있다고 보면서도, 공동선을 무시한 개인의 일방적인 권리추구는 공동체의 유대와 정체성을 해체시킬 수 있다고 봅니다. 그래서 개인의 자유와 공동선의 보호·유지 사이에서 최선의 균형 혹은 조화를 모색하고자 합니다. 이런 입장에서 보면 오랫동안 보존되어온 삶의 방식들과 미풍양속에 어긋나는 개인의 행위들은, 그것이 비록 표현의 자유와 같은 헌법적 권리로 지지될 수 있다고 해도, 당장 허용하는 것보다는 무해성이 입증될 때까지 보류되거나 엄격한 조건 아래에서만 허용되는 것이 바람직하겠지요. 앞에서 예로 든 포르노그래피의 경우도 여기에 해당됩니다. 공동체와 공동선의 가치를 중요시하는 이들은 표현의 자유라는 미명하에 허용된 포르노그래피의 자유가 전통적인 성의식과 성도덕의 와해를 초래할 수 있다고 보기 때문에, 포르노그래피를 전면 금지하거나 매우 제한적으로만 허용되어야 한다고 주장하는 것입니다. 포르노그래피 허용 문제는 그 자체로 그치는 것이 아니라, 오랜 진화과정을 거쳐 오늘날에 이른 공동체의 근본 성격을 바꿔버리는 결과를 초래할 수 있다고 보기 때문에, 국가가 이런 문제에 공동선의 이름으로 개입하는 것이 정당하다고 보는 것입니다.

  개인의 자유와 공동선이 충돌할 경우 국가가 어떤 태도를 취하는 것이 옳은가 하는 문제는 비단 포르노그래피에만 관련된 문제가 아닙니다. 포르노그래피의 허용 여부를 둘러싼 논쟁은 그런 충돌이 발생하고 있는 한 가지 사례로서, 이 이슈에 적용되는 논리는 다른 비슷한 충돌에서도 적용될 수 있습니다. 예컨대 개인의 자존감을 보호하는 것과 집단의 건강을 지키는 것 사이에서도, 개인의 알 권리와 국가 안보 사이에서도 발생할 수 있습니다. 이런 경우에 자유주의자들은 국가가 가능한 한 전자의 중요성을 인정하고 보호해주어야 한다고 강조하는 반면, 보수적인 공동체주의자들은 후자를 지지하지요.

다양한 가치관들과 삶의 양식들이 공존하는 상황에서 개인의 선택과 표현의 자유를 강조하는 입장, 그리고 공동체의 정체성과 공동선의 중요성을 강조하며 이를 위해 개인의 자유를 어느 정도 제약할 (현실적/당위적) 필요성을 강조하는 입장, 여러분은 어떤 입장이 더 타당하다고 보십니까? 전자에 우호적이라면 당신은 자유주의적인 성향이 강하고, 후자에 우호적이라면 보수적인 공동체주의적 성향이 강하다고 볼 수 있을 것입니다. 하지만 이와 같은 개인적인 입장 차이가 여전히 존재함에도 불구하고, 과거 우리 사회가 진화해온 과정을 돌이켜보면 그 지배적인 경향이 개인의 자유와 권리를 강조하는 방향으로 움직여왔다는 사실을 부정하기는 어려울 것입니다. 그리고 이것이 바로 우리 사회가 과거에는 금기시되어왔던 다양한 현상들—예컨대, 포르노그래피—에 대해 점점 더 관용적인 태도를 취하게 된 이유인 것이지요. 물론 이런 추세가 앞으로도 계속되리라는 필연성은 없지만 말입니다.

# 8. '포스트모던'한 정치의 모습은?

여러분들은 '포스트모던'이라는 말을 많이 접해봤을 것입니다. 우리가 사는 현대 사회의 특징을 표현하기 위한 용어이지요. 그러나 이 용어는 많은 논란의 대상이 되고 있습니다. 도대체 '포스트모던'이란 말을 어떻게 이해해야 하는가에 대해서는 많은 이견들이 존재합니다. 어떤 이들은 그 용어를 우리가 근대로 규정해온 사회에 뒤이은 사회를 막연히 지칭하기 위해 사용합니다. 또 어떤 이들은 17세기 이래 지속되어온 근대사회와는 전혀 다른 새로운 사회가 대두하고 있다고 보고 그 사회를 특징짓기 위해 '포스트모던'이란 용어를 사용하기도 합니다. 때에 따라선 근대사회를 거부하고 해체하고자 하는 태도를 가리키기도 하며, 근대사회의 결함과 한계를 극복한 이상적인 질서를 막연히 가리키기 위해 사용되기도 합니다. 그러나 저는 이번 강의에서 '포스트모던'이라는 용어를 특히 다양한 문화와 가치관 그리고 세계관이 공존·공명하고 있는 상황, 다시 말해 문화다원주의가 정착된 상황으로 이해하고자 합니다.

'포스트모던 상황'에서의 정치의 성격을 설명하기 위해서는 간략하게나마 먼저 문화다원주의<sup>cultural pluralism</sup>에 관한 이해가 필요합니다. 문화다원주의는 어떤 사회의 문화적 구성요소가 다양할 뿐만 아니라 문화들 사이의 우열의 차이를 가릴 수 있는 객관적인 기준이 없기 때문에 (명백히 반인륜적이거나 잔인한 일부 문화들을 제외하고는) 한 사회에서 지배적인 문화의 가치와 이상을 다른 문화에 강요해서는 안 된다는 규범적 주장으로 이해할 수 있습니다. 그러므로 문화다원주의는 이제 우리 사회에서도 중요한 이슈로 급부상한 다문화주의 multiculturalism와도 밀접한 연관성을 갖고 있습니다. 나중에 자세히 살펴보겠지만, 다문화주의는 문화적 다양성의 추구가 행정 · 법 · 교육 · 가족 · 이민 · 고용 등의 모든 사회문제에 관련된 정부정책의 기본목표가 되어야 한다는 규범적 입장을 표현하고 있기 때문입니다.

어떤 독자들에게는 문화다원주의 혹은 다문화주의가 새로운 현상으로 인식되지 않을 수도 있습니다. 현대 사회에 있어서는 어떤 국가사회에서든 다양한 문화공동체들과 삶의 양식들이 뒤섞여 있기 때문에 문화다원주의가 정치의 성격에 큰 변화를 가져올 게 없다고 생각할 수 있기 때문입니다. 하지만 문제는 그렇게 단순하지 않습니다. 비록 한 국가사회를 구성하고 있는 다양한 문화들이 그대로 남아 있다고 하더라도 그 구성원들의 관계는 얼마든지 변할 수 있기 때문입니다. 예를 들어 조선시대에는 유교가 지배적인 문화였지만 지금은 서구로부터 유입된 자유주의 문화가 득세를 하고 있어서 사실상 어느 문화가 지배적인 문화인지를 구분하기가 어렵습니다. 그뿐입니까. 불교문화도 살아 있고, 기독교 문화도 강력한 세력을 형성하고 있는 것이 오늘날의 한국 사회입니다. 예전에는 유교가 지배적이었지만 이제는 다양한 문화들이 목소리를 높여 자신들의 입장을 내세우고 있습니다. 이에 따라 문화다원주의는 단순히 다양한 문화들이 혼재하는 상황을 의미하는 것을 넘어, 한 사회를 구성하고 있는 다양한 하위문화집단들의 상대적 가치는 객관적으로 비교·평가할 수 없기 때문에 동등하게 대우받아야 한다는 규범적 주장으로 귀결됩니다. 지금부터는 이와 같은 문화다원주의 현상이 어떻게 현대정치의 특징을 변화시켰는가를 알아보겠습니다.

　'포스트모던 상황'이 문화다원주의적인 현상을 중요한 내용으로 포함하게 된 이유는 다음과 같습니다. '포스트모던 상황'은 근대적임을 뜻하는 '모던'에 상대적인 개념입니다. 그런데 '모던'이란 개념은 그 기저에 진리는 하나이며 합리성 개념도 하나라는 신념이 자리 잡고 있습니다. 즉, '모던'이라는 개념의 배후에는 단일하고도 보편적인 진리가 존재한다는 믿음이 깔려 있는 바, 이 단일하고도 보편적인 진리에 입각하여 정치·경제·사회·문화적 질서를 재구성함으로써 '근대화'를 이룰 수 있다는 것입니다. 근대 이후 서구가 먼저 달성했고, 뒤 이어 우리가 지금까지 추구해왔던 근대화란 바로 이와 같은 단일하고도 보편적인 진리를 우리 사회의 정치·경제·행정 등의 모든 분야에 실현시키는 과정이었습니다. 보다 구체적으로 말한다면, 정치적 민주화, 경제의 산업화, 행정의 관료화 등이 바로 근대화의 결과입니다. 그렇게 보면, 결국 근대화란 18세기 유럽에서 형성된 합리성 개념을 정치·경제·사회·행정 등의 모든 분야에서 실현하는 과정이라 하겠습니다.(이는 흔히 언급되는 근대철학의 문제의식과 동일합니다. 즉, 주체와 객체를 나누고 객체인 대상을 인간 주체가 올바르게 인식할 수 있는가라는 진리의 문제가 근대 철학의 중심인 것입니다.)

　'근대'와 '근대화'에 대한 설명이 다소 추상적이면서도 불충분한 면이 있지만 이 강의의 목적을 위해서는 충분하다고 생각합니다. 그 이유를 설명하겠습니다. 단일하고도 보편적인 진리 또는 합리성 개념을 채택할 경우 우리는 다양한 문화적 전통들의 고유한 가치를 무시해버리기 쉽습니다. 왜냐하면 18세기 유럽에서 이미 보편적인 진리가 발견되었다면 남은 문제는 문화적 차이를 불문하고 그 진리를 실현하는 것이기 때문입니다. 유럽 바깥의 국가들도 마찬가지입니다. 진리는 하나이기 때문에 모든 국가들이 다 그 진리를 따라야 하고 따라서 문화적 독특성과 차이는 무시되어야 합니다. 발전의 목표는 하나이기에 모든 국가들이 그 하나의 목표를 향해 나아가면 되는 것이지요. 서구의 선진국들이 먼저 그 진리를 발견하고 앞서 갔습니다. 후발 국가들도 그들의 족적을 따라 같은 길을 달려 가면 되는 것이지요. 이것이 이른바 '근대화론'●의 핵심입니다. 근대화의 진리가 한 곳에서 다른 곳으로 확산된다는 의미에서 '확산이론'이라고 부르기도 하지요. 어쨌든 이런 인식에 따를 경우 문화적 다양성은 진리의 보편성 속에 묻혀버리기 쉽지요.

> **근대화론**
> 정치발전은 지역을 초월하여 일정한 단계들의 연속을 통해 일어나며, 오늘날 개발도상국가들은 과거 서구 사회가 통과했던 단계에 여전히 머무르고 있다고 주장하는 이론. 근대화의 중요한 요소로 블랙은 정치지도력을, 헌팅턴은 정치적 제도화를 주장하고 있다. 종속이론에 의해 서구중심적이고 진화론적이라고 비판받고 있다.

하지만 '포스트모던 상황'의 특징은 18세기 근대에서 발견된 진리가 사실은 보편적인 유일한 진리가 아니라는 생각을 전제하고 있습니다. 근대적 합리성 개념은 유일하지도 보편적이지도 않고, 유럽인들 특유의 가치관과 선입견을 반영한 자민족중심주의ethnocentrism의 한 가지 표현에 지나지 않는다는 것이지요. 이런 인식이 확산되면 어떻게 되겠습니까? 그동안 하나의 보편적 진리로 잘못 알려져 있었던 '근대성(모더니티)'의 한계와 결함이 노출되자, 그동안 억눌려 왔던 토착적 문화와 소수문화들이 다시 활기를 찾지 않겠습니까? '포스트모던 상황'의 근본 특징의 하나인 문화다원주의 현상은 바로 이와 같이 서구적 '근대성'에 억눌려 왔던 다양한 전통문화들이 다시 나름대로의 독특성과 자부심을 내세우며 제 목소리를 내기 시작하면서 발생한 것입니다. 그들은 서구적 합리성 개념은 다른 많은 합리성 개념들 중의 하나에 불과한 것이기 때문에 유일무이한 보편적 진리로서의 특권적 지위를 내려놓아야 한다고 주장하기 시작했습니다. 이제 토착문화와 소수문화들은 그동안의 억압으로부터 해방되어 자신의 자리를 찾기 시작한 것입니다.

그러면 다양한 문화들이 해방된 상황에서 정치의 특징은 어떻게 변할까요? 근대 산업사회에서의 주된 정치적 문제는 굉장히 큰 문제들이었습니다. 계급문제와 같은 거대한 문제가 정치적 사고의 중심 주제였습니다. 선진국에서건 후발 국가들에서건 자본가와 노동자 사이의 계급갈등이 정치적 사고의 주된 내용을 이뤘지요. 이런 정치를 '거시정치macro politics'라고 불렀습니다. 하지만 다문화주의에 의해 특징화되는 오늘날의 사회에서는 그런 거대정치는 정치적 사고의 다양한 주제들 중의 하나로 후퇴하고 있습니다. 대신에 그동안 별로 조명을 받지 못했던 우리의 삶과 직결되어 있는 문제들이 중요한 정치적 문제가 되고 있습니다. 예를 들어 환경, 여성, 동성애, 낙태, 이민, 종교, 문화적 정체성과 같이 우리의 실질적인 삶과 관련된 윤리적 문제들이 정치적 사고의 주제로서 부각되고 있습니다. 이런 문제들은 과거 산업시대의 가장 주요한 정치적 문제였던 계급갈등과 달리 거대한 문제라기보다는 언제든지 우리 주변에서 경험할 수 있는 비교적 작은 문제들이라는 점에서 '미시정치micro politics'로 간주됩니다.

'미시정치'의 시대에는 계급갈등과 같은 하나의 대표적인 정치적 문제만이 아니라 작지만 다양한 정치적 문제들이 공존합니다. 계급갈등이 주된 정치적 내용이 되었던 근대산업사회에서는 계급갈등이라는 대표적 문제가 해결되면 다른 모든 '사소한' 문제들은 자동적으로 해결되리라는 믿음이 있었지요. 그러나 이제는 계급문제는 계급문제, 여성문제는 여성문제, 생활양식의 차이는 생활양식의 차이의 문제로서 각각 독립적으로 이해되고 또 해결책을 찾으려 하고 있습니다. 어떤 대표적인 정치적 문제가 없어지고 모든 문제들이 제 나름대로의 독특한 정치적 문제로서 존재하고 있는 것이지요. 그러므로 억압으로부터 벗어나고자 하는 정치적 해방투쟁의 전선은 계급갈등뿐 아니라 삶의 다른 영역에서도 형성되고 있습니다. 이와 같이 '포스트모던 상황'에서의 정치의 모습은 점점 더 복잡해지고 다양해지고 있으며 따라서 어떤 특정한 정치적 주체를 발견하기가 어렵습니다. 여성도, 동성애자들도, 낙태 찬성론자들도 모두가 다 나름대로 정치적 주체가 될 수 있는 것입니다. 이 점은 프롤레타리아 계급이라는 특권적인 정치적 주체를 가지고 있었던 전통적인 '거시정치'와 근본적으로 다른 점입니다.

결론을 맺겠습니다. '포스트모던 상황'은 우리로 하여금 정치적 문제를 전통적인 방식과는 다르게 생각하도록 만들고 있습니다. 어떤 하나의 진리를 발견하고 그것을 일률적으로 적용하는 것이 지난 시대의 정치적 사고의 특징이었다고 한다면 이제는 더욱 더 유연하고 독창적인 사고가 필요하게 되었습니다. 그 이유는 근본적으로 우리가 살고 있는 시대는 과거의 근대적 산업사회보다는 훨씬 더 복잡해서 단순한 단선적 사고로서는 대처하기가 어렵게 되었다는 데서 찾을 수 있습니다. 존 갤브레이스J. K. Galbrith의 '불확실성의 시대', 울리히 벡U. Beck의 '위험사회', 앤서니 기든스A. Giddens의 '제조된 불확실성' 등은 다 현대 사회의 이해하기 어려운 복잡한 상황을 표현하기 위한 개념들입니다. 이런 사회에서는 틀에 박힌 전통적인 사고로는 적절히 대처해나갈 수 없습니다. 오늘날은 창조적이고 융통성 있는 사고가 필요한 때라 하겠습니다.

# 9. 권위와 권위주의 사이

1980년대 후반 이후 우리나라는 민주주의의 공고화 단계에 들어섰다는 것이 학계의 지배적인 견해입니다. 민주화의 최대 걸림돌이었던 군부 중심의 권위주의 체제가 끝나고 민간정부가 이어지고 있다는 사실은 어느 정도 그 견해의 타당성을 입증해준다고 하겠습니다. 하지만 유감스럽게도 우리나라 민주주의의 공고화 과정은 그렇게 평탄하지만은 않았고 앞으로도 당분간은 그럴 것으로 생각합니다. 이번 강의에서는 제가 그렇게 생각하는 몇 가지 이유들 중에서 특히 두 가지를 부각시켜 그에 대한 여러분들의 경각심을 불러일으키고자 합니다. 하나는 우리나라 위정자들이 아직까지도 권위주의에 물들어 있다는 점이고, 다른 하나는 많은 국민들이 민주주의를 권위의 전면적인 부정 혹은 거부로 인식하는 경향이 강하다는 점입니다. 서로 정반대 방향에서 작용하고 있는 이 두 가지 경향은 현 시기 한국 사회에 있어 민주발전을 위협하고 있는 주요 적들이라 생각합니다. 저는 우리나라가 진정한 민주국가로 성숙하기 위해서는 이 두 가지 경향을 반드시 극복해야만 한다고 믿고 있습니다.

먼저 우리나라 정치인들의 권위주의적인 태도가 민주화에 걸림돌이 되고 있다는 점에 대해서는 약간의 설명으로 충분히 납득할 수 있다고 봅니다. 권위주의는 민주주의의 반대 개념입니다. 그러므로 우리나라 정치인들이 권위주의에 젖어 있다는 지적만으로도 그들이 민주주의의 발전에 그다지 기여하지 못하고 있다는 비판이 가능하겠지요. 권위주의란 원래 불평등한 신분제 사회의 문제해결 방식입니다. 불평등한 사회에서는 지배 계급이 피지배 계급의 의사와는 전혀 상관없이 자의적으로 정책을 결정합니다. 피지배 계급은 위에서 일방적으로 내려진 결정에 그저 따르기만 하면 되는 것이지요. 만일 피지배 계급이 지배 계급의 결정에 불복종하면 지배 계급은 군대나 경찰과 같은 강제적인 국가기구를 통해 복종을 강요합니다. 한마디로 상명하복의 권력구조가 권위주의의 특징이라 하겠습니다.

데이비드 이스턴D. Easton이란 학자의 '정치체계' 개념에 입각해서 권위주의를 설명하면 다음과 같습니다. 그는 우리가 일상적으로 국가라 부르고 있는 것을 정치체계 개념으로 대체하고, 정치체계를 투입input과 산출output의 환류구조feedback로 이해했습니다. 여기서 투입은 국민의 요구와 지지가 표출되고 집약되는 과정이며 산출은 그것이 정책으로 전환되고 수행되며 평가되는 과정을 의미합니다. 정치체계를 이렇게 이해할 때, 민주주의는 투입과 산출의 과정이 어떤 단절도 없이 무리 없이 진행되는 정치체계를 의미하며, 권위주의는 국민의 요구와 지지가 표출·집약되는 과정이 막혀 있는 반면 정책결정과 집행 과정만이 기형적으로 확대된 정치체계라고 하겠습니다. 우리나라의 경우 유신체제*부터 5공화국까지의 군사독재체제가 그 전형적인 예라 하

**표2 이스턴의 정치체계 도표**(David Easton. *A Framework for Political Analysis*, 1965, p. 112)

겠습니다. 그렇게 볼 때, 민주화는 소극적으로 보면 권위주의를 청산하는 과정으로 이해할 수 있는데, 오랜 권위주의에 익숙해 있는 구태 정치인들의 청산은 우리나라 민주화의 가장 큰 숙제 중의 하나라고 할 수 있겠습니다.

하지만 이에 못지않게 중요한 또 다른 문제는 언제부터인지는 정확히 알 수 없지만 우리 사회에 편만해 있는 권위의 부정 혹은 거부 현상입니다. 민주화의 열기가 확산되면서 많은 사람들이 민주주의를 모든 권위를 무너뜨리는 것으로 잘못 이해하는 경향이 생겼습니다. 저는 이 경향을 오랫동안 억압적인 권위주의 체제에서 억눌려 살아온 반작용으로 이해하고 있습니다. 과거의 권위주의 체제를 뒷받침했던 것은 결국 군부의 무력이었기 때문에, 우리 국민들은 국민의 복종을 요구하는 정치권력의 권위를 무력과 동일한 차원에서 이해하는 경향이 생겼습니다. 그러기에 민주화 과정에서 군부독재가 무너지게 되었을 때 그것을 곧바로 권위의 해체로 받아들이게 된 것이지요.

하지만 권위는 무력과는 근본적으로 다릅니다. 권위는 다양한 맥락에서 쓰일 수 있으나 다음과 같은 공통적인 특징을 갖습니다. 권위는 그 권위를 가지고 있는 사람 혹은 집단에 대한 자발적인 복종과 신뢰를 끌어내는 힘이라고 할 수 있습니다. 예를 들어, 아인슈타인이 물리학 강의를 할 때 우리는 그가 권위가 있다고 말하며 그가 하는 물리학 강의를 신뢰합니다. 우리는 또한 의사의 진단을 신뢰하고 그의 처방을 수용합니다. 말하자면 아인슈타인과 의사는 각각 물리학도들과 환자들에게 권위를 가진다고 할 수 있습니다. 마찬가지로 정치권력 역시 강제력을 발동하지 않고서도 국민들로부터 자발적인 복종과 지지를 확보할 수 있다면 권위가 있다고 할 수 있습니다. 말하자면 권위는 국민들의 자발적인 복종을 끌어낼 수 있는 도덕적인 힘인 셈입니다. 따라서 권위는 무력과는 분명히 구분되며 권위주의와도 또렷이 구분됩니다. 권위주의는 진정한 의미의 권위를 결여하고 있기 때문에 군대와 경찰 같은 강제기구에 호소할 수밖에 없습니다. 권위는 국민들로부터 자발적인 지지를 받고 있는 정당한 정치권력만이 누릴 수 있는 특권이라 할 수 있습니다.

그러면 민주주의와 권위의 관계는 어떻게 이해할 수 있을까요? 민주주의와 권위를 연결시켜주는 중요한 개념이 바로 (정치권력 혹은 지배의) 정당성legitimacy이란 개념입니다. 어떤 사회가 정치사회로서 존재하는 곳에서는, 다시 말해 특정한 정책결정 집단이 사회의 전체 구성원들에게 특정 결정사항을 이행하라고 촉구할 수 있는 권리가 있는 곳이라면 어디서나 권위가 반드시 존재합니다. 그러나 전체 사회 구성원들에게 그렇게 요구할 수 있는 권리가 의문시되는 곳에서는 권위가 확립되었다고 말하기 어렵습니다. 그런 곳에서는 무력과 강제를 동원해서 명령을 내리는 지배형태가 일반적일 것입니다. 그러므로 권위는 정치권력이 사회 구성원들에게 명령을 내릴 수 있는 마땅한 도덕적 근거를 갖고 있을 때, 그리하여 피치자들이 그 명령을 따라야 할 마땅한 도덕적 의무를 지는 것에서 발생한다고 할 수 있습니다. 요컨대, 권위란 정당성을 가진 정치권력의 특성인 것이죠.

그러면 어떻게 정치권력이 권위, 곧 정당성을 갖게 될까요? 이미 앞에서 우리는 막스 베버가 말한 정당한 지배(권력)의 세 가지 유형을 살펴보았습니다. 여기에서는 근대 이후 민주주의 사회에서는 국민의 지지와 동의가 정당성의 근원이라는 것을 다시 한 번 강조하고자 합니다. 민주주의에서는 전근대적인 시대와 달리 전통이나 비범한 사람들의 카리스마적 능력보다는 합리적인 개인들의 자발적인 동의가 정당성 곧 권위를 창출합니다. 국민들은 자발적인 의사로 특정한 통치집단(정부)의 지배를 정당한 것으로 인정했기 때문에 통치집단이 결정한 사항들에 자발적으로 복종할 의무를 갖고 있습니다. 말하자면 그 통치집단의 행위를 권위 있는 것으로 받아들이는 것이지요. 민주국가의 정당성 혹은 권위는 국민들을 강제하지 않으면서도 전폭적인 지지와 복종을 끌어낼 수 있는 도덕적 기초인 것입니다.

그러므로 민주주의를 권위의 부정 혹은 거부로 간주하는 것은 대단한 잘못입니다. 민주주의 국가일수록 권위는 더욱 필수적입니다. 그것이 국민들의 자발적인 복종을 유도해내는 힘이니까요. 만일 국민들의 자발적인 복종을 얻기 어렵다면, 한 사회의 질서를 확립할 수 있는 유일한 방법은 무력밖에는 없을 것입니다. 무력으로도 질서가 확립되지 않을 때 그 사회는 정치조직으로서의 지위를 상실하고, 토머스 홉스나 존 로크J. Locke• 와 같은 사람들이 가정했던 자연상태와 다

존 로크

를 바 없게 돼버립니다. 이런 자연상태에서는 권위가 없기 때문에 사람들의 삶은 극히 불안하고 초조하며 초라할 수밖에 없습니다.

결론을 내리겠습니다. 민주주의는 권위가 부재하는 상황이 아닙니다. 단지 권위가 창출되고 유지되며 행사되는 방식이 전통적인 권위주의 사회와는 크게 다를 뿐입니다. 민주주의에서는 권위가 국민들의 자발적인 지지와 동의에 근거하고 있기에 더욱 강하다고 할 수 있으며, 권위주의 체제가 주로 호소하는 무력의 힘보다도 더욱 강고한 질서를 창출하는 도덕적 힘인 것입니다. 그리고 국민들의 자발적인 의사는 결국 대의원들을 통해 법으로 집약된다고 볼 때 민주주의에서의 정치권력 행사는 법에 근거하면서 그 정당성, 즉 권위를 담보한

다고 할 수 있겠습니다. 정당한 권력, 다시 말해 국민들이 직접 복종하기로 동의한 권력의 권위를 존중하고 그에 복종하는 것은 민주시민의 마땅한 의무인 것입니다. 정당한 권위의 확립과 그에 대한 지지, 이 두 가지는 민주질서를 유지하는 근본 원리임을 잊지 말아야 하겠습니다.

# 10. 질서와 공존의 비전, 이데올로기

　여러분들은 이데올로기라는 용어를 들을 때 어떤 느낌이 드십니까? 한때 우리 사회에서는 이데올로기란 무섭고 위험한 것이라는 생각이 일반화된 적이 있습니다. 아마도 1970년대부터 1980년대 중반까지가 가장 심했을 것입니다. 물론 그 이전에도 남한 정부의 강력한 반공주의는 일반인들로 하여금 이데올로기는 위험한 것이라는 생각을 갖게 만들었습니다. 대략 1980년대 중반까지 남한의 정권과 지배계층은 마르크스-레닌주의와 북한의 주체사상을 가장 잘못되고 위험한 이데올로기로 규정하면서 그 유포를 막았습니다. 그런 정책의 영향으로 이데올로기 하면 마르크스-레닌주의와 주체사상이 먼저 떠오르고, 그러다 보니 어느덧 이데올로기는 마르크스-레닌주의 혹은 주체사상과 동일시되었으며, 이데올로기는 우리 사회에서 아주 부정적인 느낌을 불러일으키는 용어가 되었습니다.

　이데올로기라는 용어에 대한 일반인들의 부정적인 느낌은 비단 정부와 지배계층의 선전 탓만은 아니었습니다. 우리는 1962년 제3차 세계대전으로 이어질 뻔했던 미국과 소련 간의 핵미사일 사건이 이데올로기 대립과 관련이 있다는 것을 알고 있습니다. 또한 1987년에 또 다른 동족상잔의 비극을 초래할 뻔했던 KAL기 폭발사건도 이데올로기와 연관성이 있다는 것을 알고 있습니다. 오늘날 계속되고 있는 중국과 대만의 긴장관계 역시 상당 부분 이데올로기의 차이에 기인합니다. 그 때문에 우리는 이데올로기란 용어를 접할 때면 뭔가 불길하고 위험하다는 느낌을 갖게 됩니다. 그러나 과연 이데올로기는 그렇게 불길하고 위험하기만 한 것일까요? 그리고 우리 한국인들의 삶과 정치질서는 이데올로기와는 아무런 상관이 없는 걸까요? 마르크스-레닌주의와 주체사상만이 이데올로기의 전부이며, 우리의 정치질서는 이데올로기와 전혀 무관한 것일까요?

그렇지 않습니다. 이데올로기는 불길하고 위험한 것일 수도 있지만 우리가 그 안에서 삶의 의미를 찾고 바람직한 질서의 원리를 찾을 수 있는 희망의 메시지를 담고 있을 수도 있습니다. 또한 이데올로기는 마르크스-레닌주의와 주체사상 이외에도 무수히 많습니다. 여러분들도 잘 아시겠지만 자유주의는 그중에서도 우리에게 가장 친근한 이데올로기입니다. 이데올로기는 우리의 삶과 정치질서와 밀접한 관련이 있습니다. 아니 우리의 삶과 정치질서는 이데올로기 없이는 그 방향성을 상실하고 만다고 말하는 것이 더 정확할 것입니다. 저는 이번 강의를 통해 이데올로기가 과연 무엇이고 어떻게 정치와 연관성을 맺고 있는가를 살펴보고자 합니다. 그래서 이데올로기와 정치의 관계에 대해 여러분들이 깊이 이해할 수 있기를 바랍니다.

이데올로기란 무엇일까요? 이데올로기의 의미를 설명하기에 앞서 우리가 세계를 있는 그대로 보지 않는다는 사실을 강조하고 싶습니다. 우리는 이론이나 전제 혹은 가정의 베일을 통해 세계를 봅니다. 여기서 이론이나 전제 혹은 가정은 우리가 눈에 쓰는 색안경과도 같습니다. 색안경을 쓰고 세계를 바라보면 어떻습니까? 안경의 색깔에 따라 세계는 푸르게도 보이고 붉게도 보입니다. 이와 같이 우리가 보는 세계는 있는 그대로의 것이 아니라 우리가 일정한 방식으로 이해한 대로의 세계인 것입니다. 이런 사실은 정치를 연구하는 데 특별한 의미를 갖습니다. 왜냐하면 정치질서 역시 있는 그대로의 것이 아니라 인간이 추구하는 특별한 의미와 가치—즉, 이론이나 가정—를 매개로 이해된 질서이기 때문입니다. 가장 근본적인 수준에서 볼 때, 정치세계는 보통 '정치 이데올로기'라 불리는 정치신조와 전통에 근거하고 있습니다. 그 때문에 정치질서 혹은 정치현상은 그 근거가 되는 정치신조나 전통, 곧 이데올로기를 분석함으로써 보다 일관되고 체계적으로 이해될 수 있습니다. 그렇지만 이데올로기의 본질 및 그 이데올로기가 정치생활에 끼치는—긍정적이거나 부정적인—역할에 관해서는 이견이 많기 때문에, 먼저 이데올로기에 관한 다양한 이해들을 개관해보고 앞으로 우리가 사용해야 할 이데올로기 개념의 내용을 정해보도록 하겠습니다.(어원적으로 이데올로기<sup>ideology=idea+logic</sup>에는 두 가지 의미가 담겨있습니다. 첫째는 '관념에 대한 학문'이란 뜻이며, 둘째는 '관념의 논리', 즉 가치관 혹은 세계관이란 뜻입니다.)

정치 이데올로기는 정치분석에서 가장 논란의 여지가 많은 개념 중 하나입니다. 지금은 이 개념이 '발전된 사회철학 혹은 세계관'의 의미로 중립적으로 사용되고 있지만, 우리 사회가 이미 경험한 바 있듯이 과거에는 아주 부정적이고 경멸적인 의미로 사용되었습니다. 이데올로기란 용어는 1796년 프랑스 철학자 트라시<sup>D. Tracy</sup>가 처음 사용하였습니다. 그는 이데올로기란 용어를 새로운 '관념의 과학<sup>science of ideas</sup>'이

카를 마르크스

란 의미로 사용했습니다. 우리가 갖고 있는 관념들—예를 들어 사과, 집, 정의, 행복 등 어떤 것이든—이 어떻게 발생하는가를 연구하는 학문이란 뜻이란 거죠. 트라시는 이데올로기를 동물학이나 생물학과 같은 기성 과학의 지위로까지 끌어올리려 했습니다.

보다 오랫동안 쓰여진 이데올로기 개념은 19세기의 마르크스에 의해 고안되었습니다. 마르크스는 이데올로기를 무엇보다도 지배계급의 생각, 다시 말해 계급체제를 유지하고 착취를 영속화하기 위한 지배계급의 생각이라고 정의했습니다. 그런데 마르크스적 의미로서 이데올로기의 가장 두드러진 특징은 그것이 허위라는 것입니다. 있는 그대로의 추악한 사실을 아름답게 은폐하는 가면이라고나 할까요. 아니면 감추고 싶은 부분은 감추고 돋보이고 싶은 부분은 더욱 부각시키는 화장술과 같다고 할까요. 어쨌든 그 주된 기능은 자본주의 사회가 안고 있는 기본 모순인 계급착취를 은폐하는 것입니다. 그러나 마르크스는 모든 정치적 견해들이 다 이데올로기적 성격을 갖는다고 보지는 않았습니다. 왜냐하면 그는 자신의 견해만은 과학적이라고 믿었기 때문입니다.

마르크스적 이데올로기 개념에 대한 대안은 자유주의자들과 보수주의자들이 제시했습니다. 제1, 2차 세계대전 사이에 전체주의 독재가 출현하자 칼 포퍼K. Popper•, 야콥 탈몬J. L. Talmon 그리고 한나 아

> **칼 포퍼**
> 1902~1994. 20세기의 사회사상가이자 과학사상가. 런던경제대학에서 논리학과 과학방법론 교수 역임. 과학방법론으로서 반증 가능성을 주장했으며 사회주의자에서 전향하여 공산주의 이론을 정열적으로 비판했다. 대표저서로 『탐구의 논리』가 있다.

렌트$^{H. Arendt}$$^{•}$와 같은 이론가는 순응과 복종을 불러일으키기 위한 사회통제의 수단으로서의 이데올로기 개념을 제시하게 되었습니다. 그들은 이데올로기를 이른바 진리에 기초한 '폐쇄된 사고체계'로 간주하고, 대립적인 생각들을 관용할 수 없는 이데올로기의 속성을 강조했습니다.

한편 보수적인 이데올로기 개념은 마이클 오크숏$^{M. Oakeshott}$이란 영국 정치철학자가 사용했습니다. 이 개념은 합리주의에 대한 회의를 반영하고 있는데, 세계는 한계가 있는 인간의 정신적 능력으로는 온전히 이해될 수는 없다는 믿음에 바탕을 두고 있습니다. 오크숏은 정치활동이란 끝도 없고 정박지도 없는 바다를 항해하는 것과 같다고 생각합니다. 이런 관점에서 보면, 이데올로기는 추상적인 사고체계로서 그것이 도출된 경험 전체를 불충분하고 제한적인 관점에서 표현한 것이기 때문에 오히려 정치현실을 왜곡시키는 결과를 낳을 수 있습니다. 그래서 오크숏은 보수주의를 이데올로기라기보다는 하나의 성향 혹은 마음상태로 보고자 합니다. 가깝고 친근하고 익숙한 것을 좋아하는 자연스런 성향으로 말이죠. 오크숏에 의하면, 보수적인 성향은 추상적인 사고체계—즉, 이데올로기—를 싫어하고 실용주의와 전통 그리고 역사를 보다 신뢰하는 경향을 갖습니다.

그러나 이상의 개념들은 이데올로기를 주로 부정적이고 경멸적으로 이해하고 있기 때문에 이데올로기란 용어의 사용범위를 크게 제약해버리는 결함을 갖고 있습니다. 따라서 좀 더 중립적이고 포괄적인 견해가 필요합니다. 즉, '좋다' '나쁘다' '참되다' '허위다' '해방적이다'

**표3 이데올로기의 형식적 구조**

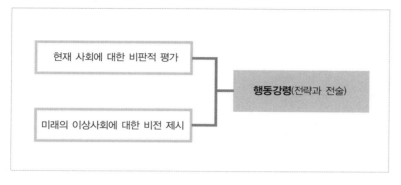

'억압적이다'와 같은 가치 함축성을 피할 수 있는 객관적인 이데올로기 개념이 필요하다는 것입니다. 그래야만 이데올로기 분석에 입각한 객관적인 정치 이해가 가능할 테니까요. 그래서 오늘날의 사회과학자들은 이데올로기를 '행동지향적 신념체계action-oriented belief system'라는 중립적이고 포괄적인 의미로 사용하고 있습니다. 그들에게 이데올로기는 기존의 권력관계를 보존할 의도든, 혹은 개혁 내지 전복할 의도든, 모든 종류의 조직화된 정치적 행동을 제공하는 다소 일관된 신념체계를 의미합니다. 모든 이데올로기는 (1)세계관의 형태로 기존 사회질서에 관한 설명을 제공하고, (2)요망된 미래, 곧 좋은 사회에 대한 비전을 제공하며, (3)정치적 변혁을 위한 구체적인 행동계획─전략과 전술─을 제시합니다.

그런데 모든 이데올로기는 각각 고립된 폐쇄적 신념체계라기보다는 서로 많은 가치와 개념들을 공유하면서 중첩되어 있는 하나의 진화하는 신념체계입니다. 이데올로기들은 자유와 평등, 질서와 정의와 같은 여러 가지 가치들을 공유합니다. 그러나 그 가치들에 서로 다른 중요성과 무게를 두고, 질서와 공존에 대해 전혀 다른 비전을 제시함으로써 사람들의 충성을 확보하려 합니다. 사람들 혹은 집단들은 자신이 처한 사회적·정치적 상황에서 각각의 이데올로기가 제시하는 질서와 삶의 비전을 평가하고 선택합니다. 지난 20세기에 가장 중요했던 이데올로기들로는 자유주의, 보수주의, 사회주의(마르크스주의), 전체주의, 민족주의, 페미니즘 등이 있습니다. 이들 중 일부는 뒤에서 설명할 기회가 있을 것입니다. 어쨌든 오늘날은 사회주의의 이상이 크게 퇴조한 가운데 (신)자유주의가 맹위를 떨치고 있는데, 이에 대한 대안으로서 아시아의 유교와 중동의 이슬람주의가 거론되고 있습니다. 지금 한국의 학계에서는 (신)자유주의의 한계를 극복하거나 보완할 수 있는 질서와 삶의 비전을 탐색하려는 움직임이 고조되고 있습니다.

# 11. 새는 보수와
## 진보의 양 날개로 난다

　신문에서 우리는 보수와 진보라는 두 낱말을 쉽게 대합니다. 어떤 정치인은 자신이 보수주의자라고 주장하는 반면 또 어떤 정치인은 자신이 진보주의자라고 주장하는 것을 봅니다. 물론 보수와 진보라는 표현은 정치인들만의 독점물은 아닙니다. 우리는 경제, 문화, 사회 등의 다른 분야에서도 보수와 진보라는 용어를 자주 만납니다. 그러다 보니 우리들도 이런 용어들에 익숙하게 되어서 일상적인 대화에서도 '나는 보수적이다'라느니 '너는 너무 진보적이다'라는 말을 흔히 사용합니다.

　물론 보수와 진보라는 두 용어를 일상적으로 사용하는 것은 전혀 문제가 없습니다. 하지만 그 용어들의 의미를 좀 더 잘 이해하며 사용할 필요는 있습니다. 왜냐하면, 우리가 일상적으로 사용하는 의미와 신문지상이나 학술적인 글들에서 사용되는 의미가 조금 다를 수가 있으니까요. 만일 우리가 일상적인 생활에서 이해하는 정도의 의미를 가지고 신문이나 학술적인 글들을 이해하려 한다면 오해가 생길 수 있겠죠. 그리고 우리들이 빈번히 사용하고 있는 이런 용어들의 의미를 좀 더 정확히 이해하는 것만으로도 나쁜 일은 아닐 겁니다.

보수와 진보는 기본적으로는 사회의 변동에 관한 태도 및 견해를 의미합니다. 사람들은 저마다 현재 자신이 살고 있는 사회의 전반적인 상태에 대해 만족스럽다든지 불만족스럽다든지 아니면 그저 그렇다는 등의 느낌이나 견해를 갖고 있습니다. 이와 같이 사람들은 자신이 속한 사회에 대해 나름대로의 평가를 내리고 있다고 볼 수 있는데, 보수와 진보는 일차적으로 이런 평가의 내용에 따라 나눠지게 됩니다. 보수주의자들은 대체로 현재 사회의 상태에 만족하는 자들이라고 할 수 있습니다. 그렇기 때문에 이들은 현재의 사회제도와 관행을 보존하려 애씁니다. 반면 진보주의자들은 현실에서 불만족스럽거나 바람직하지 못한 면들을 많이 발견합니다. 그렇기 때문에 이들은 현재의 제도와 관행들을 개혁하거나 새 것으로 대체하려 합니다.

여기서 한 가지 강조할 점이 있습니다. 현재를 불만족스럽게 생각해서 바꾸려고 하는 모든 세력들이 다 진보주의자들은 아니라는 것을 이해할 필요가 있습니다. 현재에 만족하지 않은 사람들 중에는 한때 과거에 경험한 적이 있었던 제도와 관행들을 동경하는 이들도 더러 있습니다. 이들은 사회를 평가하는 기준을 과거에서 찾기 때문에 복고주의자 혹은 반동주의자reactionary로 분류됩니다. 과거로의 회귀를 주장하기 때문에 퇴보주의retrogressivism라고 표현되기도 합니다. 그러므로 현실을 바꿀 것을 주장한다고 해서 다 같은 진보주의는 아닌 것이죠. 어느 정도 짐작하시겠지만 진보주의는 지금까지 경험하지 않았던 새로운 제도나 관행을 기준으로 현재 사회를 평가합니다. 따라서 정리해 보면, 복고주의자는 과거의 제도나 관행으로의 회귀를 주장하며, 보수

표 4 이데올로기의 스펙트럼

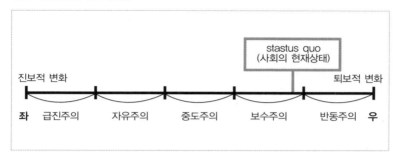

주의자는 현재의 제도와 관행을 보존할 것을 주장하고, 진보주의자는 새로운 제도와 관행으로 나아갈 것을 주장한다고 할 수 있겠습니다.

한편, 보수와 진보가 현실사회에 대한 일정한 평가를 하고 있고, 또 각자가 현재의 제도와 관행 혹은 새로운 관행과 제도를 원한다고 한다면 왜 그럴까 하는 의문이 들지 않을 수 없습니다. 어째서 그런 차이가 발생할까요? 그 이유는 그들 각자가 옹호하는 가치의 차이에 있습니다. 예컨대 여러분들 중에는 한국 사회가 아직도 가진 자와 못 가진 사이의 불평등이 지나치게 심하기 때문에 불만을 느끼는 이들이 있을 겁니다. 그런 분들은 앞으로의 한국 사회는 지금보다 훨씬 더 평등해져야 된다고 주장할 수 있습니다. 또 어떤 분들은 아직도 한국 사회가 충분히 자유롭지 못하다고 하면서 불만을 토로할 수도 있습니다. 예를 들어 포르노영화를 제작하거나 관람하고 싶은 사람들은 한국 사회는 규제가 심해서 문제라고 말하겠지요. 또 남녀평등에 관한 문제에 관해서도 여러분들은 각기 다른 이유에서 현재 한국 사회에 대해 불만을 토로할 수 있을 겁니다. 남성분들은 혹시 요즘 한국 사회는 '여성이 너무 대우받아서 탈이야'라고 생각하지는 않습니까? 그리고 여성들은 아직까지도 남녀차별이 심하다고 생각하고 있지는 않습니까? 이와 같이 대부분의 성인들은 특정한 문제를 중심으로 현재의 한국 사회의 바람직함을 평가할 수 있는 나름대로의 기준들을 가지고 있다고 할 수 있습니다. 대체로 이런 기준으로 가장 많이 적용되어지는 가치들로는 자유, 평등(사회정의), 질서(생명과 재산의 보존이라는 최소 의미의 질서와, 한 사회의 전통적인 삶의 양식이나 도덕의식까지를 포함하는 광의의 질서), 경제성장 등이 있습니다.

현재의 질서를 보존하려는 사람들은 대체로 자유보다는 질서 쪽에 평등의 증진보다는 전통적인 위계질서를 유지하는 것에 비중을 더 둡니다. 한국의 보수주의에 그런 깊이가 있을지는 의문이지만, 보수주의가 질서에 비중을 두고 전통적인 위계질서를 보존하려 하는 데는 나름대로의 깊은 근거가 있습니다. 이들은 인간이 아무리 이성적이라 하더라도 지적으로나 도덕적으로 불완전한 존재이기 때문에 오래 다져진 전통과 관습으로 유지되고 있는 현재의 제도와 관행을 급격히 변화시키는 것은 위험하고도 무책임한 일이라고 생각합니다. 진보주의자들은 이성의 힘에 의지하여 현재의 제도와 관행을 비판하고 개혁하려 하는 성향이 강한데, 보수주의자들은 이런 태도를 바람직하지 않다고 봅니다.

반면에 진보주의자들은 질서보다는 개인의 자유에 비중을 두며, 사회를 보다 평등한 방향으로 개혁하려 합니다. 이들이 개인의 자유에 비중을 두는 이유는 개인은 합리적이고 자율적이며 창의적인 존재라고 보기 때문입니다. 이런 합리적인 개인들의 자유로운 창의력이 발휘되면서 사회가 진보한다고 믿는 것이죠. 물론 진보주의자들 사이에서도 자유라는 가치와 평등이라는 가치를 어떻게 결합하느냐에 따라 상당한 차이가 있을 수 있습니다. 보다 진보적인 입장일수록 자유보다는 평등을 강조하는 경향이 있는데 이는 자유가 상대적으로 열등한 가치라고 생각해서라기보다는, 평등이 이뤄지지 않는다면 자유의 평등한 실현이 불가능하다고 생각해서이지요. 그렇기 때문에 복지정책 확대와 관련하여 국가가 경제에 더 개입해야 하는가 말아야 하는가에 대한 논쟁은 단순히 사회정의에만 관련된 논쟁이 아닙니다. 그것은 동시에 자유를 보다 평등하게 실현할 수 있는 방법에 관련된 논쟁임을 알아야 합니다.

보수와 진보는 이렇듯 다른 이유에서 현재의 사회를 보존하거나 개혁하려 합니다. 그러므로 그들이 구체적인 사회·정치·경제·문화적인 문제들을 놓고 사사건건 대립하는 것은 당연한 일이지요. 극단적이지만 않다면 그들 사이의 충돌은 어쩌면 바람직하다고도 할 수 있습니다. 만일 어느 한쪽이 일방적으로 우세하다고 가정해보십시오. 만일 한 사회에 보수주의자들만 있다면 그 사회는 매우 정체되고 부패하기 쉬울 것입니다. 그리고 활력을 잃어버리게 될 가능성이 높겠죠. 기득권자들은 무책임해지기 쉽고 불평등은 더욱 심화될 가능성이 높을 것입니다. 반대로 한 사회가 진보주의자들로만 구성되어 있다고 생각해보십시오. 그 사회는 모든 것이 항상 새롭게 변화할 테니 활력은 넘칠지 모르지만 안정된 삶은 불가능할 것입니다. 새로운 것에 적응하려고 하면 또 다른 새로운 것이 나타나 다시 적응해야만 하겠죠. 이렇게 모든 것이 빠르게 변한다면 최소한도의 안정도 이루지 못할 것이고 사람들의 심리는 극도의 긴장과 불안상태에 빠지게 될 것입니다.

이렇듯 보수와 진보는 서로 대립적이기만 한듯하지만 실상은 서로가 서로의 가치를 빛나게 하는 보완적인 힘인 것입니다. 서로 대립하고 있는 상황에서는 상대방이 적으로 보이지만, 한걸음 물러나서 보면 상대방이 없으면 자신의 존재도 위태롭게 되는 그런 상보적인 관계인 것이지요. 긴장적 공존, 이것이 바로 이들의 관계입니다. 마치 남녀가 대립적인 듯 상보적이고 음양이 대립적인 듯 상보적이듯이, 보수와 진보의 관계 또한 대립적인 듯 상보적인 관계인 것입니다. 이상적인 사회는 한쪽이 다른 쪽을 압도함이 없이 서로의 존재가 균형을 이루며 공존하는 곳일 것입니다. 그런 사회는 관용과 타협의 정신이 깊이 정착되어 있을 것입니다. 우리도 그런 사회를 만들어가야 하지 않을까요?

# 12. 지역주의, 공멸에 이르는 병

한국 정치 발전을 저해하고 있는 가장 중요한 요인들 중 하나가 지역주의라는 것은 여러분들 누구나가 다 잘 알고 있으리라 생각합니다. 지역주의는 선거 때만 되면 어김없이 찾아오는 달갑지 않은 불청객으로 한국 정치의 발전을 염려하는 모든 국민들의 마음을 착잡하게 만듭니다. 정치인들은 평소에는 지역주의를 청산하겠다고 야단법석이지만 막상 선거 때가 되면 언제 그랬냐는 듯이 지역주의를 부추겨서 당선되려 합니다. 타 지역에 가서는 지역주의를 버리라고 역설하면서도 자기가 속한 지역구에 가서는 은근히 지역주의에 호소하면서 지지를 확보하려 들지요. 경쟁상대가 동일 지역 출신인 경우에는 자신이 속한 당의 절대적 지지기반이 바로 자신의 지역구라는 것을 강조함으로써 상대방과 자신을 차별화하려 합니다. 우리 국민들 대부분도 표면적으로는 지역주의를 망국병이라 욕하면서도 이런 구실 저런 구실을 갖다 대며 결국은 자기 지역 출신을 선택하는 모순을 보여주고 있습니다.

저는 이 강의에서 한국 정치 발전과 국민통합을 저해하고 있는 중요한 요인인 지역주의의 역사적 기원을 다루지는 않겠습니다. 그보다는 민주정치 발전과 지역주의의 상관관계를 다뤄봄으로써 지역주의를 성공적으로 극복하지 못한다면 정치발전도 국민통합도 이룰 수 없다는 것을 주장하고자 합니다. 저는 나름의 독특한 방식으로 이 문제에 접근해볼까 합니다. 지역감정(또는 지역주의)의 형식적 구조를 분석함으로써 그것이 얼마나 비민주적이며 반민주적인 함의가 있는지를 드러내보이는 것입니다. 그리하여 지역주의 극복을 위한 범국민적인 관심과 노력을 촉구하고자 합니다.

먼저 지역감정은 그 자체로서는 아주 자연스러운 현상임을 지적하고 싶습니다. 자신이 태어나서 자라고 삶의 터전을 마련한 곳에 애착을 갖는 것은 인지상정입니다. 자신의 지역이 다른 지역보다 조금 더 발전되어 있고 풍요로우며 더 많은 인재들을 배출한 곳이라는 생각은 뿌듯한 감정을 불러일으키며 자부심을 갖게 합니다. 이런 감정은 비단 우리나라에서뿐만 아니라 세계 모든 곳에서 존재합니다. 이런 감정을 갖는 것을 잘못됐다고 할 수만은 없지요.

하지만 지역감정의 부정적인 측면이 전혀 없다고는 말할 수 없습니다. 자신이 속한 지역에 대한 애착은 자칫 잘못하면 타 지역에 대한 배타적인 감정으로 발전하며 나아가서는 아주 독선적이고 근거 없는 지역우월주의를 나을 수 있으니까요. 자기 지역에 대한 애착은 '우리(지역)'와 '그들(다른 지역)'을 구분하는 이분법적인 태도를 전제하고 있습니다. 이 구분법은 보통 '우리'는 우월하고 깨끗하며 발전되어 있는 반면, '그들'은 열등하고 불결하며 낙후되어 있다는 부정적인 감정을 내포할 수도 있습니다. 그리하여 '우리'가 '그들'을 이겨야 하며 지배해야 한다는 우월주의로 발전할 수 있는 것이요. 사실 우리가 그토록 비판하는 20세기 최대의 죄악인 홀로코스트는 아주 독단적이고 배타적인 인종우월주의에서 비롯되었습니다. 아리안 혈통을 지닌 금발의 백인종이야말로 우월한 인종이기 때문에 당연히 세계를 지배해야 한다는 나치의 황당한 생각이 독일인들의 잘못된 자부심을 촉발시켰고 급기야 전체주의라는 인류 최대의 비극을 초래했던 것이요.

한국의 지역감정을 나치의 인종우월주의에 결부시켜 논하는 저의 논조가 지나치게 심하다고 생각하시는 분들이 많을 겁니다. 저도 그렇다고 생각합니다만, 이런 논리를 펴는 이유는 지역감정과 인종주의 사이에 형식적인 유사성이 있다는 것을 강조하고 싶어서입니다. 그것은 주로 부정적인 유사성인데요, 자기 지역(인종)의 우월성에 대한 맹신과 타 지역(인종)에 대한 배타성과 경멸의 감정이 바로 그것입니다. 그렇기 때문에 니콜라이 베르쟈예프Nikolai Berdjajew라는 러시아 사상가가 20세기의 가장 큰 죄악은 민족주의였다고 파악했던 것도 일리가 있습니다. 어쨌든 자기 인종이나 민족에 대한 애착처럼 자기 지역에 대한 맹목적인 애착 역시 타 지역에 대한 배타성과 공격성으로 표현될 수 있다는 겁니다. 지역감정의 두 얼굴이라 할 수 있겠지요. 그러한 부정적인 측면이 현저히 드러나는 곳에서는 타 지역 사람들의 지역감정 역시 고조될 수밖에 없으며 서로 부딪힐 수밖에 없습니다. 이런 곳에서는 합리성과 같은 요소보다는 혈통이나 민족 그리고 지역과 같이 비합리적인 일차적 요소들이 두드러지게 발현되기 때문에 극단적인 대립과 투쟁만이 나타납니다. 코소보 사태라든가 체첸 분쟁, 그리고 동티모르 사태와 같은 경우에서 이런 모습들을 확인할 수 있었습니다. 이런 곳에서는 서로가 서로에 대한 철천지원수로서 존재하지 공존의 파트너로 존재하지 않습니다. 상대방에 대한 무자비한 인

아우슈비츠 수용소(©Marcin Białek)

종청소나 철저한 지배만이 목표이니까요. 이런 곳에서는 상대방 역시 자유롭고 평등하며 합리적인 존재로 보고, 공정한 대화의 상대로 인정할 때만 비로소 가능한 민주주의는 전혀 찾아볼 수 없습니다.

　다소 지나친 비유였습니다만, 과거보다는 많이 개선되었다고 해도 여전히 우리나라의 지역감정은 그 긍정적인 측면보다는 부정적인 측면이 강하게 나타나고 있습니다. 이미 남북으로 분할된 터에 지역감정으로 동서마저 분리되어 서로 으르렁거리고 있는 현실은 민주주의 발전의 전망을 극히 어둡게 하고 있지요. 민주주의의 정신이 무엇보다도 상대방을 공정하고 합리적인 대화의 상대자로 인정하는 것임을 생각해볼 때, 상대방을 억눌러야 할 대상으로 치부하는 지역감정의 부정적인 측면은 분명 우리나라의 민주정치 발전에 거대한 걸림돌입니다.

　잠시 서구에서의 민주화 역사를 되돌아봅시다. 그들은 먼저 하나의 민족국가로서 발전했습니다. 근대 초 절대군주제를 기초로 한 민족국가체제가 성립된 이후, 유럽의 민족들은 민주화 과정을 통해 점차 국민으로 발전해갔습니다. 우리가 민족 혹은 국민으로 번역하고 있는 'nation'이란 단어는 이 두 의미를 다 내포하고 있습니다. 그러나 근대국가의 공고화와 민주화라는 동시적 발전과정을 통해 nation의 두 가지 의미—민족ethnos과 국민demos—중 국민의 측면이 훨씬 더 강하게 부각되기 시작했습니다. 민족이란 개념은 동일한 혈통이나 지역성 그리고 언어를 중심으로 결합된 사람들의 집단이란 뜻이 다소 강하게 부각되고 있는 데 반해, 국민이란 개념은 하나의 보편적인 법질서에 대한 충성을 공유하는 다소 추상적인 집단의 성격이 강합니다. 그러므로 근대 국민국가의 발전과 민주화는 민족으로서의 nation이 국민으로서의 nation으로 진화해가는 과정인 동시에 이 국민을 이루고 있는 평등하고 자유로우며 합리적인 개인들이 공정한 조건 아래 대화와 타협을 통해 공동의 문제를 해결해나가는 제도적 장치와 문화를 창조해간 과정이었던 것입니다.

요약해보면, 한국 정치 발전은 지역감정의 부정적인 측면들을 지양하는 한편으로 보편적인 단일한 법규범을 중심으로 통합된 하나의 국민을 형성할 수 있을 때, 모든 개인들이 서로를 대등한 대화의 상대자로서 포용하고 존중할 때, 그리고 공적인 문제를 결정하는 일에 협소한 지역적 이해관계를 뛰어넘어 전체 국가의 일원으로서 참여할 수 있을 때 비로소 가능하게 될 것입니다. 협소한 지역감정은 연쇄적으로 다른 지역의 지역감정을 부추김으로써 국민통합을 어렵게 할뿐만 아니라, 공정하고 합리적인 협의와 타협을 불가능하게 함으로써 민주주의를 병들게 합니다.

전국적인 선거는 우리가 한국 정치 발전의 발목을 잡고 있는 망국적인 지역감정의 족쇄로부터 벗어나서 성숙한 민주국민으로 거듭났다는 것을 증명해줄 수 있는 계기입니다. 선거에 임할 때마다 지역주의를 과감히 벗어나서 과연 어떤 선택이 우리 국민 전체에 유익할 것인가를 생각하시기를 바랍니다. 여러분 개개인들이 그런 사고방식을 습관화하는 것은 여러분들을 성숙한 민주국민으로 만들 것이며, 나아가서는 우리나라의 민주정치를 한 단계 발전시키는 밑거름이 될 것입니다.

# 13. 공공의 적, 정치부패

　정치와 경제의 부적절한 결탁은 건전한 경제적 토대와 기업 구조를 취약하게 만들 뿐만 아니라 정치에 대한 환멸과 무관심을 조장한다는 점에서 공공의 악惡이라고 볼 수 있습니다. 해방 이후 최대의 경제위기였던 IMF 환란의 근본적인 원인이 정경유착 때문이라는 분석도 있습니다. 사실 대한민국의 정치부패는 해방 이후 권력과 경제의 구조적인 결탁으로 인해 만성적인 현상이 되었습니다. 특히 정당성을 상실한 군사정권의 조직적인 비리와 부패는 이후의 정치문화를 정상적인 궤도로부터 일탈시키거나 왜곡·변질시킨 주된 요인으로 비판되기도 합니다.

　일반적으로 정치부패는 사적 이익을 위해 공적 지위와 권력을 남용하는 것을 의미합니다. 자본주의 체제에서 정치부패는 주로 경제적 부(자본)가 공적 영역(공공선 추구의 정치)으로 침입하는 것을 의미합니다. 우리나라의 경우 두 영역의 결탁과 상호 침입이 특히 노골적이고 구조화되었다는 점에서 그 심각성이 더했다고 볼 수 있습니다.

우리가 상식적으로 알고 있듯이 정치는 공동체 전체의 공익과 시민의 복지를 위해 공동선을 추구하는 영역입니다. 반면, 경제적 영역인 시장은 자본이 사적 이윤을 최대한 추구하는 경쟁의 장소입니다. 이 두 영역의 성격과 원리는 근본적으로 상이할 수밖에 없습니다. 정치부패는 시장의 이윤 추구 논리를 정치적 영역으로 침투시켜 시장의 공정한 게임을 교란하고 정치 고유의 공공성을 왜곡시킨다는 점에서 그 폐해가 심각합니다. 예컨대, 과거 3공화국(1963년 3월~1972년 10월)과 5공화국(1981년 3월~1988년 2월) 등 군사정부 시절, 국가 관료에게 바쳐진 천문학적인 액수의 정치자금과 그것을 매개로 한 정권과 대자본과의 결탁은 생산영역과 분배영역을 왜곡시켜가며 우리나라의 경제적 토대 및 기업 구조를 취약하게 만들었습니다. 시장의 왜곡이 주는 병폐와 기업경영의 부실은 다시 많은 특혜와 정치권력의 개입으로 덮어졌으며, 그 오랜 병리현상이 축적된 결과가 결국 1997년의 외환위기로 나타났던 것입니다.(물론 외환위기에는 다양한 요인이 작용했으며 세계적인 금융투기 자본의 개입도 무시할 수는 없습니다.)

역설적으로, 뇌물과 정치자금 제공은 당사자들에게는 합리적 선택일 수 있습니다. 시장에서 합리적 선택은 최소의 비용으로 최대의 이익을 얻는 것입니다. 이른바 '권력형 비리'에서 뇌물을 주는 기업가는 적은 비용을 투입하여 커다란 이익을 얻을 수 있습니다. 한편, 뇌물을 받는 사람은 자신이 가진 권력의 가치를 이용하여 불법 정치자금이나 막대한 사익을 추구할 수 있습니다. 이처럼 당사자들에게는 합리적일지도 모르지만, 문제는 이런 행위가 특정한 행위자에게 시장의 재화를 몰아주고 시장의 경쟁 기능과 합리성을 마비시키거나 왜곡시킨다는 점이지요.

시장의 상식으로 본다면, 수익 구조가 악화되는 기업은 자구 노력을 통해 위기를 극복하거나 그렇지 못할 경우 회사의 문을 닫든지 매각해야 합니다. 그러나 이러한 상식이 우리의 경우엔 통하지 않았습니다. 재벌 총수의 독단적 경영, 문어발식 몸집 부풀리기, 재무 악화를 은폐하는 온갖 회계 부정 등 문을 닫거나 시장에서 퇴출되어야 할 일들을 해온 기업들이 오히려 정치권력과의 결탁 및 관련 기관의 묵인 아래 많은 특혜를 받으며 군림해왔던 것입니다. 경영부실로 눈덩이처럼 빚이 늘어나도 정부와의 거래를 통해 해결하는 것이 기업의 관행이기도 했습니다. 은행 입장에서도 부실기업을 부도나 법정관리 같은 원칙으로 처리하는 것이 아니라 정부가 구해주기를 기다리면서 손해를 최소화하는 것이 관행이었습니다. 정치와 경제의 결탁 및 정치부패가 야기한 탈선 속에서 시장의 건강한 합리성과 원칙은 크게 손상되었습니다. 이처럼 시장의 원리를 구조적이고 지속적으로 왜곡시킨다면 그 최종적인 최악의 결과는 시장 합리성의 타락이자 국민경제의 붕괴입니다.

물론 어느 정도 수준의 민주화가 진행된 지금 제왕적 대통령의 말 한마디에 국세청, 국정원, 검찰 등 국가기관과 금융기관이 조직적으로 개입하는 극단적인 정치부패 및 비리 사건은 발생하기 힘들 것입니다. 실제로 과거에 비교해본다면, 현재 발생하는 정치부패 및 비리 사건은 그 규모나 행태에 있어 현저히 축소된 것이 사실입니다. 그러나 최근에도 OO 게이트, △△ 뇌물수수 사건 등 크고 작은 부정부패 사건들은 계속해서 발생하고 있습니다. 아무리 작은 규모일지라도 정치부패의 위험성을 경계하지 않는다면 그것은 시장경제를 교란시키고 국민경제의 토대를 갉아먹게 되어 종래에 큰 위기를 초래할 것입니다.

시장이 가진 장점은 최대화하면서 시장의 독선과 타락을 방지하고 치유하는 것이 공적 권력인 정부의 역할입니다. 시장의 병폐에 대한 교정과 치유는 시장 공공성의 보호이며 그것은 기업이나 개인이 할 수 있는 것이 아니라 정치만이 할 수 있습니다. 기업 역시 국가 경제의 한 축을 담당하고 있는 주체로서 사회적 책임을 소홀히 하지 않는 것이야말로 선진적인 시장윤리에 부합하는 태도일 터입니다.

정치부패는 경제를 왜곡시킬 뿐만 아니라 국민들에게 정치적 무관심과 환멸을 불러일으킨다는 점에서 정치에 큰 위협이 됩니다. 한나 아렌트가 지적했듯, 과거 아테네 시민들에게 민주정치는 "자신의 사적 이익을 초월하여 세계를 위해 위대하고 빛나는 일을 할 수 있는 공적 행복감"을 제공하는 무대였습니다. 정치 참여를 통해 시민들은 자신들의 인간성과 도덕적 능력을 함양할 수 있었습니다. 반대로 빈번하게 발생하는 정치부패는 국민들에게 정치의 매력을 깎아내릴 뿐만 아니라 정치를 소수 권력자들의 탐욕과 암투로 변질시켜 국민들에게 혐오와 짜증의 대상으로 만들어버립니다. 각종 여론조사를 볼 때, 사회지도층 중에서 불신 대상 1위를 다투는 직업은 언제나 정치인이었습니다. 더구나 정치부패는 돈과 자본의 논리가 지배하는 시장에서의 불평등을 정치에까지 침투시켜 사회 전체적으로 불평등을 확산시킴으로써 민주주의 원리를 위협하기도 합니다.

이처럼 정치부패는 국민들에게 정치에 대한 부정적 인식을 심어주고 정치를 자신의 삶과 상관없는 영역으로 인식하게 만듭니다. 정치란 다양한 국민들의 지속적인 관심과 목소리를 반영할 때 사회발전의 원동력이 됩니다. 그것이 진정한 국민의 힘이자 건강한 토대를 가진 국가의 경쟁력이며, 단순히 국민총생산이나 무역수지 흑자 등으로 측정할 수 없는 발전의 에너지를 제공합니다. 이러한 무한한 가능성을 가진 정치로부터 국민을 배제시키는 정치부패는 국민들이 절대 용납해서는 안 될 공공의 적이라 하겠습니다.

# 2

민주주의란
무엇인가?

# 1. 민주주의를 아십니까?

민주주의를 아십니까? 이 질문은 결코 여러분들을 무시해서 드린 것이 아닙니다. 단지 민주주의의 의미를 한 번 더 새겨봄으로써 민주사회를 지향해가는 우리들의 목표를 더욱 분명히 하고자 하는 뜻에서입니다. 사실 우리들은 우리가 사용하는 모든 개념들을 정확하게 알지는 못합니다. 그 개념들이 무엇을 뜻하는지는 대충 알고 있지만, 한번 설명을 해보라고 하면 이내 머리를 긁적대곤 하죠. 이게 별 문제가 아닌듯하지만 사실 그렇지가 않습니다. 그 개념들이 우리들의 인생관에 관계된 것이거나 우리 사회가 움직여나가는 거대한 방향에 관련될 때는 더욱 더 중요하죠. 만일 우리에게 자신의 인생목표에 대한 확고한 이해와 실천의지가 없다면 어떨까요? 아마 노력을 쏟을 수 있는 목표를 상실한 채 갈팡질팡하며 살아갈 가능성이 높을 겁니다. 마찬가지로 우리 사회가 나아갈 방향인 민주주의에 대해 분명히 알지 못한다고 가정해보십시오. 우리는 민주주의의 탈을 쓴 비민주적인 세력을 분간해내지도 못하고, 우리가 원하는 민주사회를 성취할 수도 없을 것입니다. 그래서 로버트 매키버<sup>R. M. MacIver</sup> 교수는 민주주의의 가장 큰 적은 외부의 전체주의적 국가도 내부의 비민주세력도 아니라, 민주주의가 정확히 무엇인지를 알지 못하는 시민들의 무지라고 말했습니다. 민주주의의 의미를 정확히 알 때 우리는 민주주의를 그 적으로부터 수호할 수 있으며, 민주화를 성공적으로 발전시켜갈 수 있는 것입니다.

그러면 민주주의는 과연 어떻게 이해할 수 있을까요? 민주주의에 대한 정의는 학자마다도 약간씩 다를 정도로 다양합니다. 어떤 학자는 민주주의를 실현해야 할 이상이나 규범을 중심으로 이해하려고 하는 반면, 다른 학자는 이른바 선진적인 민주주의 국가들에서 실제로 전개되고 있는 과정을 중심으로 경험적으로 이해하기도 합니다. 또 어떤 학자는 정치과정에 초점을 두는 반면 실질적 가치에 초점을 두는 이도 있습니다. 그리고 어떤 학자들은 가능한 한 그 내용을 간략하게(최소주의) 또 다른 학자들은 가능한 한 풍부하게 이해하기도 합니다. 이와 같은 차이에도 불구하고 민주주의는 그 어원과 관련된 본질적인 특징이 있는데 이 특징을 중심으로 민주주의를 풀어나가는 것이 가장 이해가 쉬우리라 생각됩니다. 민주주의<sup>democracy</sup>는 어원상 인민을 의미하는 demos(원래는 가난한 다수의 사람)와 권력 혹은 지배를 의미하는 kratos의 합성어로 어원적으로는 가난한 다수의 지배를 의미했습니다. 그 때문에 고전적 시대의 민주주의는 무식하고 가난한 사람들이 수적인 우세에 입각해서 권력을 행사하는 것을 뜻했습니다. 그래서 플라톤과 같이 지식을 중요시했던 사람들은 민주주의를 가장 나쁜 정치체제로 평가했던 것이죠.

하지만 문명이 발전하고 사회가 진화하면서 대다수 인민들은 교육

의 혜택을 받기 시작했고 물질
적인 여유도 확보해감으로써 민
주주의는 조금씩 긍정적인 의미
로 사용되기 시작했습니다. 그
리하여 19세기 중반 이후에는
인민의 자치 능력을 긍정하면서
도 그 어원에 충실한 민주주의
에 대한 간결한 정의가 등장했
습니다. 아마도 여러분들은 미
국의 링컨 대통령이 1864년 게
티스버그 연설에서 제시한 민주

에이브러햄 링컨

주의의 정의를 잘 알고 있으리라 생각합니다. 민주주의는 '인민의, 인
민에 의한, 인민을 위한 통치'라는 정의를 말입니다.

이 정의는 다소 현실과 동떨어져 있는 것이 사실이지만 민주주의에
대한 가장 간결하면서도 풍부한 정의입니다. 먼저 이 정의는 민주주
의에서 정치권력은 인민에게 귀속된다는 주권재민의 의미를 담고 있
습니다. 오늘날 인민의 범주에는 모든 남녀 성인들이 포함되므로 한
나라의 모든 남녀 성인들이 정치권력의 주인이란 의미가 담겨 있습니
다. 다시 말해 정치권력의 원천과 소재가 모든 인민에게 있다는 뜻입
니다.

다음으로 링컨의 민주주의 정의는 정치권력이 인민의 소유일 뿐만
아니라 그 인민에 의해 행사된다는 점을 강조하고 있습니다. 인민은
자신들이 직접 권력을 행사하거나, 그러기가 어려울 때는 대표자들
을 선출해서 간접적인 방식으로 권력을 행사할 수 있습니다. 전자는
직접민주주의이며 후자는 대의민주주의라고 부릅니다. 복잡하고 거

대한 현대 사회를 배경으로 볼 때 현실적으로 대의원들을 통한 간접 민주주의가 보편적이며 유리하다고 할 수 있을 것입니다. 하지만 대의원들이 인민의 기대에 못 미치는 것이 대부분이기 때문에 요즈음은 인민의 직접적인 정치 참여가 다시 분출하고 있는 실정입니다.

어쨌든 민주주의를 인민의 자치라는 관점에서 이해하는 것은 여전히 유효합니다. 그 결과를 떠나서 민주주의는 인민 다수의 합의를 통해 정치공동체의 문제를 풀어나가는 정치원리이기 때문입니다. 근대 이후 인민은 교육을 통해 계몽되었기 때문에 공동체의 문제를 능히 풀어갈 수 있다고 여겨졌습니다. 그런데 이 부분에서 다음과 같은 점이 강조될 필요가 있습니다. 민주주의는 단지 어떤 문제를 풀기 위한 수단에 지나지 않는다는 견해를 경계해야 한다는 점을 말이지요. 만일 민주주의를 어떤 사회·경제적인 문제를 해결하기 위한 일정한 절차 혹은 수단에 지나지 않는다고 이해한다면, 그런 문제를 해결하기 위한 보다 더 효율적인 방법이 있을 때 민주주의는 필요 없는 것이 되니까요. 우리나라에서도 과거의 독재자들은 이런 논리를 사용하여 인민을 우롱했고 자신의 독재체제를 강화시켜나갔습니다. 그들이 흔히 써먹은 핑계는 경제성장과 북한문제였음을 잘 아실 겁니다. 그들은 민주주의는 경제성장을 위해서는 비효율적이니까 경제성장을 이룰 때까지는 권위주의 정치가 불가피하다고 선전하곤 했고, 안보를 위해서는 민주주의를 제약해야 한다는 주장을 정당화했지요.

하지만 여러분, 민주주의는 단순히 사회·경제 문제를 해결하기 위한 절차 내지 수단인 것만은 아닙니다. 그렇다면 저들 독재자들의 논리도 옳을 수 있겠죠. 민주주의는 무엇보다도 합리적이고 자유로우며 평등한 존재들이 자신의 자유와 평등과 합리성을 실현하기 위해 요구하는 절차요 질서인 것입니다. 다시 말해 자유롭고 합리적이며 평등한 인간성을 실현하기 위해 필수불가결한 질서의 원리라는 것입니다. 근대 서구인들은 자신들을 그와 같이 자유롭고 합리적인 존재로 인식했고, 그런 인간성을 표현하고 발전시키기 위한 유일한 방법으로 민주주의를 발전시켰습니다. 그러므로 민주주의는 어떤 다른 목적을 위해 존재하는 것이 아니라, 일차적으로 자유롭고 평등하며 합리적으로 살아가고자 하는 개인들의 도덕적 특성을 표현하기 위해 존재하는 것입니다. 그런 의미에서 민주주의는 그 자체의 고유한 의미와 가치가 있다고 말할 수 있겠습니다. 특별히 절박한 위기상황이 아니라면, 그리고 우리가 우리 자신을 자유롭고 평등하며 합리적인 존재라고 믿고 있다면, 아니면 최소한 그런 존재가 되고 싶어 한다면, 민주주의는 경제성장과 같은 다른 목적을 위해서 잠시라도 유보될 수 있는 그런 성질의 것이 아닙니다. 민주주의는 자유로운 인격을 표현할 수 있는 유일한 방식이니까요. 민주주의를 유보한다는 것은 우리가 잠시 우리의 자유와 합리성을 포기한다는 의미로, 말하자면 완전한 인간이기를 중단하는 것과 마찬가지로 볼 수 있습니다.(그러므로 민주주의를 통해서만 우리는 진정 인간다운 인간으로서, 삶과 사회의 주체로서 살아갈 수 있다고 볼 수 있습니다.)

민주주의가 인민의 자치를 의미하는 것이라면 그것은 결국 인민 자신의 행복을 위한 정치가 되겠지요. 이것이 링컨이 정의한 민주주의 개념의 세번째 의미입니다. 그러나 이 부분—'인민을 위한'—은 반드시 민주주의에만 국한된 것이 아님을 강조할 필요가 있습니다. 독재자들도 모두 다 인민을 위한다는 구실로 독재를 감행했기 때문입니다. 그리고 실제로 선한 독재자들이 없었던 것도 아니고요. 따라서 '인민을 위한' 정치라도 인민의 자치에 의해 실천되지 않는다면 민주주의라고 할 수 없는 것입니다. 권위주의 전통에 익숙한 우리는 특히 이 부분을 주의해서 민주주의를 이해해야 할 것입니다.

그런데 민주주의를 하나의 정치적 이상 혹은 원리로 이해한다면, 현실적으로는 이런 이상을 실현하기 위한 제도적 장치가 필요합니다. 삼권분립, 보통선거제도, 다수결주의, 법치주의 등등이 민주주의의 이상을 실현하기 위해 요청되는 대표적인 제도들입니다. 제도에 관련된 문제는 차츰 다룰 것입니다.

민주주의를 이상과 같이 이해할 경우, 민주주의를 완벽히 실천하고 있는 나라는 세상에 존재하지 않는다는 것을 인정해야 합니다. 아무리 민주주의가 잘 되고 있는 나라라도 링컨의 이상적인 민주주의 정의에 완전히 부합하지는 않을 테지요. 그렇기에 민주주의는 하나의 이상으로서 존재한다고 보는 것이 타당하다고 볼 수 있습니다. 완벽한 민주주의는 우리가 성취할 수 없지만, 보다 자유롭고 합리적이며 평등해지기를 원하는 우리 모두에게 우리 사회를 개혁해나가는 큰 방향을 제시해줍니다. 그래서 영국 케임브리지 대학의 존 던J. Dunn 교수는 민주주의는 "결코 완성할 수 없지만 원하지 않을 수 없는" 이상으로 표현했던 것입니다. 인간의 불완전성을 전제할 때 인간의 집단생활을 지도하는 이상과 원리 역시 불완전할 수밖에 없습니다. 그래도 민주주의는 지구상에 존재하고 있는 정치원리 중에서는 가장 결함이 적을 뿐만 아니라, 자유와 평등을 추구하는 사람들의 염원을 불완전하게나마 실현할 수 있는 유일한 집단생활의 원리인 것입니다. 민주주의는 오직 인민의 관심과 참여를 통해서만 숨 쉬며 생존해갈 수 있습니다. 인민의 참여 없는 민주주의는 존재할 수 없습니다.

# 2. 민주주의, 그 이상과 현실의 조우

우리는 흔히 이상과 실제는 다르다고 말들 합니다. 민주주의에 대해서도 같은 말을 할 수 있겠습니다. 하나의 정치적 이상으로서의 민주주의와 정치현실로서의 민주주의는 엄청난 차이가 있을 수밖에 없습니다. 하나의 이상으로서 민주주의는 말 그대로 인민이 정치과정의 주체로서 자신의 운명에 관련된 중대사들을 스스로 결정하는 정치형태입니다. 그렇기 때문에 정치적 이상으로서의 민주주의는 공동체의 문제에 대한 시민들의 적극적인 관심과 참여로 특징지어진다고 하겠습니다. 우리는 이런 민주주의의 이상을 고대 그리스의 아테네 직접민주정치로부터 끌어왔습니다. 그리고 정치현실로서의 민주주의는 가장 민주주의적이라고 여겨지는 국가들에서 현재 실천되고 있는 정치형태를 말합니다. 예를 들어 미국이나 영국과 같은 선진 민주주의 국가에서 실제로 실천되고 있는 정치방식을 관찰하고 분석함으로써 민주주의가 무엇인지를 정의하는 것이지요. 그러므로 민주주의를 하

파르테논 신전과 아크로폴리스(© Lennie Z)

나의 정치적 이상으로서 이해하는 것은 민주주의 국가의 정치는 '당위적으로 어떻게 되어야 한다'는 목표제시에 적합하며, 민주주의를 현실적으로 실천되고 있는 정치방식으로서 정의하는 것은 민주주의를 어떤 목표가 아닌 실제로서 이해하는 것입니다. 따라서 우리는 민주주의를 하나의 이상으로 간주하는 입장을 민주주의에 대한 규범적 정의로, 그리고 정치현실로서 이해하는 것은 경험적 정의로 규정할 수 있습니다.

고대 그리스의 아테네 직접민주정치와 고대 로마의 공화정으로부터 그 영감을 받은 규범적 민주주의관은 원래 현실 정치과정을 설명하고자 하는 경험주의적 입장에서 구성된 것이 아닙니다. 그보다는 현실 정치과정을 이상적으로 변화시키거나 그것에서 실현시키고자 하는 원리나 규범 혹은 가치들을 더 중요시했습니다. 즉, 있는 그대로의 정치현실을 바람직하게 변화시키고자 하는 목적을 가지고 발전된 것이기에 현실 정치와는 상당한 괴리를 보일 수밖에 없습니다. 보다 구체적으로 살펴본다면, 규범적 민주주의 개념은 공동체의 공적 문제에 인민이 광범위하게 참여하는 것을 정당한 것으로 인식시키고 또 촉진시키고자 하는 당위적 목표로서 제시된 것이었습니다. 그래서 규범적 입장의 민주주의를 제시한 이들은 주로 인간이 궁극적으로 추구해야 할 절대가치와 윤리규범에 관심을 가지고 있었던 철학자들이었지, 있는 그대로의 사실을 경험적으로 냉정하게 관찰한 뒤 사실적 데이터에 입각하여 이론을 정립하는 과학자들이 아니었죠. 이런 기준에 입각해서 민주주의를 구분하게 되면 우리는 전자를 민주주의에 대한 고전적 이해로 후자는 민주주의에 대한 현대적 이해로 부를 수도 있겠습니다.

물론 근대 초 서유럽에서 자유민주주의가 처음 발전하기 시작하고 그를 뒷받침할 수 있는 자유민주주의 사상이 출현했을 당시에는 철학적(규범적) 노력과 과학적(경험적) 노력이 혼재되어 있었습니다. 예를 들어 로크와 같은 사상가는 정치에 관한 이해에서는 주로 신학과 철학 등에 의존했으나, 자연현상에 대한 객관적인 지식은 감각경험에 의해서만 수립될 수 있다는 경험주의를 주장했습니다. 로크가 믿었던 인간의 '자연적 자유' 사상(자연권 사상)은 사실 경험적으로 증명할 수 있는 그런 지식이 아니었으며 경험주의적 지식론이 반대한 신학적·형이상학적 기초를 가지고 있었던 것이죠. 그러므로 신학적·형이상학적 요소에 크게 영향을 받고 있었던 근대 초 철학자들은 여전히 정치질서를 규범적인 관점에서 이해하려는 경향이 강했습니다. 이런 관점은 이후로도 계속 민주주의에 관한 이해를 상당 부분 좌우했으며, 부분적으로는 아직까지도 민주주의에 대한 우리의 이해에 영향을 미치고 있습니다.

민주주의에 대한 경험적 이해는 20세기에 들어서 발전된 사회과학 방법론의 발전에 크게 영향을 받았습니다. 특히 19세기 말과 20세기 초 유럽에서는 실증주의라는 큰 흐름이 생겨났는데, 이 실증주의는 경험적 관찰과 검증을 거치지 않은 지식은 아무런 의미가 없다고 주장하며 오직 관찰과 검증을 통과한 지식만이 참된 지식이라고 주장했습니다. 실증주의자들은 경험적 관찰과 검증을 거치지 않은 채 제시된 주장들은 참된 지식이 아닌 형이상학에 불과하다며 비판했습니다. 예를 들면, 자연권이니 자연법이니 하는 것들은 경험적 관찰과 검증의 대상이 될 수 없기 때문에 무의미한 진술이라는 것이죠. 20세기 초부터 중반에 이르는 기간 동안 이와 같은 실증주의적 방법론이 정치학 분야에 도입되어 정치학행태주의political behavioralism라는 경험주의적 정치학으로 수립·발전되었습니다. 그리하여 민주주의에 대한 연구도 지난 세기까지의 철학적·규범적 연구를 지양하고 경험주의적인 방향에서 진행되기 시작했던 것입니다. 경험주의를 표방하는 정치학자들은 고전적인 규범적 민주주의 이론이 비현실적인 전제에 입각해 있다고 비판하면서 '있는 그대로'의 사실에 보다 더 충실한 민주주의 이론을 발전시키기 시작했습니다.

1908년에 발표된 그레이엄 월라스G. Wallas의 『정치에서의 인간본성』이란 책은 고전적 민주주의 이론에서 현대적인 경험주의적 민주주의 이론으로의 가교를 마련했습니다. 월라스는 개인의 심리와 그것이 민주정치에 대해 갖는 결과에 주목했습니다. 그는 개인들의 정치행태는 이성이 아니라 본능과 감정이라는 비합리적 요소에 입각해 있음을 지적하면서 정당이야말로 이와 같은 인간본성의 실제에 가장 효율적으로 조정된 현대적 정치제도라고 강조했습니다. 그는 진실한 정치지도자는 정치사회의 모든 구성원들에 이익이 되는 정책을 채택할 것이라 생각함으로써 엘리트주의적인 민주주의 이론에의 가교를 확립했습니다.

이와 같은 과도기를 거쳐 민주주의에 관한 이해는 조지프 슘페터J. Schumpeter●의 경험주의적인 엘리트주의 민주주의 이론에 의해 상당한 변화를 겪게 됩니다. 슘페터는 고전적 민주주의 이론이 공동선common good과 인민의 의사와 같은 식별 불가능한 가정들과 인민의 합리성이라는 비현실적인 가정들에 입각해 있다고 비판하면서 엘리트 중심의 민주주의 이론을 옹호했습니다. 슘페터에 따르면 경험적으로 볼 때 민주주의는 정책결정 과정에 인민들이 자유롭게 참여하는 정치가 아니라, 인민이 자신들을 통치할 대표자들을 자유롭게 선택하는 제도적 장치에 불과합니다. 정권교체는 인민의 민주주의적 노력의 결과가 아니라 선거경쟁을 통한 엘리트 집단끼리의 교체에 불과한 것으로 이해됩니다.

**조지프 슘페터**
1883~1950. 체코 태생. 미국의 경제학자, 사회학자. 현대정치의 메커니즘에서 정당의 중요한 역할을 높게 평가하면서 정치권력을 획득하기 위해 모인 정당을 정치사회의 주된 행위자로 규정했다. 자본주의 발전이론과 경기변동론의 연구로도 유명하다. 저서로는 『자본주의, 사회주의, 민주주의』(1942)가 있다.

이와 같은 슘페터의 민주주의 이론은 현대 서구의 자유민주주의 국가들에서 운용되고 있는 민주주의의 실제 모습을 설명하는 데 큰 장점을 지니고 있습니다. 그의 이론은 정권을 둘러싼 정당 간 권력투쟁, 관료기구들의 중요한 역할, 정치적 리더십의 중대성 등에 관한 현실정치의 특징들을 설득력 있게 설명하고 있기 때문이죠. 그러나 이런 장점들에도 불구하고 그의 이론은 지나치게 경험주의에 편향돼 있어 현실의 민주정치를 그대로 민주주의의 주된 내용으로 간주해버리는 한계를 가지고 있습니다. 그의 민주주의 이론은 현실의 민주정치를 보다 그럴듯하게 설명해준다는 점에서 상당한 현실성을 가지고 있지만, 민주주의에 담겨 있는 본래의 규범적 의미를 제거해버리면서 민주주의의 내용을 초라하게 만들어버리는 문제점을 가지고 있다는 것이죠. 그래서 의도했든 의도하지 않았든 슘페터와 같은 경험주의자들은 있는 그대로의 현실을 정당화시켜버리는 보수주의적인 편향성을 띄게 됩니다. 그 결과 사회를 보다 민주주의적으로 바꾸는 개혁을 위한 이념적 지표를 제시해 주지는 못합니다.

결론을 맺겠습니다. 제 생각으로는 민주주의의 이상과 실제는 어느 정도의 괴리가 존재하고 또 그래야만 된다고 생각합니다. 만일 이른바 민주주의로 분류되는 국가들의 정치현실을 그대로 민주주의의 이상으로 해버린다면 민주주의는 그 규범적 방향성을 잃어버리게 되고 정치개혁을 위한 지표나 기준을 제시해줄 수 없을 것입니다. 반대로 이상과 현실이 완전히 단절되어버리는 것도 문제일 겁니다. 그렇게 되면 민주주의 이상과 현실은 전혀 다른 것이 돼버리고 말 것이며, 민주주의의 이상은 우리에게 아무런 실질적인 가치도 지니지 못한 것이 될 테니까요. 따라서 민주주의의 이상과 실제는 어느 정도 중첩되면서도 어느 정도는 괴리가 있는 것이 바람직하다고 하겠습니다. 그래야만 민주주의라는 개념이 현실 민주정치를 설명할 수 있는 능력을 가짐과 동시에 정치개혁을 안내할 수 있는 규범성을 가질 수 있기 때문이죠. 민주주의를 현실에 대한 설명력과 아울러 규범성을 갖춘 개념으로 이해할 때만이 우리나라의 민주주의가 어느 수준에 와 있는가를 객관적으로 이해할 수 있고, 우리나라의 민주주의를 한 단계 더 발전시켜나가는 데 필요한 준거점을 가질 수 있지 않겠습니까.

# 3. 민주주의, 평등한 시민권을 향한 대장정

  민주주의는 정치적 평등주의를 기초로 삼고 있습니다. 공동의 문제를 논의하고 결정하는 과정에 모든 시민들이 평등한 자격으로 참여할 수 있다는 것이지요. 다시 말하면 정치권력은 가능한 한 폭넓고 평등하게 분배되어야 한다는 것입니다. 그러나 민주정치가 발전하기 시작한 처음부터 모든 사람들이 다 평등한 시민의 자격과 평등한 권력을 향유했던 것은 아닙니다. 많은 사람들이 시민의 자격을 갖지 못했고 따라서 민주정치에 참여하지 못했던 것입니다. 민주정치에 참여할 수 없었던 사람들은 공동체 전체에 관련된 문제를 논의하고 결정할 때 의견을 전혀 반영할 수 없었습니다. 민주주의는 그 시작에서는 정치적 평등주의와 거리가 멀었다고 할 수 있는 것이지요. 그렇게 보면 민주주의의 발전 과정은 정치과정에서 소외되었던 많은 사람들이 시민의 자격을 획득함으로써 정치과정의 주체로 등장하는 과정과 일치한다고 할 수 있습니다. 이번 강의에서는 이와 같은 시민권의 확장현상에 초점을 맞추어 민주주의 발전과정을 추적해보도록 하겠습니다.

우리가 가장 이상적인 민주정치를 실천했다고 칭송하고 있는 아테네에서도 정치적 평등이 완전하게 달성된 것은 아닙니다. 물론 정치과정에 주체로서 참여했던 약 4~5만 명의 시민들 사이에서는 정치적 평등이 상당 정도 성취되었다고 할 수 있겠지요. 하지만 약 30만 명 이상의 여성들과 노예들 그리고 외국인들은 정치과정으로부터 철저히 소외되었습니다. 다시 말해 대다수 아테네인들은 시민으로서의 자격을 갖지 못했습니다. 아테네 민주주의는 결국 귀족적인 형태의 민주주의였다고 할 수밖에 없지요. 그럼에도 불구하고 '민주주의democracy=demos+kratia'의 주체로서 간주되었던 인민demos이 당시로서는 주로 혜택을 받지 못했던 다수의 무산계급이었다는 사실은 하나의 아이러니라 할 수 있겠네요.(demos는 인민을 의미하고 kratia는 지배, 통치를 의미합니다. 그러므로 어원적으로 볼 때에도 민주주의는 인민의 지배를 의미한다고 볼 수 있습니다.) 어쨌든 이때의 민주주의란 용어는 엄밀히 말해 정치적 평등을 의미했다기보다는 가난한 자들에 대한 편애를 반영했다고 할 수 있을 것입니다.

오늘날 민주정치의 주체를 지칭하는 시민이란 개념은 지금으로부터 약 500년 전인 중세 말 유럽 도시에서 처음으로 사용되었습니다. 그 당시 몇몇 유럽도시의 거주자들은 도시성곽 바깥에 거주하고 있었던 사람들이 누리지 못했던 일정한 권리와 특권 그리고 의무를 가지고 있었습니다. 시민citizen이란 용어는 당시의 도시거주자를 의미했던 'city dweller'로부터 파생된 용어로서, 그 이후 다른 집단에게까지 확장되었으며 또 그 의미도 점차 정교하게 발전되었습니다.

근대에 들어서도 모든 사람들이 시민의 자격과 결부된 혜택을 누리지는 못했습니다. 처음에는 재산을 많이 가진 남성들만이 정치과정에 참여할 수 있는 자격이 있었죠. 여성들과 재산이 없는 남성들은 정치 과정에 참여할 수 없었습니다. 근대에 들어 시민권이 극적으로 확장된 것은 미국혁명과 프랑스혁명을 거치고 난 뒤였죠. 특히 미국에서는 혁명 이후 약 1세기 반 동안에 걸쳐 그동안 정치적으로 소외되었던 많은 집단들—예를 들어 아프리카계 미국인 및 여성—이 시민의 자격을 얻게 되었습니다. 그러나 이 기간 동안 미국 외의 다른 나라들에서는 시민권이 그렇게 많이 확장되지는 않았습니다. 영국과 같은 몇몇 유럽 국가들의 인민은 과거보다는 훨씬 더 많은 권리를 누리게 됐지만, 대체로 미국을 제외한 다른 지역의 인민들은 아직까지 군주정 혹은 제국의 신민臣民, subject으로 존재했습니다.

두 차례에 걸친 세계대전은 유럽과 아시아에서 제국 체제를 파괴하여 국민국가 체제를 확산시킴으로써 시민권의 확장에 커다란 역할을 했습니다. 제2차 세계대전 이후 서구 열강들의 식민지배에서 벗어난 신생국들은 앞다퉈 민주주의를 도입했고 최소한 형식적으로는 시민권을 대폭 확장시켰죠. 그러나 그 당시에도 시민권은 보편적으로 주어지지는 않았습니다. 20세기 초까지만 해도 대부분의 서구 국가들은 투표에 대한 엄격한 제한을 두었죠. 영국에서는 1928년에 처음 보통선거가 실시되었고, 미국에서는 1960년대 초에 이르러서야 아프리카계 미국인들이 처음으로 투표할 수 있었고, 스위스에서는 1971년에야 여성들이 참정권을 갖게 되었습니다. 그리고 오스트레일리아에서는 1990년대에 들어와서야 흑인들에게도 투표의 권리를 부여했죠. 사실 아직까지도 시민권은 보편적이지 않습니다. 모든 민주주의 국가들은 연소자들에게는 투표권을 부여하지 않고 있으니까요. 참정권이 제한된 연령은 나라마다 15세부터 21세까지 차이가 있습니다. 또한 여러 가지 이유로 지적 장애자와 재소자에게도 참정권을 제한하고 있습니다.

다른 한편 시민권을 대폭 확대한 국가들에서도 시민권의 의미는 저마다 상당한 차이를 보이고 있습니다. 1970년대로부터 1990년대 이르기까지 전세계적으로 진행된 민주화 과정은 시민권에 새로운 의미와 넓이를 더해주었습니다. 여러분들은 1970년대의 남유럽 국가들, 1980년대의 라틴아메리카와 동아시아, 그리고 동유럽 국가들에서 진행된 민주화 과정을 알고 있을 것입니다. 우리나라도 여기 포함되겠지요. 이들 국가들에서는 주로 형식적으로만 인정되었을 뿐 실질적으로는 많은 제약과 억압을 받고 있었던 시민권이 점차 실질적인 의미를 갖게 되었습니다.

하지만 아직도 세계 도처에 남아 있는 분리주의*적 경향과 종교적 근본주의* 운동, 그리고 적지 않은 국가들에서의 독재체제와 일당체제의 존속은 21세기에 들어선 오늘날에도 시민권이 여전히 제한되거나 크게 훼손되고 있음을 잘 보여줍니다. 이것은 민주주의의 완전한 성취는 아직도 요원한 목표임을 말해줍니다. 우리나라의 예만 봐도 이는 분명한 일이죠. 여러분들은 아직도 우리나라에 존속하고 있는 국가보안법이 과거에 얼마나 악용되었나를 아실 겁니다. 국가보안법은 남북이 군사적으로 대치하고 있는 상황에서 아직까지 필요하다고 볼 수 있는 여지가 있습니다. 그러나 과거의 권위주의 정권들은 보안법을 독재를 유지하고 연장하며 반대를 억압하고 제거하기 위한 수단으로 사용했습니다. 그 때문에 보안법은 결과적으로 시민권의 온전한 행사를 가로막는 반민주적인 법률로 비판받았습니

> **분리주의**
> 종교·인종·문화 등을 근거로 정치적·경제적으로 배타적인 분할을 주장하는 입장. 미국, 캐나다 등 선진국에서도 그 세력을 형성하고 있다.

> **근본주의**
> 19세기 초 개신교 내부의 보수주의 운동. 사도의 생활을 회복하기 위해 성경의 무오류성과 성경에의 충실, 성경적인 생활양식을 추종하면서 그리스도교의 근본을 강조했다. 오늘날에는 이 용어가 다양한 맥락에서 다양한 종교들과 관련하여 사용되고 있다.

다. 민주화가 상당히 진척된 오늘날까지도 일부 진보적인 인사들은 보안법이 민주시민의 권리를 침해할 수 있는 여지가 많은 법률이라 하여 그 철폐를 강력히 주장하고 있습니다.

과거의 역사를 살펴볼 경우 우리는 시민권의 확장 혹은 축소와 관련하여 다음과 같은 세 가지 교훈을 확인할 수 있습니다. 첫째, 시민권은 여성의 투표참여나 환경권 및 인권운동과 같은 평화적인 방법을 통해서든, 아니면 테러와 같은 폭력적인 방법에 의해서든 사회운동이 시민권의 확장을 요구했을 때 발전했습니다. 둘째, 시민권을 확장하려는 운동은 보통의 경우 경제위기나 실업률이 높을 때보다는 경제 성장기나 실업률이 낮을 때 활발했으며 또 좋은 결과를 가져왔습니다. 반대로 경제가 위기에 빠진 상황이나 실업률이 높은 시기에는 시민권을 제한하려는 움직임이 활발해진 것을 확인할 수 있습니다. 셋째, 시민권은 일반적으로 미국이나 영국과 같이 강력한 국민국가들이 식민주의를 청산하고 민주주의를 증진시키려 할 때 더욱 확장되는 경향을 보여주었습니다.

앞으로도 민주주의가 발전하기 위해서는 넘어야 할 산들이 많습니다. 정도의 차이는 있지만 서구 선진국들에도 해당되는 이야기입니다. 민주주의가 발달하고 시민권이 평등하게 보장되어 있는 서구 사회에도 시민권의 평등한 행사를 방해하는 많은 요인들이 있기 때문이죠. 예를 들어 극심한 경제적 불평등은 미국 사회에서도 여전히 심각한 사회문제가 되고 있는데, 시민권의 평등한 행사를 실질적으로 불가능하게 만들고 있습니다. 부유하고 시간적으로 여유 있는 사람들은 마음먹기에 따라 시민권을 충분히 누릴 수 있을 테지만, 먹고살기도 힘들 만큼 극히 가난한 사람들이 시민권을 온전히 누릴 수 있을까요? 교육의 불평등도 시민권의 평등한 행사를 방해하는 요인이 될 수 있습니다. 고등교육 이상을 받은 사람들과 그렇지 못한 사람들은 시민권을 효율적으로 행사할 수 있는 능력과 기초지식에서 현저한 차이가 있기 때문입니다. 이처럼 시민권이 형식적으로 보장되어 있는 사회라 하더라도 실제 행사에서는 여전히 많은 불평등이 존재하고 있습니다. 이처럼 민주화의 과정은 이미 완성된 것이 아니라 아직도 완성되어 가고 있는 과정에 있다고 할 수 있습니다. 그러므로 우리는 이미 성취한 민주화의 정도에 만족하지 말고 보다 평등한 시민권의 향유를 위해 계속 노력해야 할 것입니다.

# 4. 자유주의, 민주주의의 파트너?

오늘날 가장 보편적으로 옹호되고 있는 정치형태는 민주주의입니다. 여러분들 중에는 민주주의는 곧 자유민주주의이고 따라서 자유민주주의야말로 유일한 민주주의라고 생각하시는 분들이 적지 않을 겁니다. 하지만 그렇지 않습니다. 자유민주주의는 유일한 민주주의 형태가 아니라 여러 민주주의 형태들 중 하나에 지나지 않습니다. 우리는 고대 아테네에서 꽃피웠던 민주주의를 자유민주주의라 부르지 않습니다. 보통 아테네 직접민주주의라고 부르지요. 우리는 또한 많은 유럽의 좌파정당들이 지향하고 있는 민주주의를 자유민주주의로 부르지 않고 사회민주주의social democracy●라 부르고 있습니다. 또 북한과 같은 나라는 (사실상 독재국가이지만) 스스로를 인민민주주의 국가로 규정하고 있지요. 이와 같이 현대 사회는 다양한 민주주의 형태가 공존하고 있습니다.

> **사회민주주의**
> 현존 정치과정을 통해서 자본주의로부터 사회주의로의 평화적이고 점진적인 사회 변화를 주장하는 정치이념. 마르크스의 사상에 기반을 두고 있지만 사회주의 사회 건설을 위한 폭력과 혁명을 거부한다는 점에서 수정주의로 평가되고 있다.

그럼에도 불구하고 우리나라가 표방하고 있는 민주주의 형태가 자유민주주의이고 또 우리와 친밀한 관계를 맺고 있는 주요 서방 국가들의 정치형태가 자유민주주의이기 때문에, 우리는 자유민주주의야말로 유일한 진짜 민주주의라고 인식하는 경향이 강합니다. 또 프랜시스 후쿠야마F. Fukuyama라는 학자가 『역사의 종말』(1992)이란 유명한 책에서 자유민주주의를 가장 발전된 인류 최후의 이데올로기로 선언한 것도 그런 믿음을 강화시키는 데 일조했다고 할 수 있습니다.

조금 단순하게 말하자면 자유민주주의는 특수한 자유주의 문화에 적응된 형태의 민주주의라고 할 수 있습니다. 자유주의 문화는 대략 17세기의 서유럽에서 발원하여 19세기에 이르러 서구의 지배적인 문화가 되었습니다. 자유주의 문화는 르네상스, 과학혁명 그리고 종교개혁을 통해 형성된 개인주의적인 사조와 합리주의적인 사조가 결합된 문화로서, 개인이 사고와 행위의 주체가 되며 개인의 행복이 모든 도덕판단과 가치판단의 궁극적 기준이 되는 문화입니다. 자유주의 문화에서는 개인이 모든 것의 중심에 있기 때문에 다분히 인본주의적인 경향을 드러낸다고 할 수 있습니다. 이와 같은 개인주의적이며 인본주의적인 문화에서는 개개인 스스로가 생각하고 판단하며 행위를 하고, 그 행위결과에 대해 스스로가 책임을 져야 한다는 주체의식 혹은 자율의식이 확고히 뿌리를 내리고 있습니다. 또한 자유주의 문화에서는 인간은 모두 이성을 소유한 존재이기 때문에 누구나 평등하고 합리적인 존재로서 똑같이 존중되어야 한다는 관념이 퍼져 있습니다. 자유주의적 개인주의는 보편주의와 평등주의 그리고 상호주의를 내포하고 있는 것이죠.

여기서 자유주의 문화의 가장 근본적인 특징인 개인주의에 대한 오해를 풀 필요가 있다고 생각합니다. 우리나라에서 일반적인 통념은 자유주의적 개인주의를 이기주의와 동일시하는 경향이 있습니다만, 이는 개인주의를 잘못 이해한 것입니다. 개인주의는 이기주의와는 다르며 따라서 분명히 구분되어야 합니다. 개인주의는 자기 자신의 주체성과 존엄성에 대한 믿음을 전제하는 만큼 타인의 주체성과 존엄성도 당연히 존중합니다. 자기 자신의 이익을 위해서라면 얼마든지 타인을 도구화할 수 있는 이기주의와는 다른 것이지요. 개인은 주체적으로 그리고 자율적인 판단으로 얼마든지 이타적인 행위를 할 수도 있습니다. 여러분들은 국제뉴스를 통해서 세계최대의 갑부인 빌 게이츠와 같은 사람들이 사회사업이나 자선기금으로 천문학적인 돈을 쾌척하는 것을 보았을 것입니다. 그들은 그런 이타적인 활동들이 대단히 가치 있는 일이라고 생각하고 그것을 실천하는 것이 자신의 행복에 도움이 된다고 생각합니다. 그에 비해 서구보다 훨씬 더 공동체 지향적이라고 자평하는 우리 사회에서는 재벌과 거부들이 사회의 복지를 위해 조건 없이 거액을 희사하는 경우가 드물다는 것을 알고 있으시겠죠. 요컨대, 개인주의는 이기적으로 발현될 수도 있고 이타적으로 발현될 수도 있다는 이야기입니다.

자유민주주의는 바로 이와 같은 개인주의적인 자유주의 문화에 적응된 형태의 민주주의입니다. 근대 자유주의 문화의 개인들은 자신의 자유와 합리성을 표현하거나 계발할 수 있는 정치형태를 필요로 했는데, 민주주의가 그와 같은 근대인들의 도덕적 특성에 가장 부합했던 것이지요. 자유주의 문화는 민주주의라는 정치형태를 필요로 했고, 일련의 시민혁명들에 의해 제도적으로 발전·정착되었습니다.

자유민주주의는 개인의 자유와 합리성을 표현하고 계발할 수 있는 정치제도로 발전되었기 때문에 개인의 권리와 자유에 대한 높은 관심을 보입니다. 근대 초에 민족국가가 수립되었을 당시에는 절대군주제가 일반적이었고 그에 따라 개인의 자유와 권리는 그다지 존중되지 못했죠. 그러나 자유주의 문화의 확산과 더불어 개인들은 봉건제의 유산인 불평등한 신분제도와 절대주의* 국가를 자유를 억압하는 견딜 수 없는 속박으로 여기게 되었습니다. 이에 경제력을 갖춘 신흥 부르주아 계급들의 자유로운 경제활동에 대한 열망과, 지식인들의 자유주의 옹호에 힘입어 절대주의에 대한 공격이 계속되었고 이런 흐름은 일련의 시민혁명을 통해 그 정점에 달하였던 것이죠. 이 과정에서 개인의 권리와 자유에 대한 확고한 보장이 필요하게 되어 종교의 자유, 사상의 자유, 출판의 자유 등 각종의 시민적 권리가 인간의 기본권으로서 보장되었습니다. 이런 권리들은 법치주의로 뒷받침되어 근대

> **절대주의**
> 무제한의 중앙집권적 권위와 절대주권을 군주에게 부여하는 정치적 교의. 절대주의 체제의 본질은 지배 권력이 사법, 입법, 경제, 선거 등에서 다른 기관에 의해서 도전받거나 규제받지 않는다는 점이다. 절대주의 체제의 특징은 17세기 후반과 18세기 초반 프랑스를 지배했던 루이 14세가 표명한 '짐은 곧 국가이다'라는 말에 가장 분명하게 찾을 수 있다.

민주주의의 발전에 결정적으로 기여하게 됩니다. 오늘날은 거의 모든 자유주의 국가들이 국민의 기본권의 일부로서 이와 같은 시민적 권리들을 포함시키고 있는데 아시다시피 우리 또한 그와 같은 권리들을 향유하고 있지요.

19세기 중엽은 자유민주주의가 그 제도적 완성기에 접어든 시기입니다. 그러나 이 시기에 자유주의는 이미 이념적으로 새로운 단계로 진화하고 있었습니다. 여타의 생물들과 마찬가지로 자유주의 이데올로기 혹은 문화도 새로운 역사적 환경에 적응해야 했죠. 자유주의가 새로운 방향으로 진화하게 된 데는 당시에 확산되고 있었던 사회주의 사상의 영향도 있었습니다만, 개인의 자유와 권리에 대한 강조가 가져온 빈부격차나 인간소외와 같은 구체적인 사회악들을 시정하기 위한 내부로부터의 요구도 크게 작용했습니다. 이런 절박한 사

회문제들에 대한 해결 없이는 개인의 자유와 권리가 그저 그림에 떡에 불과하다는 것이 분명해지면서 말입니다. 그리하여 자유주의 사상은 각종 사회문제들과 사회악들을 해결하기 위한 방법으로 집단적 유대의 원리와 국가개입의 정당성을 다시 강조하기 시작했습니다. 17세기에서 19세기 초까지는 개인의 자유와 권리를 보장하기 위해 국가

존 스튜어트 밀

의 권력을 제한하는 방향으로 민주화가 진행됐던 반면, 19세기 후반부터는 민주주의를 보다 실질적으로 심화시키기 위해 국가의 개입을 필요로 하게 된 것이죠. 이런 움직임은 존 스튜어트 밀 J. S. Mill의 사상 속에서 이미 출현하기 시작했고, 페이비언● 사회주의 그리고 헤겔사상의 영향을 입은 19세기 말 20세기 초 영국의 '신자유주의 New Liberalism'—현대의 신자유주의 neoliberalism가 아님!—적 사조 속에서 본격적으로 등장했습니다. 그리하여 사회의 모든 구성원들이 자유를 동등하게 누릴 수 있는 필수조건으로서의 사회정의 실현을 위해 국가가 어느 정도 개입해야 한다는 생각은 현대 자유주의의 한

**페이비언 협회**
19세기 말 사회주의를 표방하며 영국에서 창립된 단체. 조직의 목적은 영국에 민주적인 사회주의 국가를 건설하는 것이었다. 페이비언 협회 회원들은 혁명보다는 점진적인 사회주의를 신봉했다. 유명한 극작가 버나드 쇼도 이 협회의 활동가였다.

가지 특징이 되었습니다.

현대의 자유민주주의 사상은 개인의 자유와 권리를 강조하는 자유주의와 정치적 평등주의—평등한 자유와 권력의 행사—를 지향하는 민주주의 사이의 긴장과 괴리를 좁혀가는 방향으로 진화하고 있다고

할 수 있습니다. 개인의 자유와 권리를 일방적으로 강조하게 되면 사회는 점점 더 빈부격차가 심화되고 그에 따라 정치적 자유를 누릴 수 있는 기회의 불평등도 확대됩니다. 정확히 이런 상황이 19세기에 이르러 벌어졌죠. 이에 자유주의는 자유 실현을 위한 조건으로서 사회복지의 실현에도 관심을 갖지 않을 수 없었습니다. 물질적인 평등 없는 자유란 오직 가진 자의 자유만을 의미했으며, 따라서 전체 사회적인 차원에서의 자유가 커질 수 없다고 본 것이죠. 그러므로 현대의 자유민주주의는 개인적 자유에 대해 지속적인 지지를 보내되, 초기 자유주의와는 달리 민주적인 평등성의 원리를 강조하여, 가능한 한 개인들 사이의 평등한 자유를 보장하려 노력하고 있습니다. 사회정의를 실현하기 위한 국가의 적극적인 개입 또한 수용하고 있고요. 그러나 그 개입은 어디까지나 모든 개인들이 가능한 한 동등한 자유를 누릴 수 있는 조건을 창출하기 위한 개입이지 개인의 자유를 억누르기 위한 부정적인 의미의 개입이 아님은 물론이지요.

우리는 자유주의와 민주주의가 역사적으로 보여준 긴장과, 그 긴장을 이론적·실천적으로 해소해나가는 서구의 경험을 음미해봄으로써 우리나라의 정치사회 진보에 응용할 수 있어야 하지 않을까요? 자유주의와 민주주의가 상호 적응하며 자유민주주의를 발전시켜온 서구의 역사는 시장과 민주주의의 병행발전을 추구하고 있는 지금의 한국에서 의미 있게 곱씹어봐야 할 역사적 교훈을 주고 있다 하겠습니다.

# 5. 공동체주의, 자유주의를 비판하다

 

이번 시간에는 자유주의의 한계를 집중적으로 부각시키면서 자유주의 원리에 대한 제약의 필요성을 강조해온 현대 공동체주의 communitarianism를 살펴보도록 하겠습니다. 물론 극단적인 형태를 제외할 경우, 공동체주의 역시 개인의 자유와 권리의 중요성을 부정하지 않을 뿐만 아니라 공동체의 중요성만을 일방적으로 강조하지 않기 때문에 넓은 의미로 보면 자유주의의 한 분파로 이해할 수도 있습니다. 그렇지만 공동체주의자들이 자유주의 문화의 병폐를 집중적으로 비판하면서 자신들의 입장을 선명하게 부각시켰다는 것은 분명합니다. 어쨌든, 이번 강의에서는 자유주의에 대한 공동체주의의 비판을 고찰해보고 이 논쟁이 민주주의에 대해 갖는 함의를 살펴보도록 하겠습니다.

앞에서 봤듯이, 자유주의의 핵심 가치는 개인의 자율성과 자유입니다. 자유주의는 개인들이 어느 누구의 간섭도 받지 않고 (최소한 잠재적으로나마) 스스로 인생을 설계하고 추구해갈 수 있는 자율적인 존

프리드리히 헤겔

재라고 전제하며, 그런 능력의 실현을 위한 조건으로서 자유를 강조합니다. 국가의 존재 이유 또한 그런 개인의 자유와 권리 실현을 돕는 것으로 한정합니다. 나아가 개인의 자율성을 보장하면 시장경쟁의 원리가 잘 작동하여 사회 전체적으로 가장 올바르고 효율적인 결과를 낳는다고 주장합니다. 자유주의의 내적 스펙트럼은 다양하지만, 자유주의자는 대체로 개인의 자유 및 권리를 사회구성의 가장 중요한 원리로 간주하며 공동체 혹은 사회 전체의 행복을 위해 이를 크게 제약하는 것은 정의에 어긋난 것으로 인식하는 경향이 있습니다. 공동체 전체의 이익과 개인의 이익이 충돌할 경우 권리는 항상 개인의 이익을 보호해주는 으뜸패 역할을 해야 한다고 봅니다. 공동체의 선善에 반할지라도 개인의 이익이 권리로서 보호되고 있는 한, 개인의 이익은 공동체 전체의 선보다 우선할 수 있다는 것입니다.

하지만 공동체주의자들은 이런 자유주의적 담론들이 오늘날 심각한 사회적·도덕적 문제들을 야기하고 있다고 비판하지요. 개인의 권리에 기초한 자유주의 담론과 문화는 사회를 원자화시키고 공동선에 무관심하게 만들며 전통적 권위를 위축시키고 공적인 것을 사적인 것에 종속시킨다는 것입니다. 나아가 이기주의와 도덕적 회의주의 그리고 상대주의를 부추기면서 공동체의 유대를 해체시키는 한편, 불신과 소외, 불안과 고독을 확산시킴은 물론 각종 범죄를 유발시킨다고 비판합니다.

1980년대 초 특히 아리스토텔레스와 헤겔에 영향을 받은 일단의 공동체주의자들—예컨대 알래스데어 매킨타이어<sup>A. MacIntyre</sup>와 마이클 샌델<sup>M. Sandel</sup>, 찰스 테일러<sup>C. Taylor</sup>, 마이클 왈저<sup>M. Walzer</sup> 등—은 롤스의 정의론을 중심 타겟으로 자유주의에 신랄한 비판을 가했습니다. 이들의 비판에 의하면, 자유주의자들은 개인을 자포적인 존재<sup>self-contained being</sup>, 곧 사회와 상관없이 온전한 개인으로 존재할 수 있는 인간으로 가정함으로써, 사회와 개인의 관계를 잘못 인식하게 되었을 뿐만 아니라 잘못된 방법으로 사회·정치생활에 접근하는 오류를 범하고 있다고 합니다. 그 결과 개인의 자유와 특권을 위해 공동체와 공동선의 중요성을 격하시켰으며 개인의 자아와 가치관이 형성되는 구체적인 문화의 특수성을 무시하고 파편화된 원자론적 자아관을 정당화했다는 것이죠. 공동체주의자들은 특히 개인의 자아는 공동체 안에서 태어나고 성장하고 참여하는 과정에서 확립되어가는 것이기에 사회적 자아보다 개인 권리를 우선하는 것은 모순이라고 비판합니다. 공동체주의자들마다 약간은 차이가 있지만, 대체로 자아의 구체적인 사회성과 문화성을 인정할 때 개인들이 보다 나은 삶을 누릴 수 있다고 주장합니다. 또한 공동체주의자들은 시장조차도 특정한 사회적 문화를 필요로 하는바, 신뢰와 공유된 이해와 규범, 독특한 유형의 가치와 전통 등에 기반하고 있다고 주장합니다.

이에 존 롤스<sup>J. Rawls</sup>*와 윌 킴릭카<sup>W. Kymlicka</sup> 같은 자유주의자들은 공동체주의자들의 비판을 부분적으로 수용하면서 자유주의 철학을 더욱 견고하게 구성했습니다. 자유주의자들은 여러 차례 진행된 논쟁을 통해 공동체주의의 '사회성 명제' 혹은

**존 롤스**
1921~2002. 미국의 철학자. 미국 메릴랜드 주 볼티모어 태생. 1962년부터 줄곧 하버드 대학 교수로 봉직했다. 20세기 정치철학 분야에서 가장 중요한 위치를 차지하고 있는 자유주의 학자 중 하나. 대표 저서로 『정의론』『공정으로서의 정의』 등이 있다. 자본주의와 자유주의의 기본 원칙을 준수하면서도 사회적 불평등 문제에 관해 보다 적극적인 태도를 갖는 것이 정의에 이르는 길이라는 것이 그의 사상의 핵심이다.

인간의 사회적 성격을 받아들이고 또 자유주의 국가의 중립성이 절대적인 것이 아니라 한정적인 것임을 인정하게 되었습니다. 또한 개인의 행복한 삶을 위한 국가의 도덕적인 역할을 어느 정도 인정하는 입장—예컨대, 조지프 라즈J. Raz의 완전주의적 자유주의—도 생겨났습니다.

그렇지만 자유주의자들은 공동체주의에 대한 의심을 거두지 않고 있습니다. 이들은 공동체주의적 발상과 정책이 가질 수 있는 위험성을 경계합니다. 첫째, 이들은 무엇보다 사회 전체의 정치질서를 공동체주의적으로 재편성하려는 시도는 강력한 독재나 나아가 전체주의를 불러올 수 있다고 우려합니다. 현실적으로 공동체주의는 다수결주의의 횡포에 취약하다는 것입니다. 둘째로 공동체주의가 공동체의 관행과 가치와 전통에 도덕적 준거를 두고 있는 한, 건전한 사회비판을 수행할 수 없으며 보수적이고 상대주의적 입장을 벗어날 수 없다고 비판합니다. 나아가 자아가 사회적으로 구성된다는 것을 인정한다고 할지라도 가치다원적이고 변화무쌍한 현대 사회에서 그 과정은 단일하지 않으며 복합적이고 다층적이라고 주장하죠. 또한 자유주의자들은 공동체주의가 자유주의에 대한 공격에 치중하는 나머지 정책 대안을 구체적이고 명료하게 제시하지 못하고 있다고 비판합니다.

보다 적극적인 대응도 존재합니다. 무엇보다도 자유주의자들은 공동체주의자들의 비판이 오해이거나 과장된 것이라는 반격을 가하고 있습니다. 이들은 상당수의 자유주의자들—예컨대 애덤 스미스, 애덤 퍼거슨 그리고 데이비드 흄 등—이 인간을 이기적인 존재로만 생각한 것이 아니라 이타적이고 사회적인 본성도 가지고 있다고 생각했으며, 자율적인 통제능력을 가진 개인들의 사익 추구가 사회협력을 가져오고 공익을 증진시킨다는 점을 강조했던 사실을 부각시킵니다.

자유주의자들은 공익의 존재나 공익의 추구를 부정한 것이 아니라, 단지 국가나 사회가 억지로 그것을 강요하거나 추구하게 되면 의도와는 달리 개인의 권익이 침해되는 불행한 결과만 나올 것을 우려했다는 것이죠. 이들은 결코 사익과 공익을 이분법적으로 나누지 않았을 뿐만 아니라 사익과 공익이 조화를 이루는 질서를 지지했다고 봅니다. 말하자면, 자유주의가 외견상 사회보다 개인을 강조한 것은 국가권력의 부당한 침해와 횡포를 견제하기 위한 정치적 전략의 일환이었다는 것입니다.

저 역시 자유주의와 공동체주의를 지나치게 대립적이거나 적대적인 것으로만 파악하는 것은 논리적 비약이라 생각합니다. 자유와 공동선(공동체)은 일방적으로 대립하는 것만이 아니며 자유주의와 공동체주의 역시 상호보완적 관점에서 파악할 수 있습니다. 실제로 자유주의는 개인을 억압하는 신분계급적 공동체에 대한 저항을 통해 생겨났다는 점에서 전체주의적 공동체에는 반대하지만 개인의 자유와 평등을 신장시키는 데 공동체의 역할이 중요하다는 것을 부정하지 않습니다. 다만 공동선의 추구라는 명목 아래 개인의 권리를 억압해 온 인류 역사를 되새기며 공동체 중심의 사상을 경계하고 있는 것입니다. 마찬가지 논리에서 자유주의 확산 후에 그 문제점을 비판하면서 다시 부상한 공동체주의 역시 개인의 권리 자체를 무시한다고 보기 어렵습니다. 다만 공동체의 중요성을 경시한 극단적인 개인주의가 오히려 부와 권력의 불평등을 초래하여 개인의 진정한 자유 실현을 가로막을 수 있다는 비판으로 해석할 수 있지요. 요컨대, 존 던 교수가 강조한 것처럼, 공동체주의 없는 자유주의는 자멸적이며 자유주의 없는 공동체주의는 억압적일 수밖에 없습니다.

특히, 오늘날과 같이 복합적인 다원주의 시대에는 정치를 명료한 철학적 논리에 합치시키기보다는 현대 정치의 독특한 성격을 곱씹고 성찰하는 정치철학이 필요합니다. 다시 말해 다양한 가치관과 이해관계를 추구하는 다양한 세력들의 역학적 균형을 모색하고 현대 사회의 구조적 특성에서 나올 수 있는 예측 불가능한 위험들을 관리할 수 있는 신중한 접근이 긴요한 것이죠.

논의를 마무리하면서 자유주의가 헤게모니를 장악하고 있는 문화 속에서 자유주의의 한계를 부각시킨 공동체주의가 민주주의에 대해 갖는 의의를 정리해보겠습니다. 무엇보다도 공동체주의는 자유주의 시대에 자유주의의 과잉이 초래할 수 있는 해악들을 비판하고 경계하도록 해주는 동시에 공동선, 책임, 의무 등의 가치를 강조하면서 자유주의의 부정적인 영향을 최소화하고 있습니다.

이런 공동체주의적 시각은 현대 민주주의의 건강성을 높여줄 수 있는 자원을 갖고 있습니다. 먼저, 개인의 자유는 사회적 맥락을 벗어날 수 없으며 공동체를 바탕으로 해야 한다는 공동체주의의 주장은 민주주의적 가치에 대한 개인의 신념과 민주적 덕목의 중요성을 부각시켜줍니다. 만약 개인의 자유만을 절대시하면서 사익 추구에만 몰두하는 사람들만 있다면, 그 사회의 민주주의는 안정적으로 유지될 수 없지 않겠습니까? 공적인 문제에 관심을 갖지 않는 시민들만 가득하다면 그 공동체의 심리적 유대와 연대는 형성될 수 없을 것이고 이는 곧 사회통합이 위기에 처한다는 것을 의미합니다. 극단적인 양극화로 인해 사회 갈등과 분열이 생기면 자유주의의 기본적인 질서조차 위태로워질 수 있습니다. 무엇보다도 능동적인 정치 참여 능력을 상실하게 된다면 그 사회는 언제든지 또 다른 형태의 전체주의로 전락할 수 있습니다. 평등한 시민들 사이의 토론과 심의를 정당한 공적 의사결정으로 간주하는 민주주의 이념을 생각해봤을 때, 공동체주의는 공동선 및 공동체에 대한 관심을 촉구하고 사회적 책임과 의무를 격려함으로써 민주주의 발전에도 기여할 수 있습니다. 구성원 간 개방적인 의사소통을 통해 공동체 내부의 관행과 가치를 토론의 대상으로 만들고 다수의 횡포를 견제할 수 있게 만듭니다. 이처럼 공동체주의는 구성원의 자율성을 존중하면서도 공동체의 질서를 자발적이고 능동적으로 지키고 발전시키고자 하는 참여적 시민성에 큰 기여를 할 수 있습니다.

# 6. '위엄을 갖춘 자유', 공화주의

　　우리나라의 헌법 제1조 "대한민국은 민주공화국이다"라는 조항은 대한민국 정부수립 이후 지금까지 지속되어온 우리나라의 정체성을 한 문장으로 제시하는 동시에 공화국의 지향점을 밝혀주는 표현이라고 볼 수 있습니다. 그럼에도 불구하고 민주공화국이 과연 정치적으로 어떤 이론적, 실천적 함의를 갖는지는 충분히 성찰되지 못한 측면이 있었습니다. 물론 최근 공화주의에 대한 관심이 높아지면서 그에 따른 연구 성과들도 상당 수준에 이르렀습니다. 그렇다면 공화<sup>republic</sup>란 대체 무엇일까요?

　　공화주의에 대한 관심은 대의민주주의의 위기와 밀접한 관련이 있습니다. 대의제의 위기는 자유주의 시대를 살아가는 국민들이 점점 더 개인적인 생활에만 몰두하고 정치 참여는 주기적 선거와 같은 일회성의 행사에만 국한되는 현상으로 요약할 수 있습니다. 또한 국가는 단지 사적 이익 추구를 위한 보조적 장치로 인식되고 능동적인 참여에 필요한 시민의 덕성은 그다지 중요하게 여기지 않고 있습니다. 이런 현상은 개인의 자유로운 경제활동과 재산을 축적할 수 있는 권리 및 사적인 자유만을 절대적으로 강조하는 사회 분위기와 무관하지 않습니다.

이런 상황 속에서 시민의 적극적인 참여와 덕목을 중시하는 공화주의에 대한 관심이 높아지는 것은 어찌 보면 당연한 일이라 할 수 있겠습니다. 공화주의에서 공화의 개념은 정치·사회철학적으로 공적인 것$^{res\ publica}$, 공공성$^{publicity}$, 공익$^{public\ interest}$과 밀접한 연관성이 있습니다. 기본적으로 사적인 것보다 공적인 것과 연관된 용어이지요. 정치 이념으로서 공화주의는 참된 인간성 실현을 위한 시민의 능력과 덕목을 특별히 강조합니다. 국가의 모든 구성원이 자의적인 지배에 예속되지 않고 동등하고 자유로운 주체들로서 공통의 공간을 구성해나간다는 것이 공화주의의 핵심적인 원리입니다. 공화주의는 국가의 적극적인 역할과 사회의 책임, 그리고 시민의 의무를 강조합니다. 개인은 정치공동체의 시민으로서 공동 활동에의 적극적인 참여를 통해 자신의 자유를 완성시킬 수 있으며 공화주의적 시민은 공동체에 대한 애국심에 기반해 동료시민들과 함께 사회의 공동선에 대해 토의하고 공동체에 대한 책임을 공유해야 한다는 것입니다.

물론, 서구의 공화주의는 공동세계의 위상, 공공선의 내용 및 실현 방법 등을 놓고 그 내부에 이질적인 흐름과 다양한 스펙트럼이 존재하고 있으며 공화주의의 현대적 부활 노력 역시 다양한 흐름으로 전개되고 있습니다. 그중에 대략적인 흐름은 아리스토텔레스, 마키아벨리, 그리고 루소의 정치사상을 비판적으로 계승한 아렌트, 테일러, 퀸틴 스키너$^{Q.\ Skinner}$ 그리고 샌델과 필립 페팃$^{P.\ Pettit}$ 등으로 이어지고 있습니다.

전체적으로 공화주의는 소극적 자유보다는 적극적 자유, 사적 이해보다는 공적 이해를 우선시하는 시민의 덕성을 강조하며 다수의 자의적 의지가 아닌 법에 의한 통치, 삼권분립에 기초한 정부형태 등을 특징으로 합니다. 사실, 이런 관점에서 공화주의는 반드시 공화주의라는 이름을 내걸지 않더라도 오랜 정치철학 전통에 내재되어 있는 규범적 지향이라고 볼 수 있으며 자유주의 및 민주주의와 복잡한 관계를 맺고 있습니다. 공화주의의 아이디어로부터 17, 18세기에 자유주의와 민주주의가 발전해왔다는 주장도 있습니다. 공화주의는 자유주의나 민주주의 '외부'에 있거나 대립적인 개념이 아닙니다. 자유주의적 공화주의나 공화민주주의 역시 충분히 가능하며 오히려 그 결합을 적극적으로 모색하고 현실화하는 노력이 현대 사회의 조건에서 더욱 생산적일 것입니다. 그러므로 일부 공화주의 찬양가들이 자유주의를 전적으로 대체할 수 있는 정치철학으로 공화주의를 부각시키는 것은 공화주의가 지닌 개념적 연관성과 규범적 제안들의 독특한 특징을 간과할 위험이 있습니다.

　공화주의는 민주주의와 중첩하면서 민주주의를 보완하는 역할을 합니다. 예컨대, 공화주의는 권력의 분립과 다수의 지배를 원칙으로 하는 민주주의를 지지하면서도 사회통합과 다수의 권력을 견제할 수 있는 소수자의 보호에도 관심을 가집니다. 특히, 공화주의는 다수의 권력에 대한 종속을 경계하면서 법에 의한 지배의 중요성을 강조합니다. 그러면서 공동체의 의사결정에 대한 참여의 권리를 가장 지지한다는 점에서 민주주의의 문제의식을 상당 부분 공유하고 있기에 최근에는 공화민주주의에 대한 모색이 활발해지고 있습니다. 한편, 공화주의는 문화공동체의 우선성을 강조하는 좁은 의미의 공동체주의와는 구별됩니다. 즉, 공화주의는 공동체주의와 달리 공동선에 대한 합의보다는 지속적인 쟁투를 통해 공동선을 형성해가는 조정과정을 더욱 중시하는 한편, 개인의 자유 및 권리와 공동체의 균형을 강조하고 공동체의 횡포를 강력하게 견제하고 있다는 것이지요. 물론 현대 공동체주의의 스펙트럼에 따라 공동체주의와의 관계는 다르게 평가될 수도 있습니다.

법의 지배 아래에서의 개인의 동등한 자유와 권리를 각별하게 강조한다는 점에서 공화주의는 자유주의와 공통성을 가집니다. 그러나 공화주의에는 분명히 자유주의와 구별되는 원리가 있습니다. 공화주의는 '간섭의 부재'라는 자유주의의 소극적 자유 개념에 만족하지 않고 정치 참여와 의사소통의 권리를 수용한 적극적 의미의 자유를 강조합니다. 비록 직접적인 간섭이 존재하지 않을지라도 예속의 가능성이 있다면 부자유한 상태로 보기 때문에 자유를 단순히 외부적인 간섭이나 장애의 부재로 보는 자유주의와는 차이가 있지요. 예속적인 상태는 언제든지 지배의 가능성을 허용한다는 점에 주목하는 것입니다.

이런 관점에서 공화주의에서 법 앞의 평등은 형식적인 평등이 아니라 실질적인 평등을 의미하며 모든 시민들에게 존엄과 자존을 지킬 수 있을 정도의 사회적·경제적·문화적 조건들을 보장할 것을 요구합니다. 이런 관점에서 공화주의는 정의를 강조하면서 공동의 실천에 참여할 수 있는 시민의 주체성을 강조합니다. 결국, 민주주의 본래의 의미에 부합하는 연대와 유대, 공동선을 지향하는 강한 규범적 내용을 갖게 됩니다. 이러한 공화주의는 자유주의적 시민권과 비교할 때 그 정치적 함의가 더욱 명료하게 부각됩니다.

홉스, 로크, 흄, 스미스 등의 자유주의 전통에 기반하고 있는 자유주의적 시민권은 인간의 본성은 공적인 영역의 참여가 아니라 사적인 영역의 이해관계와 욕망을 중시합니다. 경제적 인간$^{homo\ economicus}$ 혹은 시장인$^{market\ man}$으로서의 정체성이 인간의 본성이라는 것이지요. 인간의 자유는 외부의 간섭을 받지 않고 자유롭게 재화를 취득하는 것을 의미합니다. 나아가 사회는 경쟁적 이해관계를 가진 개인들의 결사체이며 정치질서는 법의 지배를 통해 개인의 소유와 취득의 자유를 보호하는 역할만을 할 뿐입니다. 그러므로 국가를 필요악으로 이해하고 시민권은 이러한 경제적 이해를 추구하는 인간 본성의 관점에서 정당화됩니다. 물론 현대의 자유주의자들은 시민들의 참여와 심의의 기회 그리고 복지의 필요성을 인정하지요. 하지만 대체적으로는 개인의 자유권을 우선시하면서 정치적 참여 및 시민의 덕목은 경시하는 경향이 있습니다.

이에 비해 공화주의적 시민권은 아리스토텔레스 및 시민적 공화주의$^{civic\ republicanism}$ 전통이 지지하는 모델로서 공적 영역에서 동료 시민들과 함께 심의하고 행위하는 가운데 인간의 진정한 본성을 실현할 수 있다고 봅니다. 그러므로 평등한 시민들 사이의 자유로운 토의와 심의를 뒷받침해줄 수 있는 권리의 보장을 공화주의적 시민권의 핵심적 요소로 간주합니다. 또한 오늘날 다원주의 시대에 적용된 공화주의는 인종·민족·종교·성적 차이를 강조하지 않으며 다양한 개인들이 차별받지 않고 다양한 공적 심의과정에 참여할 수 있는 시민적 권리를 부여하려 합니다. 그러므로 공화주의는 정치에 무관심한 파편화된 대중들이 일시적 투표자로 전락한 상황 속에서 정치적 무능력을 극복할 수 있는 이론적·실천적 자원을 적극적으로 제공한다고 볼 수 있습니다. 대표적으로, 정치공동체의 참여에 부정적인 영향을 미치는 경제적 불평등을 최소화하고 인권과 민주주의에 무관심한 자본주의의 한계를 극복하려는 전략이 될 수 있습니다.

이처럼 개인의 사적인 활동보다는 공동선을 지향한 능동적 참여의 가치를 강조하는 공화주의적 시민권 개념은 잘 작동만 한다면 다원성 속에서의 사회통합과 정치안정에 기여할 수 있습니다. 실제로 프랑스와 독일과 같은 나라들은 이와 같은 시민권 개념에 입각하여 다양성에 대응하는 정책을 취해오고 있습니다.

공화주의 역시 다원주의 시대와 부합하지 않는 측면이 있습니다. 왜냐하면 헌정적 애국주의<sup>•</sup>를 강조하는 공화주의는 은연중에 지배적인 집단이나 주류사회의 문화를 중심으로 동질적인 사회를 구성하는 경향성을 가질 수 있기 때문입니다. 또한 모든 시민들의 능동적 참여의 권리를 강조하는 공화주의는 결국 민주적 의사집약 과정을 통해 다수집단의 가치와 이익을 대변할 가능성이 높습니다. 부분적으로 법의 지배와 세련된 제도적 장치를 통해 다수의 일방적 이익을 견제한다 하더라도, 결국 다수집단의 문화와 가치를 통해 사회를 동질화시키는 결과가 나오기 쉽다는 것이지요. 물론 공화주의는 표면적으로는 문화적 특수성과 차이를 무시하고 정치적 공동체에 대한 동등한 참여를 강조하지만, 그것이 동질적인 사회로 만들려는 그릇된 목적에 치우쳐진다면 소수 인종·문화집단의 문화적 생존권과 관행에 치명적인 위협이 될 수 있습니다.

현대 자유주의 사회에 만연되어 있는 시민의 정치적 무관심과 시민적 덕성의 한계를 비판하는 공화주의는 민주주의를 발전시키는 데 중요한 실천적 아이디어를 제공할 수 있습니다. 특히 헌정주의와 관련하여 공화주의는 법치를 새롭게 사고할 수 있는 계기를 부여해줍니

**헌정적 애국주의**
위르겐 하버마스가 제시한 개념으로 애국심의 근거를 문화적 유산에 대한 맹목적인 애착이 아닌 헌법의 기본 이념에 대한 국민의 동의와 충성에서 찾는다. 이 개념은 자유주의자들이 역사와 문화적 맥락을 무시하고 개인을 추상화시킨다는 공동체주의자들의 비판을 피하면서, 동시에 인종적 요소들을 추방하는 길을 정당화할 수 있다고 비판받는다.

다. 공화주의에 따르면, 소수든 다수든 자의적인 권력에 종속되어 있을 때에는 자유롭지 못하지만 우리 스스로가 함께 만들고 재구성하는 법의 지배를 받을 때 우리는 자유롭다고 말할 수 있습니다.

공화주의 논리에 따르면, 법의 주체로서 국민들은 정치사회의 기본 구성과 주요 쟁점들까지도 공론장에 부쳐 그 의미를 새롭게 이해하고 규정할 수 있어야 합니다. 대표적으로 리처드 벨라미는 현대 서구의 자유주의 사회의 사법부 우위 헌정주의를 비판하면서 민주정치의 우선성을 주장했습니다. 즉, 아래로부터 시민들이 적극적으로 헌법에 대한 심의에 참여하는 것을 이상적인 민주주의로 간주하고, 시민들의 견해가 동등하게 반영되고 참여를 고무하는 민주주의가 공화주의가 지지하는 민주주의 형태라고 보는 것이지요. 시민들의 힘은 정당 및 다양한 매개체를 통해 정치제도 내로 들어와 시민 주권의 원리를 구현하게 됩니다. 그만큼 우리 생활을 규율하는 규칙의 제정과 변화에 시민들이 능동적으로 참여할 수 있는 조건을 마련하는 것이 공화민주주의의 목표이자 전략이라고 볼 수 있습니다.

공화민주주의의 관점에서, 정치방식을 국민의 참여를 촉진시킬 수 있는 방향으로 개혁해가는 것은 대의민주주의의 한계를 극복하는 이상의 의미가 담겨 있습니다. 그것은 우리의 삶과 공동체에 대한 태도를 바꿈으로써 우리 자신을 더욱 도덕적인 존재로, 그리고 사회를 더욱 더 풍요로운 삶의 터전으로 만들어갈 수 있는 계기를 제공합니다.

그런 사회적 규범과 규칙의 제정을 통해 구성되는 공화국은 인권의 원칙과 인민주권의 원칙을 최대한 실현하는 공동체가 될 것입니다. 시민들이 국가 권력이 규정하고 부과하는 의무와 권리를 일방적으로 수용하기보다는 서로 소통과 연대를 통해 그런 의무나 권리를 만들고 수정할 수 있는 능력을 강조하기 때문이지요. 공화주의는 사회의 모든 구성원이 존엄성의 훼손과 모욕 없이 당당하고 위엄 있는 존재로서 자기실현을 위한 다양한 실험을 펼쳐나갈 수 있는 '위엄을 갖춘 자유freedom with honor'의 보장을 강조합니다.

# 7. 민주주의와 그 적들: 독재와 전체주의

민주주의는 많은 적들을 가지고 있습니다. 그 때문에 민주주의를 수호하고 발전시키는 것은 쉬운 일이 아닙니다. 예를 들어 전통적인 문화가 지나치게 권위주의적이었다면 사람들의 습관도 권위주의에 젖어 있기 때문에 민주주의를 실천하기가 어렵습니다. 경제적인 불평등이 지나치게 심해도 마찬가지입니다. 부자들과 빈자들로 분열된 사회에서 대화와 타협을 통해 공동의 일을 처리하는 민주주의가 뿌리를 잘 내릴 수 있겠습니까? 그래서 루소\*나 마르크스와 같은 사상가들은 민주주의를 위한 조건으로 경제적인 평등을 강조했던 것입니다. 이번 강의에서는 이러한 민주주의의 주요 적들 중에서 특히 민주주의를 직접적으로 위협하는 정치방식들에 대해 설명하려 합니다. 독재와 전체주의에 대해서 말이지요. 이 두 가지 정치방식은 모두 권위주의적이라는 점

> **장 자크 루소**
> 1712~1778. 프랑스의 철학자, 교육학자. '직접민주제'와 '인민주권론'을 주장함으로써 프랑스 혁명에 큰 영향을 준 정치사상가. 대표적인 저서로 『인간 불평등 기원론』 『사회계약론』 『에밀』 등이 있다.

에서는 비슷하지만 그 규모와 목적에 있어서는 근본적인 차이가 있습니다. 이 두 가지 적들을 우리가 잘 이해하고 있다면 우리는 이들의 위협에서 민주주의를 지키는 데 그만큼 유리할 것이라 생각합니다.

장 자크 루소

여러분들은 독재정치가 정확히 무엇인지를 정의하기는 어렵겠지만 대충은 그 의미를 알고 있을 것입니다. 과거 우리나라의 대통령들 상당수도 독재정치를 했으니까요. 우리나라의 경우 주로 대통령 1인의 독재가 행해졌습니다. 그러나 이론상으로는 사람이 아닌 정당의 독재도 있습니다. 공산주의 사회에서는 공산당 독재가 행해진다고 일컬어집니다. 비록 실질적으로는 공산당 당수의 1인 독재가 행해진다고 해도 말이지요. 또 마르크스주의자들은 계급의 독재를 말합니다. 자본주의 사회에서는 많은 사유재산을 가지고 있는 부르주아 계급이 무산계급인 프롤레타리아 계급에 대해 독재를 한다고 말하지요. 이처럼 독재는 다양한 형식을 취할 수 있습니다. 그러므로 독재를 단순히 1인이 장기적으로 정치권력을 장악·행사하는 정치형태로 간주하는 것은 다소 불완전한 이해인 것입니다.

독재와 전체주의를 구분할 수 있게 해주는 한편 독재의 의미를 보다 분명하게 부각시켜주는 것은 삶의 두 영역—공적인 영역과 사적인 영역—의 구분입니다. 공적인 영역은 공동체 구성원들 다수에게 관련된 삶의 영역이고 사적인 영역은 개인이나 사적인 집단에게만 국한된 삶의 영역이지요. 독재와 전체주의가 구분되는 중요한 기준은 정치권력이 삶의 공적인 영역만 통제하느냐 아니면 사적인 영역까지를 포함한 모든 삶을 통제하느냐 하는 것입니다. 단순한 독재는 개인의 사적인 삶까지 장악하고 통제하려 하지 않습니다. 그 영역은 개인의 자유의사에 맡겨두는 것이 일반적입니다. 그러나 공적인 생활은 엄격하게 통제함으로써 독재자의 정치권력에 위협이 되지 않도록 관리합니다. 그러므로 국민들을 가능한 한 정치생활로부터 배제하게 됩니다. 더구나 누구나 독재를 싫어하기 때문에 독재자는 더욱 더 비민주적인 방식에 의해 국민을 비非정치화시키려 하며 국민들의 관심을 정치로부터 다른 곳으로 돌리려 합니다. 그래서 독재정치에서 의외로 향락산업이나 스포츠산업 등이 발전하는 것을 흔히 볼 수 있습니다. 독재정치의 가장 중요한 목적은 독재권력의 유지와 강화에 있기 때문에 그 목적에 장애가 되지 않는 한 국민들의 사생활이나 경제생활 등에는 간섭하지 않는 것이 보통입니다.

하지만 전체주의는 단순한 독재와는 차원이 다릅니다. 전체주의는 단순히 정치권력의 독점과 유지를 목표로 삼고 있는 것이 아니라 권력이 인간의 모든 삶의 영역을 통제함으로써 전체 사회를 일정한 방향으로 동원·유도해나가는 정치형태이기 때문입니다. 다시 말해 기존의 사회와는 전혀 다른 새로운 인간, 새로운 사회를 건설하는 것이 전체주의의 목적이죠. 그러므로 전체주의는 독재와는 비교가 안 될 정도로 총체적인 지배체제로서 인간의 자유에 근본적인 위협이 됩니다.

특수한 정치형태 또는 통치방식으로서의 전체주의totalitarianism는 20세기적인 현상입니다. 전체주의라는 단어는 '전체적'이라는 뜻의 이탈리아어 totalitario라는 단어에서 파생되었습니다. 이탈리아의 파시스트 지식인 겐틸Gentil은 파시즘을 '삶에 대한 전체적인 발상a total conception'으로 이해하였으며 무솔리니는 자신이 만든 국가를 전체주의 국가라고 불렀습니다.

권위주의 정치에 대한 비판가들
은 파시즘, 나치즘, 공산주의를 다
원적인 민주주의에 대립되는 것
으로 파악하고 전체주의적 통치
로 규정하려고 했습니다. 1929년
『타임』은 전체주의라는 용어 대신
에 '의회주의에 대한 반동'이란 표
현을 썼고, 독일의 나치는 '권위주
의' 또는 '지도자 원리leadership principle'

칼 포퍼

라는 표현을 선호했습니다. 제2차
세계대전과 더불어 전체주의는 점점 더 부정적인 용어가 되었죠. 프
란츠 보르케나우F. Borkenau와 조지 오웰G. Orwell은 전체주의를 인간의 자
유와 창의력과 자율성을 파괴하는 한편 강력한 이데올로기로 인민을
대중·조직화하는 위험한 현상으로 이해했습니다. 또한 포퍼는 『열린
사회와 그 적들』(1945)에서 개인주의와 대립되는 폐쇄적인 일원적 진
리 개념을 주창한 철학자들로 플라톤·헤겔·마르크스 등을 지적하
고, 이들이 현대 전체주의의 지적 원천이 되었다고 보았죠. 자유와 다
원주의를 골간으로 하는 열린사회에 대한 포퍼의 예찬은 파시즘과
공산주의 비판에 대한 중요한 기준을 제공했습니다.

　전체주의가 보다 중요한 정치적 개념이 된 것은 제2차 세계대전 후
냉전체제의 확산기 동안이었습니다. 이 당시 미국을 중심으로 한 서
방진영에서는 민주주의의 우월성을 선전함과 동시에 스탈린의 통치
방식을 전체주의로 규정하고 그 비인간성과 포악성을 공격했죠. 이
당시 전체주의에 대한 비판에서 가장 영향력이 컸던 두 저술은 아렌
트의 『전체주의의 기원』(1951)과 카를 프리드리히C. J. Friedrich의 『전체주

이오시프 스탈린

의』(1954)였습니다. 아렌트는 자신의 책에서 반<sup>反</sup>유대주의는 상식세계의 파괴이며 인간의 자유가 숨 쉴 수 있는 공적인 공간의 파괴라고 주장했죠. 전체주의의 핵심적인 두 원리는 테러와 이데올로기로서 테러는 공적 공간에 모여 있는 개인들을 분산·고립시키는 역할을 하고 이데올로기는 이미 원자화되고 고립된 개인들을 한 곳으로 동원시키는 역할을 함으로써 전체주의 운동을 가능하게 했다고 분석했습니다.

프리드리히는 한 걸음 더 나아가 전체주의 체제의 일반적인 특징을 제시하고 있습니다. 그는 아렌트와 마찬가지로 전체주의를 20세기의 새로운 통치형태로 이해하고, 좌우 양극단의 파시즘과 공산주의 체제에 공통적으로 나타날 수 있다고 주장했습니다. 그가 열거한 전체주의 통치형태의 특징들은 아래와 같습니다.

1. 만인이 지향해야 할 인류의 최종적 이상사회에 초점을 맞춘 공식적인 이데올로기의 존재.

2. 1인에 복속되거나 1인에 의해 상징화되는 단일 대중정당의 존재.(이 경우 전체주의 정당은 위계적으로 조직되며 국가의 관료기구보다 우월하거나 관료기구와 얽혀 있다.)

3. 정당과 그 관료들에 의한 첨단전쟁무기의 거의 완벽에 가까운 독점.

4. 대중 커뮤니케이션 수단의 거의 완벽한 독점.

5. 물리적·심리적 통제의 주요 수단으로서의 테러의 존재.

프리드리히는 1956년 즈비그뉴 브레진스키<sup>Z. K. Brzezinski</sup>와 공동 집필한『전체주의 독재와 전제정치』에서 위의 다섯 가지 특징 외에 한 가지를 더 추가했습니다. 그것은 '전체 경제에 대한 중앙의 통제와 지시'로 이 특징은 파시즘보다는 공산주의적 전체주의에 보다 밀접한 관계가 있다고 주장했죠. 그들은 전체주의를 단순히 매스커뮤니케이션과 무기를 독점한 지배체제로 보기보다는, 그 요소들 외에 경제적인 것을 포함한 모든 다른 제도와 조직에 대해서도 독점적인 통제를 행사하는 지배체제로 이해했습니다. 무기의 독점은 대부분의 모든 정부의 공통된 특징이므로 전체주의에만 해당되는 특징이 아니라는 것이지요. 이에 덧붙여 앞에서 열거한 다섯 가지 특징도 비<sup>非</sup>전체주의 국가들과 절대적으로 구분되는 특징들이 아니라 정도의 차이라고 강조했습니다. 전체주의적이지 않은 국가들도 훨씬 완화된 형태이긴 하겠지만 그런 특징들을 어느 정도는 공유할 수 있을 테니까요. 이런 시각은 전체주의를 어떤 고정적인 불변의 정치형태로서보다는 점진적으로든 급진적으로든 변할 수 있는 체제로 볼 수 있도록 해주었다는 점에서 보다 융통성 있는 시각이라 할 수 있습니다.

결론을 맺겠습니다. 독재와 전체주의는 민주주의의 주요 적들이지만 그 내용과 규모에서는 현저한 차이가 있습니다. 독재는 단순히 독재권력의 유지와 강화가 목표인 반면, 전체주의는 그 범위가 훨씬 더 넓어서 인간의 삶 전체를 통제하고 조종하려는 거대한 목표를 갖고 있습니다. 그런 점에서 전체주의는 모든 사람의 영역에서 개인의 자유와 존엄성을 앗아갈 수 있는 가능성이 훨씬 더 높습니다. 독재는 정치적 영역에서만 인민의 자유를 제약하는 반면, 전체주의는 인간의 삶 전체에서 자유를 박탈하는 것이라고 볼 수 있지요. 전체주의는 단순한 독재의 범위를 넘어서 지도자가 전체 공동체와 인류를 지도하고 통제하려는 반인간적이고도 반인류적인 통치형태라고 할 수 있습니다. 오늘날 북한은 거의 유일한 전체주의 국가로 남아 있다고 하는데, 최근에는 이런 체제로부터 점차 벗어나려는 움직임이 보이고 있습니다. 바람직한 변화가 아닐 수 없지요.

# 8. 대의민주주의, 그 등장의 불가피성

오늘날 지배적인 민주주의 형태는 자유주의적 대의민주주의입니다. 자유주의와 민주주의의 관계에 대해서는 이미 설명했기 때문에 이번 강의에서는 '대의代議' 혹은 '대표代表'와 민주주의 관계를 검토해 보고자 합니다.

현대 민주주의는 스위스의 칸톤 주와 같은 극히 예외적인 경우를 제외하고는 국민의 대표자들이 정치를 합니다. 그래서 현대의 민주주의는 대의민주주의로 불립니다. 그 점에서는 우리나라도 예외가 아니죠. 그러면 왜 직접민주주의 대신에 대의민주주의가 실천되고 있을까요? 가장 큰 이유는 아마도 사회의 진화일 것입니다. 주지하듯이 서구에서는 18세기 중엽부터 산업혁명이 본격적으로 전개되었습니다. 그 결과 경제는 급속히 산업화되고 경제생활은 대도시를 중심으로 재편성되기 시작했습니다. 인간관계는 원자화되었고 익명성이 두드러졌으며 상업적인 계약관계가 보편화되기에 이르렀습니다. 그러면서 모든 시민들이 한 곳에 모여 직접 사회의 문제를 논하고 결정하는 것은 시간적으로나 공간적으로 불가능하게 된 것이죠. 누군가 시민들을 대표하여 국가와 도시의 문제를 논의하고 해결할 수 있는 대표자가 필요해진 것입니다.

하지만 대의민주주의의 발전은 단순히 사람들이 함께 모일 수 있는 공간적·시간적 제약 때문만은 아니었습니다. 산업사회는 그 규모뿐만 아니라 그 구조적 복잡성에서도 이전의 농경사회와는 엄청난 차이가 있었습니다. 농경사회의 구조는 극히 단순했기 때문에 그다지 전문적인 식견이 필요하지 않았다고 할 수 있습니다. 그러나 산업사회는 농경사회와는 비교가 안 될 정도로 복잡해서 사회의 경제체제와 다양한 제도들에 대한 전문적인 식견이 없으면 관리하기가 힘들게 되었습니다. 사회의 전문적인 관리를 위해서라도 국민들을 대표할 엘리트들이 필요해진 것입니다. 이와 같이 거대한 산업사회에서는 직접민주정치가 기술적으로 불가능해졌을 뿐만 아니라, 엘리트들의 기여가 필요해졌기 때문에 대의민주주의 형태가 출현했다고 볼 수 있습니다. 국민들은 대표자들을 선출하는 정기적인 선거 때를 제외하고는 직접 모여서 국사를 논의할 필요성이 없게 되었지요. 국민들은 이제 국가에 중요한 일이 있을 때마다 모이는 수고로움을 덜고 그 시간에 돈을 벌거나 여가를 즐기는 등 자신의 개인적인 일을 할 수 있게 되었습니다. 물론 국민들은 자신의 수입 중에서 일부를 세금으로 납부하여 전문가들이 국사에만 몰두할 수 있도록 해야 했습니다. 이렇게 볼 때 대의민주주의는 전문가와 국민들 사이의 일종의 기능분화의 결과라고 할 수 있을 것입니다.

이론적으로 보면 대의민주주의는 자유민주주의와 전문주의의 불가피한 타협이라고 할 수 있습니다. 근대 초 절대주의 국가에 대항하는 일련의 민주화 과정을 통해 근대인들은 자신을 점점 더 자율적인 존재로서 인식하게 되었습니다. 근대 자유주의 사회의 시민은 국가에 대한 일정한 의무—납세와 국방—만 수행하면 국가의 간섭으로부터 자유롭게 자신의 삶을 꾸려갈 수 있는 자유와 권리를 인정받지요. 자유와 합리성을 실현할 수 있는 절차와 과정으로서 민주주의 발전이 요구되었고요. 하지만 위에서 설명한 대로 근대의 산업사회는 시민들이 자신의 도덕적 특성을 직접적으로 실현하기에는 너무 커져버렸고 그 때문에 사회를 효율적으로 관리할 수 있는 전문가들이 필요했습니다. 이런 상황은 정치 참여를 통해 자율성을 실현하고픈 시민들의 욕구와는 양립하기가 어려웠던 것입니다.(이와 같은 근대 산업사회의 구조적 난점은 자유주의 사회의 시민들을 점차 탈脫정치화시켰고 프라이버시를 더욱 신성시하도록 이끌어갔습니다.) 그러므로 시민들의 자율성을 최소한이나마 실현할 수 있는 기회를 주는 한편으로, 복잡한 산업사회를 효율적으로 관리할 수 있는 엘리트들의 주도적인 역할을 허용할 수 있는 정치원리가 절실히 요청되었다고 할 수 있습니다. 이런 요청에 부합한 것이 바로 대의민주주의였던 것입니다. 그러면 대의민주주의는 어떻게 가능할까요?

　시민들의 정치 참여의 욕구는 자신들을 대표해서 정치를 담당해줄 대표자들을 선출하는 활동을 통해 부분적으로나마 실현될 수 있었습니다. 그들은 보통 때는 대부분의 시간을 자신의 개인적인 일에 할애하지만, 법률로 정해진 바에 따라 대표자들을 선출하기 위한 선거에 참여할 수 있는 권리를 갖고 있습니다. 만족스럽지는 않지만 시민들은 선거를 통해 최소한도의 정치 참여의 욕구를 실현할 수 있었던 것이죠. 그리고 대의원들은 국민들이 후보자들 중에서 가장 식견과 인격이 뛰어나다고 판단해서 선출한 사람들입니다. 평범한 사람들보다는 훨씬 더 사회를 잘 관리해나갈 수 있는 사람들로 간주된 것이죠. 대의민주주의는 국민들이 대표자를 선출하는 최소한도의 정치활동을 가능케 함과 동시에 엘리트들이 사회를 효율적으로 관리할 수 있는 가능성을 열어놓았던 것입니다. 적어도 논리적으로만 본다면 대의민주주의는 자유주의적인 자율성의 이상과 사회관리의 효율성이 이상적으로 결합된 민주주의 형태라고 할 수 있을 것입니다.

지금까지는 대의민주주의의 역사적 형성과 그 논리적 근거에 대해 설명했으므로 지금부터는 대의민주주의의 원리와 한계에 대해 알아보도록 하겠습니다. 저는 여기서 대의민주주의에 회의적인 사람들의 견해를 소개하고자 합니다. 이들은 대의민주주의는 사이비 민주주의라 비판합니다. 그 이유는 시민들의 정치 참여를 지나치게 최소화하고 있기 때문이라는 것이죠. 시민들은 몇 년 만에 한 번씩 돌아오는 선거에서 자신이 지지하는 후보자에게 한 표를 던지는 것이 고작이죠. 그리고 그 후보자들도 자신들이 직접 후보자들을 추천하는 것이 아니라 자신들의 의사와는 무관하게 이미 정해진 후보자들 중에서만 고를 수 있을 뿐이고요. 그러므로 슘페터는『자본주의, 사회주의 그리고 민주주의』(1942)에서 다음과 같이 말하고 있습니다.

민주주의라고 하는 것은 '인민'이란 용어와 '지배'라는 용어의 어떤 의미에 있어서도 인민이 실제로 지배한다는 것을 의미하는 것도 아니며 또한 의미할 수도 없다. 민주주의는 다만 인민의 지배자가 되고자 하는 사람들을 승인하거나 또는 부인할 기회를 가지고 있음을 의미할 따름이다.

결국 슘페터에 따르면 실제로 존재하고 있는 대의민주주의는 기껏해야 시민들의 지지를 받기 위해 경쟁하는 정치엘리트의 지배권을 정당화시켜줄 수 있는 정도의 역할만을 하는 것입니다. 슘페터의 설명을 수용한다면 우리는 아테네의 직접민주주의로부터 미국의 16대 대통령 링컨의 게티스버그 연설을 통해 전승된 민주주의의 이상—국민의 자치로서의 '국민의, 국민에 의한, 국민을 위한 통치'—은 실현 불가능한 것으로서, 전혀 현실성이 없는 공허한 이상임을 인정해야 할 것입니다.

그러나 현실에서 나타나고 있는 민주주의의 작동방식을 묘사하는 것으로 민주주의의 이상을 대체하고자 하는 시도는 지나치게 보수적이며 시민들의 역할을 지나치게 제한시키는 한계가 있지 않을까요? 더구나 오늘날 우리 사회에서 보듯이 대의원들의 지적·도덕적 수준이 일반 시민들보다도 더 높다고 볼 수 있는 근거도 없습니다. 그들은 일단 권력을 잡게 되면 국민의 대표자로서 봉사하기보다는 국민 위에 군림하려 하고 정보를 통제·조작함으로써 자신들의 권력욕을 채우는 데 급급합니다. 대의원들이 지적·도덕적으로 일반시민들보다도 월등히 우월하며 합리적이라는 주장이 틀렸다면 대의민주주의의 한계는 분명해집니다. 대의민주주의는 대의원들에게는 너무나 많은 권력을 쥐어주고, 국민에게는 너무나 적은 권력만을 남깁니다.

결론을 맺겠습니다. 아무리 그 정당화 논리가 매력적으로 보여도, 대의민주주의는 분명한 한계를 갖고 있습니다. 그 때문에 오늘날은 대의민주주의가 심각한 위기에 빠졌다는 비판이 설득력을 얻고 있으며 이에 대한 대안으로 시민운동과 참여민주주의운동이 일어나고 있습니다. 대의원들의 부패와 무능력에 실망한 일반시민들이 스스로 정치에 참여함으로써 공동체의 문제를 해결하고자 하는 운동은 거의 모든 국가에서 발생하고 있지요. 시민운동과 참여민주주의 운동은 최소한 대의원들을 자극하고 분발시키는 계기를 마련할 수 있는 한편 대의민주주의를 통해 달성할 수 없는 목표들을 추구함으로써 최소한 대의민주주의를 보완할 수 있는 길을 열어줄 수 있습니다. 우리는 대의민주주의의 불가피성과 한계를 동시에 직시함으로써 우리나라의 민주주의를 더욱 더 발전시킬 수 있어야 하겠습니다.

# 9. 대의민주주의의 '대표':
## 누가, 누구를, 어떻게?

　대표라는 개념은 오늘날의 민주주의 사회에서 가장 대중적인 개념들 중의 하나입니다. 그러면서도 현대 정치학의 가장 논쟁적인 이슈가 되고 있지요. 대표라는 말에는 여러 가지 의미가 들어 있기 때문인데, 과연 누구를 대표하며 무엇을 대표하고 어떻게 대표하는지에 대해 많은 이견들이 존재하기 때문입니다. 이번 강의에서는 대표 개념의 의미를 살펴봄으로써 현대 대의민주주의가 지향하고 있는 바를 더욱 분명히 확인해보도록 합시다.

　먼저 대표 개념은 다른 사회과학적 개념들처럼 역사적으로 진화해왔다는 것을 지적하고 싶습니다. 이 말은 대표라는 개념이 사용되어진 최초의 시기부터 현재에 이르기까지 그 내용이나 의미에 상당한 변화가 있었다는 것을 의미합니다. 예를 들어 대표의 의미는 오늘날 상당한 위기에 직면해 있는데 그 이유는 주로 지구가 하나의 상호의존적인 체제로 통합해가고 있는 데서 발견할 수 있습니다. 예전에 대표라는 개념은 주로 한 국가의 수준에서 사용되었지만, 상호의존적인 세계화 시대에서는 일국적인 의미의 대표성이 점차 그 의미를 상실해가고 있기 때문이죠. 예를 들어 오늘날 전 지구적인 문제에 가장 큰 영향력을 미치고 있는 미국 정치인들은 누구를 대표하고 있습니까? 미국 외의 다른 나라 사람들은 그들을 선출하는 데 전혀 참여하지 않았음에도 불구하고 미국 정치인들의 결정은 전 지구적인 문제에 가장 큰 영향력을 행사함으로써 우리들의 삶에 직접적인 영향을 미치고 있습니다. 따라서 저는 대표라는 개념을 마치 보편적인 의미가 있는 불변적인 개념인 것처럼 정의하는 방식을 피하고, 대신에 그 개념에 일어난 중요한 변화를 중심으로 그 개념의 의미를 역사적으로 고찰해보고자 합니다.

17세기 이래 민주주의 사상이 발전하면서 대표 개념도 발전했습니다. 처음에 대표 개념이 사용되기 시작했을 때는 주로 두 가지 의미를 가지고 있었습니다. 그 한 가지는 '신탁trust'의 의미로 쓰였으며 다른 한 가지는 '대리delegate'의 의미로 사용되었죠. 먼저 신탁으로서의 대표 개념을 설명하겠습니다. 여러분도 잘 아시겠지만 신탁관계는 신탁하는 사람과 신탁을 받는 사람의 관계입니다. 신탁을 받은 신탁인은 타인을 대신하여 재산이나 일을 책임지고 관리해주는 사람을 가리킵니다. 신탁으로서의 대표 개념은 일반 시민들이 그 대표자에게 정치적 문제들에 관한 모든 일을 책임지고 관리해달라는 의미를 갖고 있는 것이죠. 그런데 이런 신탁관계는 신탁을 부탁하는 사람과 받는 사람들 사이의 지적 · 도덕적 차이를 전제하는 경우가 많았습니다. 다시 말해 신탁을 부탁하는 일반시민들보다 신탁을 받아들이는 대표자들이 더 뛰어난 능력을 가졌다고 전제하고서. 일반시민들은 자신에게 무엇이 가장 유익한 것인지를 알지 못할 뿐만 아니라 일을 책임지고

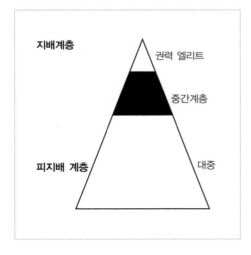

표 5 엘리트주의

지배계층

권력 엘리트

중간계층

피지배 계층

대중

관리할 능력도 없으므로 지적으로 탁월하고 일의 능력도 뛰어난 대표자를 내세워 일을 처리한다는 것이지요. 이 신탁으로서의 대표 개념에는 엘리트주의적인 냄새가 물씬 풍겨 나오는 까닭에 오늘날과 같은 평등사회에서는 그 의미가 많이 퇴색돼버렸습니다. 그렇다고 해도 시민을 대표하는 대의원들은 일반시민들과는 무엇인가 다른 특별한 사람일 것 같은 생각이 완전히 사라진 것은 아니기 때문에 오늘날에도 신탁으로서의 대표 개념은 어느 정도는 간직되고 있다고 할 수 있겠지요.

둘째로, 역시 오늘날에는 상당히 퇴색해버린 대표의 의미로서 '대리' 모델이 있습니다. 주지하듯이 대리인delegate은 대리를 부탁한 사람의 명령과 지시에 따라서만 행동합니다. 대리인은 일을 맡긴 사람의 의사를 그대로 따를 뿐 대리인 자신의 뜻과 판단과 선호를 앞세울 수 없습니다. 만약 자기 마음대로 군다면 대리인으로서의 자격을 박탈당할 것입니다. 18세기의 토마스 페인T. Paine은 이 대리 모델을 옹호했는데 그 이유는 만일 일반시민의 의사와 이익을 대표하는 대리인이 선거구민들의 의사와 이익을 그대로 반영하지 않고 자신의 판단과 선호에 의지한다면, 결국은 대리인 자신의 이익과 선호를 표현하게 된다는 우려 때문이었습니다. 그러므로 대리로서의 대표 개념을 사용했던 사람들은 특히 대의원들과 일반시민들 사이의 이익이나 견해의 차이가 최소화되는 제도적 장치를 선호했습니다. 예를 들어 대표자의 임기를 아주 짧게 정한다든지, 국민소환*이나 국민발안* 그리고 국민투표와 같은 직접민주정치의 제도들을 도입함으로써 대표자들에 대한 시민의 통제력을 극대화하는 것도 그와 같은 제도적 장치에 속한다고 할 수 있겠습니다. 이 대리로서의 대표 개념은 대표자의 자유재량권을 최소로 유지하려고 했던 점에서 자유재량권을 극대화시켜주고 있는 신탁으로서의 대표 개념과는 정반대 시각이라 하겠습니다.

**국민소환**
공직자의 능력이나 도덕 등에 심각한 문제가 있다고 판단할 경우, 일정 수 이상 국민의 요청이 있다면 그 찬반여부를 국민투표에 부치는 것을 의미한다.

**국민발안**
예컨대 어떤 법률의 제정 내지 개정이 필요하다는 일정 수 이상의 국민의 요청이 있다면 그 찬반여부를 국민투표에 부치는 것을 말한다. 물론 경우에 따라 의회에서 표결이 이루어질 수도 있다. 스위스의 경우, 투표권자 5만 명 이상이 헌법개정안을 작성하여 헌법 개정을 요청하면 이를 실시하도록 되어 있다.

오늘날 지배적으로 받아들여지고 있는 대표 개념은 근대 정당제도가 발전하기 시작한 프랑스혁명 전후에 등장했습니다. 프랑스혁명 전에는 대의원들이 대체로 독립적인 개인들로 간주되었고, 따라서 대리나 신탁의 관계가 대표자와 일반시민의 일대일의 관계로 이해되었습니다. 그러나 근대 정당정치의 틀이 갖춰진 프랑스혁명 전후를 거치며 대표자들은 개인의 자질과 능력보다는 특정한 정당의 이념과 정책에 충실한 '정당인'으로서의 성격을 갖게 되었습니다. 정당제도가 발전하면서 이제 개별적인 정치인들이 아닌 정당이 대표기구로 부각되었기 때문이죠. 선거기간을 통해 일반시민들은 정당이 제시하는 정책에 지지를 보냄으로써 그 정책을 실천할 수 있는 권위를 위임합니다. 대표 개념은 이제 개별 정치인들과 일반시민들의 관계에서 발전해 일반시민들과 정당의 관계를 중심으로 이해되었던 것입니다. 이런 시각이 일반화된 데는 정당정치의 발전과 더불어 18세기 말의 사상가이자 정치가였던 에드먼드 버크*와 같은 사람들의 노력도 크게 작용했습니다. 그는 브리스톨에서 유권자들에게 한 연설에서 페인과 달리 대표는 선거구민의 대리인이 아닌 전체 국가를 위해 일하는 국민의 신탁자로서 자유롭게 사고하고 판단해야 한다는 생각을 제시했습니다. 이런 생각은 위에서 설명한 신탁으로서의 대표 개념을 표

에드먼드 버크

**에드먼드 버크**
1729~1797. 아일랜드 태생. 영국의 정치가이자 정치사상가. 1765~1795년경에 크게 활약했으며, 정치이론사에서 중요한 위치를 차지하고 있다. 대표적인 영국 보수주의 정치 이론가로 이름 날렸으며 프랑스 혁명을 비판한 『프랑스 혁명에 관한 고찰』은 이후 보수주의의 경전으로 여겨지게 되었다.

현하고 있지만 동시에 현대 정당정치에 깔려 있는 위임으로서의 대표 개념도 나타내고 있습니다. 대표자는 선거구로부터 선출되지만 전체 국민의 위임을 받으려고 경쟁하는 정당의 일원으로서, 특정 선거구민의 뜻과 이익이 아닌 전체 국민의 뜻과 이익을 대표하는 신탁자로서 자유롭게 판단하고 행위할 수 있는 것으로 간주되었습니다. 근대 정당제도의 정착과 더불어 버크의 국민대표론은 오늘날의 대표 개념 속에 통합되었다고 할 수 있습니다.

마지막으로 또 하나의 근대적인 대표 개념은 '유사resemblance'라는 용어로 표현할 수 있습니다. 그 내용은 다음과 같습니다. 근대 사회는 계급·종교·성·인종 등 다양한 집단들로 균열되어 있는 구조를 보이고 있습니다. '유사'라는 용어로 설명될 수 있는 대표 개념에 따르면 의회와 정부의 대표는 바로 이와 같은 사회의 균열구조를 그대로 반영해야 한다는 것입니다. 말하자면 사회의 균열구조를 대우주

로 볼 때 대표자들로 구성된 의회는 대우주의 모습과 유사한 소우주적 대표 체제여야 한다는 것이지요. 이는 정치란 사회의 균열상을 그대로 반영한다는 마르크스주의적 시각에 기초한 개념이라 할 수 있겠습니다. 19세기 후반 이후 사회주의자들과 진보주의자들은 자유민주주의 대표제도가 사회의 다수 집단인 노동자계급과 여성들을 지나치게 적게 대표하고 있어서 그들의 이익이 반영되지 않고 있다고 비판했습니다. 물론 자유주의사회의 대의원들 중에 진보적인 엘리트들이 없었던 것은 아니지만, 그들은 결국 노동자나 여성이 아니기 때문에 노동자나 여성들의 이익을 충실하게 대표하는 데는 한계가 있다는 지적이었죠. 따라서 '유사'라는 용어로 대표 개념을 이해하려는 사람들은 의회와 같은 대표제도는 계급 · 성 · 인종 등과 같은 사회집단별로 할당되어야 하고 따라서 투표자들은 자신이 속한 집단이 내보낸 후보자에게 투표해야 한다고 주장합니다.

오늘날의 대의민주주의는 대표 개념이 이와 같은 변화를 거치면서 오늘에 이르고 있습니다. 물론 이상에서 설명한 네 가지 대표 개념이 정확히 어떤 시점을 기준으로 차례로 채택된 것은 아닙니다. 사회와 정치제도의 변화에 따라 이 개념들은 서로 교차하고 중첩되기도 하면서 대표 개념의 변화를 초래했습니다. 그리고 아무리 쇠퇴되었다고 해도 신탁이나 대리의 의미로서의 대표 개념 역시 오늘날에도 적지 않게 거론되고 있습니다. 단지 그 지배적인 쓰임새가 위임과 '유사'의 의미로 옮겨왔다는 것뿐이죠. 이렇게 정치사회의 진화와 더불어 대표의 의미가 이렇게 진화해온 것을 잘 이해한다면 앞으로 우리나라의 대의민주주의를 발전시키는 데 기여할 수 있을 것입니다. 예컨대, 우리나라의 국회의원들은 지역주의의 영향 때문에 부분적으로 전근대적인 대표성을 표현하고 있다고 볼 수 있는데, 이런 대표 개념의 낙후성을 이해하고 제대로 비판할 수 있다면 우리의 대의민주주의를 보다 근대적인 형태로 발전시켜나갈 수 있는 기반을 마련할 수 있지 않을까요?

# 10. 민주주의는 정당정치?

　현대 민주정치에서 정당은 핵심적인 역할을 수행합니다. 모두가 다 동의하는 바는 아니지만 민주정치는 정당정치라고까지 말합니다. 그만큼 정당이 민주주의의 실천에 필수 불가결한 기능을 수행한다는 말이겠지요. 우리나라의 정치에서도 정당은 긍정적이든 부정적이든 중요한 역할을 하고 있습니다. 우리는 중요한 정치적 선택을 할 때 각 정당이 제시한 정책과 정당이 기반을 둔 지역을 기초로 투표를 하곤 합니다. 비록 우리나라의 정당정치가 크게 왜곡되고 낙후되어 있다고 해도 정당이 국민의 의사와 분위기를 취합하고 조직화하며 여론을 조성하는 데 아주 중요한 역할을 하고 있다는 점은 부인하기 어려울 것입니다. 저는 이번 강의를 통해 민주정치에서 정당이 담당하고 있거나 담당해야 하는 중요한 몇 가지 역할들에 대해 살펴보고자 합니다. 그리하여, 여러분들이 우리나라의 정당정치 발전에 기여하는 데 필요한 기본지식을 전달하고자 합니다.

'정당은 정치적 견해를 같이하고, 하나의 정치적 단위로 행동함으로써 주로 선거를 통하여 정부를 통제하려고 노력하는 시민들의 조직'으로 정의할 수 있습니다. 정당은 국가의 공식적인 제도이고, 정치적 이익과 견해를 공유하는 사람들의 집단이며, 공직을 위해 경쟁하고, 정권의 획득을 목표로 노력한다는 네 가지 특징을 갖고 있습니다. 이익집단도 이익과 견해를 같이하는 조직이라는 점에서는 정당과 같지만, 공식적 제도가 아니며 공직과 정권획득을 목표로 삼지 않는다는 점에서 정당과 구별됩니다.

이와 같은 현대적 의미의 정당의 역사는 그리 오래되지 않았지만, 오늘날 정당은 민주주의 국가에서는 물론 권위주의 국가와 심지어 전체주의적 독재국가에서도 존재합니다. 오늘날 정당은 민주주의를 위한 제도적 장치로서든 독재와 억압을 위한 장치로서든 국가와 시민사회, 정부기구와 사회집단의 이익을 연결시켜주는 중요한 매개 역할을 수행하고 있습니다. 정당의 형성과 정당제도의 구비는 사회의 진화 및 분화 그리고 정치적 근대화의 특징으로 인식되고 있기 때문에, 비非민주주의 국가들도 형식적이나마 정당제도를 채택하고 있습니다. 1960년대와 1970년대 초 발전도상국가들에서는 정당이 군부의 정권장악과 함께 위기를 겪기도 합니다. 군부는 정당이 사회를 분열시키고 빈곤과 같은 사회적 문제들을 효율적으로 해결하지 못한다고 비난했습니다. 그러나 1980년대와 1990년대 이후부터는 이들 국가에서 군부독재가 몰락하고 정당이 부활하고 활성화되고 있습니다. 그리고 동구의 구舊사회주의 국가들에서도 일당一黨체제가 다당多黨체제로 전환되었죠.

현대적인 정당의 발달은 19세기에 시작된 보통선거권의 확대와 이에 따른 의회정치의 발달과 긴밀한 관계를 갖습니다. 물론 이 두 가지 변화는 모두 자유와 권리의식의 확대 및 그에 따른 시민사회의 성장에 기인했습니다. 그러므로 정당의 발달은 민주주의의 발전과 그 맥을 같이했다고 볼 수 있습니다. 현대적 정당형태는 미국에서 먼저 출현했습니다. 미국 '건국의 아버지'들은 정당을 싫어했음에도 불구하고, 연방주의자 정당을 결성하고 1800년의 대통령선거를 맞이했습니다. 최초의 현대적인 정당들은 입법을 위한 붕당朋黨의 형태로 출발했습니다. 시간이 지나면서 이들 붕당들은 광범위한 선거구민들에게 호소하기 위해 의회 바깥에 지부를 창설함으로써 대중적인 기반을 넓혀갔습니다. 이와 달리 사회주의 정당들이나 종교 민족 또는 언어에 기반을 둔 정당들은 사회운동으로서 혹은 정부 바깥에서 활동하는 이익집단으로서 출발했습니다. 그리하여 20세기 초에 이르면 정당과 정당체제는 전체 사회를 활력 있게 만드는 사회적·경제적 균열을 정치적으로 표현하게 되었죠. 그러나 그로부터 발생한 정당형태는 극히 다양합니다. 오늘날 정당은 다양한 방법으로 분류되고 있는데 그중에 중요한 것은 다음과 같습니다. (가) 명망가 정당과 대중정당 (나) 대의정당과 통합정당• (다) 입헌적 정당과 혁명정당 (라) 좌익정당과 우익정당.

그러면 이제 현대정치과정에서 정당이 담당하고 있는 중요한 기능들을 살펴보겠습니다. 정당의 현대적 기능은 대체로 다음 여섯 가지로 요약할 수 있습니다. (가) 이익의 대표 (나) 정치엘리트의 육성과 충원 (다) 목표의 설정 (라) 이익의 결집 (마) 정치적 사회화와 동원 (사) 정부의 조직.

먼저, 이익의 대표는 정당의 가장 일차적인 기능입니다. 앞서 우리는 대표에 관한 이론들, 특히

> **통합정당**
> 정당들이 제각기 정체성을 유지하는 가운데 공동목표를 달성하고자 협동하는 정당형태. 목표를 달성한 후에는 결별할 수 있다. 이에 비해 대의정당은 자신의 정체성 내지 대표성에 충실하고 그것을 지켜낸다는 원칙에 충실한 정당형태이다.

'위임모델'을 살펴보았습니다. 이 모델에 따르면 유권자들은 개별 후보자의 능력과 자질보다는 정당의 이념성향과 정책 방향 등 정당의 전체적인 이미지를 기준으로 정당을 지지합니다. 따라서 정당이 선거와 여론에 반영된 시민의 이익을 대표하는 것은 정당의 가장 일차적인 임무인 것입니다.

둘째, 정당은 정치엘리트를 육성하고 충원합니다. 정당은 기술, 지식과 경험을 갖춘 정치인을 육성하는 교육의 장이기도 하죠. 정당 활동을 통해서 정치신인들은 지역구와 관련된 업무로부터 전국적인 현안에 이르기까지의 다양한 국사를 수행할 수 있는 유능한 정치인으로 성장할 기회를 갖게 됩니다.

셋째, 정당은 사회가 추구해야 할 집단적인 목표를 설정하고 그 달성을 위해서 노력합니다. 정당은 정권을 획득하고 정부를 통제하기 위해 일련의 체계적인 정강과 정책들을 제시함으로써 유권자들의 지지를 확보하려 하죠. 이때 정당이 제시하는 정강과 정책 방향은 한 사회가 나아가야 할 집합적인 목표를 설정해줍니다.

넷째, 정당은 이익을 결집하는 기능을 수행합니다. 일부 학자들은 정당은 정치체계—즉, 투입/산출의 환류구조—의 투입 부분 중 가장 중요한 기능을 수행하는 장치라고 말합니다. 사회에 존재하는 다양하고 서로 충돌하는 이익들이 그대로 의사결정과정에 반영될 경우 그 결과는 매우 비효율적이겠죠. 정당은 사회의 다양한 이익들을 일정한 유형으로 결집하고 종합함으로써 정부와 사회 사이의 순환을 원활히 하여 효율을 극대화하는 역할을 합니다.

다섯째, 정당은 선거와 전당대회 등을 통해서 정치사회화와 동원기능을 수행합니다. 정책경쟁, 홍보, 정치적 정보의 제공 등 다양한 활동을 통해서 정당은 시민이 정치적인 가치를 형성할 수 있도록 기여합니다. 정당은 또한 국가와 지방의 중요한 현안에 대한 당의 입장을 호소하는 과정에서 유권자들을 이념적·정서적으로 동원하기도 합니다.

여섯째, 정당은 궁극적으로 정권을 획득하여 정부를 구성하려고 노력합니다. 다양하고 복잡한 현대 대중사회에서 정당이 개입되지 않은 정부의 구성은 상상하기 어렵습니다. 다수정당은 독자적으로 정부를 구성하지만 소수정당이라 하더라도 정당간의 연합을 통하여 정부를 구성하려고 합니다. 의원내각제*의 경우에는 정당과 정부가 융합된 형태이므로 흔히 정당정부party government라 일컬어집니다. 그리고 미국과 같은 순수대통령제라 할지라도 대통령이 소속한 정당의 도움 없이는 정부가 안정성과 일관성을 유지하기 어렵습니다.

> **의원내각제**
> 국회에서 다수 의석을 차지한 정당이 구성한 내각이 행정부를 운영하고 그 내각은 의회에 대하여 정치적 책임을 지는 제도. 내각책임제 또는 의회정부제라고도 한다. 대통령제와 더불어 현대 입헌민주국가의 양대 정부 형태.

지금까지 현대 사회에서 정당이 수행하는 중요한 기능들에 대해 설명했습니다. 결론으로 한국 사회의 정당정치에 대해 몇 마디하고자 합니다. 한국 정당정치의 문제점은 아마 여러분들도 잘 알고 계실 것입니다. 한국의 정당은 어떤 체계적인 이념이나 높은 가치를 중심으로 결성되지도 않았고, 그렇다고 사회의 다양한 이익들을 충실하게 고려한 정책들을 내놓음으로써 국민들의 지지를 받지도 못했습니다. 한국의 정당을 움직이는 것은 주로 당리당략과 정치권력에 대한 정치인들의 야욕뿐이라고 지적되곤 합니다. 그 때문에 선거철만 되면 어김없이 기존의 정당을 해체하고 새로운 정당을 결성하거나 그것이 여의치 않을 경우 정당의 이름을 바꾸곤 하지요. 이런 관행은 약 3세기 반 동안의 진화 과정에서 그 정체성과 명칭을 거의 바꾸지 않고 유지해온 영국의 정당들과 비교해보면 큰 차이가 있습니다. 한국에서는 각 정당이 일관되게 표방할 수 있는 가치와 이상이 뚜렷하지도 일관되지 않기 때문에 그때그때 유권자들의 관심을 끌 수 있는 이슈를 선점함으로써 정권을 잡으려 합니다. 정치인들도 자신의 이념과 이상이 어떠하든지 간에 정권에 참여할 수 있는 가능성이 주어질 경우 거침없이 당적을 바꿉니다. 그래서 한국의 정당은 철새정당, 선거정당이란 비판도 받아왔습니다. 또한 정치인들과 정당은 정치권력을 장악하기 위해서라면 누구나 망국병으로 여기고 있는 지역감정에도 호소하곤 합니다. 이런 경향이 근래에는 많이 완화되었다고는 하지만, 정치권력을 손에 넣기 위해서는 이만큼 좋은 무기가 없다고 판단하는 지역구 정치인들은 결국 직·간접적으로 지역감정에 호소하는 습성을 버리지 못합니다. 결국 매번 한국의 정당은 국민정당으로서의 면모를 갖추지 못하고 지역정당으로 전락해버리곤 합니다.

　나아가서 한국 정당은 1인의 지도자가 절대적인 권력을 쥐는 보스정당의 형태를 취해왔습니다. 이것은 당내민주주의를 불가능하게 만듦으로서 민주주의에 부정적인 영향을 초래할 뿐 아니라, 공천과 관련된 여러 가지 정치부패의 원인이 되기도 합니다. 그러므로 한국에서 정당이 민주정치발전의 주도세력이 되기 위해서는 이상과 같은 타락하고 왜곡된 모습에서 빨리 벗어나는 것이 필요합니다. 다시 말해 당내 민주화가 정착되고, 정당의 이념성이 보다 분명해지거나 정책정당으로서의 면모가 살아나야 할 것이며, 특수한 지역을 벗어난 범국민적인 대중정당이 출현해야합니다. 그리할 때만이 한국의 정당들은 정당정치로서의 민주정치의 진정한 주체가 될 수 있을 것입니다. 이런 개혁과정에서 정치인들과 정당에 대한 국민들의 끊임없는 비판과 견제가 중요한 역할을 할 것입니다.

# 11. 신뢰와 불신, 민주주의의 두 척후병

혹자는 신뢰[trust]와 정치를 연관시켜보려는 저의 시도를 어리석게 볼 수도 있습니다. 왜냐하면, 오늘날 정치에 관한 지배적인 통념은 신뢰보다는 불신과 연관되어 있기 때문입니다. 이미 앞에서 설명한 대로 오늘날 정치는 위선과 거짓말, 위협과 폭력과 같은 부정적인 가치들과 더 가깝습니다. 르네상스 시기 이탈리아의 마키아벨리는 정치를 이런 측면에서 개념화한 가장 대표적인 인물로 알려져 있죠. 그렇다면, 민주주의를 어떻게 신뢰와 연관시켜 볼 수 있을까요? 저는 이번 강의에서 민주주의는 궁극적으로 신뢰에 기반을 두고 있으며 따라서 민주주의의 발전은 곧 신뢰의 문화를 발전시키는 것과 일치한다는 것을 보여주고자 합니다. 하지만 동시에 민주주의는 이따금씩 신뢰를 유보하고 불신[distrust]의 태도를 견지하는 전략도 요구한다는 것을 지적하고자 합니다.

먼저 신뢰가 무엇인지를 보다 정확하게 이해할 필요가 있습니다.

신뢰는 크게 3가지 관점에서 이해할 수 있습니다. 첫번째 관점은 신뢰를 미래의 위험에 대한 예상과 연관시켜 이해합니다. 보다 구체적으로 말하면, 내가 어떤 사람 혹은 제도를 신뢰한다는 것은 그 사람 또는 제도가 나의 믿음을 좌절시킬 위험이 적다고 믿는 것을 의미합니다. 이 경우 믿음은 두 가지 점에서 의지(依支, reliance와는 다릅니다. 의지는 선택의 여지가 없이 강요되는 경우가 많습니다. 예를 들면 불길에 휩싸인 고층 건물에서 탈출하기 위해 우리는 아무리 허술하더라도 사닥다리에 의지할 수밖에 없죠. 무사히 탈출할 수 있을지는 전적으로 운에 달려 있습니다. 그러나 신뢰는 우리가 신뢰하는 대상이 우리에게 우호적으로 반응할 것이라는 자신에 찬 기대를 깔고 있습니다. 이렇게 보면 신뢰는 또한 희망과도 구분되지요. 희망은 우리가 어떤 일이 벌어질 것이라고 자신 있게 기대할 수 없는 경우에도 가질 수 있지만 신뢰는 미래의 일에 대한 강한 자신감을 전제합니다.

하지만 이런 의미의 신뢰는 단순히 심리적인 상태에 지나지 않을 수도 있습니다. 그래서 신뢰와 의지를 분명히 구분하는 사람들은 신뢰가 신뢰의 대상이 되는 타인들의 호의에 토대를 두고 있음을 강조합니다. 이렇게 이해할 경우 신뢰는 항상 타인의 호의에 바탕을 두고 있다는 점에서 의지와 구분됩니다. 이것이 신뢰가 갖고 있는 두번째 의미입니다. 신뢰에 대한 두번째 이해는 반드시 다른 사람들과의 관계를 전제한다는 점에서 (주관적인 심리상태일 수 있고 신뢰의 대상이 반드시 사람일 필요가 없는) 신뢰의 첫째 의미와 구분되지요.

이상의 두 가지 정의는 신뢰의 인지적認知的이고 의지적인 측면을 강조합니다. 반면에 셋째 의미는 신뢰의 감정적·정서적 측면을 강조합니다. 즉, 신뢰는 판단에 기초해 있으며(인지적) 긍정적인 의지를 포함하고 있는 동시에 친근하고 좋은 감정을 수반한다는 것이죠. 예를 들면 어떤 것이 있을까요? 우리가 친근하고 안전한 이웃을 떠나 먼 타향으로 이사를 갈 때 상실하게 되는 그런 느낌을 일종의 신뢰라 할 수 있습니다. 다시 말해 친근감을 느낄 수 없고 불안감만을 느낄 때 우리는 신뢰의 감정을 잃게 됩니다.

이상의 3가지 의미를 종합해보면 결국 신뢰는 타인의 호의 또는 선의를 확고히 믿거나 느끼는 정신적·심리적 상태라고 말할 수 있겠습니다. 하지만 이상의 세 가지 의미는 엄밀하게 볼 때는 구분되어야 하지만, 반드시 서로 대립되지 않는다는 점에서 굳이 구분하여 사용할 필요는 없을 것 같습니다. 미래의 결과를 자신 있게 기대하고 상대방의 호의를 확신한다면 우리는 또한 미래의 결과에 대해서, 그리고 신뢰의 대상에 대해서 친근감을 가질 가능성이 높습니다. 그리고 역으로 우리가 어떤 대상에 대해 친근한 감정을 갖고 있다면 우리는 그 대상을 긍정적으로 평가할 가능성이 높겠지요. 그러므로 우리는 신뢰를 일단 판단과 의지 그리고 감정의 요소가 복합적으로 작용하고 있는 긍정적인 관계구조라고 보면 되겠습니다. 그러면 신뢰는 왜 민주주의의 전제가 될까요? 그리고 이 신뢰는 도대체 어떻게 형성될 수 있을까요? 저는 먼저 신뢰가 형성되고 유지되는 방식에 대해 설명한 다음 민주주의에 있어 신뢰와 불신의 의의를 살펴보겠습니다.

사람들 사이의 상호신뢰가 어떻게 형성되고 유지되는지를 알아보기 위해서는 게임이론●과 사람들 사이의 협동에 관한 실험을 원용하는 것이 도움이 됩니다. 게임이론의 가장 단순한 예인 '죄수의 딜레마prisoner's dilemma●'는 두 명의 죄수가 가장 유리한 판결을 받기 위해서는 서로 상대방을 믿고 신뢰해야 한다는 것을 보여줍니다. 그리고 협동실험은 협동으로부터 얻을

> **게임이론**
> 게임의 결과가 자신의 선택과 기회뿐 아니라 함께 게임하는 다른 사람들, 즉 경기자들이 하는 선택에 의해 결정되는 경쟁상황을 분석하는 데 이용되는 이론. 원래는 수학용어지만 사회과학계에서도 널리 사용되고 있다.

수 있는 모든 미래의 혜택을 잃지 않기 위해서 계속적인 협력이 필요하다는 것을 보여줍니다. 이 두 가지 예는 서로 불신하는 것보다 신뢰하는 것이 모두에게 이익이 된다는 것을 알려줍니다.

이와 마찬가지로 의사소통 역시 신뢰를 촉진합니다. 우리가 서로를 잘 알아갈수록 상대방이 어떻게 행동할 것인가를 더 잘 알게 되기 때문이죠. 대화를 통해 신뢰는 점진적으로 싹터가고 확장됩니다. 약간의 위험을 감수하려는 마음도 신뢰를 발전시키는 데 기여할 수 있습니다. 서로를 완전히 확신할 수 없는 상황에서 상대방을 완전히 신뢰한다는 것은 위험한 일일 수도 있지요. 그러나 상대방을 완전히 확신하는 위험을 감수하게 되면, 그 결과로 서로간에 기대 이상의 신뢰를 발생시킬 수도 있습니다. 물론 신뢰가 배반당했을 때 그 불이익이 지나치게 클 경우 상대방을 전적으로 신뢰하는 것은 신중하지 못한 태도라고 할 수 있을 것입니다. 배반은 불신을 증폭시키곤 합니다. 아네트 베어[A. Baier]라는 학자는 신뢰를 유지하는 데 필요한 덕목으로 '용서'를 말했습니다. 상대방이 약속을 어겼을 때 그것을 용서한다면 신뢰가 커질 수 있다는 이야기죠. 그러나 이 경우에도 용서를 할 것이냐 말 것이냐는 약속 파기의 정도와 영향에 따라 달라져야 할 것입니다.

이상의 설명에서 알 수 있듯이 신뢰는 불신보다는 훨씬 더 많은 혜택을 가져다줍니다. 그렇지만 신뢰가 민주주의의 발전에 반드시 필요한 이유는 과연 무엇일까요? 이 물음에 답하기 위해서는 근대 민주정체제도의 수립과 작동에서 신뢰가 담당하는 역할을 보다 직접적으로 설명할 필요가 있습니다. 저는 근대 초 영국의 자유주의자 로크의 정

**죄수의 딜레마**
두 사람의 피의자가 있다. 두 사람 모두 묵비권을 행사해 자백하지 않으면 양쪽 모두 1년을, 한쪽만 자백하고 다른 한쪽이 자백하지 않으면 전자는 석방되고 후자는 10년을, 둘 다 자백하면 다같이 5년을 복역하게 된다. 분명 쌍방이 자백하지 않는 것이 가장 좋은 결과를 가져옴에도 불구하고 두 사람 모두 최악의 결과를 피하기 위해 결국 양쪽 다 자백해버리는 상황을 죄수의 딜레마라 한다.

치사상을 원용하여 이 물음에 답하고자 합니다.

로크는 그의 『정부론』 2편에서 시민과 정부 사이의 관계는 신뢰(또는 신탁)의 관계라고 주장했습니다. 여기엔 의문이 들 수도 있습니다. 자식이 아버지를 신뢰하고 신도들이 신을 신뢰하는 것은 마땅하겠지만, 시민들이 아버지나 신을 신뢰하듯 정부를 전폭적으로 신뢰하는 것이 과연 마땅하고 바람직할까라는 의문이지요. 이런 의혹은 정부와 시민의 관계에 신뢰가 개입해 들어가는 방식에 대한 오해에서 나옵니다. 로크에 따르면, 시민들은 자신들의 권리와 이익을 보호하고 증진시키기 위해 정부에게 권력을 신탁합니다. 만일 정부가 시민들의 신뢰 혹은 신탁의 조건을 성취하지 못하면 정부는 정당한 권위를 잃고 맙니다. 그러므로 정부와 피치자 시민들 사이에 신뢰의 관계가 있다는 로크의 주장은 우리가 그 관계를 신탁의 관계라고 보는 한에서 정부에게 책임을 지우는 것과 같습니다. 로크 이후 이런 신탁의 사상은 시민의 동의 또는 합의라는 관념과 함께 민주주의 제도와 관행 속에 뿌리 깊게 자리 잡았습니다. 그리하여 신뢰의 미덕은 자유롭고 민주적인 사회의 관행과 제도를 지탱하고 유지하는 가장 중요한 원리가 되었습니다.

상호신뢰가 없다면 동의와 합의와 같은 민주주의의 핵심적인 관념들은 전혀 쓸모가 없게 될 것입니다. 왜냐하면, 아무리 서로 동의하고 합의해도 그 합의의 절차와 결과에 대해 서로를 신뢰할 수 없다면 아무 의미가 없게 될 테니까요. 상호신뢰가 없는 상황에서는 합의된 것을 관철시키기 위해 강력한 절대권력이 필수적입니다. 홉스의 절대주의는 그러한 불신의 상황에서 나온 것이죠. 그러므로 동의와 합의라는 민주적인 관념들이 실질적으로 작동하기 위해서 반드시 신뢰가 필요합니다. 계약관계로 이루어진 시장자본주의에 대해서도 마찬가지 얘기를 할 수 있겠습니다. 시장에서의 계약이 의미가 있으려면 상대방이 계약을 지킬 것이라는 신뢰가 필요합니다. 만일 그렇지 못하다면 자유로운 시장관계 역시 발전하지 못했을 것입니다. 결국 신뢰는 자유와 평등사상에 기초한 민주주의와 시장관계에 없어서는 안될 요소인 것이지요.

하지만 마지막으로 신뢰는 위험이 수반한다는 사실을 마음에 새겨둘 필요가 있습니다. '믿는 도끼에 발등 찍힌다'는 속담이 있습니다. 아무리 신뢰할 만한 사람도 때로는 믿음을 저버리는 행위를 할 때가 있지요. 만일 신뢰가 반복적으로 깨진다면 그 관계는 불신의 관계로 바뀔 테고요. 하지만 대부분의 경우 사람들 사이에서 간헐적으로 발생하는 신뢰 파기는 용서의 미덕을 발휘함으로써 회복될 수가 있습니다. 그렇기 때문에 서로 신뢰하는 사람들 사이에서는 상대방을 경계하는 것이 반드시 유익하지도 필요하지도 않을 수 있습니다.

그러나 정치의 세계에서는 다르다고 생각합니다. 정치권력은 경계되지 않으면 안 됩니다. 민주적인 정치권력은 시민들의 신뢰와 동의에 의해 정당성을 획득하긴 하지만, 끊임없이 감시되고 견제되어야 합니다. 그 이유는 정치권력이 초래할 수 있는 엄청난 결과 때문입니다. 정치권력은 단 한 번만이라도 남용되면 많은 사람들에게 커다란 불행을 가져올 수 있지요. 그렇기 때문에 정치권력은 온갖 제도적인 장치를 통해서 제약을 받습니다. 그러나 이 또한 한계가 있기 마련입니다. 궁극적으로는 시민들의 경계와 감시가 필수적인 것이죠. 시민들은 정당한 정치권력에 신뢰를 가져야 하겠지만 전략적으로 불신의 태도를 취할 필요가 있다는 것입니다. 역설적이게도 그래야만 정치권력은 시민들의 필요와 의사를 존중하는 책임감 있는 권력으로 남을 수 있겠지요.

결론을 맺겠습니다. 상호신뢰가 형성되지 못한 사이에서는 대화와 협의도 별 의미가 없습니다. 필요할 경우 언제든지 파기될 수 있으니까요. 서로 신뢰하지 못하는 사이에서는 항상 긴장감과 경계심이 고조되어 합리적인 문제해결이 어렵습니다. 그리고 상호신뢰가 형성되지 못한 사회는 결코 문명화되고 품위 있는 사회라고 보기도 어려울 것입니다. 시민들 사이에서 그리고 시민들과 정부제도들 사이에서 신뢰를 쌓아가는 것은 민주사회의 발전에 필수적일 뿐만 아니라 품위 있는 문명사회를 건설하기 위해서도 반드시 필요합니다. 하지만 "태양 아래 완전한 것이 없다"는 말이 있듯이 완전히 신뢰할 수 있는 정치권력은 이 세상에 존재하지 않습니다. 정치권력에 대한 어느 정도의 전략적인 불신은 반드시 필요하지요. 저는 민주적으로 창출된 정치권력을 신뢰하고 존중하되 항상 경계하고 감시하는 태도를 갖는 것이 현명한 민주시민의 미덕이라 생각합니다.

# 12. 민주적 절차의 조건들

　공동체는 다수 구성원들 모두에게 관련된 문제를 논의하고 결정할 때 다양한 방식을 취할 수 있습니다. 지적으로 뛰어나다고 평가되는 소수의 사람들이 모여서 결정할 수도 있고 아니면 1인의 철인 혹은 지도자가 결정할 수도 있습니다. 민주주의는 이런 다양한 절차나 방식들 중의 하나인 것이지요. 그러므로 어떤 공동체가 민주주의 공동체인가 아닌가를 판단하기 위한 중요한 한 가지 기준은 그 공동체가 공동의 일을 처리하는 절차나 방식이 민주적이라 평가될 수 있는가에 달려 있다고 볼 수 있습니다. 그러면 도대체 어떤 절차가 민주주의적이라고 평가될 수 있을까요? 이번 강의에서는 바로 이 문제를 다루려 합니다. 민주적 절차의 일반적 특징을 이해하게 될 때 우리는 민주주의를 더 잘 알게 된다고 할 수 있을 것입니다.

　민주적 절차의 내용을 살펴보기 전에 먼저 사람들이 공동체를 구성할 때 어떤 가정에서 구성하는가를 상상해볼 필요가 있습니다. 만일 그런 가정을 알지 못한다면, 공동의 문제를 결정하기 위해 어떤 절차가 필요한지를 알 수 없기 때문이지요. 로버트 달R. Dahl은 사람들이 공동체를 구성할 때 대체로 다음과 같은 가정을 한다고 요약하고 있습니다. 첫째, 사람들은 '권위적인' 결정의 필요성을 느끼고 있습니다. 여기서 '권위적'이란 말은 사람들이 따를 수밖에 없는 권위나 강제력을 지녔다는 뜻입니다. 사람들이 공동생활을 받아들일 때는 규칙이 필요하고 또 이 규칙들은 반드시 적용되어야 한다는 것이지요. 둘째, 권위적인 결정은 두 단계로 구성되어 있다는 생각입니다. 첫 단계는 논의와 결정의 대상이 되는 의제가 선택되어지는 과정이며 두번째 단계는 그 의제에 대한 최종적인 결정이 내려지는 단계입니다. 아무리 의제가 선택되어도 그 의제에 대한 최종적인 결정이 내려지지 않는다면 어떤 것도 구속력을 지닐 수가 없을 것입니다. 셋째는 어떤 공동체의 문제에서 권위적인 결정은 오직 그 결정과정에 참여할 자격이 있는 구성원들에 의해서 내려져야 한다는 가정입니다. 넷째, 똑같이 정당한 요구들은 동등한 몫을 받아야 한다는 가정입니다. 예를 들어 X라는 자원에 대한 세 사람의 요구가 똑같이 타당하다면, X라는 자원을 나눌 때 세 사람의 요구를 동등하게 존중해야 한다는 것이죠. 그러나 이 분배 과정은 임의적일 수 있고 따라서 반드시 민주적인 절차에 따라 이루어진다고 가정할 수 없기 때문에 다섯번째의 가정이 필요합니다. 권위적인 결정으로 채택되어질 규칙과 정책들에 대해서는 공동체 구성원들 다수의 요구보다 더 우월한 요구는 없다는 가정입니다. 물론 여기서 다수는 민주적 다수인 'demos'를 의미하지요.

이런 다섯 가지 가정을 가지고 결사를 구성한다고 했을 경우 참여자들은 공동의 문제를 해결하기 위해 과연 어떤 절차가 필요하다고 생각할까요? 그 구체적인 절차의 모습은 다양할 수 있을 것입니다.

그러므로 여기서는 민주적 절차의 구체적인 형태를 제시할 수는 없고 단지 그 포괄적인 특징만을 설명하고자 합니다. 여러분들도 한 번 민주적 절차의 일반적 성격에 대해 생각해보시면서 강의를 따라오시면 더 좋을 것 같습니다.

첫째 기준으로는 정치적 평등을 들 수 있습니다. 공동체 구성원들의 자발적인 복종과 지지를 이끌어낼 수 있는 권위적인 결정은 정치적인 평등의 기준에 따라 내려진 결정이라는 것입니다. 정치적 평등은 결정에 참여하는 모든 사람들이 동등한 발언권과 투표권을 갖는다는 뜻입니다. 이러한 기준을 거부하는 것은 위에서 설명한 넷째와 다섯째 가정을 부정하는 것이라 할 수 있겠죠. 그리고 어떤 절차가 정치적 평등의 기준에 잘 부합한다는 것은 결국 결정과정에서 참여자들의 선호가 잘 표현되고 동등하게 반영된다는 뜻일 것입니다.

둘째는 효과적인 참여의 기준을 들 수 있습니다. 모든 민주적 결정절차는 구성원들의 효과적인 참여를 전제로 해야 합니다. 다시 말해 시민들은 의제설정과 결정단계에서 효과적으로 참여할 수 있어야 합니다. 그렇지 못하면, 시민들의 선호와 의지가 정확히 반영되지도 고려되지도 않겠죠. 따라서 어떤 절차의 민주성은 그 절차가 시민들의 참여의 기회를 더 증진하느냐 여부에 따라 평가된다고 할 수 있습니다. 시민들의 참여를 더 잘 보장하고 촉진시키는 절차가 더 민주적이라고 할 수 있다는 것이죠.

로버트 달은 어떤 결정 절차가 위의 두 가지 기준을 충족시키면 어느 정도는 '절차적 민주주의'에 부합한다고 말합니다. 좁은 의미에서이긴 하지만 말입니다. 그는 보다 완전한 민주적 절차는 다음 두 가지 기준도 충족시켜야 한다고 주장하고 있습니다. 첫째는 참여자들의 '계몽된 지성'이 필요하다는 것입니다. 절차적 민주주의는 때로 일부 시민들은 다른 시민들보다 결정을 내리는 데 더 자질이 있다는 사실을 무시한다고 비판받습니다. 보다 완전한 절차적 민주주의는 이 비판을 받아들일 필요가 있습니다. 왜냐하면, '인민에 의한 통치'는 시민들이 자신이 진정 원하는 것이 무엇인지를 안다는 것을 전제하기 때문이죠. 결정에 참여하는 시민들이 무엇이 좋은지를 정확히 알지 못한다면 시민들이 어떻게 좋은 결정에 도달할 수가 있겠습니까? 민주주의의 옹호자들은 이 점을 인식했기 때문에 시민계몽과 교육 그리고 공적인 토론을 강조했습니다. 그러므로 보다 완전한 민주적인 절차는 시민들의 '계몽된 지성'을 전제한다고 하겠습니다.

이상의 세 기준은 어떤 결정 절차가 민주적임을 보증하는 필수적인 조건입니다. 그러나 이것만으로는 완전한 절차적 민주주의를 이룰 수 없습니다. 왜냐하면 이상의 세 가지 기준은 누가 시민의 범주에 포함되는가를 밝혀주지 않고 있으며, 정책결정이 일정한 문제들에만 국한될 가능성을 방지해줄 수 없으니까요. 예를 들어 아테네인들은 지배자인 마케도니아의 필리포스 왕에게 외교·군사적인 문제에 관한 결정권을 박탈당했습니다. 나치 치하의 노르웨이인들 역시 사소한 문제를 제외한 중요한 문제들에서는 어떤 결정권도 갖지 못했습니다. 따라서 완전한 절차적 민주주의는 사소한 문제에만 적용되어서는 안 되고 중요한 문제들에 대해서도 적용될 수 있어야 합니다. 다시 말해 '의제의 통제', 이것이 바로 절차민주주의의 넷째 기준입니다.

이 기준은 어떤 문제가 절차적 민주주의로 결정될 것인가를 최종적으로 시민들이 결정할 것을 요구합니다. 이 기준까지 만족시켜야 시민들에 의해 비교적 완전한 절차적 민주주의로 간주될 것입니다. 하지만 이 절차적 민주주의는 오직 결정과정에 참여할 수 있는 시민들만을 전제하고 있습니다. 이 기준만 충실히 따를 경우 우리는 많은 인민들이 아직 시민으로 포함되지 않은 곳에서도 비교적 완전한 절차적 민주주의가 실현되고 있다고 인정해야만 합니다. 그러나 많은 인민들이 정치적 의사결정 과정에 참여할 수 있는 자격이 없는 사회에서 절차적 민주주의가 실현되고 있다고 주장할 수 있을까요? 이 질문은 완전한 절차적 민주주의의 마지막 기준으로 우리를 인도합니다. 즉, 달이 '포용의 기준criterion of inclusiveness'으로 명명한 기준으로 말이지요.

누가 시민에 포함되는가에 대한 문제는 이미 살펴본 문제로서 지역적·역사적으로 큰 차이가 있습니다. 누가 시민에 속하는가 하는 문제는 민주주의 국가에서조차 차이가 있습니다. 그 때문에 여기서는 단지 완전한 절차적 민주주의가 지향해야 할 방향으로서 보다 많은 인민들이 시민의 범주에 포함되어야 한다는 원칙만을 강조하고자 합니다. 예를 들어 단기체류 외국인들과 범죄자들만을 제외한 모든 성인들을 결정과정에 참여할 자격이 있는 시민의 범주에 포함시킬 수 있다면 가장 이상적인 절차적 민주주의가 수립된다고 할 수 있을 것입니다.

하지만 이상에서 설명한 다섯 가지 기준들을 완전히 충족시키는 절차민주주의는 사실상 존재하지 않는다고 봐야 합니다. 최상의 절차민주주의라 해도 이 기준들에 근접한 정도에 불과할 뿐이겠죠. 이번 강의에서 완벽한 절차민주주의의 기준들을 제시한 것은 다양한 체제들을 비교할 수 있는 기준을 보여줌과 동시에 정치발전의 대체적인 방향을 제시하기 위한 것이지 현실의 어떤 정치체제를 묘사하기 위한 것은 아닙니다. 절차민주주의는 모든 사람들이 지지하지 않습니다. 엘리트주의자들은 개인들 사이의 능력 차이를 강조하면서 절차민주주의를 거부하거나 엘리트 집단 내부에서의 절차민주주의만을 지지하는 경향이 있습니다. 그럼에도 불구하고 완전한 절차민주주의의 기준들은 어떤 결정 절차가 민주적인지를 가늠할 수 있는 중요한 기준을 제시해줌으로써 권위주의와 엘리트주의에서 보다 민주적인 체제로 이행을 시도하고 있는 경우에 유익한 길잡이가 될 수 있을 것입니다.

# 13. 여론정치로서의 민주주의, 과연 신뢰할 만한가?

　민주주의를 여론정치라 할 정도로 여론은 민주정치의 핵심을 이루고 있습니다. 민주주의에는 권리의 체계를 갖춰져 있으므로 다수 여론의 횡포를 막을 수 있는 제도적 장치가 있다고 할 수 있지만 개인의 기본권과 관련되지 않은 다른 문제들에서는 결국 다수 여론의 향방, 곧 다수결주의가 공적 문제의 해결을 위한 불가피한 절차가 되고 있습니다. 한 사회 다수 여론의 내용을 이해하게 되면 그 사회의 성격과 변화의 방향을 추측할 수가 있는 것이지요. 이 강의에서는 여론과 민주주의의 관계를 여론의 분포와 이념적 성향을 중심으로 살펴봄으로써 여론이 민주사회의 안정성과 변화에 미치는 영향력을 조명해보고자 합니다.

　여론의 분포와 이념적 성향이 민주사회의 안정성과 변화에 어떤 영향을 미칠 수 있는지를 살펴보기 전에 저는 먼저 여론이 왜 현대정치의 가장 중요한 요소가 되었는를 설명하고자 합니다. 이것은 곧 민주정치와 여론의 관계를 역사적으로 살펴보는 것이라 할 수 있겠습니다. 민주화 과정은 결국 다수 여론이 주도적인 역할을 하게 되는 과정과 동일한 과정이기 때문이죠.

민주주의는 결국 다수의 지배로 이해될 수 있습니다. 이는 국가적으로 중요한 의사결정을 할 때 다수시민의 의견을 기초로 하여 정책과 법을 작성한다는 말입니다. 그렇게 볼 때 민주화 과정은 결국 정치에 참여하는 시민의 범위가 확장되고 그들 중 다수의 의견이 정치과정을 주도하게 되는 과정이라 할 수 있습니다. 근대 초에는 일방적으로 왕과 귀족의 이익과 의견이 정치과정을 주도했습니다. 그러나 17세기 이후 상업 부르주아계급이 급격히 성장하면서 그들의 이익과 견해가 정치에 반영되는 방향으로 변화되었습니다. 이런 과정은 점진적으로 진행되어 19세기 중엽에 이르면서 도시의 노동자와 농민까지 그리고 20세기 초까지는 모든 성인 남녀가 민주주의의 주체로 등장하게 됩니다. 그리하여 현대 민주주의는 일정 연령 이상의 모든 남녀 시민에게 특별한 결격 사유가 없는 한 정치적 의사결정에 참여할 권리를 부여하고 있습니다. 모든 성인 남녀 대중이 정치의 주체로 부상했기 때문에 우리는 현대 민주주의를 대중민주주의라고 부르기도 합니다.

하지만 대중민주주의의 출현이 반드시 민주정치의 질을 높였다고만은 볼 수 없습니다. 모든 성인남녀들이 정치과정에 참여할 수 있게 되었다는 사실만으로 민주주의가 성숙했다고 보기는 어렵다는 것이죠. 만약 다수 시민들이 참정권을 부적절하고 무책임하게 행사한다면 다수의 지배는 오히려 중우정치<sup>•</sup>로 추락하거나 권위주의 혹은 독재로 전락할 수

**중우정치**
다수의 지배라는 민주주의의 원리가 타락한 형태. 현대에 들어와서는 다수 인민이 정치적으로 무관심하고 무능력하며 도덕적으로 부패해 있다는 평가를 기반으로 논의되고 있다.

도 있습니다. 오늘날 우리가 익히 알고 있듯이 시민의 정치적 무관심과 민주주의에 대한 무지, 무능력과 도덕적 부패 그리고 정서적 불안정까지도 민주주의 사회의 안정성에 큰 장애가 될 수 있습니다. 결국 다수결주의에 호소할 수밖에 없는 민주정치과정에서 다수 인민이 정치적으로 무관심하고 무능력하며 도덕적으로 부패해 있다면 그 결과는 너무나 자명할 것입니다. 민주공화국은 타락하고 권위주의 정치로 돌아가겠죠.(예로부터 많은 지식인들이 민주정치의 이와 같은 부정적인 측면을 공격했습니다. 플라톤은 가장 대표적인 인물입니다. 그는 철저히 전문적인 지식에 의한 지배를 옹호하며 철인이 정치권력을 행사하는 철인왕 체제를 이상적으로 생각했습니다. 민주주의에 대한 플라톤의 비판은 그 후 2000년 이상 동안 많은 지식인들로부터 공감받았습니다.)

그러므로 현대의 대중민주주의 사회에서는 다수 시민들이 정치에 참여한다는 사실만으로 민주사회의 성숙을 기대할 수 없습니다. 참여하는 사람의 규모만이 아니라 그들의 이해관심과 도덕적 상태를 반영하는 다수 여론의 질 역시 민주사회의 안정성과 발전에 영향을 미치는 중요한 요소인 것입니다. 합리성이 결여되고 극단적으로 분열되어 있는 여론은 민주주의의 안정과 발전에 결정적인 장애가 될 수 있습니다. 건전한 여론의 형성과 발전은 민주정치 발전의 중요한 요소라고 할 수 있을 것입니다.

그러면 여론의 분포형태는 어떤 식으로 설명될 수 있을까요? 여론의 분포는 일반적으로 좌/우나 진보/보수와 같은 이념적 성향이나 정책적 입장을 기준으로 하여 대체로 세 가지의 형태로 분류됩니다. 첫째 분포형태는 정규분포normal distribution라 불리고 있는데 이 형태는 종을 엎어놓은 것과 같이 가운데가 불룩하고 중앙을 중심으로 좌우가 대칭적인 분포형태입니다. 여론의 중심성향이 온건하고 안정적인 형태이므로 정부정책이 중심성향으로 부터 크게 벗어나는 경우를 제외하고는 시민의 동의의 수준이 높다고 할 수 있습니다. 중앙을 중심으로 완만한 대칭곡선의 형태이므로 온건한 중도입장을 중심으로 한 정부정책의 운용폭도 넓고 안정적입니다.

둘째는 편향분포skewed distribution로 불리는데 집중도가 가장 높은 부분(최빈값)이 전체분포의 오른쪽이나 왼쪽 어느 한편으로 치우쳐 있고 그 반대쪽으로 길고 가는 꼬리를 드리우고 있는 형태의 비대칭 분포입니다. 여론의 이념적인 성향이 진보와 보수의 어느 한쪽으로 집중되어 있고 다른 쪽은 약한 형태가 이에 해당합니다. 이 형태의 여론분포도 어느 한쪽으로 치우치기는 하였으나 정부정책에 대한 동의의 수준은 높은 편입니다. 그러나 정부정책의 방향성이 꼬리 부분으로부터는 상당한 거리가 있으므로 정책에 대한 반대 수준 또한 높은 편이라 할 수 있습니다. 반대의 의견과 이익은 소수이므로 정책으로부터 소외되거나

**표 6 여론분포 형태**

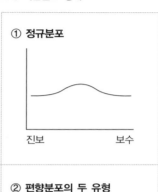

① 정규분포

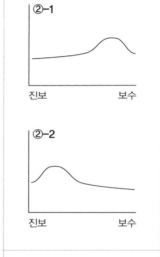

② 편향분포의 두 유형

②-1

②-2

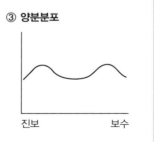

③ 양분분포

배제될 가능성이 높아 소수의 의견을 반영하는 적절한 제도적 장치가 없을 경우 비민주적인 정책 운영이 이뤄질 가능성이 있습니다.

셋째는 양분분포bimodal distribution입니다. 이 형태는 비슷한 크기의 최빈값이 두 개 있고 낙타의 등과 같이 두 최빈값을 중심으로 양분되어 집중된 형태입니다. 예를 들어 사회의 이념성향이 좌성향과 우성향이 비슷한 정도로 나뉘어져 집중된 형태로서, 1980년대까지 영국사회의 경우가 대표적인 경우라 하겠습니다. 이 당시 영국은 노동당과 보수당을 중심으로 크게 양분된 형태의 여론분포를 유지한 것으로 나타났습니다. 분포의 중앙이 취약하고 양쪽으로 집중된 여론 형태가 나타날수록 사회분열은 물론 정치적 갈등과 대립이 발생할 가능성이 큰 형태입니다. 그러나 흔히 서구 양당제의 경우처럼 두 진영 사이의 정권교체가 빈번하고 정책의 균형과 견제가 잘 이루어지는 의회주의가 발달된 경우에는 갈등과 대립이 최소화될 수 있으며, 서로 차별적인 정책대안을 통해 경쟁함으로써 국민복지의 향상과 민주적인 경쟁정치가 달성될 수도 있습니다.

지금까지 살펴본 바와 같이 위의 세 가지 분포는 각각 장단점을 지니고 있어서 절대적인 우열을 가릴 수는 없습니다. 정규분포의 경우에도 양극에 위치하는 소수의 이익이 구조적이며 항구적으로 소외된다면 결코 바람직하지 않겠죠. 양분분포에서도 적당한 균형이 깨져 한쪽이 계속 우세한 경우에는 오히려 편향분포보다 더 불안정한 갈등과 대립이 발생할 수도 있습니다. 그러므로 어떤 의미에서는 여론의 분포형태보다 더 중요한 것이 여론의 안정성이라 할 수 있겠습니다. 여론의 중심성향이 불안정해서 단기간에 급변하는 경우에는 정부정책의 결정과 수행과정에도 심각한 불안정과 혼란이 유발될 수 있지요. 예를 들어 정부나 정당에 대한 시민의 지지가 몇 주일 내지 몇 달 사이에 90%에서 10%로 변하는 수준으로 계속 왔다 갔다 했다고 가정해보십시오. 여론의 변화에 반응하여야 하는 정부와 정당은 매우 곤혹스런 입장에 빠지게 될 것입니다. 여론의 변덕스런 변화에 휘둘려 정부의 정책은 일관성과 안정성을 상실하고 국내외의 정책 신뢰성이 심각하게 낮아질 겁니다.

여론이 불안정할 경우 정부는 피해자이기도 하지만 정부와 정당이 이를 악용할 소지도 있습니다. 대게 불안정한 여론은 정책정향이나 이념성향에 바탕을 둔 것이 아니라 정치적 사건이나 스캔들에 큰 영향을 받기 때문에 정부와 정당이 정치적 반대자에 대한 흑색선전과 폭로, 진실의 은폐, 과장된 선전과 홍보 등으로 여론을 조작할 가능성이 커진다는 것이죠.

한국의 경우는 어떨까요? 한국의 여론은 매우 불안정하여 '냄비여론'이라고도 일컬어질 정도입니다. 어떤 중요한 문제가 발생했을 경우 여론이 냄비 끓듯 갑자기 비등했다가 그 문제가 해결되기도 전에 곧 잊혀져버리기 때문이지요. 예를 들어 정치인이나 경영인들의 비리가 언론에 폭로되어 문제가 되었을 경우 언론과 각종 대중매체는 그곳에 온 관심을 집중시키며 집중적으로 그 문제를 여론화합니다. 그러나 시간이 지남에 따라 여론은 언제 그랬냐는 듯이 곧 잠잠해져버리고 맙니다.

여론의 불안정성과 단기성은 언론매체들에 의해 조장된 측면이 많다고도 볼 수 있는데 이것은 결국 한국 민주주의 발전을 저해합니다. 민주주의는 여론정치인데 그 여론이 전혀 합리적이지 못하고 신뢰할 수 없으며 단기성에 그치고 있다고 한다면 많은 비민주적인 일들이 발생할 수 있습니다. 예를 들어 확인되지 않거나 합리적이지도 못한 여론에 기초하여 정부가 소수집단이나 개인의 권리를 마구잡이로 침해할 수도 있겠죠. 말하자면 부당한 인민재판의 경우와 같은 것이지요. 또한 여론의 불안정성은 국가의 중요한 정책결정에 불안정과 혼란을 초래할 수 있으며 정부에 대한 신뢰성을 잠식하고 대외 신인도를 떨어뜨릴 수도 있습니다. 그러므로 여론의 안정화와 합리화는 민주발전을 위한 필수조건일 뿐 아니라 무한경쟁의 세계화 시대에 우리가 능동적으로 대처해갈 수 있는 굳건한 반석이 될 것입니다.

# 14. 민주주의의 생명인 선거,
## 그 빛과 그림자

 

 

선거는 흔히 민주주의의 생명선으로 비유됩니다. 그만큼 민주주의에서 선거는 중요하지요. 직접민주주의 체제에서라면 선거의 중요성은 상대적으로 떨어질 수 있겠지만 오늘날의 대의민주주의에서 선거는 국민이 정치적 행위를 하는 가장 전형적인 기회입니다. 대의민주주의는 국민들의 대표자들이 주도하는 민주주의이기 때문에 국민들이 대표자들을 선출하는 과정이 필수적일 수밖에 없으며 따라서 선거와 투표는 대의민주주의의 기둥과도 같은 제도라 할 수 있습니다. 이번 강의에서는 민주주의에서 선거의 기능과 원칙들에 대해 살펴봄으로써 민주주의 정치과정에 대한 여러분들의 이해를 돕고자 합니다.

사회과학백과사전에 따르면 선거는 "조직 구성원의 일부나 전체가 조직의 권위 있는 직책을 수행할 1인 또는 소수의 인사를 조직의 규칙에 의해 인정된 절차에 따라 선정하는 것"입니다. 특히 슘페터는 그의 저서 『자본주의, 사회주의, 그리고 민주주의』에서 민주주의를 국민의 투표를 위해 경쟁적으로 투쟁하여 공직을 차지하려는 수단으로서의 '제도적인 장치'라고 묘사하여 민주주의를 선거, 특히 경쟁적인 선거와 동일시하고 있습니다. 민주주의란 국민이 자신을 지배할 대표자들을 받아들이거나 거부할 수 있는 제도를 의미하고 선거는 바로 그 제도의 핵심이기 때문이죠.

그러면 먼저 민주주의에서 선거의 기능에 대해 살펴보도록 하겠습니다. 그런데 선거의 기능에 대해서는 두 가지 견해가 대립해왔습니다. 전통적인 견해와 진보적인 견해의 대립이 그것이지요. 전통적인 견해에 따르면 선거는 정치인이 시민에 대해 책임을 지고 여론을 반영하는 정책을 입안하고 수행하도록 하는 제도로 이해됩니다. 이 견해는 선거의 기능 중 정치적 충원, 대표, 정부의 구성, 정책과정에의 영향력 등 주로 시민으로부터 대표에 이르는 상향적bottom-up 기능을 강조합니다. 반대로 선거의 기능에 대해 진보적인 견해를 가진 학자들(예를 들어 긴스버그Ginsberg)은 정부나 정치엘리트들이 선거를 통하여 국민을 순종시키고 침묵하도록 만들며 궁극적으로는 통제한다고 주장하고 있습니다. 이와 같은 견해는 정치엘리트들이 정통성을 획득하고 여론을 조작하며 자신들의 권력을 강화시키기 위해 선거를 활용하는 점을 강조합니다. 다시 말해 선거의 위로부터 아래로의 하향적top-down 기능에 주목하는 것이죠. 그러나 가장 설득력 있는 견해는 아마도 그 두 가지 견해가 절충된 형태일 것입니다. 즉, 선거는 국민의 대표자인 정치엘리트들과 국민이 서로 영향을 주고받는 쌍방향 통로two-way street로 봐야 할 것입니다.

민주사회에서의 선거의 기능은 다음과 같이 정리할 수 있습니다. 첫째는 정치인의 충원 기능입니다. 민주국가에서 선거는 정치인 충원의 가장 중요한 수단이 됩니다. 선거를 통해 전문적인 지식과 경험,

그리고 책임성과 도덕성을 갖춘 정치인을 선출할 것을 기대할 수 있습니다. 물론 실제는 반드시 그렇지만은 않지만요. 선거에서 승리하는 정치인들은 능력과 자질보다는 선거전략, 조직과 카리스마, 연설 기법, 인상 등의 피상적인 요인에 힘입어 당선되는 경우도 많기 때문이죠.

둘째로는 정부의 구성 기능입니다. 미국, 프랑스, 한국과 같이 대통령중심제를 채택하는 국가에서는 국민이 행정부의 수반인 대통령을 직접 선출함으로써 국민 정부구성에 직접 영향을 미치고, 영국과 같이 의회중심주의에서는 다수 정당의 수장이 수상이 되기 때문에 정부의 구성에 간접적으로 개입한다고 할 수 있습니다.

셋째는 대표성을 부여하는 기능입니다. 공정하고 경쟁적인 선거는 국민의 이익이 정부에 전달되는 효과적인 통로일 것입니다. 그러나 현실 정치과정에서는 정부나 정당의 정책이 국민의 의사와 이익에 반하는 경우도 많다는 것을 기억해야 합니다. 그 때문에 선거와 선거 사이에 정부의 실패와 오류에 대한 책임을 묻기 위해 국민발의, 국민소환, 국민투표 등의 직접민주주의적 제도를 보완적으로 도입하는 경우가 많지요.

넷째는 정책에 대해 영향력을 행사하는 기능을 합니다. 선거는 정부의 정책이 국민의 요구로부터 극단적으로 이탈하지 않도록 통제하는 기능을 가집니다. 그러나 선거기간 중 제시되는 정책 현안들은 그 내용과 범위가 매우 제한적이어서 선거를 통한 국민의 정책통제 또한 매우 제한적일 수밖에 없음은 명심해야 하겠죠.

다섯째는 유권자를 교육시키는 기능입니다. 선거운동 과정은 정치와 정책현안, 정당과 후보자에 대한 정보, 정부와 정당에 대한 평가, 그리고 시민의 이익 등을 시민들에게 알리는 교육의 과정이기도 합니다. 그러나 국민의 무관심과 소외가 심할 때는, 교육기능이 최소화될 뿐 아니라 때로는 오히려 불확실하고 왜곡된 정보로 교육의 역효과가 발생할 수도 있지요.

선거의 중요한 기능 가운데 여섯째는 정당성을 수립하는 것입니다. 선거를 통해 정치인들과 정당 혹은 지도자는 시민의 직접 참여를 통해 시민의 동의를 얻을 수 있습니다. 그러나 전체주의나 권위주의적인 비경쟁적인 체제에서도 선거는 통치의 정당성을 유지하는 유효한 수단으로 사용됨을 잊지 말아야 할 것입니다.

마지막으로 선거는 엘리트집단의 권력을 강화시키는 기능도 합니다. 진보주의자들은 선거가 정치엘리트 집단이 국민을 조정하고 통제하는 수단으로 사용된다고 말하지요. 프랑스 사상가 프루동Proudhon은 선거로 인하여 정치적 반대와 저항이 최소화되어 정치체제의 혁명적인 변화가 불가능하다는 점에서 "보통선거권은 반혁명적이다"고까지 했습니다. 선거는 사실은 그렇지 못한데도 불구하고 국민들이 정부를 통제하고 있다는 착각을 줌으로써 체제를 유지하고 기존의 정치권력을 강화하는 기능이 있다는 것이지요.

오랜 민주화의 과정을 통해 선거제도는 다음과 같은 몇 가지 원칙에 근거해야 한다는 주장이 보편화되었습니다. 첫째는 보통선거의 원칙입니다. 선거의 역사와 민주주의 역사는 보통선거권 확대의 역사라고도 할 수 있지요. 그러나 성별, 인종 등의 제한이 없는 보통선거의 역사는 매우 짧습니다. 영국은 1918년, 미국은 1920년, 프랑스에서는 1944년, 이탈리아와 일본은 1945년, 스위스는 1971년에 보통선거가 완성되었고, 남아프리카공화국의 인종차별적 선거는 1994년에야 폐지되었죠. 둘째는 평등선거의 원칙입니다. 이것은 모든 성인남녀에게는 1인 1표가 주어져야 한다는 것 이상의 의미를 가지고 있습니다. 이것은 선거권의 가치를 평등하게 취급한다는 의미이죠. 불평등선거의 예로는 복수투표제(특수한 집단에 대하여 2표 이상 차별적 부여)와 등급 투표제(신분, 재산, 인종 등에 따라 선거인 수와 대표자 수에 차등을 둠)가 있습니다. 그러나 완벽한 평등선거를 실시하는 국가는 지구상에 없다고 할 수 있습니다. 왜냐하면 인구의 수가 서로 다른 선거구는 투표권의 비중에 차이가 있고, 당선에 기여하지 못한 사표死票도 제대로 가치를 평가받지 못하니까요. 셋째로 직접선거의 원칙이 있습니다. 미국과 같이 역사적인 요인으로 선거인단에 의한 간접선거를 유지하는 나라도 있으나 대부분의 민주국가에서는 직접선거를 도입하고 있습니다. 우리나라도 예외가 아니고요. 넷째는 비밀선거의 원칙입니다. 이 원칙은 개인의 사생활을 보호하고 정치적으로 소수인 집단에 대한 박해를 방지하기 위해 도입되었습니다. 그러나 투표자의 책임성을 확보하기 위하여 공개투표를 도입하는 경우도 있습니다.

기술적으로 볼 때 선거제도는 다양한 방식으로 운영될 수 있을 것입니다. 선거구제를 소선거구제(1인 선출)로 할 것이냐 대선거구제(2인 이상 선출)로 할 것이냐 하는 문제에서부터, 대표를 선출하는 방식을 다수대표로 할 것이냐 비례대표제로 할 것이냐 하는 문제에 이르기까지 구체적인 다양한 방식이 있습니다. 어떤 방법과 제도를 도입할 것이냐 하는 것은 관련 국가의 특수한 사정을 감안해서 선택할 수 있을 것입니다.

하지만 선거에서 무엇보다 중요한 것은 선거과정이 공정하게 진행되고 관리되는 일이 아닐까요? 뇌물로 인해 선거과정이 왜곡된다면 국민의 의사가 올바르게 반영되지 못할 것입니다. 주지하듯이 우리나라의 선거과정은 무엇보다도 돈과 지역감정이라는 요소에 의해 크게 왜곡돼왔죠. 그 때문에 선거는 국민의 축제라기보다는 국론을 분열하고 국민통합을 저해하는 요인으로 지적돼왔습니다. 그러므로 우리는 민주적인 선거제도가 갖춰져 있다는 사실만으로는 민주주의가 잘 운영될 수 없다는 것을 잘 이해하고 민주적인 선거과정을 왜곡시키는 부정적인 요인들을 하나하나 극복해나가기 위해 노력해야 할 것입니다.

# 3

민주주의,
과거를
이야기하다

# 1. 아테네, 민주주의의 영원한 고향

민주주의의 이상에 대해 얘기할 때 대부분의 사람들은 아테네 민주주의를 거론합니다. 고대 그리스의 아테네는 인류 최초로 민주주의가 실천되었는데, 그것도 가장 완벽한 형태의 참여민주주의가 실천되었기 때문입니다. 물론, 아테네 민주주의는 많은 내재적 한계를 가지고 있었음을 부인할 수 없습니다. 아테네에는 노예제도가 존재했으며 여성들은 완전한 시민으로서의 자격을 갖지 못했죠. 이것은 오늘날의 민주주의 시대와 비교해본다면 도저히 민주주의였다고 볼 수 없는 커다란 결함입니다. 그러나 우리는 시대의 한계를 초월해서 아테네 민주주의를 평가해서는 안 될 것입니다. 그 당시의 모든 지식인들은 노예제를 자연적인 제도로서 받아들였습니다. 당시의 많은 지식인들은 노예제도는 주인과 노예 모두에게 좋은 결과를 가져온다고 생각했습니다. 노예는 이성이 없기 때문에 자유시민인 주인의 명령에 따라 사는 것이 좋다고 생각했던 것이죠. 여성도 크게 다를 바 없었습니다. 여성은 이성은 있지만 잘 계발되지 않아 가사에나 적합하지 공동체의 문제를 논의하는 자리에는 부적합하다고 간주되곤 했습니다. 그러므로 아테네 민주주의는 오늘날의 기준에서라면 아무리 잘 보아주더라도 비非민주적인 국가요 권위주의적인 체제였다고 할 수 있습니다. 그럼에도 불구하고 아테네는 후세의 민주주의 사상가들이 영감을 받아온 민주주의의 고향이요 이상으로서 불멸의 명예를 획득했습니다. 왜 그랬을까요? 비록 4만5000명 정도에 불과한 자유시민들 사이의 민주주의였지만 아테네 민주주의는 인류 역사상 가장 완벽한 직접민주주의를 꽃피웠기 때문입니다. 그래서 이번 강의에서는 아테네의 민주정치에 대해 살펴보려고 합니다.

아테네에서의 민주정치가 시작될 수 있었던 첫번째 조건은 솔론Solon에 의한 '농노해방'이었습니다. 기원전 600년경 솔론의 경제개혁은 정치변동의 밑거름이 되었습니다. 솔론의 경제개혁으로 소지주들이 많이 늘어났는데 이들이 이른바 민주정치의 주체가 되는 '시민엘리트'를 구성하고 군대의 주력을 이루게 되었던 것입니다. 그러나 이들이 자유시민과 군대를 이루게 됨으로써 그들이 비운 자리를 대신할 생산계급이 필요하게 되었습니다. 솔론 이후 도입된 노예제도가 바로 그런 공백을 매워주었습니다. 노예제도는 주로 두 가지 측면에서 민주정치에 기여했습니다. 첫째는, 노예제도의 도입은 이미 소지주로 변신한 자유시민들의 의식을 한층 더 고양시켜주었습니다. 한때 자신들이 행했던 육체노동을 노예들이 대신 해준다는 생각은 심리적으로 그들의 특권의식과 자부심을 더욱 키워주었던 것이지요. 이런 의식은 자유시민으로서의 특권에 더 애착을 갖게 만들었으며, 동료들 사이의 평등의식을 고조시켰습니다. 둘째로 노예제도는 자유시민들로 하여금 적극적인 시민생활을 향유할 수 있도록 해주었습니다. 가사와 생산을 여성과 노예들이 담당하게 되면서 자
유시민들은 공적인 토론과 공직 담당을 위
한 여가를 얻을 수 있었습니다. 이에 솔론은
공직에 임용될 수 있는 자격에 경제적 요소
를 추가함으로써 전통적인 가문중심의 귀
족정치를 한발 더 민주정치로 변화시키는
데 기여했습니다. 솔론은 이밖에도 400인
위원회(클레이스테네스Kleisthenes 시대의 500인 위

솔론

원회)를 구성하여 민회ekklesia에 대비한 업무
를 처리케 했으며, 행정관들의 횡포를 막기 위해 인민법정heliaia을 설립
하는 등 아테네 민주정치에 필요한 다양한 제도적 장치들을 도입했
습니다.

솔론의 사회개혁은 아테네 민주정치의 발전을 위해 중요한 또 한
가지 결과를 가져왔습니다. 자유시민들의 삶의 중심을 가정으로부터
폴리스로 옮겨놓은 것이죠. 솔론이 화려한 장례식을 제한하고 재산
상속의 대상을 친인척에게만 국한시키지 않았던 것은 이와 같은 목
적을 갖고 있었습니다. 공공생활을 활성화하려 했던 솔론의 의도는
약 36년간의 무정부상태(B.C. 546~510)와 그에 이은 페이시스트라토
스Pisistratus의 참주정치를 거친 이후에도 살아남았습니다. 페이시스트라
토스의 집권 기간에도 행정관은 민주적으로 선출되었습니다. 게다가
도로가 정비되고 순회재판관 제도가 도입됨으로써 참여민주정치를
위한 기반조성이 이루어졌습니다.

그렇지만 역사가 헤로도토스Herodotus가 지적했듯이 아테네에서 민주
주의와 구역區域제도를 만들었던 것은 클레이스테네스였습니다. 여기
서 구역은 출생이 아닌 주민들을 거주지에 따라 구분한 단위입니다.

각 구역에는 자유시민의 수가 고정되어 있으며, 대표자들을 선정하여 500인 위원회에 보내게 됩니다. 500인 위원회의 대표자격은 한 번에 1년으로 일생 동안 단지 두 번의 기회만이 주어집니다. 500인 위원회는 함께 군사훈련을 받기도 했으며, 법정에서는 일종의 압력단체로서 활동했고, 민회를 주재하기도 했습니다. 500인 위원회를 묶고 있었던 유대는 인위적으로 조성된 것이긴 했지만 종교에 의해 더욱 더 강화되었죠.

아테네의 민주정치 발전은 솔론과 클레이스테네스가 예견하지 못했을 또 다른 사태에 영향을 받았습니다. 그것은 페르시아 전쟁(B.C. 490~479)이었습니다. 페르시아 전쟁은 아테네를 제국적인 세력으로 확장시키는 한편 다음과 같은 다섯 가지 점에서 아테네 민주정치에 영향을 미쳤습니다. 첫째로 500인 위원회와 민회가 정기적으로 공공의 문제를 토론하고 결정하는 중요한 일을 행하도록 바뀌었습니다. 자유시민의 자부심은 날로 높아졌죠. 둘째로, 식민지로부터 거둬들인 조공으로 공직자들에 대한 보상을 할 수 있어서 민주정치가 더욱 더 활성화되었습니다. 물론 대외적 제국주의와 대내적 민주주의는 모순적이긴 합니다만 어쨌든 제국주의는 아테네 민주정치발전의 물질적인 기반을 제공했습니다. 셋째, 아테네의 제국 지위는 에게해 연안의 도시국가들에게 민주주의를 수출하는 결과를 가져왔습니다. 넷째, 제국의 수립과 그로 인해 거둬들인 경제적 이득은 아테네인들로 하여금 정치엘리트 의식을 갖게 했고 그에 따라 시민의 자격은 더욱 엄격해졌습니다. 그 결과 아테네 시에는 여섯 자리 숫자의 비非시민들이 존재하게 되었지요. 마지막으로, 조공의 유입 및 자수성가할 수 있는 높은 가능성은 과두정치로의 경향성을 차단하는 데 도움이 되었습니다. 그러나 무엇보다도 제국주의적 정책의 결과로 획득한 물질적인 이득 덕분에 아테네는 다른 폴리스들에서 만성화되었던 내란의 소용돌이를 겪지 않음으로써 민주정치를 발전시켜갈 수 있었습니다.

페리클레스

클레이스테네스에 이어 에피알테스Ephialtes도 개혁을 계속해나갔습니다. 그는 기원전 5세기 중엽 그의 젊은 동료 페리클레스Pericles와 함께 500인 위원회와 인민법정 사이의 권력관계를 다시 설정하고, 행정관들의 책임을 더욱 더 무겁게 만들었습니다. 그리고 집정관이 될 수 있는 자격을 대폭 완화시켰습니다.

이후 50년 동안 아테네는 민주주의 전성기를 누리게 됩니다. 아테네 민주정치는 페리클레스(B.C. 495~429) 시대에 전성기에 도달한 후 펠로폰네소스 전쟁에서의 참패와 두 차례의 과두혁명을 거치면서 점차 몰락해갑니다. 아테네 민주정치의 이상과 목표는 뛰어난 시민이며 장수이자 정치가였던 페리클레스의 '장송 연설'에 잘 나타나 있습니다. 페리클레스의 연설은 아테네 민주정치의 이상과 목표를 다음과 같은 몇 가지로 요약하고 있습니다. 첫째, 아테네의 민주정치는 권력이 소수의 수중이 아닌 전체 인민의 손에 있다. 둘째, 공적인 지위에의 등용에서는 계급보다는 실천적 능력이 고려된다. 셋째, 사생활에서는 자유롭고 관용을 베풀지만 공공업무에서는 법률을 준수한다. 넷째, 아테네에서는 개인이 자신의 일뿐만 아니라 국가의 공무에도 관심을 가진다.

장송 연설에서 알 수 있는 아테네 민주정치의 가장 중요한 특징은 덕스러운 시민이 주체가 된 정치라는 점입니다. 덕스러운 시민은 도시국가의 번영과 자유를 위해 기꺼이 자신의 사생활을 희생하려는 각오를 갖고 있습니다. 그리하여 협소한 사생활의 공간을 벗어나서 도시국가의 공공문제를 토론하고 결정하는 데 직접 참여하려고 합니다. 그들은 자신의 사생활에만 몰두하고 있는 사람을 아테네에서 전혀 하는 일이 없는 사람이라고 여기곤 했습니다. 덕스러운 아테네 자유시민은 진정으로 가치 있는 삶은 도시국가 안에서만 가능하다고 생각했습니다. 그들은 자유롭고 평등한 동료 시민들 사이에서 공적인 문제를 둘러싸고 격의 없는 토론을 벌일 때 자신의 독특한 정체성과 자유를 실현할 수 있다고 보았습니다. 그러므로 아테네의 자유시민들은 '인간은 본질적으로 정치적'이라고 생각했습니다. 도시국가 내에서만 인간은 자신의 모든 도덕적 잠재력을 계발할 수 있고 표현할 수 있다고 생각했기 때문이지요.

결론을 맺겠습니다. 아테네 민주정치의 이상은 로마 공화정의 원리와 함께 후대의 사상가들에게 지대한 영향을 미쳤습니다. 마키아벨리, 루소, 헤겔 그리고 마르크스 등 많은 사상가들이 그리스와 로마의 공화주의 사상으로부터 자유민주주의의 결함과 약점을 보완하려는 실마리를 찾으려고 노력했습니다. 오늘날도 마찬가지입니다. 아렌트, 스키너, 샌델 등 많은 학자들이 자유민주주의의 한계를 극복하기 위한 실마리를 고대 그리스 아테네와 로마에서 발원한 공화주의 전통에서 찾으려고 하고 있습니다. 그리고 앞으로도 그런 노력은 계속될 것입니다. 그런 까닭에 아테네 민주주의는 민주주의의 영원한 모상이요 고향이라 하기에 부족함이 없는 것입니다.

# 2. 영국혁명:
## 국왕은 군림하나 통치하지 않는다

오늘날 영국혁명은 크게 세 가지 시각에서 해석되고 있습니다. 하나는 이른바 휘그*적 해석으로 영국혁명이 종교적 자유와 헌정상의 자유를 확립함으로써 자유주의와 민주주의의 발전에 지대한 영향을 미쳤다는 주장입니다. 그리고 둘째는 휘그적인 해석을 사회주의적으로 확장시킨 것으로 영국혁명을 부르주아혁명으로 이해합니다. 이 해석에 따르면 영국 혁명은 경제·정치구조에 심대한 변화를 초래함으로써 궁극적으로 사회주의로의 변화를 준비한 단계로 이해되죠. 물론 이 해석에서는 계급갈등과 프롤레타리아의 역할과 같은 마르크스주의적 개념들이 활용됩니다. 마지막으로는 수정주의적 해석이 있습니다. 이 해석은 영국혁명을 혁명이 아닌 내란으로 새롭게 규정합니다. 영국혁명은 어떤 장기적인 구조적 요인에 의해 필연적으로 일

> **휘그당과 토리당**
> 18세기 영국에서 정치적 입장을 달리한 두 정당 또는 정파. 토리당은 영국 국교주의와 지주계급을 대표했으며 휘그당은 귀족, 토지소유 계층, 부유한 중산층의 이익을 대변했다. 1688년 영국의 명예혁명은 양당이 협력해서 성취해낸 것이다.

어났다기보다는 당시의 우연한 권력투쟁의 결과로 발생한 내란에 불과했다는 것이지요. 따라서 이 해석은 혁명 이후 영국사회에 어떤 근본적인 변화가 일어났다고 보지 않습니다.

이 세 가지 해석은 영국혁명의 원인과 결과를 이해할 때 커다란 차이를 보이고 있습니다. 어떤 해석을 취하느냐에 따라 영국혁명이 자유민주주의의 발전에 미친 영향에 대한 평가는 크게 달라질 수밖에 없죠. 영국혁명과 민주주의 발전의 상관관계를 설명하기 위해서는 먼저 혁명의 원인에 대한 철저한 연구가 있어야 하겠지만, 이 강의는 그와 같은 전문적 연구까지 포괄할 필요는 없을 것 같습니다. 수정주의적인 입장에서 영국혁명을 내란으로 해석하고 있는 케임브리지 대학 역사학과의 존 모릴J. Morrill 교수는 비록 영국혁명이 우연한 상황적 요인에 의해 발생했지만 그 이후 영국 사회에 중대한 변화가 일어나기 시작했다는 것을 인정하고 있기 때문에 이 변화를 중심으로 영국혁명의 영향을 설명하면 충분하다고 생각합니다.

영국혁명 이후의 사회·정치 변화를 살펴보기 전에 혁명의 배경과 결과를 간략히 살펴봅시다. 17세기 영국은 튜더왕조가 끝나고 완고한 왕권신수설의 제창자인 스코틀랜드 왕 제임스 1세James I가 새로운 국왕으로 즉위하면서 스튜어트왕조를 열었습니다. 그런데 튜더왕조에서는 절대주의와 근대적 요소와의 대항관계가 아직 잠재적이었지만, 스튜어트 왕조에 이르면서 사회경제구조가 현저히 변하여 양자 사이의 대립이 표면화되기 시작했습니다. 1588년 스페인의 아르마다 함대가 영국해군에 격파돼 신흥중산계급의 가장 큰 위협이 제거되면서 신흥중산계급은 전제정치에 대해 노골적으로 불만을 터뜨리기 시작하고 있었지요. 그들은 자유로운 경제활동을 원했기 때문에 더 이상 왕의 자의적인 지배를 감내할 수 없었던 것입니다.

하지만 이와 같은 자유주의적인 물결이 밀려오고 있을 무렵에 제임스 1세는 공공연하게 영국왕은 절대군주일 뿐만 아니라 당연히 절대군주여야 한다고 주장하면서 "왕권은 신이 준 것으로서 국왕의 통치는 신성한 것이다"고 주장했습니다. 중산계급의 요구와는 정면으로 대립하는 것이었죠. 그의 아들 찰스 1세 역시 자신을 전제군

찰스 1세

주라 자칭하며 국민의 불만을 자아냈습니다. 찰스 1세는 특히 개신교의 한 흐름인 칼뱅주의Calvinism를 신봉하고 있었던 다수 중산계급의 반발을 샀는데 그 이유는 비非청교도인 성직자를 국가 관리로 임명하고 청교도들이 싫어하는 종교의식을 강제하려 했기 때문이었습니다.

살상가상으로 제임스 1세와 찰스 1세는 의회의 동의도 없이 새로운 세금을 부과했습니다. 가뜩이나 종교적 핍박 때문에 분개하고 있었던 중산계급의 불만은 더욱 커져서 국왕에 대한 저항의 수위 또한 더욱 높아졌지요. 당시 중산계급은 하원의 대다수를 구성하고 있었기 때문에 의회가 정부의 행동을 통제할 수만 있게 된다면 두려울 것이 없다고 생각하고 있었습니다. 그래서 의회를 거점으로 왕의 정책에 노골적으로 저항하기 시작했고 1628년에 마침내 왕에게 권리청원을 요구했습니다. 왕은 마지못해 형식상 승인하긴 했지만 왕과 의회의 대립은 계속되었습니다. 특히 왕은 권리청원에 세목이 명시되지 않은 것을 이용해 관세를 부과했는데 이 때문에 의회와의 갈등이 더욱 첨예해졌죠. 결국 왕은 11년 동안이나 의회를 소집하지 않고 전제정치를 행했습니다.

올리버 크롬웰

그러자 11년간의 종교적·정치적 억압에 대해 반항심을 키워오고 있었던 스코틀랜드의 장로파가 먼저 무기를 들고 일어났습니다. 이에 놀란 국왕은 의회의 동의 없이는 절대로 새로운 세금을 거두지 않겠다고 약속했죠. 그러나 의회는 한 걸음 더 나아가 국왕은 의회의 동의 없이는 관료를 임명하지 않을 것과 군대에 대한 국왕의 절대적 지배를 포기할 것을 요구했습니다. 어떻게 되었을까요? 국왕은 권력을 포기하느니 투쟁을 택하게 되었고 의회 역시 단호한 결의로 전쟁을 택했습니다. 1642년 내란은 이렇게 시작되었습니다.

전쟁은 결국 도시의 중산계급과 청교도의 지지를 받지 못한 찰스 1세의 패전으로 끝났습니다. 의회의 군사적 승리는 일시적으로 크롬웰을 호국경으로 하는 공화정을 수립케 했으나, 적절한 형태의 의회와 행정부를 구성할 수 없어 결국 군주제가 부활합니다. 그러나 영국 왕권은 다시는 회복이 불가능할 정도로 결정적인 타격을 입었지요. 찰스 2세는 왕위를 다시 얻는 대가로 의회를 정부와 어느 정도 대등한 상대자로 인정하지 않을 수 없었습니다. 그 후 찰스 2세의 뒤를 이은 제임스 2세가 군주의 전통적인 권위를 회복하고자 시도하는 한편 노골적인 가톨릭 편애 정책을 펴자 명예혁명이 일어나 여왕 메리$^{Mary}$와 그의 부군인 네덜란드의 오렌지 공 윌리암 3세$^{William\ III}$가 1689년 1월 컨벤션 의회를 거쳐 영국 왕이 되면서 영국은 이제 전제군주정으로의 돌아갈 수 없게 되었습니다. 그 후 컨벤션 의회는 공식 의회로 변모했으며 국왕의 권력은 많은 제한을 받게 되었습니다.

이것이 영국혁명의 배경과 결과에 대한 대략적인 설명입니다. 영국혁명의 직접적인 이유와 그 결과를 살펴볼 경우 우리는 영국혁명을 통해 자유민주주의를 향한 중대한 진전이 있었음을 발견하게 됩니다. 그것은 크게 두 가지 측면으로 나눠서 생각해볼 수 있습니다. 첫 번째는 모릴 교수가 지적하고 있듯이 영국혁명을 통해 지식인들, 특히 정치 엘리트들의 가치관이 크게 변했다는 것입니다. 기독교 인문주의와 기사도, 그리고 옛것을 숭상하는 태도들이 퇴조하고 실용주의와 개인주의 시대가 막을 올리기 시작했죠. 지식인들의 사고는 더욱 더 합리적이 되었으며 인간의 이기적인 속성을 자연스럽고 정당한 것으로 인정하는 경향도 생겼습니다. 우리는 이런 변화를 로크가 『통치론』에 쓴 다음과 같은 구절 속에서 확연히 읽을 수 있습니다. "모든 사람은 어떤 다른 사람의 뜻을 따르지 않고서, 자기가 알맞다고 생각하는 대로 자신의 행동을 스스로 결정하고 자신의 재산과 인신人身을 처분할 완벽한 자유를 천부적으로 타고났다." 이와 같은 새로운 사조와 경향은 근대 자유민주주의의 발전을 통해 성취하고자 한 근대인들의 도덕적 특성을 규정하고 있습니다.

영국혁명을 통해 확립된 또 하나의 귀중한 민주적 원리는 입헌주의입니다. 입헌주의 원리는 멀리는 1215년의 대헌장Magna Carta•으로부터 그 기원을 찾을 수 있지만 그 원리가 완전한 하나의 정치원리로서 수립된 것은 1689년의 권리장전의 선언과 승인입니다. 1689년 1월 소집된 컨벤션회의는 왕녀 메리와 윌리엄 공에게 권리선언을 받아들이도록 했는데 이는 곧 내용이 보완되어 권리장전으로 바뀌었습니다. 권리장전 중 중요한

**대헌장**
1215년 잉글랜드의 존 왕이 내란의 위협에 직면하여 반포한 인권헌장. 이후 압제에 항거하는 상징과 구호로 인식되었으며, 권리의 위협이 있을 때마다 대헌장은 보호장치로서 해석되었다.

내용만 살펴본다면 다음과 같습니다.

첫째, 윌리엄과 메리 사이에 후손이 없을 경우 메리의 여동생 앤이 왕위를 계승한다.

둘째, 가톨릭교도는 왕위를 계승할 수 없다.

셋째, 국왕의 법률효력 정지권한은 폐지된다.

넷째, 법률에 구애되지 않은 국왕의 특권은 폐지된다.

다섯째, 평화 시기에 상비군 유지는 불법이다.

여섯째, 의회를 자주 소집하고 자유선거를 보장한다.

이상의 사항을 주된 내용으로 하는 권리장전의 선포는 근대 자유 민주주의의 한 기둥이라 할 수 있는 입헌주의를 확립시켰습니다. 이제 국왕은 군림하나 통치하지 않게 된 것입니다. 이 원리는 절대적인 권력을 제한하고 인민의 자유를 보장하는 데 가장 중요한 보장책이 됨으로써 민주주의 발전에 지대한 공헌을 했습니다. 입헌주의는 이어서 삼권분립 이론과 권력간 견제와 균형의 논리로 보완되어 근대 자유민주주의를 지탱하는 굳건한 원칙으로 자리잡았습니다.

# 3. 미국의 독립선언:
## 모든 인간은 태어날 때부터 평등하다

    이번 강의에서는 미국혁명이 민주주의의 진화 과정에서 차지하고 있는 위상과 의미를 살펴보고자 합니다. 미국 역사에서 미국혁명은 단일 사건으로서는 가장 중요한 사건이었습니다. 미국혁명으로 미국이 창건되었을 뿐만 아니라, 이를 통해 미국인들은 그들의 가장 숭고한 가치들을 발견해냈기 때문입니다. 그런 가치들 중에는 평등과 입헌주의 정신이 포함되어 있었습니다. 무엇보다도 미국혁명은 이 책의 주제인 민주주의를 미국에 심어놓았으며, 미국인들로 하여금 지구상에서 최초로 진정한 의미의 민주주의 정부와 사회를 향유할 수 있도록 해주었습니다. 물론 19세기 중반까지 노예제도를 유지하고 있었던 모순은 빼놓고 생각해야겠지만요.

    1776년 모국인 영국을 향한 독립선언과 더불어 미국인들은 과거의 세습적 군주정 및 귀족주의적 위계질서를 벗어던져버리고 새로운 공화국 수립을 선포했습니다. 그 공화국에서는 모든 인민이 평등한 존재로 간주되었습니다. 미국의 혁명세대는 거의 모든 정부 관리들을 직접 선출했을 뿐만 아니라, 당시의 유럽인들이 도저히 상상할 수 없을 정도만큼 투표권을 광범위하게 부여했습니다. 그러나 혁명기 미국 민주주의의 형성과 발전에 투표권의 확대보다도 훨씬 더 중요했던 것은 평범한 인민들이 통치과정에 직접 참여했다는 사실입니다. 그들은 단지 투표만 했던 것이 아니라 실제적인 통치자로서 활동한 것이죠. 미국혁명의 결과로 평민들은 역사에 전례가 없었던 문화적·사회적·정치적 의미를 갖게 되었습니다. 평민들이 미국 민주주의의 핵심 세력이 된 것입니다.

혁명 시기의 미국 민주주의의 개성을 이해하기 위해 영국에서의 민주주의에 대한 이해와 비교해보는 것이 도움이 될 것입니다. 18세기 동안 대서양 양쪽 연안에서 활동했던 계몽된 영국인들은 이상적으로는 민주주의가 말 그대로 인민의 직접적인 통치를 의미하는 것으로 생각했습니다. 그러나 그런 순수한 민주주의는 고대 그리스의 아테네와 뉴잉글랜드 타운들에서나 비슷한 형태로 실천될 수 있었을 뿐, 그보다 훨씬 커진 사회에서는 실현 불가능하다고 생각했습니다. 로크의 옥스퍼드 친구이자 그 당시 가장 급진적이었던 휘그 공화주의자 앨저넌 시드니A. Sidney마저도 인민 스스로가 통치에 관한 모든 일을 수행하는 엄밀한 의미의 순수 민주주의에 대해서는 아는 바가 없다고 말했습니다. 요컨대, 18세기 대서양 양 연안의 영국인들은 순수한 직접 민주정치의 비현실성과 불안정성을 무척 우려하고 있었다는 겁니다.

하지만 영국인들은 인민이 어느 정도는 통치과정에 관여하는 것이 필요하다고 생각했습니다. 왜냐하면 그렇지 않을 경우 정부는 전제정치로 타락할 가능성이 높다고 봤기 때문이죠. 그러나 거대한 근대 사회에서 어떻게 인민이 통치에 참여할 수 있을까요? 영국인들은

'대표'라는 관념을 개발했습니다. 그리하여 영국인들은 영국의 하원과 식민지 미국의 지방의회에 대표자들을 보냄으로써 그들의 자유를 보호할 수 있는 확고한 제도적 장치를 마련했다고 생각했습니다. 오늘날의 기준에서 보면 당시 영국과 식민지 미국에서의 선거권은 아직도 협소했고 대표 개념 역시 제한적이었지만, 그들의 하원과 식민지 의회는 당시로서는 그 어느 곳보다도 민주주의적인 제도였습니다. 그 제도들은 영국인들이 혼합정체 혹은 균형정치체제라고 이해했던 정치체제의 '민주적인 부분'을 구성했습니다.

이처럼 18세기의 영국인들은 하원을 통해 통치에 참여했으며, 식민지 미국의 인민 역시 식민지 의회의 하원을 통해 통치과정에 참여했습니다. 그리고 이것이야말로 18세기 영어권에서 민주주의로 통했던 정치방식이었죠. 당시 영국인들은 모국의 하원과 식민지 의회에 참여하는 것을 높이 평가했지만, 인민의 참여 자체가 정체를 이상적으로 운영하고 인민의 자유를 보호하는 데 충분하다고 생각하지는 않았습니다. 민주주의가 군주정 혹은 귀족정과 결합하는 것이 필수적이라고 생각했던 것이지요. 사실 혼합정을 최상의 정체로 보는 관점은 그리스 시대 이래 서구 사회를 지배해왔습니다. 헤로도토스 이후 합법적인 통치형태는 군주정, 귀족정 그리고 민주정으로 분류돼왔는데 이들 각자는 독자적으로는 정치적 안정성을 확보하기에는 한계가 있었습니다. 군주정은 참주정으로, 귀족정은 파벌적인 과두정으로 그리고 민주정은 무정부상태나 중우정치로 타락하는 경향을 보였기 때문입니다. 그 때문에 각 정체의 장점을 결합한 혼합정 또는 균형정치체제가 이상적인 것으로 간주되어왔던 거죠. 18세기 영국의 상황도 혼합정체 또는 균형정체의 논리가 그 우수성을 인정받는 데 한몫했습니다. 당시의 영국 사회는 왕, 귀족, 인민으로 크게 나뉘어져 있었으며,

제도적 구성도 군주정과 귀족정 그리고 민주정의 균형을 반영하듯 왕실과 상원 그리고 하원으로 이루어져 있었기 때문입니다.

1776년 대부분의 미국 혁명주의자들은 군주정을 무너뜨리고 공화정을 수립했지만 혼합정 이론을 배격할 의도는 전혀 없었습니다. 그들 역시 새로운 공화국은 군주정과 귀족정 그리고 민주정의 장점을 결합하여 구체화되어야 한다고 믿고 있었습니다. 그리하여 형식상으로는 혼합원리를 바탕으로 한 공화제적인 정부형태가 탄생하게 되었습니다. 단일한 제도 내에서 위약한 통치자인 상원은 소수의 대표자들로, 그리고 강력하고 광범위한 힘을 가진 하원은 다수의 대표자들로 구성되었습니다.

하지만 몇몇 주, 특히 펜실베니아의 일부 혁명주의자들은 혼합정의 이론을 거부했습니다. 급진주의자들이었던 그들은 미국에는 오직 하나의 계급만이 존재하며, 정부는 단지 그들의 대표성만을 보장해야 한다고 주장했지요. 그들은 상원을 인정하면 귀족제도가 부활할 것이라고 경고했습니다. 결과적으로 펜실베니아의 제헌의원들은 총독과 상원이 없는 단일한 입법체로 구성된 단순한 정부형태를 생각해냈습니다. 그것은 거대한 공동체에서 실천 가능한 18세기형 민주주의에 가장 근접한 것이었습니다. 그러나 반대자들은 그 정부형태가 괴물과 같다고 맹공을 퍼부으며, 단일한 행정수반과 상원의 필요성을 강조하면서 혼합정을 내세웠습니다. 그런 상황에서 펜실베니아 헌법의 반대자들 중 일부는 혼합정의 원리에 따라 총독과 상원을 부활시키는 것은 부질없는 일임을 깨닫고, 상원도 하원도 함께 인민을 이중으로 대변하는 것일 뿐이라며 상원제도의 필요성을 강조했습니다. 이제 유럽과 달리 미국에서의 양원제는 다른 사회계급의 입장을 대표하는 제도가 아니라 온전한 신뢰를 보낼 수 없는 입법부의 두 부분으로 이해되었습니다.

그 주장이 함축하는 바는 대단히 중요합니다. 왜냐하면 만일 상원이 인민을 대표하는 또 다른 제도라면 정부의 다른 부분들인 총독이나 재판관들도 인민을 대표하는 제도들이라고 주장할 수 있기 때문입니다. 그렇게 되면 모든 권위는 인민으로부터 나온다는 공화국의 원리와 인민이 직접 통치한다는 민주정의 원리 사이에는 명확한 구분이 없어지고 맙니다. 1776년 헌법제정을 시작했을 때는 미국인들은 총독과 상원들이 비록 인민에 의해 선출되지만 인민을 대표한다고 생각하지는 않았습니다. 선거는 대표성의 원천으로 생각되지 않았습니다. 대의원들과 그들이 대표하는 인민 사이의 이해관계의 상호성이 대표성의 적합한 기준이었던 것입니다. 비록 선출된 지사들이나 상원들의 권위가 인민으로부터 부여되었다고 해도, 그들은 인민들과 같은 이해관계를 가지고 있지 않았고 따라서 인민을 대표하지 않았던 것입니다. 그 특권은 인민과 이해관계를 같이하는 대표기관에만 속했습니다.

1780년대에 이르면 미국인들은 영국인들의 대표개념과 달리 오직 해당 관리에 대한 실제인 투표만이 대표성을 부여할 수 있다고 생각하게 되었습니다. 그에 따라 미국인들은 점차로 모든 선출된 정부 인사들을 인민의 대표로 간주하게 되었습니다. 대통령, 연방의회의 상원, 지사 그리고 판사 등 인민에 의해 직접 선출되든지 또는 인민으로부터 권위를 부여받는 모든 사람과 제도들이 인민의 대변자가 되었습니다. 물론 의회의 하원은 보다 더 직접적인 인민의 대변자로 인식되긴 했지만 더 이상 유일하고 완전한 대변자로 생각되지는 않았습니다. 인민은 모든 곳에서 대표되었고 모든 정부의 인사들에 의해 대표되기에 이른 것이죠.

정부의 모든 부분들에까지 대표 관념을 확장시킴으로써 미국인들은 주로부터 연방 수준에 이르기까지의 많은 관리들로 구성된 새로운 연방제를 정당화할 수 있었습니다. 정부의 모든 기관들과 인사들을 정부 바깥에 존재하는 인민의 대변자요 대리인으로서 간주하게 된 것이지요. 이제 하원은 독점적인 대표 기능을 잃었기 때문에 1776년 당시 미국인들이 이해하고 있었던 민주주의는 사라졌습니다. 이제 인민은 모든 곳에서 지배한다고 볼 수도 있으며 어떤 곳에서도 지배하지 않는다고도 볼 수 있게 되었습니다. 이제 인민은 과거에 하원에서 그랬던 것처럼 더 이상 미국 정부에 참여하지 않게 되었습니다. 미국인들은 인민을 정부 바깥에 있는 사회계급으로 생각하게 되었고 그에 따라 아리스토텔레스 이래 계속되어온 사회와 국가 사이의 동일성도 파괴되었습니다. 제임스 매디슨J. Madison•에 의하면 미국 정부의 진정한 독특성은 통치과정으로부터 인민을 전적으로 배제시킨 것이었으며 따라서 미국은 언제나 공화국—대의제—으로 남아 있었다는 것입니다. 이런 체제를 알렉산더 해밀턴A. Hamilton•은 민주공화정, 즉 대의민주주의라고 불렀습니다.

미국 민주주의에 대한 이런 형식적이며 이론적인 변화 배후에는 미국인들이 그들의 정치와 사회를 조직화하는 방식에서 더 근본적인 변화가 있었습니다. 혁명 후 미국 민주주의의 독특성을 이해하기 위해서는 이 부분이 보다 더 중요하다고 할 수 있지요. 1776년까지만 해도 미국의 고전적 공화주의의 핵심적 이념으로 자리 잡고 있었던 덕스러운 지도자의 상은 공익을 위해 사익을 헌신

제임스 매디슨
1751~1836. 미국의 정치학자. '건국의 아버지'의 한 사람으로서 미국 헌법초안을 기초해 '미국헌법의 아버지'로 불린다. 미국 제3대 대통령인 토머스 제퍼슨 시절 국무장관을 맡았고 이후 제4대 대통령에 당선되었으며, 1812년 대통령 재임시 미영전쟁을 승리로 이끌었다.

알렉산더 해밀턴
1755~1804. 미국 제헌회의의 뉴욕 대표(1787). 초대 재무장관. 「연방주의자 문서」의 주요 작성자로서 신생 미국에 강력한 정부가 수립되어야 함을 역설했다. 에어런 버와의 결투로 사망했다.

하는 태도였습니다. 정치에서 사사로운 이익을 제거해야 한다고 믿은 것이죠. 그러나 이런 믿음은 빈번한 선거운동과 경쟁적 정치, 법률 제정시에 사적 이익을 고려해야 한다는 분위기의 고조, 정당의 합법화 등 다양한 요인에 의해 변해갔습니다. 그리하여 미국인들은 장사를 하는 것이나 정치에 종사하는 것이나 모두 다 생계를 유

알렉시스 드 토크빌

지하기 위한 일이라는 점에서 동등하다고 생각하기 시작했습니다. 이제 미국에서는 공공서비스와 봉급은 더 이상 분리될 수 없었죠.『미국의 민주주의』를 쓴 프랑스 학자 토크빌은 미국에서는 모든 사람들이 생계를 위해 일할 뿐만 아니라, 일 자체를 명예로 생각한다고 썼습니다. 설령 사익을 위해 일한다고 해도 말입니다. 그러므로 미국 민주주의의 가장 큰 특징은 일에 대한 미국인들의 평등주의적인 생각이라 할 수 있습니다. 토크빌은 미국에서는 모든 사람이 이익을 위해 일한다는 점에서 동등하며, 그 때문에 지위가 낮아진다고 생각하는 사람은 없다고 썼습니다. 심지어 대통령도 봉급을 위해 일하는데 누가 이익을 위해 일하는 것을 모욕적으로 생각하겠습니까?

　노동에 대한 태도와 누구나 노동을 해야 한다는 평등주의적이고 민주적인 사고만큼 미국인들과 미국민주주의를 유럽과 확실하게 구분한 것은 없었습니다. 누구나 일하려고 하고 따라서 노동계급이라 불릴 수 있는 집단을 특정할 수 없었기 때문에 미국에서는 사회주의

운동이 발전하기 어려웠던 것입니다. 미국인들은 이제 모두가 노동자였고 공직마저도 생계를 위한 일로 인식했습니다. 이런 분위기가 미국 민주주의에 단순한 투표권의 확대가 가져다줄 수 없는 독특한 매력과 활력을 부여한 것입니다.

# 4. 프랑스혁명:
## 정의와 평등을 향한 불멸의 이정표

누구나 인정하고 있듯이 1789년 프랑스혁명은 유럽사에서뿐만 아니라 전 인류사에서 획기적인 사건입니다. 프랑스혁명으로 인해 유럽의 사회·정치에는 근본적인 변화가 일어났습니다. 이른바 구체제<sup>Ancien regime</sup>가 붕괴된 것이지요. 유럽에서 가장 웅대하고 자신감에 넘쳐 있었던 프랑스 군주정이 3년도 채 안 되는 기간 동안에 무너졌으며 그와 함께 가톨릭교회의 세속적 권력도 파괴되었습니다. 또한 최초로 광범위한 프랑스 국가를 통치할 공화정이 들어섰으며, 아직도 전 세계적으로 민주정부의 귀감이 되고 있는 법과 제도가 수립되었습니다. 유럽의 보수주의자들은 명예, 왕권, 충성과 신앙 등 그들이 신성한 질서로 생각했던 문명의 종말을 경악 속에서 목도했습니다. 반대로 프랑스혁명의 동조자들은 자유롭고 평등한 시민들

**구체제**
앙시앙 레짐으로 불리며 프랑스혁명 때 타도의 대상이었던 이전의 체제를 가리킨다. 18세기 부르봉 왕가 통치에서 행해진 모든 특권적인 제도를 말하나 일반적으로는 부르주아 혁명 이전의 구체제를 통칭하기도 한다. 때로는 혁명에 의해 탄생한 새로운 체제와 비교해 이전 제도의 낡은 특징을 일컫는다.

이 주체가 된 근대적 질서, 법과 권리와 정의가 지배하는 새로운 시대의 도래를 목격했고요. 양 진영 모두 이 전환의 핵심적 특징을 '사회라는 구조물의 전복'으로 인식했다는 점에서 일치했습니다. 이번 강의에서는 보수주의자들의 평가보다는 민주주의의 이상과 실제의 발전이라는 진보적인 측면에서 프랑스혁명의 영향을 검토해보려고 합니다.

프랑스혁명에서의 민주주의의 역할을 살펴볼 수 있는 방법에는 두 가지가 있습니다. 첫번째는 혁명기 동안 인구 다수의 '아래로부터'의 참여를 강조합니다. 이 방식은 다수 인민이라는 집합적 행위자—군중, 계급, 정파, 직업단체—의 정치적·사회적 특성을 탐색하고 그들이 혁명과정에서 어떤 역할을 했는지를 이해하기 위해 그들의 신념, 이익, 기대 등을 분석합니다. 두번째는 근대 민주주의가 도달하게 된 절차와 제도들에 초점을 맞춥니다. 이 접근방식은 새로운 정치체제의 구조적 특징과 법제화, 그리고 그 제도와 기능 등을 분석합니다.

이 두 측면 모두 역사가들이 깊이 연구함으로써 혁명의 진행과정에 대한 이해를 높여주었습니다. 그러나 혁명을 연구하는 다양한 관점은 어떤 단일한 지배적 학설의 수립을 어렵게 하고 있는 것도 사실입니다. 또한 그 다양한 학설을 소개하는 것은 전문적인 연구자가 아닌 경우에는 오히려 혼란을 가져올 수도 있습니다. 저 자신 역시 프랑스혁명을 전공하는 역사가가 아니기 때문에 짧은 지면에 혁명에 대한 모든 연구를 개관할 수는 없습니다. 그러므로 이 강의에서는 혁명의 이념, 그리고 제도를 중심으로 살펴보겠습니다.

먼저 프랑스혁명의 원인에 대해서는 학자마다 상당한 의견 차이가 있지만 일반적으로 다음과 같이 요인들이 지적되고 있습니다. 첫째, 인구 과다로 인한 식량과 물자의 부족. 둘째, 세력을 확장시켜가던 부르주아 계급이 정치적으로 배제된 데 따른 불만. 셋째, 농민들의 봉건적 구체제에 대한 지지의 감소. 넷째, 사회·정치적 개혁을 주장한 혁명적 이론의 영향, 특히 루소 사상의 영향. 다섯째, 미국 독립전쟁에 개입함으로써 초래된 재정적 파탄 등이 그것입니다.

이런 원인들로 볼 때 혁명 전의 프랑스는 이미 민주주의 혁명을 위한 여건이 충분히 갖춰져 있었다고 할 수 있습니다. 프랑스혁명 초기에 인쇄물에 대한 검열조치가 해제되었을 때 정치·사회 문제들을 다룬 인쇄물들이 놀라울 정도로 많이 쏟아져 나왔다는 사실은 이를 입증해줍니다. 이 인쇄물들은 혁명 전에 이미 구체제를 전복하고자 하는 의도를 가진 세력들이 존재했다는 것을 말해줍니다. 그때 많은 사람들은 여론의 힘이 혁명을 일으키는 데 중요한 역할을 했다는 것을 느낀 것이죠. 그런 인쇄물들은 기성의 권위에 대한 의심과 종교적 회의주의, 그리고 사회비판과 개혁의 열기로 가득 차 있었습니다. 그러나 표면적으로 볼 때 혁명의 결정적인 요인으로 보이는 이 상황도 결코 혁명의 확실한 요인으로 단정하기는 어렵다는 것이 중론입니다.

그럼에도 불구하고 1789년에 직접민주주의의 이념은 분명히 존재했었고 이 이념은 혁명 과정을 통해 강력한 영향을 발휘했으며 19, 20세기의 혁명운동에도 큰 영향력을 행사했다는 것은 분명합니다. 민주 정부에 대한 보다 확실한 모델을 발견하기 어려웠던 프랑스 혁명주의자들은 고대 그리스의 폴리스와 로마공화국으로부터 모델을 끌어왔습니다. 이 모델은 정치적 의사결정과정에 대한 헌신과 충성의 정신에 토대를 둔 것입니다. 그러나 이 모델은 18세기 말 프랑스의 사회·경제적 상황에서는 실행되기 어려웠습니다. 지속적인 인민 동원의 불가능성, 경찰력을 통한 공화국 가치의 강요, 국가안보와 방위의 필요성으로 인한 경제활동의 교란 등은 1794년 자코뱅˙ 독재의 붕괴를 초래한 결정적인 요인이 되었습니다.

**자코뱅**
일명 산악파. 도시 특히 파리 하층민의 지지를 받았던 과격파. 마라, 당통, 로베스 피에르를 중심으로 철저한 민족주의에 기반한 강력한 중앙 집권체제를 이루었다. 1793년 튈르리 궁 앞에서 루이 16세를 처형하기도 했다.

그렇지만 혁명 과정 전체를 통해 정치적 위기와 대치국면이 발생할 때마다 파리 인민들이 자발적으로 개입함으로써 정부에 그들의 입장을 표현했다는 것은 주목할 만한 현상입니다. 1789년 바스티유 감옥과 파리시청을 점령하여 의회의 승리를 결정지은 것도 파리의 인민이었죠. 이것은 그 결과가 어쨌든 직접민주주의의 이상이 프랑스혁명 내내 생존해왔다는 것을 말해줍니다. 직접민주주의의 신화는 사회주의 신념을 공유하지 않았던 사람들에게조차 호소력이 있었고, 일군의 사람들이 기존질서에 저항하고 자유와 평등의 이상에 입각한 새로운 공동체를 지향하는 운동을 벌일 때마다 그들을 인도했습니다. 그러면서도 프랑스혁명은 직접민주주의의 이상이 현실적으로는 실천 불가능하며 따라서 민주주의는 새로운 정치적 대표성의 이론과 실천을 통해 추구되어야 한다는 것을 역설적으로 보여주었습니다. 프랑스혁명은 이처럼 직접민주주의의 이념을 부활시켜 실천코자 시도했다는 점, 그리고 역설적으로 새로운 대의민주주의의 필요성을 부각시켜주었다는 점에서 근대 민주주의의 발전에서 중요한 지위를 차지하고 있습니다.

프랑스혁명이 남긴 또 하나의 위대한 유산은 인민주권론과 결합된 '인간과 시민의 권리선언'입니다. 이 선언은 프랑스혁명의 상징이며 동시에 근대 정치사에 가장 지속적인 영향을 미쳤습니다. 이 선언은 프랑스의 구체적인 상황을 다룬 것이라기보다는 보편적 인간의 정의와 평등을 다룬 것입니다. 이 선언의 첫번째 목적은 신의 권위와 보편적 원리들에 호소함으로써 인민주권 원리에 신성함을 부여하는 것이었습니다. 또한 개인의 사적인 권리, 정치적 평등, 재산의 보호, 사상

프랑스 인권선언

의 자유 등을 프랑스 국민들의 특별한 자격으로서가 아니라 전체 인류의 '자연적'이며 '불가침'한 권리로서 선언했죠. 이에 따르면, 만방의 개인들은 타인들에게 해를 가하지 않는 한 언제든지 스스로 선택한 것을 추구할 자유를 누려야 합니다. 모든 시민들은 자신의 견해와 종교를 밝힐 권리가 있으며, 자신의 재산을 안전하게 지킬 권리를 갖습니다. 또한 어떤 누구도 명백한 증거 없이는 정치적 권위에 의해 체포되거나 구금되어서는 안 되며, 정당한 재판을 거치지 않고 사형을 당해서도 안 됩니다.

이와 같은 선언의 내용은 근대 법치민주주의의 발전에 불멸의 이정표가 되기에 충분한 것이었죠. 그러나 이 선언은 그야말로 보편적인 주장이었지 당시 프랑스 국가가 실제로 실행할 수 있는 구체적인 법조문들은 아니었습니다. 프랑스 국가는 자국의 법률과 프랑스 시민들에 대해서만 책임을 질 수 있는 것이지 전 인류에게 책임을 질 수는 없는 노릇이었습니다. 그러므로 프랑스 인권선언은 무엇보다도 미래의 입법적 활동에 대한 이념적 지표가 되었다는 점에서 그 가치를 찾을 수 있을 것입니다.

프랑스혁명기의 현실정치에서 이 선언이 그다지 실효성을 갖지 못한 것은 분명합니다. 왜냐하면, 1792년부터 1794년 사이에 자코뱅 정부가 수천의 시민들을 자의적으로 체포하고 살해했으며, 그들의 종교적 믿음을 박해하였고 재산을 압수하기도 했거든요. 그러면서도 자코뱅 정부는 자신의 행위를 공안과 전체의 이익을 위한다는 구실로 정당화했죠. 이 때문에 혁명 재판소와 단두대의 공포를 무사히 통과한 사람들은 프랑스 인권선언의 실천을 위해 실효성 있는 대의제도의 고안이 불가피하다는 생각을 갖게 되었습니다.

# 5. 세계를 뒤흔든 붉은 깃발, 소비에트 민주주의의 운명

　러시아혁명은 20세기 세계사에서 가장 커다란 의의를 갖는 사회변혁일 것입니다. 점증해가던 러시아제국 정치·사회 체제에 대한 불만은 1905년 러일전쟁에서의 굴욕적인 패배 직후 일어난 시위로 폭발했습니다. 이때부터 계속된 시위와 폭동은 1917년 11월 레닌이 의장으로 취임한 볼셰비키 정권의 수립으로 일단락됐습니다. 이 과정 전체를 러시아혁명 기간으로 볼 수 있지만, 통상 1917년 3월과 11월 두 차례에 걸쳐 일어난 혁명을 러시아혁명으로 이해하기도 합니다.

　1905년의 봉기는 트로츠키를 비롯한 대부분의 사회주의 혁명가들이 체포되고 제국정부가 군대의 통제권을 장악하게 되면서 일단 막을 내렸습니다. 1905년의 혁명은 민주공화정의 수립도 가져오지 못했고 제헌의회의 소집도 이룰 수 없었죠. 그러나 이로 인해 제국정부는 광범위한 개혁을 실행하지 않을 수 없었습니다. 헌법기능을 수행하도록 '기본법'(1906)이 제정되었고, 합법적인 정치활동과 정당 발전을 촉진시킨 의회가 창설되었죠.

　이런 개혁적 조치에도 불구하고 제국정부는 혁명의 주요 성과인 의회를 걸핏하면 해산하는 등 반동적인 정책을 계속했습니다. 그 때문에 비교적 온건했던 세력과 소수민족들도 불만이 높아갔습니다. 더구나 제1차 세계대전에서 러시아제국이 보여준 형편없는 전쟁수행 능력과 연속적인 참패는 혁명을 초래하기에 충분한 구실이 되었죠. 제1차 세계대전은 두 가지 측면에서 혁명을 불가피하게 만들었습니다. 첫째는 러시아가 더 이상 중부유럽과 서유럽 국가들의 군사적 상대가 될 수 없다는 것을 입증해주었다는 것이고, 둘째로 러시아 경제를 파탄직전까지 몰고 갔다는 점입니다. 1917년 3월, 식량부족을 견디다 못해 일어난 시민봉기로 차르 체제는 붕괴되었고, 같은 해 11월 굶주린 도시노동자들의 지지를 등에 업은 볼셰비키와 사회주의 혁명당원들이 정부청사와 전신국 및 전략적 요지를 점거함으로써 거의 무혈혁명을 성공시켰습니다. 이와 때를 같이 하여 페트로그라드에서 소집된 제2차 전\*러시아 소비에트\*대회는 볼셰비키를 중심으로 조직된 새 정부인 인민위원회를 승인했으며 레닌에게 의장직을 부여했습니다.

　유라시아 대륙에 걸쳐 있는 러시아제국에서의 사회주의 혁명은 프랑스혁명에 못지않은 거대한 문명사적 의미를 갖는 사건이었습니다. 러시아혁명은 1919년 발족된 공산주의 인터내셔널(코민테른)을 통해 전세계로 퍼지게 되었으며, 그동안 대규모 세계대전을 치르느라 고통을 받았던 유럽은 마르크스와 레닌의 공산주의 사상에서 일종의 복음을 발견했지요. 그리하여 서구 사회주의 정당들 내부의 좌파와 우파 간 대립이

> **소비에트**
> 원래 1905년 페테스부르크 (레닌그라드)에서 파업에 참여한 노동자들의 대표자 회의를 일컫는 말이었다. 그 후 사회주의 혁명에 참가하는 각 계급계층의 연대조직이나 활동을 가리킬 때 사용되었다.

격화되기 시작했고 각국에서 공산당 창당 작업이 진행되었습니다. 또한 러시아혁명을 촉발한 사회주의 운동은 아시아, 아프리카 할 것 없이 모든 지역으로 수출됨으로써 1940년대 후반부터는 자유민주주의 진영과 공산주의 진영이라는 냉전적 구조가 형성되었죠. 우리나라도 그 영향으로부터 벗어날 수 없었고 그 결과 아시다시피 아직도 남북이 분할된 냉전의 유일한 고도로 남아 있지요.

그러면 러시아혁명은 민주주의와는 어떤 관계가 있을까요? 저는 이번 강의에서는 지금까지 우리가 검토해온 민주주의와는 아주 다른 형태의 민주주의를 말하고자 합니다. 그것은 바로 사회주의적인 민주주의입니다. 자유민주주의자들은 이 민주주의 형태를 진정한 의미의 민주주의가 아니라고 비판하지만, 공산주의자들은 사회주의적 민주주의야말로 진정한 의미의 민주주의라고 반박하지요. 이번 강의에서는 자유민주주의자들의 비판이 어떤 측면에서는 옳고 어떤 측면에서 그른지 검토하고자 합니다.

먼저 사회주의적 민주주의를 이해하기 위해서는 마르크스-레닌주의자들이 서구의 자유민주주의에 대해 한 비판을 살펴보는 것이 효과적입니다. 마르크스-레닌주의자들은 서구의 자유민주주의가 오히려 진정한 민주주의가 아니라고 말합니다. 결국은 부르주아 계급만의 민주주의로, 소수의 유산계급이 다수의 프롤레타리아 계급을 착취하고 억압하는 질서라는 것이지요. 이런 사회에서의 민주주의적 선거와 제도들은 프롤레타리아 계급을 기만하기 위한 일종의 가면이라고 봅니다. 마르크스-레닌주의적 관점에서 보면, 서구의 부르주아 혹은 의회민주주의는 부르주아 계급의 실질적인 경제적 지배를 가능하게 만들고 또 그 지배를 지속시키기 위한 전략이라고 할 수 있습니다. 말하자면 민주주의는 자본가 계급의 독재를 정당화시켜주는 헌법적 장치인 셈이지요.

사회주의 운동의 목표는 이러한 부르주아 계급의 독재를 무너뜨리고 다수 프롤레타리아가 주체가 되어 착취와 억압이 없는 무계급사회를 만드는 것이었습니다. 그리고 그 과정에서 프롤레타리아 독재국가가 일시적으로 필요한데 그 까닭은 부르주아 계급의 잔재를 일소하기 위해서이죠. 그렇지만 마르크스-레닌주의자들은 프롤레타리아 독재는 부르주아 민주주의보다는 훨씬 더 민주적이라고 주장합니다. 왜냐하면 프롤레타리아 독재에서는 다수 프롤레타리아 계급끼리는 민주주의를 실행하고 있기 때문입니다. 마르크스-레닌주의자들은 자본주의적 잔재와 부르주아 계급의 잔당을 일소하는 프롤레타리아 독재기간이 끝나면 이제 진정한 무계급사회가 도래하기 때문에 억압기구로서의 국가는 소멸될 것이며 진정한 자치의 시대가 열릴 것이라고 낙관했습니다.

사회주의의 주된 내용은 사유재산의 철폐, 정치의 근본적인 재편, 민주주의의 혁명적 전환, 그리고 관례적으로 이해되어온 국가의 종식 등입니다. 그렇게 볼 때 사회주의는 결국 경제적·물질적 조건의 평등을 통해 진정한 자치의 이상을 실현할 수 있다는 믿음이었다고 할 수 있지요. 국가의 소멸이 가능하다는 낙관적인 기대를 품었기 때문에 그들은 인민의 자유를 확보해줄 수 있는 권력균형과 견제의 원리들을 완전히 무시해버렸습니다. 오히려 그 원리들은 인민의 권력을 방해하는 방해물로 간주돼버렸죠.

1917년 2월 러시아 소비에트는 1817년 프랑스에서 출현했던 자치공동체인 파리코뮌의 근대적 형태로서 재등장했습니다. 파리코뮌은 자체적인 입법·사법·행정 및 방위조직을 가지고 있던 자치공동체로, 그 원리는 통치과정 전체에 모든 인민을 참여시킨다는 것이었습니다. 소비에트의 애초 역할 또한 인민을 정치과정에 참여시키는 것이었습니다. 그에 따라 소비에트에서의 민주주의는 직접적이고 참여적이었습니다. 어떤 면에서는, 러시아에서 실현된 최초의 공산주의 프로그램은 단순한 유토피아적 이론이 아니었습니다. 그것은 전쟁이 남긴 많은 문제들을 처리할 수 있도록 인민의 힘을 이용하기 위한 현실적인 방법이기도 했지요. 산업생산의 붕괴, 연료와 식량의 부족, 기근, 질병 등 전쟁의 재앙들은 소규모의 인원으로 해결할 수 있는 간단한 문제가 아니었습니다. 이런 문제들은 자신감과 열정을 갖춘 다수 인민의 힘을 통해서만 해결될 가능성이 있었죠. 그러므로 소비에트 민주주의가 실제로 실현될 필요가 있었던 것입니다. 그것이 부르주아 의회주의의 한계를 매울 수 있는 유일한 길로 여겨졌던 것이죠.

하지만 직접민주정치의 실제적 필요성과 낙관적인 전망에도 불구하고 볼셰비키는 고도로 집중화된 독재체제를 발전시켰습니다. 인민위원회에 집중된 권력은 혁명의 장애를 제거하기 위한 비상수단으로서 정당화되었죠. 볼셰비키 정권이 코뮌식 민주주의를 실천하겠다고 한 약속은 사실상 파기되고 이상과 실제의 간격은 커가기만 했습니다. 소련 공산당은 원래의 이상을 상황논리로 덮어버리고, 공산당의 주도적 역할을 강조하며 소비에트 민주주의를 실질적으로 포기하고 말았습니다. 그렇게 레닌 이후 스탈린 체제를 거치면서 소련은 전체주의로 불리는 미증유의 전제정치로 타락하고 만 것입니다. 오늘날 많은 자유민주주의자들이 사회주의 또는 공산주의를 반민주적인 독재체제로 이해하게 된 것은 그 때문입니다.

결론을 맺겠습니다. 마르크스주의에 영감을 받은 러시아혁명은 전통적인 자유민주주의에 대한 대안적 민주주의를 제시했습니다. 그것은 혁명 직후에는 현실이 되는 듯했지만 이내 공산당 독재로 귀착되어버렸죠. 우리가 사회주의나 공산주의를 민주주의에 부정적인 것으로 이해하게 된 것은 그런 이유였습니다. 그러나 우리가 만일 러시아혁명의 원래 목표를 현실 결과와 분리시켜 본다면, 러시아혁명도 직접민주정치의 이상을 목표로 했다는 점을 간과해서는 안 될 것입니다. 서구 자본주의 국가들이 민주적이라 자처했음에도 불구하고, 극단적인 빈부격차와 노동소외가 있는 상황에서, 진짜 민주주의가 실천되고 있지 않다고 본 마르크스주의자들의 생각은 전혀 근거가 없는 것은 아니었기 때문입니다. 자본주의 사회의 제반 문제점들을 가져온 사유재산제도를 폐지함으로써 평등한 민주적인 이상사회를 건설할 수 있다는 믿음은 결국 순진한 생각이었음이 증명되었지만, 평등 속에서 자유를 실현할 것을 주장했던 사회주의 사상은 민주주의의 의미를 더욱 심화시키고 풍부히 했음을 잊어서는 안 될 것입니다.

# 6. 근대화의 물결, 민주주의 공고화를 향하여

　제2차 세계대전이 끝나자 정치적 독립, 경제발전과 민주주의는 신생국가들의 희망으로 떠올랐습니다. 이들 국가의 열망은 또한 냉전 시대 이념의 대립 속에서 미국을 비롯한 자유진영이 거는 기대이기도 했습니다. 그러나 1960년대 이후 이런 국가들의 상황은 절망적으로 변해갔습니다. 경제는 침체했고 정치는 군부 쿠데타를 통해 권위주의 체제로 전락하는 경우가 속속 벌어졌습니다. 1962년의 아르헨티나, 1963년의 도미니카공화국, 에콰도르와 온두라스, 1964년의 브라질 등을 시작으로 1970년대에는 중남미 20개 국가 중 12개 국가에 군부권위주의 정권이 들어섰습니다. 콜롬비아와 베네수엘라 등 나머지 국가들도 민주주의라기보다는 엘리트 과두정치 체제였죠. 한국, 대만, 싱가포르, 홍콩과 필리핀 등 동아시아 국가들에도 권위주의 정권이 들어섰고요. 사하라 남부 아프리카와 중동에서의 권위주의 체제와 동유럽 공산주의 체제에 이르기까지 1960년대와 1970년대는 가히 권위주의의 시대였다고 할 수 있습니다. 그 성격과 강도는 상이하지만, 대체로 후발산업국가의 권위주의 정권들은 체제 유지를 위해 민주주의 원칙을 부정하고 저항하는 인민들의 인권을 유린해가며 정치적 탄압을 지속하였고 폭압적인 착취와 노조탄압 등 공포정치를 중요한 통치 수단으로 삼았습니다. 더구나 상대적으로 성공적인 경제발전을 달성한 국가일수록 더 안정적인 권위주의 체제를 유지했다는 사실은 경제발전이 민주주의를 촉진시킨다는 근대화이론의 패러다임적 지위를 무너뜨리기에 충분하였으며 서구 밖 후발산업화 지역의 민주주의 실현 가능성에도 비관적인 분위기를 조성했습니다.

하지만 1980년대에 이들 지역에서 대전환의 폭풍이 몰아쳤습니다. 1974년 포르투갈과 그리스, 1975년의 스페인 등 남유럽에서 민주화가 시작될 때 이 물결이 중남미와 아시아, 심지어 동유럽에 이르는 세계적인 현상으로 발전하리라는 것을 예견한 사람들은 많지 않았습니다. 1978년 도미니카공화국을 시작으로 1991년 아이티까지, 쿠바를 제외한 중남미의 모든 국가들에서 권위주의 정권이 물러나고 민주적 선거와 정치 경쟁이 도입되었습니다. 비록 민주적 원리와 절차의 실천 여부는 차이가 있었지만 더 이상 과거처럼 노골적이고 항구적인 폭압정치는 불가능해졌지요. 1986년 필리핀 마르코스 정권의 붕괴를 시작으로 한국·대만·싱가포르 등 동아시아에도 민주정부가 수립되고, 태국·미얀마·말레이시아 등 동남아시아 및 인도와 파키스탄 등의 남아시아까지 민주화가 진행되었습니다. 일부 아프리카 국가들에서도 민주화가 일어났고, 1980년대 후반기에는 구소련과 동유럽의 공산주의 체제가 붕괴하면서 시장경제와 자유화의 실험이 시작되었습니다.

이처럼 급격히 밀려온 민주화의 물결로 근대화이론의 타당성에 다시 관심이 몰렸습니다. 그런데 경제발전이 민주주의를 이끈다는 주장은 믿을 수 있는 것일까요? 아직은 확실히 판단하기 힘듭니다. 우선 민주화를 경험한 사례들을 개관하여도 경제발전의 수준, 교육의 수준, 커뮤니케이션의 발달 등의 변수와 민주주의의 등장 사이의 상관관계가 약한 사례들을 많이 발견할 수 있습니다. 그러나 다른 한편에서 브라질·아르헨티나·우루과이·칠레 등 중남미와 한국·대만·싱가포르 등 동아시아의 신흥 산업국들에서의 민주화 과정과 동유럽의 헝가리·폴란드·유고슬라비아 등 경제발전 수준이 높은 국가들에서 벌어진 체제 전환 과정들은 근대화이론의 타당성을 높여주는 사례들입니다. 하지만 1980년대 민주화의 물결에 휩싸였던 남미와 아프리카, 그리고 상당수 중동 국가들의 경우에는 여전히 민주주의가 확고하게 자리 잡지 못한 채 위태로운 상황을 이어가고 있습니다. 민주주의와 권위주의 사이에서 발전과 퇴보를 반복하는 국가들도 있고요. 실제로 후발산업국들이 세계적 자본주의 시장에서 경쟁의 불리함을 극복하고 선진산업국 수준의 경제를 따라잡기 위해서 정치적 자유를 억압하고 권위주의 체제를 강화하는 경향이 있다는 가설이 보다 설득력 있게 느껴지기도 합니다. 즉, 급속한 산업화와 권위주의 정치체제는 높은 빈도로 결합할 수 있으며 이 과정에서 정치적 역진이나 퇴행 현상이 발생할 가능성이 꽤 높다는 것이지요.

실제로 영국이나 미국과 같이 16세기부터 국내적인 자본축적 과정으로 산업화가 서서히 진행된 1세대 산업화국가에서 민주주의가 등장한 경우를 제외하면 후발산업화국가에서 산업화와 민주주의가 순조롭게 병행하여 발전한 경우는 거의 없다는 것이 경험적인 사실입니다. 그래서 비교사분석의 선구인 칼 드 슈바이니츠<sup>Karl de Schweinitz</sup>는 서유럽과 미국 등 1세대 산업화국가들에서의 민주주의는 원조 자본주의 국가들의 특권이며 19세기 유럽-미국형 민주주의의 발전은 역사적으로 반복되지 않는 예외이며 이 경로는 닫혔다고 주장하기도 했습니다.

그렇다면 중동의 민주화 물결을 비롯하여 현재진행형으로 전개되고 있는 민주화 과정에서 '돌이킬 수 없는' 민주화는 어떤 단계에서 확신할 수 있는 것일까요? 1990년대 중반부터 제3세계 정치체제에 대한 관심은 이들 국가에서 민주적 게임의 틀이 도입되었음에도 불구하고 왜 민주주의가 여전히 취약한가에 대한 질문을 중심으로 전개되었습니다. 이는 민주화 이행의 최종 단계 혹은 완료를 의미하는 민주주의 공고화consolidation의 문제이며 이에 대한 대답은 이론적·실천적으로 중요한 함의를 갖습니다.

불확실성이 특징인 민주화 이행 단계와는 달리, 민주주의 공고화는 불확실성의 제거와 제도화를 특징으로 합니다. 일반적으로 민주주의 공고화는 모든 민주적 제도들이 확립되고 새로운 민주주의가 그것을 위협하는 모든 도전들을 극복할 수 있다는 것이 증명된 상태를 의미합니다. 즉 권위주의로 역진될 수 없는 상태를 의미하지요. 이러한 의미에서 민주주의 공고화는 민주주의의 심화를 위한 토대, 즉 새로운 출발점을 의미하기도 합니다.

단순히 진행되고 있는 정치과정으로서 민주주의 공고화는 민주주의의 최소 절차를 가능하게 하는 제도적 메커니즘의 확립뿐만 아니라 비민주적인 후견권력의 부재, 불공정 및 차별적인 선거 등의 제거를 중요한 요소로 삼습니다. 하지만 최종적인 성취상태로 볼 때는 민주적 절차에 대한 공통의 태도와 신념 등 정치문화의 확립, 시민들의 정치적 평등을 가능케 하는 최소한의 사회경제적 평등과 같은 사회적·경제적 요소들을 포함하고 있지요.

민주주의 공고화에 영향을 미치는 정치제도 변수로는 '대표체계의 제도화'를 들 수 있습니다. 대표체계의 확립은 특히 사회적 갈등의 관리와 정치적 갈등의 온건화를 가능케 함으로써 민주체제에 대한 사회적 합의 및 새로운 체제에 대한 시민들의 지지를 확보하는 데 큰 도움이 되지요. 여기에는 정당체계를 통한 대표의 제도화와 이익집단 구조가 포함됩니다. 정당은 의회와 대의민주주의로의 공식적인 접근을 통해 다양한 이익들을 의회정치로 수렴하는 데 핵심적인 도구라 할 수 있습니다. 또한 대표체계의 제도화는 다양한 이익들을 매개하고 대표하는 조합주의적 구조를 통해서 확립됩니다. 즉 시민사회의 이익들이 전국적인 대표의 네트워크를 갖고 광범위한 잠재적 이익을 포괄하는 공식적인 단체를 통해서 여과되는 한편, 이들과 국가와의 협상 문화가 정착된 경우 그 사회의 민주주의는 질서 있고 안정적이며 효율적이라는 것입니다.

한편, 경제적 변수로서 성장과 분배의 선순환 구조가 가능한 체제를 확립하는 것 또한 절대적으로 중요합니다. 후발 산업국가에서 경제 불황뿐만 아니라 불평등과 취약한 복지체제는 민주주의를 위협하는 가장 큰 변수입니다. 이런 주장은 특히 민주주의 공고화에 대한 절차적 최소주의 정의만으로는 공고화의 안정성을 논할 수 없다는 문제의식에서 나왔습니다.

신생민주주의의 역동성을 개념화한 필리프 슈미터P. Schmitter와 귈레르모 오도넬G. O'Donnell에 따르면, 신생민주주의는 국가권력의 구성과 행사를 중심으로 하는 '공적 영역(정치적 민주주의)'에서 사적 거래와 활동을 중심으로 하는 '사적 영역(기업조직, 결사체조직)'으로 진전되는 동시에 법적 권리와 의무를 보장하는 '형식적 · 절차적 차원(형식적 · 절차적 민주주의)'에서 구체적 이익과 혜택을 제공하는 '실질적 차원(실질적 민주주의)', 즉 복지민주주의로 확산, 심화되는 경향이 있습니다.

이런 관점에서 후안 린츠[J. Linz]와 알프레드 스테판[A. Stepan]은 신생민주주의가 공고화되기 위해서는 국가와 시장을 매개하는 경제사회에 국가가 민주적으로 개입할 필요가 있다고 주장합니다. 순수한 자유시장경제는 신생민주주의를 안정시키기 어렵다는 것이죠. 경쟁적 시장은 효율적이고 역동적인 경제를 달성할 수 있으나 항상 '시장실패[●]' 가능성을 안고 있기 때문에 국가의 개입 및 조정이 필요하다는 것입니다. 특히 신자유주의적 구조개혁은 대량실업, 소득분배 구조의 악화, 빈곤 등 '전환의 고통'을 동반하는데 이 경우 국가는 '전환의 비용[transitional cost]'을 분담할 수 있는 조정체계를 갖추고 있어야 합니다.

> **시장실패**
> 사적 시장의 기구들이 어떠한 이유로 인해 자율적으로 자원을 적재적소에 분배하지 못하는 것을 의미함. 시장 정보의 불완전성, 외부효과, 공공재 등은 시장실패의 요인으로 작용할 수 있다.

리처드 로즈[R. Rose]와 래리 다이아몬드[L. Diamond]처럼, 정치문화 접근법에 입각해 민주주의 공고화를 연구한 이들은 민주주의 체제를 공고화하는 데 시민들과 정치적 엘리트집단이 실제적인 차원에서 민주주의에 대해 갖는 신념과 실천이 중요하다고 보았습니다. 다시 말해, 이상적인 정치체제로서 민주주의에 대해 원리적으로 지지할 뿐만 아니라 민주화된 체제가 얼마나 현실의 문제에 대한 해결책을 제시해줄 수 있느냐가 체제의 안정성을 유지하는 데 결정적 요인이라는 것입니다. 이런 입장에 따르면, 경제적 요인보다 정치개혁에 대한 의지와 같은 정치적 요인 및 시민들의 민주주의에 대한 지지가 민주주의 공고화에 더 결정적인 영향을 미치는 것으로 이해됩니다. 즉 신생민주주의 국가에서 발생하는 낮은 경제적 성과보다 정치개혁의 문제가 더 중요한 요인인 것이죠. 이러한 주장은 스콧 메인워링[S. Mainwaring]의 핵심적인 주장으로서 정치적 행위자가 민주주의에 대해 동의하지 않는다면 경제발전 수준이 높고 정부의 성과가 뛰어나다고 해도 민주주의는 위협받을 수 있다는 주장과 맥을 같이 합니다.

이는 단크바르트 러스토우D. Rustow가 말한 민주주의가 하나의 문화현상으로서 '관습화habituation'되어야 한다는 주장과도 통합니다. 민주주의 공고화를 위해 시장의 개혁을 주장했던 린츠와 스테판도 다른 한편으로 공고화의 조건으로 민주주의가 '유일한 게임'이라는 믿음이 다수의 태도가 되어야 한다는 점을 강조했고, 로버트 달은 민주주의 공고화를 위해서는 '민주적 문화'가 필요하다는 점을 명확하게 밝혔습니다.

하지만 이러한 변수들 중 어느 하나가 결정적이라고는 볼 수 없습니다. 각 변수들의 상호작용과 관계를 통해 민주주의 공고화 개념을 더 구체화시킨다면, 선거경쟁의 제도화를 넘어서 정치 · 사회 · 경제 · 문화의 영역에서 민주적 원리가 제도화되는 동시에 엘리트와 대중 모두 민주적 절차와 규범을 일상화 · 내면화 · 정당화하는 과정으로 이해할 수 있습니다. 확실한 것은, 남미와 아시아로 대표되는 제3세계 국가들에서 비록 정치적 역진과 민주주의 퇴보가 일시적으로 존재할지라도 민주주의의 가치와 원리에 대한 군건한 신념을 가진 시민들이 다수 존재한다면, 반동적 흐름과 퇴행적 요소도 반드시 극복될 수 있으리라는 것입니다.

# 7. 제4의 민주화 물결, 중동 지역에 몰아치는 정치적 격변

남미 및 아시아의 민주화 물결에도 불구하고 아랍이라 불리는 중동 및 북아프리카 지역은 그동안 이런 시대적 흐름으로부터 벗어나 있었습니다. 서방의 민주화 시도에도 불구하고 중동의 신정, 왕정 및 공화정적 권위주의 정권은 강력한 통치 기반을 유지하며 정권별로 대개 30년이 넘는 장기 독재를 이어왔습니다. 이에 따라 중동지역은 이슬람교와 산유국으로 상징되는 고유한 정치 문화와 토양으로 인해 동아시아와 중남미의 민주화, 근대화 여정과는 전혀 다른 궤적을 형성한다는 중동 예외주의Middle East Exceptionalism 논의가 대두되기도 했지요. 그러나 최근 중동과 북아프리카는 격동의 시대를 맞이하고 있습니다. 튀니지의 재스민 혁명을 시작으로 이집트 · 리비아 · 튀니지 · 바레인 · 예멘 · 시리아 등으로 들불처럼 번져나가고 있는 민주화 시위는 오랜 독재와 부정부패에 대한 민중들의 불만이 분출된 것으로 볼 수 있습니다. 이들 지역의 정치권력과 민주주의의 미래가 글자 그대로 변화의 소용돌이에 휩싸인 것입니다.

튀니지에서 한 노점상의 분신사건으로 촉발된 사태의 초기만 해도 중동의 민주화는 미풍에 지나지 않을 거라는 전망이 많았습니다. 야당이나 시민사회가 미약하고, 오일머니 등의 힘으로 경제도 최악의 위기는 겪지 않을 것이라는 이유에서였죠. 그러나 사태는 걷잡을 수 없이 확산되었으며 현재는 제4의 민주화 물결이라는 평가까지 제기되고 있습니다.

물론 중동 지역의 정치변동을 단순히 민주화운동 혹은 시민혁명의 틀로만 분석하기는 어려운데, 지역·부족 등 다양한 형태의 갈등 요인도 작용했기 때문입니다. 리비아의 분쟁은 무아마르 카다피 정권에 억압받던 부족들이 중동 전역의 정치변동 흐름을 타고 자치와 독립을 요구한 성격이 강했으며 바레인의 경우에는 칼리파 왕가가 30%의 수니파를 기반으로 70%의 시아파를 통치한 데 따른 반발이 이번 정치변동 속에서 동등한 발언권에 대한 요구로 폭발했다는 시각도 설득력이 있습니다. 하지만 넓은 의미에서 이들의 요구 역시 개인 차원이든 집단 차원이든 차별의 시정과 평등한 대우, 자치, 사회경제적 지원 등을 핵심 내용으로 삼고 있기 때문에 민주화운동 내지 민주주의 확장의 관점에서 살펴볼 수 있을 것입니다.

중동 및 북아프리카의 민주화의 원인은 다양하게 분석될 수 있습니다. 무엇보다도, 이들 지역의 삶의 질 지수는 여타 지역에 비해 현저하게 낮은 것으로 평가돼왔습니다. 정권에 대한 그런 불만과 분노가 점증하는 상황에서 식량난까지 악화되면서 시민들의 봉기가 촉발되었다는 것입니다. 특히, 2011년 들어 기후 변화의 영향으로 밀 생산량이 크게 감소하면서 가격이 급상승했고 배고픔을 참지 못한 국민들이 "빵을 달라"며 시위에 나섰다는 분석입니다.

보다 거시적이고 근본적인 관점에서 신자유주의적 세계화의 영향이라는 분석도 존재합니다. 아랍권 민주화 시위의 진원지였던 튀니지와 이집트가 양극화와 복지 축소로 상징되는 신자유주의적 정책을 주도적으로 추진해온 국가였다는 점도 주목할 필요가 있지요. 실제로 이 지역 전문가들에 의하면, 1980년대 튀니지 · 이집트 · 알제리 등 대다수 중동 국가들은 외채 문제를 계기로 국제 금융기구들의 강요에 따라 신자유주의 개혁 프로그램을 채택했으며 이로 인해 청년실업과 빈부격차 확대 등 경제적 문제가 생겨난 것이 민주화운동의 주요한 원인이었다고 볼 수 있습니다. 중동 산유국에서는 국민들에게 식량과 석유 등 생필품에 대해서 정부 보조금을 주고 있었지만, 신자유주의 도입 이후 보조금은 삭감되거나 축소됐고 공공부문 민영화로 인한 대량 실업과 고용불안 · 빈곤 · 물가인상 · 사회양극화 등의 문제가 심화되었다는 것입니다.

하지만 중동의 민주화 혁명을 단순히 빈부격차나 가난에 대한 불만의 표출로서, 즉 '굶주림의 혁명hunger revolution'으로 보는 것은 지나친 단순화입니다. 왜냐하면 이 지역 국민들의 정치적 참여에 대한 의지가 없었다면 배고픔이나 빈부 갈등이 자동적으로 민주화 시위를 불러오지는 못했을 것이기 때문이니까요. 즉, 가난과 분배의 문제를 야기하는 독재체제를 비판하거나 전복시키고 국가 정책 및 체제의 결정에 참여하겠다는 민주화의 의지가 중동 및 북아프리카의 혁명을 확산시키는 결정적인 원동력이었다고 볼 수 있겠습니다.

정치적으로는, 중동 지역은 아랍민족주의가 패퇴한 이후에 아랍 · 이슬람권을 통합할 만한 정치적 이데올로기와 신념이 사실상 전무한 상황이었습니다. 이와 더불어 일련의 중동전쟁 패배, 이스라엘의 강경한 행보 등이 맞물리는 상황에서도 아랍권은 제대로 된 리더십이 존재하지 않았고, 개별 국가에서 국민을 착취하는 폭압적 권위주의 정치체제가 지속되었습니다. 정치에 대한 극도의 불신이 있었던 것은 말할 것도 없고요. 이런 상황에서 2004년 미국이 중동 민주화 정책을 추진하고 중동과 유럽의 관계가 개선됨에 따라 특히 젊은 세대들이 민주주의와 자유화에 노출되었으며 각종 선거를 경험하면서 정치적 참여의식이 높아져갔습니다.

특히, 미디어와 사회적 네트워크의 발달로 아랍 대중들은 중동지역 정권의 행태를 신랄하게 비판하는 알 자지라 방송에 쉽게 접근 할 수 있었고, 자국 국영방송에서는 금기시되는 정부의 무능과 부패를 파헤치는 탐사보도를 통해 젊은이들 사이에 정권에 대한 반감이 증폭되고 있었습니다. 이처럼 중동의 민주화 역시 권위주의 정권의 억압과 제도정치권에 대한 불신이 임계점에 도달하면서 시민의 정치 참여로 폭발한 것입니다.

많은 전문가들이 분석하듯이, 2010년부터 시작된 중동 지역의 민주화 과정의 가장 큰 특징은 소셜네트워크서비스SNS 같은 인터넷 기술이 큰 역할을 했다는 점입니다. 튀니지·이집트·알제리·예멘 등 아랍권의 시민봉기를 주도한 활동가나 집단이 트위터나 페이스북 등 SNS에 익숙한 청년세대라는 점에서 중동에서 전개된 민주화 물결을 '인터넷 시민혁명'이라 부르기도 합니다. 오랜 독재 체제의 억압적인 언론 환경 속에서 시위를 주도하는 활동가들은 트위터나 페이스북 등을 이용해서 세력을 결집하고 시위를 조직하는 등 인터넷을 반정부 시위의 동력으로 활용한 것이죠. 이집트를 비롯하여 각국 정부들이 인터넷 및 SNS를 차단하면서 시위 확산을 막으려 한 것이 이런 특징을 방증해줍니다. 이집트와 예멘 등은 낮은 경제수준에도 불구하고 인터넷 사용자가 급증하는 추세였습니다. 대표적으로, 이집트의 인터넷 사용자는 2300만 명으로 인구의 약 4분의 1에 달했지요.

그러면 중동의 민주화 혁명을 촉발시키고 확산시킨 튀니지와 이집트의 민주화 과정을 좀 더 자세하게 살펴볼까요? 먼저 민주화 바람에 불을 댕긴 튀니지의 봉기는 재스민 혁명이라 불리고 있습니다. 재스민Jasmine은 '신의 선물'이라는 뜻을 가진 튀니지의 국화로 민주화 혁명의 상징입니다. 20대 실업상태의 젊은이들이 길거리에서 주로 물담배(후카)를 피고 재스민차를 마시면서 소일하다가 민주화 투쟁을 주도하게 되었다는 의미에서 그런 별명이 붙었죠. 발단은 2010년 12월 17일 튀니지 중부의 소도시에서 과일 노점상 무함마드 부아지지가 높은 인플레이션과 독재에 대한 항거의 표시로 분신자살한 사건이었습니다. 이 사건을 시작으로 튀니지 인민들은 반反정부를 기치로 내걸고 독재정권에 저항했죠. 민중들의 반정부투쟁은 이듬해 국내 전역으로 확대되었고, 군부가 중립을 지킴에 따라 부패와 무능력의 상징이었던 벤 알리 대통령이 사우디아라비아로 망명하면서 24년간 계속된 독재정권이 붕괴되었습니다.

역시 이집트 서민 음식의 이름을 따서 '코샤리' 혁명으로 불리는 이집트의 혁명은 특정 정치세력의 조종이나 조직화로 발현된 것이 아니라 다양한 계층과 세대의 저항이 동시에 분출되었다는 점에서 전형적인 시민혁명으로 분류될 수 있습니다. 혁명 과정에서 국민들은 지역·정파·종교·세대와 관계없이 독재자 무바라크의 하야를 요구했으며, 관심을 모았던 이슬람 세력(무슬림형제단, 살라피스트운동 등)도 종교적 의제들은 배제한 채 민주주의의 근본적 가치를 역설했습니다. 이집트 시민들의 대규모 민주화 시위는 무바라크를 30년 독재의 권좌에서 끌어내리는 데 성공했습니다. 이는 아랍 역사상 첫 시민혁명 사례라 할 수 있으며 이집트 국민들은 이 경험을 통해 상당한 자신감과 민주적 가치에 대한 확신을 얻게 된 것으로 분석됩니다. 무바라크 대통령의 하야 이후, 2011년 3월 19일에 실시된 개헌 국민투표에서 이집트 유권자의 41%인 1850여만 명이 투표에 참여, 77.2%인 1400여만 명의 찬성을 바탕으로 대통령 임기 4년 중임제를 골자로 한 헌법 개정안이 통과되기도 했지요.

물론 중동의 민주화 물결이 제도적으로 민주주의를 정착시킬 수 있을지에 대해서는 회의적인 입장도 존재합니다. 실제로 시민사회의 역량 강화 및 야당의 역할, 군부 및 종교단체 등 제 정치집단의 세력 관계에 따라 앞으로의 전망은 가변적이라는 분석이 많습니다. 비록 민주주의에 대한 국민들의 열망이 표출되어 정치변동이 전개되고 있지만, 실질적인 대안 정치세력과 시민사회는 거의 전무한 상황이므로 향후 중동 지역에 민주주의 정권이 아닌 새로운 형태의 권위주의 정권이 수립될 가능성도 배제할 수 없지요. 중동 민주화의 향배는 새로운 리더십의 창출 및 시민사회의 분화, 경제적 안정성 확보와 경제성장을 통한 삶의 질 향상이 중요한 변수가 될 것입니다. 아울러 중동 지역 국가들의 정치적 불안정은 세계 유가 상승과 세계 경제에 중요한 영향을 미치기 때문에, 권위주의로의 회귀 및 폭력적인 이슬람 세력의 득세를 막기 위한 국제 사회의 지원 역시 중요한 역할을 할 것입니다. 확실한 것은, 비록 일시적인 혼란과 퇴보 혹은 반혁명은 있을지라도 중동 지역의 고유한 민주화의 물결은 계속될 수밖에 없다는 것입니다.

# 8. 한국 민주화의 이정표, 6월항쟁

  시인 김수영은 "자유에는 피의 냄새가 섞여 있다"고 노래했습니다. 사실 여러분들이 향유하는 자유와 권리 역시 해방 이후 독재정권의 폭력에 맞서 목숨과 인생을 바친 선배들이 없었다면 불가능했을 것입니다. 어찌 보면, 죽음과 맞바꿔 여러분들에게 바친 선물일 수 있습니다. 그러므로 시위와 투쟁을 통해 '공동선'을 추구했던 선배들의 헌신을 젊은 여러분들이 잊어서는 안 될 것입니다. 그러나 몇 년 전 조사에 의하면, 대학생 10명 중 6명이 '6월항쟁'을 모른다고 답변했으며, 고문과 시위 도중 죽음을 당한 박종철·이한열의 이름을 모두 아는 대학생은 10%에 그쳤습니다. 역사를 기억하는 것은 새로운 미래를 만들기 위한 기반이 되는바, 민주화 항쟁을 기억하고 민주주의를 심화시켜 보다 정의로운 공동체를 만들어가야 하는 의무를 방기해서는 안 될 것입니다.

  이번 강의에서는 우리 사회의 민주주의를 돌이킬 수 없는 공고화 단계로 진입시킨 6월항쟁의 전개 과정과 그 의의를 살펴볼 것입니다. 6월항쟁은 박정희 때부터 이어진 30여 년간의 독재시대를 끝내고 정치적 민주주의를 이끌어낸 한국 민주화운동사의 이정표입니다. 어떤 학자들은 6월항쟁은 1945년 8·15해방, 1960년 4·19혁명에 이어 한국인이 맞은 세번째 '해방'이라고 강조하기도 하지요. 30년간 줄기차게 전개해온 민주화운동의 정점에 6월항쟁이 우뚝 서 있다는 것입니다. 그에 따르면 6월항쟁으로 남북화해와 평화의 길이 열렸고, 오늘날 우리 시대가 경험하는 자유·인권과 민주주의가 자리 잡을 수 있었습니다. 실제로 6월항쟁은 단순히 전두환 군사정권의 퇴진에 머문 것이 아니라 이후 민주화 시대라는 새로운 국가와 사회를 연 출발점이 되었지요.

박정희가 주도한 5·16쿠데타 이후에 한국 사회는 군사정권 아래 자유와 민주주의를 상실한 채, 정치사회적·경제적 억압을 받고 있었습니다. 박정희 대통령이 암살당한 10·26 사건 이후 사람들은 군사정권이 막을 내리고 민주주의의 봄이 올 것으로 생각했습니다. 그러나 전두환과 신군부의 등장으로 한국의 민주화는 다시 한 번 가시밭길에 들어섰지요. 그럼에도 민주주의에 대한 국민들의 열망은 결코 식지 않았습니다. 1980년 폭압적인 신군부가 국민들을 무자비하게 학살한 5·18광주항쟁 이후에도 학생과 시민들은 정권에 대한 저항과 민주주의 투쟁을 이어갔습니다. 그때마다 군사정권은 학생운동 및 지식인들의 저항을 '간첩사건'으로 조작하고 체제전복 세력으로 내몰았지요. 일상화된 감시와 폭력과 탄압에 민주화운동은 점차 사그라지고 있었습니다.

그런 상황에서 공권력에 의해 학생이 죽음을 당하는 사건이 발생했습니다. 제5공화국 말기인 1987년 1월 14일에 물고문으로 서울대

생 박종철이 사망한 것입니다. 언론에서는 물고문 사실을 숨기고 "탁 치니 억 하고 죽었다"며 단순한 쇼크사라고 보도를 했지만, 진실을 숨길 수는 없었습니다. 결국 박종철은 공권력의 잔혹한 폭행과 물고문, 전기고문을 받다가 숨진 것이 드러났지요.

박종철의 죽음에 대한 진상규명 요구는 대규모 집회로 이어졌습니다. 거리에서 경찰에 대한 비난이나 항의 형태로 시민들이 점차 시위에 참여하기 시작하였습니다. 그 파장은 추모대회와 평화대행진으로 이어지면서 결국 '민주헌법쟁취를 위한 국민운동본부'라는 범국민적 기구를 탄생시켰습니다. 공동체의 정의를 위해 저항하는 대학생을 고문으로 죽여놓고서도 발뺌을 하는 군사정권의 부도덕성이 국민들의 가슴에 불을 질렀던 것입니다.

더구나 당시에는 차기 대통령 선출방식을 놓고 직접선거로 뽑을 것인지, 간접선거로 뽑을 것인지 사회적으로 뜨거운 논란이 되고 있을 때였습니다. 당시 시행하던 대통령 간선제는 사실상 현직 대통령이 단독으로 출마하여 체육관에 모인 5000여 명의 대의원으로부터 반강제적으로 재임승인을 얻어내는 어처구니없는 촌극에 불과했습니다. 여러분은 이런 제도가 믿겨지시나요? 사태가 악화되자 정부에서는 4월 13일 개헌논의를 일체 금지하고 현행헌법으로 대통령 선거를 하겠다는 '4·13호헌조치'를 발표했습니다. 그러자 국민들은 더욱 큰 분노를 느끼면서 불같이 일어났지요. 호헌 반대 여론이 각계각층으로 번지면서 시민단체와 종교단체뿐만 아니라 교수·교사·의사·약사·예술인·연예인 등이 잇따라 4·13호헌조치 반대 성명을 발표하고 나섰습니다. 기자들은 자유언론쟁취 운동을 전개했고요.

전두환 대통령의 호헌 발표에 대한 전 국민의 반대 여론이 비등한 가운데 6월 9일 연세대 앞 시위에서 이 학교 학생 이한열이 최루탄에

피격을 당했습니다. 이한열이 피 흘리며 쓰러지는 사진은 학생들과 시민들이 공권력의 폭력에 맞서 거리로 뛰쳐나오게 만드는 기폭제가 되었지요. 또 이를 통해 학생들과 시민들의 공동투쟁이 보다 조직적으로 전개되었습니다.

1987년 6월 10일, '고문 살인 은폐 규탄 및 호헌 철폐 국민대회'가 개최되면서 6월 민주 대항쟁이 본격적으로 시작되었습니다. 명동성당 농성 투쟁이 시작되고 도심 곳곳에서 시위가 일어났습니다. 6월 10일의 시위는 가히 전 국민적인 참여로 전개되었습니다. 전두환정권에 대한 민중항쟁의 뜻으로 시민들 및 택시와 버스 운전사들은 차를 세워서 경적을 울렸으며 정권 퇴진을 요구하는 흰 손수건을 흔들었습니다. 전국의 교회와 사찰에서는 일제히 종을 쳐댔고요. 전국 37개 도시에서 180여만 명이 참여하는 국민평화대행진 시위가 전개되었고 3467명이 경찰에 연행되었습니다. 전국에서 뜨겁게 전개된 전 국민적인 시위를 막기에 군사정권의 경찰병력은 역부족이었습니다. 퇴근 시간이 지나면서 평범한 소시민들 특히, 넥타이 부대라 불린 회사원들이 대거 시위에 참여하면서 6월항쟁은 글자 그대로 시민항쟁으로 확산되었습니다. 6월항쟁의 모습은 다음의 글에 생생하게 묘사되어 있습니다.

상인들의 보호를 받으며 시장 골목 이곳저곳에서 숨바꼭질하며 싸우는 시위대의 모습, 시민들의 박수와 환호 (⋯) 최루탄을 쏘지 말라며 전경 앞으로 다가가 꽃을 달아주는 어머니들, 물 떠다주고 음료수 나르느라 분주한 상인들, 수천수만 명이 모인 가운데 노동자도 사무원도 농민도 리어카 끄는 막노동꾼도 한마디씩 하던 시국토론회를 비롯한 대중집회, 그 대중집회에서 마당극을 하며 해방춤을 추는 대학생들, 화형식, 스프레이나 물감,

매직펜으로 버스 차창, 건물 벽, 시멘트 바닥 위에 써놓은 구호들, 곳곳에 나붙은 대자보, 그 대자보를 보겠다고 몰려드는 사람들 (…) 이러한 모습은 아름답고 웅혼한 화음을 이루어 자유와 민주주의, 인권과 평화의 세계로 도도히 흘러갔다.(서중석, 『6월항쟁: 1987년 민중운동의 장엄한 파노라마』, 670~671쪽)

결국 더 이상 버틸 수가 없게 된 군사정권은 마침내 항복 선언을 하게 됩니다. 6월 29일 당시 여당 대통령 후보 노태우는 국민들의 대통령 직선제 뜻을 받아들이겠다는 내용의 '시국수습을 위한 8개항'을 선언했지요. 이 선언은 '6·29선언'으로 불리게 됩니다. 국민들의 민주화 열망이 빛나는 승리를 거두는 순간이었습니다. 시민들은 대통령 직선제 개헌과 김대중 사면복권 등을 요구했고 사면초가에 빠진 군사정권은 수용할 수밖에 없었죠. 1987년 10월 27일, 제9차 개정헌법으로 대통령 직선제 개헌이 드디어 실현되었습니다. 국민투표 결과, 총 유권자의 78.2%가 투표에 참여해 93.1%가 압도적으로 찬성했으니, 그만큼 민주화에 대한 국민의 열망이 얼마나 간절했는지를 잘 보여줍니다. 비록 민주주의를 제약했던 실정법들이 즉각 폐기되거나 수정된 것은 아니었고 대통령선거에서도 불법선거라는 의심 속에 군인 출신의 노태우 후보가 대통령에 당선되었지만 시민항쟁을 통해 절차적 민주주의를 성취했다는 국민들의 민주의식과 자신감은 이후 민주주의를 진전시키는 추동력이 되었습니다.

6월항쟁의 가장 큰 의의는 민주적인 정치체제가 정착된 계기를 제공했다는 점입니다. 무엇보다도 국민이 직접 대통령을 뽑는 직선제를 쟁취했습니다. 완전하지는 않지만, 자유로운 정치활동을 할 수 있게 되었고 언론의 자유도 크게 신장됐습니다. 그동안 군사정권에서 유린당했던 인권도 상당 수준 보장되었습니다. 가장 중요한 것은, 더이상은 민주정부를 전복시키는 독재정권이 출현하지 못하게끔 민주적인 정치문화를 이룩했다는 점입니다.

두번째로 6월항쟁은 각계각층의 민주적인 시민운동, 민중운동 등이 비약적으로 발전하는 계기가 되었습니다. 항쟁 이후 수많은 시민사회단체와 노동조합이 생겼으며 민주주의가 전 사회 분야로 확산되었죠. 정부의 통제를 받던 시민사회단체들이 공개적이고 적극적인 활동을 전개하게 되면서 시민사회가 본격적으로 발전하게 되었죠. 정치적 민주화뿐만 아니라 사회 전반의 민주화를 촉진시킨 것입니다.

세번째, 6월항쟁은 우리 사회의 민주주의를 새로운 단계로 진입시켰습니다. 6월항쟁 이후 시민들의 의식이 성숙해지면서 이제 과제는 정치적 자유를 넘어서 경제적 민주주의에 대한 관심으로 확장되었습니다. 즉, 개발과 성장 중심에서 분배의 조화와 삶의 질을 고민하는 단계로 나아가는 체제 변화의 분수령이 된 것이죠. 6월항쟁 이후 국내외 환경의 변화는 우리에게 지속적인 경제성장과 분배의 선순환 구조, 양극화 해소, 남북한 통일 등 새로운 국가적 과제를 안겨주었습니다.

6월항쟁은 분명히 대한민국의 민주주의를 정착시키고 참여정신을 고취시키는 데 결정적인 역할을 했습니다. 3·1운동 이래 시위 참여자가 가장 많았고 3·1운동처럼 전국 각지에서 각계각층이 참여했습니다. 일반 대중의 적극적인 참여는 '민주화'에 대한 목마름이 얼마나 컸는지를 증명해주죠. 이를 통해 우리 국민들은 민주주의의 진정한 가치를 깨닫게 되었고 정치적 주체로서 자신감과 참여정신을 고취할 수 있었습니다. 이를 단순히 과거의 역사로만 기억해서는 안 될 것입니다. 6월항쟁은 여전히 미완의 혁명이며 여전히 진행 중인 민주주의

혁명이라는 지적도 있습니다. 비록 민주화가 꽤 진전되었지만 우리에게는 더 많은 민주화가 필요하며 여전히 자유와 평등의 확장을 추진해야 하겠죠. 특히, 만연한 개인주의와 물질주의를 극복하고 공동선과 공동체에 대한 관심을 고취해야 합니다. 양극화에 따른 사회갈등과 분열을 극복하고 새로운 시대의 도전에 적극 대응해야 합니다. 6월 민주항쟁의 의의와 민주주의 소중함을 가슴에 되새기면서 보다 정의로운 공동체를 만들기 위해 우리가 선 자리에서 최선의 노력을 다해봅시다.

# 4

민주주의,
현재를 이야기하다

# 1. 시민사회, 민주주의의 토양

　지금 한국 사회는 초기 민주화의 과제를 어느 정도 달성하고 민주주의를 공고히 하는 단계를 거치고 있습니다. 우리나라 민주정치 발전에 가장 큰 걸림돌이 되었던 불법적인 정권찬탈의 관행이 정리되고 이제는 평화적인 정권교체가 잘 정착되었습니다. 아직 적지 않은 과제가 남아 있지만 그래도 이제는 희망을 가지고 민주주의의 심화에 대해 얘기할 수 있는 안정된 분위기가 되어가고 있습니다. 그런데 민주주의의 심화를 얘기할 때 빼놓을 수 없는 중요한 이슈가 있습니다. 시민사회의 발달과 성숙에 관한 문제가 바로 그것입니다. 이번 강의에서는 시민사회의 발전이 민주주의의 심화와 어떤 연관성이 있는지를 살펴보도록 하겠습니다.

　먼저 한국 사회에서 시민사회에 관한 논의가 어떻게 시작되었는지를 살펴보겠습니다. 사실 시민사회라는 화두는 1980년대까지만 해도 한국의 민주화 과정에 관심을 가져온 학자들 사이에서조차 그렇게 활발히 논의되지는 않았던 것 같습니다. 조속한 산업화의 달성이 거의 절대적인 과제로 추구되었던 1980년대 초까지만 해도 시민사회란 주제는 한국 사회과학자들의 부차적인 관심사였습니다. 이른바 굶주림의 '보릿고개'를 넘었던 세대들이 아직까지 정치·경제·사회의 주역을 이루고 있었던 당시까지만 해도 물질적인 풍요의 꿈보다도 더 호소력이 있었던 사회적 동원 슬로건은 없었기 때문이죠. 물질적 풍요의 달성을 위한 질풍노도와도 같은 동원체제는 여전히 민주화와 시민사회의 배양에 대한 진보세력의 요구를 묵살할 수 있는 분위기를 조성하고 있었습니다. 더구나 한반도의 분단 상황은 반反민주·보수세력들이 민주화와 시민사회에 관한 논의를 봉쇄하기 위한 훌륭한 (?) 구실이 되어왔고요.

하지만 1980년대 후반 이후 시민들의 반反독재 투쟁이 성공을 거두면서 민주주의 발전의 물꼬가 터지기 시작했고, 이 상황은 구舊소련과 동구 사회주의 국가들의 몰락으로 인해 더욱 가속도가 붙었습니다. 1993년도 김영삼정부의 등장은 한국 사회에서 진정한 민주화의 가능성을 열었으며, 1998년 선거를 통한 최초의 여야간 정권교체로 김대중정부가 출범하면서 시장경제와 민주주의의 병행발전이라는 대원칙을 천명하게 되었습니다. 그래서 이른바 '민주주의의 공고화' 단계에 접어든 것이 아니냐는 낙관론이 등장하게 되었죠.

하지만 이 당시에는 아직 민주주의의 공고화과정이 그렇게 순탄치만은 않을 것이란 예상이 지배적이었습니다. 그 이유는 여러 가지였죠. 반민주적인 보수 세력의 건재, 여전한 분단 상황, 권위주의적인 유교문화의 존속 등이 그것들입니다. 하지만 적지 않은 학자들은 그중에서도 시민사회의 미성숙을 민주주의 공고화의 가장 큰 걸림돌로 여겼습니다. 1980년대의 연구들이 주로 민주화와 그 조건으로서의 산업화의 관계나, 경제부흥의 제1조건으로서 발전지향적 국가의 존재와 시장경제의 역할에 치중했다고 한다면, 1990년대 이후에는 산업화와는 구별되는 필요조건으로서 시민사회의 성장에 초점을 맞추기 시작했습니다. 이른바 '시민사회 시각'이라고 부를 수 있는 관점이 부상하기 시작한 것이죠.

하지만 누구나 민주주의의 공고화를 위한 필수조건으로서 시민사회의 성숙을 거론했지만, 당시 한국의 사회적 맥락에서 시민사회의 내용이 무엇인지에 관한 합의는 존재하지 않았습니다. 그 때문에 많은 사람들이 시민사회 개념의 유용성에 회의를 품었으며, 시민사회 개념이 남용될 수 있는 가능성 때문에 그 개념을 버리는 것이 좋다고 권고할 정도였습니다. 하지만 민주주의의 공고화가 어느 정도 마무리되고 민주주의의 심화 단계에 들어선 것으로 평가되고 있는 현 시점에서, 한국 사회 민주화에 관한 기존 논의들의 유용성이 어느 정도 한계에 봉착하고 있는 현실을 고려할 때 '시민사회 시각'은 그 자체로서 유용성을 가질 수 있을 뿐만 아니라 기존 이론들의 한계를 적시摘示하거나 보완할 수 있는 역할을 해낼 수도 있습니다.

시민사회에 관한 권위자인 존 킨J. Keane에 의하면 시민사회는 "법적으로 보호되는 비非정부제도들의 복잡하고도 역동적인 결합체"를 의미합니다. 이와 같은 정의에 따를 경우, 시민사회를 이루는 "비정부제도들은 비폭력적이며, 스스로를 체계화하고 반성하며, 그들의 활동에 '테두리를 정하고' 억누르며 또 권한을 부여하는 국가와 영구적으로 상호 긴장관계에 있는 경향"을 보입니다. 국가와 시민사회는 민주사회에서 상호 구분되는 두 제도군群으로, 분리되어 있긴 하지만 인접해 있으며 상호의존적인 관계를 형성하고 있습니다. '시민사회 시각'에서 볼 때 민주주의는 단순히 정기적인 선거, 경쟁적 정당체제 및 다수

지배와 같은 협소한 제도적 장치에 불과한 것이 아닙니다. 그것은 국가제도들과 분리된 사회생활의 영역에서도 실질적인 민주적 원리들이 관철되는 것을 의미하지요. 그러므로 이 관점에 따르면, 민주주의는 권력분점의 논리가 국가제도들에서뿐만 아니라 사회제도들 내에서도 작용함으로써 권력이 남용되지 않고 다양한 이해관계들이 공개적인 논의와 합의에 따라 처리되는 것을 의미합니다. 그렇게 보면 민주화 과정은 전체 국가권력이 비非국가적인 시민사회 영역으로 확장되어가는 것도 아니며 반대로 국가를 폐지하고 시민들 사이의 자발적인 합의를 쌓아가는 것도 아닙니다. 그것은 서로 긴장관계에 있는 그 두 영역 사이에 견제와 균형의 원리를 정착시켜나가는 과정이며, 또한 각 영역들 내에서 권력을 배분하고 권력행사를 공개적으로 감시하는 과정이라고 할 수 있죠.

그렇게 볼 때 시민사회는 자유를 파괴하는 강제적인 국가기구가 없는 상황, 다시 말해 무정부적인 상태가 아님을 알 수 있습니다. 그리고 마찬가지로 시민사회에 대한 옹호를 국가의 간섭에 대한 무조건적인 거부로 이해하는 것 역시 잘못이라 할 수 있습니다. 시민사회와 국가는 서로 긴장관계에 있으면서도 상호의존적인 성격을 가지고 있습니다. 어니스트 겔너E. Gelner라는 학자를 인용하면 시민사회는 "국가를 견제하기에 충분히 강력하고, 국가가 평화를 지키고 다양한 이해관계들을 조정하는 역할을 수행하는 것을 방해하지는 않지만, 국가가 사회의 다른 부분들을 지배하고 원자화시키는 것을 막아주는, 다양한 비정부 제도들의 집합체"라 할 수 있습니다. 시민사회와 국가는 이처럼 상호 긴장관계에 있으면서도 보완적인 역동적 관계를 이룸으로써 민주주의의 실천을 가능하게 해줍니다.

그러면 시민사회의 진화과정과 특성을 간략히 살펴보겠습니다. 시민사회의 특성은 그와 대립물인 비非시민사회uncivil society의 특성과 대비시켜봄으로써 이해할 수 있습니다. 비시민사회는 세련되지 못하고 무례하며 방자한 개인들의 사회로서 야만성과 폭력성이 두드러진 사회입니다. 이 비시민사회는 근대국가가 폭력을 독점해가는 과정에서 점차 시민사회로 진화되었지요. 그러나 시민사회는 야만성의 표징인 폭력이 완전히 소멸된 사회가 아니라 그것이 적절히 관리되고 있는 사회입니다. 시민사회의 기저에는 항상 비시민적인 폭력과 억압의 가능성이 존재하고 있지요. 이 점은 거의 모든 현존하는 시민사회에서 아직도 폭력이 만성화되어 있으며, 시민사회가 비시민적인 사회로 퇴행할 수 있는 가능성이 언제나 있고, 살인과 강간, 아동과 동물학대 및 사형제도와 같은 비시민적인 관행과 제도들이 존재한다는 사실로 입증됩니다. 그러나 우리는 근대의 문명화 과정에는 그와 같은 야만적인 폭력에 대해 지속적으로 저항해온 긍정적인 측면이 있었음을 잊어서는 안 될 것입니다. 근대 역사는 책임감 없는 정부권력이 무한정 확장되어온 한편으로, 그 권력을 시민에게 책임을 지닌 권력으로 만들기 위해 온갖 제도적인 장치를 확충시켜온 모순적인 흐름들이 공존해온 역사입니다. 서구정치사를 통해 우리가 확인할 수 있는 헌정주의의 발전과, 조직화된 시민들의 주도적 역할을 강조하는 '시민정치'의 전통은 그 긍정적인 흐름을 대표하는 현상일 테죠. 이처럼 시민사회와 국가는 서로의 야만성과 억압성을 서로 견제하며 진화해왔던 것입니다.

이상의 설명으로부터 우리는 시민사회의 발전이 민주주의의 정착과 공고화에 필수적인 것이긴 하지만 그에 대한 지나친 이상주의적 맹신도 위험하다는 것을 알 수 있습니다. 시민사회는 다양한 잠재력과 아울러 한계도 지니고 있기 때문이죠. 하지만 우리나라에서는 아직 시민사회가 충분히 성숙되었다고 보기 어렵기 때문에, 시민사회의 내재적 한계에 지나치게 민감할 필요는 없다고 생각합니다. 그리고 모든 시민사회들은 고유한 문화적 향취를 지니고 있다는 것을 또한 이해할 필요가 있지요. 시민사회는 다양한 문화적 개성을 담아낼 수 있는 개념이기에 우리는 어떤 획일적인 시민사회의 이상을 받아들일 필요가 없습니다. 우리는 지금 인터넷을 통해 형성되고 있는 다양한 수준의 공적인 공간들이 앞으로의 민주주의 발전에 어떤 영향을 미칠 수 있을 것인가에 대해서도 관심을 가져야 할 것입니다.

결론을 맺겠습니다. 지금 한국 인문·사회과학계에서는 문화적 전통에 대한 관심이 고조되고 있는 한편으로 세계화 추세에 적응하기 위한 노력이 한창 진행중에 있습니다. 정치의 민주화와 전통문화의 조화가 시도되고 있으며 모든 영역에서 세계화 시대에 부합하는 삶의 방식이 모색되고 있지요. 특히 민주화와 관련해서 볼 때 세계화는 민주적 대표성과 권력의 책임성에 관한 근본적인 반성을 촉구하고 있습니다. 매스미디어가 미치는 이중적인 영향도 중요한 관심거리가 되어가고 있습니다. 이제 한국의 민주화에 관한 논의가 심화되기 위해서는—데이비드 헬드D. Held라는 영국 학자가 시도한 바 있듯이—세계화의 추세 및 그 과정에 수반된 전 지구적인 커뮤니케이션 네트워크의 확충 과정도 진지하게 고려해야 합니다. 그렇게 볼 때 '시민사회 시각'을 세계화와 커뮤니케이션 네트워크의 발전에 따른 공적 공간 개념의 변화와 연계시켜 볼 필요도 있습니다. 전 지구적 규모의 시민사회 출현은 바로 이와 같은 맥락에서 이해할 수 있을 것입니다.

# 2. 지방자치, 민주주의의 실험장

　　오늘날 민주주의의 운영과 관련해서 빼놓을 수 없는 문제는 지방
자치입니다. 개인들은 한 국가의 시민이면서 동시에 한 지역의 주민
이기도 합니다. 개인은 국가의 일원으로서 국가 전체에 관련된 문제
들에 관심을 갖고 있으면서 동시에 지역의 주민으로서 지역문제에도
관심을 갖고 있지요. 그런데 지역은 개인이 일상적인 삶을 살아가는
영역이기 때문에 지역에서의 민주주의야말로 더욱 실질적인 의미가
있다고 할 수 있습니다. 만일 전 국가적인 차원에서의 민주주의가 잘
실천되고 있지만 지역적인 차원에서는 주민들의 참여가 극히 미진하
고 의사가 전혀 반영되지 않는다면 그 나라에 민주주의가 온전히 실
현되고 있다고 볼 수 있을까요? 그러므로 민주주의의 실천과 관련된
의미 있는 논의에는 반드시 지방자치의 문제가 포함되어야 합니다.
이번 강의에서는 한 나라의 민주주의 발전이 왜 지방자치를 요구하
는가에 대해 살펴봄으로써 민주주의와 지방자치의 밀접한 관계를 보

여주고자 합니다.

　지방자치의 의의를 살펴보기 전에 먼저 중앙정부와 지방정부의 관계에 대해 살펴볼 필요가 있습니다. 그것이 전 국가적인 수준의 민주주의와 지방자치의 관계를 이해하기 위한 기본 틀이니까요. 오늘날 모든 국가는 국제관계에서는 독립된 통합체로 간주되지만 안으로는 복잡하게 분화되어 있는 것이 보통입니다. 현대 국가의 내적 분화에서 가장 중요한 것은 중앙정부와 지방정부(혹은 주정부) 사이의 분화입니다. 현대 국가는 보통 이 둘 사이가 어떻게 연관되어 있느냐에 따라 단일제정부 unitary system of government 와 연방정부 federal system of government●로 분류됩니다. 각 체제는 영역을 기준으로 하여 통치권력을 분배함으로써 중앙-지방 관계의 틀을 구축하고 있습니다. 대부분의 국가들이 크게 보아 이 두 범주로 묶여질 수 있지만 같은 정부구조를 채택하고 있는 국가들에서도 중앙-지방 관계는 서로 큰 차이를 보이고 있습니다.

　오늘날 모든 국가들은 대조적인 두 압력에 직면해 있다고 할 수 있습니다. 하나는 경제적·국제적 요인이나 다른 요인들로 인한 중앙집권화의 경향이며, 다른 한 가지는 지역이나 공동체 중심 정치의 대두에 따른 분권화의 압력입니다. 그러나 이와 같이 상반되는 두 가지 경향에도 불구하고 한 가지 확실한 것이 있습니다. 현대 사회에서 중앙정부와 지방정부는 상대방이 없이는 존속하기 어렵다는 사실이죠.

　만일 중앙정부가 없다면 어떻게 될까요? 그러면 국가는 국제무대 혹은 세계무대에서 주체적인 행위자로 활동할 수 없을 것입니다. 오

> **연방정부**
> 중앙정부와 하위정부 간 분권을 규정한 성문헌법, 독자적 행정기구를 갖는 자치적 하위정부의 존재를 조건으로 한다. 연방제의 주요 목적은 국민들에게 공통적인 서비스를 제공함은 물론 지역에 따른 개별적이고 다양한 필요에 부응하기 위해 중앙과 지방의 관계를 적절히 조절하려는 것이다. 연방주의는 역사적 맥락 속에서 광범위한 타협체제의 산물이라고 볼 수 있다. 이에 비해, 단일제정부는 중앙정부가 강력한 중앙집권적 권력을 소유하는 정부체제이다. 각각을 연방제국가, 단일제국가라고 부른다.

표7 단일제국가와 연방제국가(자료: Jean Blondel, *Comparative Legislatures*, pp. 144~153)

| 단일제국가 | 일원제 | 이원제 | 합계 |
|---|---|---|---|
| 대서양 지역 | 7 | 9 | 16 |
| 동구 및 북아시아 | 10 | – | 10 |
| 중동 및 북아프리카 | 6 | 4 | 10 |
| 동남아시아 | 8 | 7 | 15 |
| 사하라 이남 아프리카 | 16 | 8 | 24 |
| 라틴아메리카 | 7 | 10 | 17 |
| 계 | 54 | 38 | 92 |
| 연방제국가 | 일원제 | 이원제 | 합계 |
| 대서양 지역 | – | 6 | 6 |
| 동구 및 북아시아 | – | 3 | 3 |
| 중동 및 북아프리카 | – | – | – |
| 동남아시아 | – | 2 | 2 |
| 사하라 이남 아프리카 | – | – | 1 |
| 라틴아메리카 | 1 | 3 | 3 |
| 계 | 1 | 14 | 15 |
| 총계 | 55 | 52 | 107 |

늘날과 같은 상호의존적인 시대에서는 국가간 전략적 제휴와 무역협정 그리고 초국가적 연합체를 결성해야 할 필요성이 증대하고 있는데 중앙정부는 그와 같은 과업을 수행하기 위해 반드시 필요합니다. 그리고 이것이 바로 모든 국가의 중앙정부들이 한결같이 대외정책과 국방관계정책을 책임지는 이유이기도 합니다. 또한 중앙정부는 지방정부 간 상호이익을 증진할 수 있도록 중재하는 역할도 합니다. 중앙정부는 국가의 경제생활을 전반적으로 관리하고, 국내의 교역과 운송 그리고 커뮤니케이션과 같은 문제를 감독함으로써 지방정부간 상호이익과 협력을 증진합니다.

그러면 반대로 지방정부가 없다면 어떻게 될까요? 수천만 내지 수억 명의 시민으로 구성된 현대 국가를 중앙정부 홀로 통치한다는 것은 거의 불가능하며 바람직하지도 않을 겁니다. 만약 중앙정부가 국가의 모든 일을 홀로 처리하려 든다면 매우 비효율적일 테죠. 비대한 중앙 관료기구는 '규모의 비경제성diseconomies of scale'을 초래하게 될 것이고요. 그뿐 아니라 정책결정 과정에서 지방 주민들의 필요와 의사가 전혀 반영되지 않은 사태가 빈번히 일어날 것이며 그에 따라 지방 주민들의 불만이 크게 고조될 가능성이 높을 것입니다. 그러므로 자율성의 정도에는 차이가 있지만 국가마다 지방정부가 존재하는 것이 보통입니다. 대체로 중앙정부가 국방과 외교와 같은 대외적인 문제에 치중하는 반면 지방정부는 지역주민들의 실질적인 필요와 욕구를 해결합니다. 교육 · 보건 · 사회복지 · 지역개발기획 등이 그런 것들이지요. 국가마다 상당한 차이가 있긴 하지만 지방정부는 이런 문제들을 해결하기 위해 중앙정부로부터 어느 정도의 권력을 이양받습니다.

중앙정부와 지방정부의 상보적인 관계를 놓고 볼 때 완전한 중앙집권화도 완전한 지방분권화도 바람직하지 않겠죠. 관련 국가의 특수한 상황과 민주화의 정도에 따라 중앙정부와 지방정부의 관계는 얼마든지 다르게 형성될 수 있을 것입니다. 어떤 국가는 보다 중앙집권적이고 어떤 국가는 보다 지방분권적일 수는 있겠지만, 어떤 경우든 대부분의 현대국가들은 지방정부를 두고 있고 어느 정도의 지방자치를 허용하고 있습니다.

그러면 지방정부를 중심으로 한 지방자치의 활성화는 국가 차원의 민주주의와 어떤 관계가 있을까요? 지방자치의 활성화는 여러 가지 점에서 전 국가적인 수준의 민주주의를 심화시키는 데 기여할 수 있습니다. 그 이유로는 다음과 같은 것들을 들 수 있습니다. 첫째, 지방자치의 활성화는 시민들에게 참여의 기회를 제공하는 데 중앙집권적인 국가보다 훨씬 더 효율적입니다. 자신의 일상적인 삶과 직결되어 있기 때문에 지역주민들은 더 적극적으로 정치에 참여하게 되지요. 지역문제를 논의하고 결정하는 과정에 참여함으로써 지역주민들은 그 지역에 국한된 문제들을 더 잘 알게 될 뿐만 아니라 국가적인 문제에 대해서도 관심을 갖게 됩니다. 그리하여 지방정치에 참여하는 것은 지역주민들을 계몽된 시민들로 육성시켜줌으로써 국가 차원의 문제에 시민들이 더욱 적극적으로 참여하게끔 해줍니다.

또한 지방자치의 활성화는 정치가 지역주민들의 요구에 더 민첩하게 반응하도록 만듦으로써 정치를 민주화시키는 효과가 있습니다. 지방정치는 중앙정치보다 시민들에게 더 가깝기 때문에 그들의 필요에 더 민감하지요. 이는 정치의 민주적 책임성을 강화시키며, 정부로 하여금 사회의 전반적 이익뿐 아니라 개별 공동체들의 특수한 필요에 더 민감하게 반응하도록 합니다. 지방자치를 통해 집약된 지역주민들의 뜻이 중앙정부에 전달되기 때문이지요. 지방자치가 활성화되었다는 것은 지역의 특수한 문제들을 처리하는 데 지역주민들의 의사가 반영된다는 것만을 의미하지 않습니다. 그것은 또한 국가적인 차원의 문제에서도 지역주민들의 의사가 제대로 반영될 수 있는 통로가 효과적으로 작동하고 있다는 것을 의미하지요. 그러므로 지방자치는 전 국가적인 수준의 민주주의가 실질적인 효력을 발휘하기 위한 중요한 조건인 것입니다.

사실 아무리 민주주의적인 국가라 하더라도 전 국가적인 차원에서 민주주의가 실천되는 것은 아주 드문 일입니다. 4~5년마다 대통령을 한 번 선출하거나 총선거 때 국회의원을 선출하는 것이 고작이지요. 몇 년에 한 번씩 선거에 참여했다고 해서 실질적인 민주주의가 이뤄지고 있다고 보는 것은 무리가 아닐까요? 제가 영국에 있었을 때 경험한 일인데요, 영국인들도 선거를 몇 년에 한 번 독재자들을 뽑는 행사라고 비아냥거리더군요. 사실상 맞는 얘기라고 생각합니다. 그러나 우리와 다른 것은 영국은 중앙집권적인 전통이 강하긴 하지만 우리보다는 훨씬 더 지방자치의 이상이 잘 실현되고 있다는 것입니다. 토니 블레어[T. Blair]의 노동당이 집권한 이후 지역으로의 대폭적인 권력 이양이 이루어져 영국의 지방자치는 더욱 더 힘을 얻었습니다. 영국의 국가적 차원의 민주주의는 지방 민주주의의 활성화로 그 취약성을 보완하고 있다고 할 수 있겠습니다. 지방분권적인 연방제를 채택하고 있는 미국 역시 이와 같은 측면에서는 영국에 못지않다고 할 수 있겠고요.

지방자치의 활성화는 비록 지역적인 차원에서이긴 하지만 정책의 정당성을 높여주는 기능도 수행합니다. 중앙정부는 지리적으로나 정치적으로 주민들로부터 멀리 떨어져 있는 것처럼 느껴져서, 중앙정부가 작성한 정책은 전 국민의 지지를 확보하기가 비교적 어렵습니다. 그러나 지방적 차원에서 작성된 결정은 주민들이 더 이해하기 쉽고 따라서 정당성을 얻기 쉽지요. 중앙정부는 지방자치를 활성화시킴으로써 중앙정치에 대한 지역주민들의 관심과 참여를 높이는 전략을 구사할 수도 있습니다.

지방자치의 활성화는 또한 개인의 자유를 신장시키는 효과가 있습니다. 주지하듯이 절대권력은 부패하는 경향이 있지요. 중앙에 집중된 권력은 압정으로 이어질 가능성이 큽니다. 지방분권화는 정부권력을 분산시켜 서로 견제하고 균형을 이루게 함으로써 권력이 개인의 자유를 침해하지 못하도록 막아주는 효과가 있습니다.

마지막으로 지방자치의 활성화는 중앙과 지방의 관계를 보다 민주적으로 유도하는 효과가 있습니다. 지방정치는 인민과 가깝습니다. 그러므로 지방에서 선출된 정치가들은 상당한 민주적 정당성을 누림으로써 그들의 공식적 권력과 책임을 확장시킬 수 있습니다. 이것은 중앙과 지방 사이의 관계가 위로부터의 일방적인 지시에 의해서가 아니라 타협과 협의에 의해 이루어질 수 있도록 만듭니다. 그렇게 함으로써 전 국가적인 수준의 민주주의를 심화시키는 데 기여할 수 있지요.

결론을 맺겠습니다. 지방자치는 전 국가적인 수준에서의 민주주의를 한 단계 발전시키기 위해 반드시 필요합니다. 우리나라도 지방자치법이 발효되어 시행중에 있습니다. 하지만 아직까지는 지방의회에 진출하려는 후보자들이 중앙당의 공천을 받아야 하고, 지방의 대의원들에게 정책결정의 자율성이 없어서 진정한 지방자치의 실현이 어렵습니다. 또한 지방정부의 재정적인 어려움은 불가피하게 중앙정부의 통제를 불러오는 경향이 있습니다. 더구나 유권자들의 의식이 아직은 지역이기주의를 벗어나지 못해서 지방자치가 국론과 사회통합을 저해하는 분열의 힘으로 작용하는 부작용도 크지요. 따라서 지방으로의 실질적인 권력이양이 이루어지고, 중앙과 지방 사이의 관계가 상명하복이 아닌 타협과 협의의 관계로 발전함으로써 실질적인 지방자치가 이루어져야 하겠습니다. 그러기 위해선 위에서 언급한 다양한 문제점들이 극복되어야 하겠죠. 저는 그중에서도 성숙한 지방자치의 조건으로서 국민의 일원이자 지방자치의 주체인 지역주민들의 의식변화가 반드시 수반되어야 한다는 것을 강조하고 싶습니다. 단순히 참여의 기회가 증대되는 것이 중요한 것이 아니라 어떤 의식으로, 어떤 태도를 가지고 참여하느냐가 보다 더 중요한 문제라고 보기 때문입니다.

# 3. 참여민주주의, 대의제를 넘어서

오늘날 대의민주주의는 심각한 위기에 빠져 있습니다. 국민의 대표기관인 의회가 다양한 이유들로 제 기능을 발휘하지 못함으로써 대표성의 위기가 초래되고 있기 때문이죠. 대의민주주의는 국민의 대표들이 주체가 되어 공동의 문제들을 해결해나가는 정치형태입니다. 그래서 민주주의 국가에서는 국민의 직접선거로 구성된 의회가 가장 중요한 기관이라 할 수 있죠. 그러나 오늘날 의회는 국민의 의사를 제대로 대변하지 못하고 있습니다. 그뿐만이 아닙니다. 행정부로부터 강한 견제를 받고 있으며, 세계화로 인한 외부의 영향에도 속수무책입니다. 의회가 점점 유명무실해져가고 있다는 위기감이 커지고 있는 것입니다.

이에 국민의 직접적인 정치 참여를 활성화시킴으로써 대의민주주의를 극복하고자 하는 움직임이 오래전부터 있어왔습니다. 이런 움직임은 1960년대 신좌파의 등장과 함께 시작됐죠. 참여의 중요성을 강조하는 이들 참여민주주의자들은 대의민주주의가 위기에 빠질 수밖에 없는 가장 근본적인 원인을 대의민주주의의 성격 자체에서 찾습니다. 이 점은 조금 더 설명할 필요가 있습니다. 오늘날 대의민주주의는 자유민주주의의 실천적 형태입니다. 자유주의 사회의 국민들은 점점 더 사적인 생활에만 몰두하는 경향이 있으며 정치 참여는 정기 선거와 같은 일회성의 행사에만 국한되고 있지요. 동일한 과정의 다른 측면으로서 자유민주주의자들은 정치에 대한 국민들의 참여를 장려하기보다는 사적인 자유를 보호하는 데만 관심을 가지고 있습니다. 프라이버시의 자유를 신성시하며 법적으로 보호해주고 있는 오늘날의 경향은 바로 이와 같은 자유주의적 대의민주주의의 관심을 반영한 것이라 하겠습니다. 대의민주주의자들은 국민의 직접적인 정치 참여는 오히려 정치적 불안정을 가중시킬 우려가 있다고 주장하면서, 국민들을 정치적으로 무능력하게 평가하는 한편 은근히 국민의 직접적인 정치 참여를 제한하고자 하는 논리를 제공해왔던 것이죠. 그러나 그 결과는 무엇이었을까요? 무기력한 대의민주주의, 곧 민주주의의 근본적 위기가 초래되었습니다.

이런 상황에서 참여민주주의는 직장·학교·행정·환경 등 다양한 삶의 영역에서 집단적 불만과 소외감을 분출시키면서 '참여'의 내용과 외연을 확장시켰습니다. 특히 대의제를 정당화하던 당시의 엘리트주의적 민주주의 이론을 집중적으로 비판했습니다. 엘리트주의적 민주주의에 따르면, 정치적 참여는 대의정부 구성을 위한 메커니즘이나 대표자들을 선택하는 선거제도를 의미할 뿐이죠. 이런 관점에서 정치는 엘리트들의 정부 구성이나 정권장악을 위한 권력투쟁으로 축소됩니다. 이처럼 민주주의의 원리를 단순히 엘리트들을 선출하는 선거과정으로 규정하게 된다면 민주주의의 규범적 문제의식이나 고유한 가치는 사라지게 됩니다. 특히 공동체의 공적 문제에 대해 인민의 광범위한 참여를 보장하지 않으면서 능동적이고 책임감 있는 시민의 형성은 간과되고, 안정성과 효율성에 기반한 엘리트의 지배와 수동적인 시민의 모습을 당연한 것으로 간주하게 되지요. 이 경우 선거는 사적인 관심에 매몰되어 있는 유권자의 경제적 이익을 표출·집약하는 메커니즘이며 그들이 특정 정당에 투표하는 이유도 그 정당이 그들의 이익을 대변해준다고 보기 때문입니다.

샹탈 무페S. Mouffe의 비판처럼 이런 경제학적 논리가 지배하는 정치는 시장이나 다름 아니며 각 정당들은 판매자, 개개인들은 소비자로 전락하게 됩니다. 로버트 달, 캐롤 페이트만C. Pateman과 함께 초기 참여민주주의 이론가였던 크로포드 맥퍼슨C. B. Macpherson은 이러한 정치의 영역조차 정치엘리트들에 의해 과점된 상태라고 비판했습니다.

판매자들이 소수인 곳에서는 판매자들이 완전경쟁 체계에서처럼 구매자들의 요구에 반응할 필요도 없고 또 실제로 반응하지도 않는다. 판매자들은 가격을 매기고, 공급될 재화들의 범위를 정한다. 과점적 시장oligopolistic market에서의 (구매자의) 요구는 자율적이지 않고 따라서 독립변수가 되지도 못한다. (…) 정치적 재화에 대한 요구 항목들은 주로 공급자들(엘리트)에 의해 지시된다. (Macpherson, *The Life and Times of Liberal Democracy*, pp. 89~92)

이처럼 참여민주주의 이론가들에 따르면, 자유주의적 대의제에서 정치과정은 시장으로 치환될 수 있고 정치가와 정당은 생산자 혹은 판매자이며 대중은 소비자로 치환될 수 있다는 것입니다. 이런 논리 속에서 시민의 참여는 상호이해의 증진과 공동선의 추구가 아니라 소유에 집착하는 개인들의 사적 이익 추구 수단이며 일방적으로 경제적 효용의 관점에서 파악될 뿐입니다.

현대 참여민주주의의 선도적인 이론가인 맥퍼슨은 참여민주주의가 가능하기 위해서는 사회·경제적 불평등의 현저한 완화가 필수적이며, 보다 인간답고 평등하며 참여적인 정치체제를 위해서는 불평등 완화와 함께 사람들의 의식변화가 이루어져야 한다고 주장합니다. 맥퍼슨에 따르면 사람들이 자신들을 본질적으로 소비자로서 생각하고 행위하는 한 참여민주주의는 불가능합니다. 왜냐하면 그런 상황에서는 공동체의식이 전혀 형성될 수 없는데, 참여민주주의는 공동체의식을 무엇보다도 필요로 하기 때문이지요. 그러므로 참여민주주의 사회는 사람들이 자신의 능력을 발휘하고 개발하려고 노력할 때 가능할 수 있습니다. 이러한 인민의 의식 변화와 사회경제적 불평등 완화가 참여민주주의의 전제 조건이 되면서도 참여민주주의를 통해서만 실현될 수 있습니다. 맥퍼슨은 인민들의 자각과 회의는 보다 참여주의적인 정치체제로의 발전을 유도할 것이고 이러한 발전은 역으로 사람들의 의식을 더욱 더 각성시키리라고 보고 있습니다. 그런데 맥퍼슨의 이런 주장은 참여적 행동이 가져올 물질적 효과를 지나치게 강조하면서 참여의 수단적 측면을 부각시키기 때문에 정치적인 것을 경제적인 것에 종속시킨다는 비판을 받기도 하지요.

맥퍼슨보다 더 경험적인 증거에 기반하여 체계적인 참여민주주의 이론을 전개하고 있는 페이트만은 참여의 실천 자체가 가진 교육적 효과를 특별히 강조합니다. 그는 국가적 수준에서의 대의제도는 민주주의를 위해 충분하지 않다고 말합니다. 왜냐하면 국가적 수준에서 최대의 정치 참여가 가능하기 위해서는 그 선결요건으로 개인의 참여적 태도와 심리적 자질들이 미리 계발되어 있어야 하는데 일반적인 시민들은 이런 것을 아직 훈련하지 못했기 때문이죠. 참여에 필요한 태도와 자질은 참여과정 자체를 통해서만 계발될 수 있습니다. 참여는 넓은 의미에서 교육적 기능을 담당하는데, 능동적인 참여를 촉진시키는 심리적 특성 및 민주적 역량과 절차들을 습득하게 해줍니다. 때문에 페이트만은 일상적인 생활공간, 특히 작업장에서 민주적 참여를 훈련하는 것을 강조했죠. 한편, 페이트만은 지나친 참여가 정치적 혼란을 가져온다는 반박에 대해 참여체제는 참여의 교육적 효과를 통해 유지되기 때문에 그렇게 훈련된 시민들의 참여는 정치적 안정성을 해치지 않는다고 강조합니다. 전체적으로 페이트만의 참여민주주의 이론은 결정 작성에의 동등한 참여와, 최종적 결정에서의 권력의 평등을 의미하는 '정치적 평등'을 강조하고 있습니다. 그의 참여민주주의 이론에서는 최대한의 투입(참여)이 요구되며, 산출 또한 정책(결정)만이 아니라 각 개인의 사회적·정치적 능력의 발전을 포함하지요. 특히, 페이트만은 민주적 참여의 가능성을 국가정부 및 지역정부에 국한시키지 않고, 생활의 일상주준에까지 확대시킴으로써 인간의 일상생활과 정치를 결합시켜줄 수 있는 의미 있는 참여민주주의 정치이론을 제공하고 있습니다.

캐롤 굴드C. Gould 역시 자유 개념과 평등 개념을 재구성하여 민주적 참여의 권리는 정치적 영역을 넘어 사회경제적 삶으로까지 확장돼야 한다고 주장합니다. 굴드의 적극적 재해석에 따르면 자유는 자유로운 선택뿐만 아니라 자기발전의 활동까지도 포괄하고 이 자유 개념은 모든 개인의 평등을 함축하지요. 또한 자기발전으로서 자유개념은 그 조건으로 사회협력을 필요로 하며, 나아가서 물질적 조건에 대한 접근을 포함합니다. 그 결과 개인들의 평등은 자기발전을 위한 조건에 대한 권리로까지 확장되죠. 그런 자기발전을 위한 권리에 공동의 정책결정에 참여할 권리가 포함되는 겁니다. 이 공동의 결정 영역은 정치적인 영역뿐만 아니라 사회경제적인 삶의 영역까지도 포함되고요. 이처럼 굴드는 '평등한 자유' 개념을 통해 참여의 권리를 도덕적으로 정당화합니다. 개인의 자유와 평등 그리고 상호협력은 필수적인 상호보완적 관계로서 민주주의적 참여만이 개인의 자유를 공동의 사회적 활동 속에서 타인들과 함께 평등하게 행사할 수 있도록 만듭니다.

또한 굴드에게 권위란 집단 혹은 조직의 구성원들로부터 도출되고 또 그들에 의해 검토되고 폐지될 수 있는 것이기 때문에 반드시 위계적으로 볼 필요가 없습니다. 민주적으로 조직된 집단에는 선출된 대의원들의 적절한 기능을 정해놓은 규칙들이 있는데, 그 규칙들은 구성원들에 의해 수정되고 폐기될 수 있습니다. 그리고 그런 절차로 구성된 권위기구들은 구성원들의 이익을 위해 봉사한다는 추가적인 (권위 부여의) 조건으로 보완되기 때문에 위계적이고 억압적일 수가 없다는 것이지요. 굴드는 최대한 엄격한 위임에 가깝도록 대의제를 운용한다면 대의제와 참여주의적인 권위가 양립가능하다고 주장합니다. 그러나 구성원들의 행위 능력에 기반한 '근본적 권위fundamental authority'가 대표들에게 위임하는 '파생적 권위derived authority'보다 더 중요합니다. 아울러 대의제를 주민소환제나 주민투표제 그리고 (주민)자문제 등과 같은 제도를 통해 보완하는 경우 대의제는 참여민주주의와 잘 조화할 수 있다고 주장합니다.

지금까지 살펴본 것처럼 참여민주주의 이론가들은 민주주의를 심화시키기 위해 지금보다 훨씬 폭넓은 시민의 참여가 필요하다는 인식을 공유하고 있습니다. 특히 자유주의적 대의제는 시민들을 정치로부터 배제시키거나 정치에 무관심하게 만든다고 비판하고 있지요. 물론 참여민주주의에도 역시 이론적·실천적 한계가 있습니다. 자기발전 개념의 모호성, 지나친 이상주의적 성격으로 인한 이론과 현실의 괴리, 시민의 능동적인 참여가 야기할 수 있는 역효과의 문제 등 극복해야 할 과제가 적지 않습니다. 참여민주주의가 포퓰리즘적인 대중 조작의 도구로 악용될 수 있다는 우려도 끊임없이 제기되고 있고요. 이런 흐름들이 향후 민주주의 발전에 어떤 영향을 미칠지는 속단하기 어렵습니다. 그렇지만 참여민주주의가 제기하는 문제의식은 분명 현실의 민주주의를 온전하게 작동하기 위한 과제임에는 틀림없습니다. 참여민주주의는 미래에 대한 희망을 견지하면서도 현실적인 실천 전략 역시 계속해서 보완해나가야 할 것입니다.

# 4. 참여민주주의,
## 공동선 발견과 배움의 장

　이번 강의에서는 참여의 효과 및 참여를 통해 함양되는 능력 혹은 미덕들을 공부해보도록 하겠습니다. 이는 결국 참여 자체의 가치를 새롭게 조명한다는 의미를 갖습니다. 앞의 강의에서 살펴본 것처럼, 참여민주주의자들은 1960년대 분출하고 있었던 신좌파 운동 및 대중의 참여 현상에 기반해 대의제의 한계를 부각시키면서 참여민주주의를 이론적 · 실천적인 대안으로 제시했습니다. 이러한 참여민주주의의 철학적 전통은 아리스토텔레스에서 루소를 거쳐 밀로 이어지는 오랜 공화주의 정치사상에서 연원합니다. 정치적 공동생활에 대한 참여가 온전한 '인간됨'의 필수조건임을 강조한 아리스토텔레스야말로 참여민주주의의 사상적 원천입니다. 참여를 통해 시민의 지적 · 정서적 · 도덕적 잠재능력을 최대한 실현할 수 있고 바람직한 정치질서를 유지할 수 있다는 루소 역시 참여민주주의의 철학적 영감이라고 볼 수 있습니다. 공공정신에 고무된 적극적인 시민들의 미덕과 참여가 공동체의 진보를 가져온다는 밀의 주장 역시 참여민주주의 전통에 속하는 것으로 이해할 수 있습니다.

현대 참여민주주의 역시 다양한 이론적 흐름을 나타내지만 공통적인 것은 자유주의의 핵심 가치인 개인의 자율성을 민주적인 '자치self-determination'의 원리로 확장 · 재구성함으로써 대의제를 보완하거나 대체할 수 있는 강력한 전통을 확립했다는 것입니다. 이들은 또한 특정한 조건에서 인간의 풍부한 특성 및 잠재력이 어떻게 계발되어야 하는지에 대한 중요한 통찰을 제공하고 있지요. 특히, 페이트먼은 참여의 태도와 능력을 함양하는 참여 자체의 가치를 다음과 같이 명료하게 표현했습니다.

참여는 참여를 위해 필요한 바로 그 자질들을 개발하고 육성시킨다. 개인들이 보다 더 많이 참여할수록 그들은 더욱 더 잘 참여할 수 있게 된다. 참여에 대한 보충적 설명은 그것이 통합적 효과를 갖는다는 것이며, 집단적 결정의 수락을 돕는다는 것이다. 그러므로 민주정체가 존재하기 위해서는 참여적인 사회가 존재하는 것이 필요하다. 다시 말해 민주정체가 존재하기 위해서는 모든 정치체계들이 민주화되고, 참여를 통한 사회화가 모든 영역에서 발생할 수 있는 사회가 필요하다(C. Pateman, *Democracy and Human Rights*, pp. 42~43).

이번 강의에서는 참여 자체가 가지는 효과와 미덕을 보다 자세하게 살펴보도록 하겠습니다. 앞 강의에서도 언급했지만, 참여의 중요성을 강조하는 학자들은 대의민주주의자들과 정반대로 오늘날 정치적 대표성의 위기가 참여의 결핍에서 온다고 주장하고 있습니다. 참여민주주의자들은 오늘날의 사회가 국민들이 정치에 참여할 수 있는 의미 있는 기회를 제한하고 있다고 보지요. 고대 그리스의 아테네 민주정치에 비해 오늘날의 정치 참여는 비교할 수 없을 정도로 제한적일 뿐만 아니라 그 의미도 현저하게 축소되었습니다. 과거 아테네에서의 정치 참여는 시민들만의 특권으로서 가장 고상한 인간의 특징이었습니다. 정치 참여야말로 진정한 의미의 자유를 실현할 수 있는 유일한 길로 인식되었죠. 그러나 오늘날의 자유민주주의에서는 정치 참여가 특권이 아닌 부담으로 인식되는 경향이 있으며, 고상한 인간의 특징을 나타내지도 않습니다. 오늘날 고상한 인간으로 평가되는 사람은 오히려 정치에 어느 정도 냉소적인 것과 동시에 초超정치적인 종교 활동이나 예술 활동 등에 몰두하는 사람입니다. 정치란 부패하고 지저분한 사업이기 때문에 깨끗하고 숭고한 정신을 가진 사람은 정치에 관심을 가져서는 안 되는 것처럼 인식되기도 하죠.

하지만 참여민주주의자들은 이런 인식을 바꿀 때가 왔다고 생각합니다. 이들은 고대 아테네 민주정치의 풍요로웠던 시민생활의 이상을 오늘날의 상황에서 다시 복구하기를 원합니다. 그래야만 대의민주주의의 위기를 극복할 수 있을 뿐만 아니라 인류가 잃어버렸던 공공생활의 풍요로움을 되찾을 수 있다고 생각하는 것이지요. 이들은 지나치게 자기중심적이고 폐쇄적인 삶은 공공의 문제를 해결하는 데 큰 장애가 되며, 삶을 초라하고 생기 없게 만들기 때문에 결코 좋은 삶이 아니라고 생각합니다. 삶은 사람들이 서로 관심사를 공유하고 만나서 서로 토론하는 가운데 풍부하게 된다는 생각을 갖고 있습니다. 오늘날의 참여민주주의자들은 대의민주주의가 국민의 의사를 정확히 대표하지 못하고 행정부에 비해 무기력하다는 이유만으로 참여민주주의를 주장하는 것이 아닙니다. 그들은 공적 생활에 참여하는 것이 인간의 삶을 한 단계 고양시켜주는 가장 좋은 방식이라 생각하기 때문에 참여를 주장합니다. 공적 생활에의 적극적인 참여는 비非참여적인 삶이 줄 수 없는 공적인 자유와 행복을 체험하도록 해주기 때문에 요구되는 것입니다.

참여민주주의의 장점은 또 무엇이 있을까요? 참여민주주의는 자유주의적 대의민주주의와 결부되어 있는 다양한 문제점들에 대한 대안이 될 수 있습니다. 자유민주주의에서는 일반 시민들의 정치에 대한 관심이 그다지 높지 않습니다. 그래서 개인의 자유를 보장하기 위해 다양한 제도적 장치를 마련하고 있지요. 권력기관들 사이에 권력을 분할하여 서로 견제하고 균형을 이루도록 함으로써 권력의 남용을 막고자 하는 것입니다. 하지만 이런 제도들은 그 자체로서 권력의 남용을 완벽하게 방지해주지는 못합니다. 만일 권력 간 타협과 담합이 이루어지거나 한 권력기관이 권력을 독점하게 되면 어떤 일이 벌어지겠습니까? 행정부의 독재가 이뤄지든지 의회의 독선이 초래될 수 있겠지요. 자유주의적 대의민주주의에는 제도적 장치에 문제가 발생했을 경우 권력남용과 부패를 방지하는 데 한계가 있는 것이죠. 참여민주주의는 대의민주주의의 이런 결함을 보완해주거나 극복할 수 있는 길을 열어줍니다. 요컨대, 국민의 직접적인 정치 참여는 권력의 남용과 부패를 막아줌으로써 공화국을 민주적으로 유지시키는 것은 물론 깨끗한 행정관행을 창출하는 역할을 할 수 있습니다.

참여는 또 다른 측면에서 옹호됩니다. 참여가 정치에 관한 국민들의 이해와 관심을 높여주는 학습의 수단이라는 것이지요. 공적인 문제에 관심을 갖고 참여할수록 사람들은 공적인 문제에 대해 처음에는 몰랐던 사실들을 알게 됩니다. 그렇게 되면 사람들은 정보를 바탕으로 어떤 결정과정에 참여하기 때문에 올바르거나 합리적인 선택을 할 수 있게 됩니다. 또한 참여를 통해 사람들은 다른 사람들의 생각과 이해관계도 이해하게 됩니다. 참여하지 않고 무관심하게 있을 때는 다른 사람들의 생각과 이해관계를 전혀 알 길이 없기 때문에 서로 간에 쓸데없는 오해와 마찰이 생길 수 있지요. 그러나 공적인 공간에서 서로 만나 자기의 생각을 털어놓고 다른 사람들의 생각을 경청함으로써 사람들은 자신의 견해를 넓힐 수 있으며 이해관계를 바꿀 수도 있습니다. 그런 가운데 상대방에 대한 이해와 관용이 싹트게 되고요. 처음에는 적대감이나 이기심을 가지고 공적인 모임에 참여하게 되지만 대화와 토론 과정에서 협소한 이기심을 털어버리고 모든 공동체 구성원들의 이익과 행복에 관심을 갖게 될 수도 있습니다. 이렇듯 참여의 긍정적인 기능은 참으로 많다고 할 수 있습니다.

마지막으로 참여민주주의는 사람들의 매너를 세련되게 하고 부드럽게 만들어줍니다. 사람들은 참여를 통해 다른 사람들을 접하면서 세련된 행동과 에티켓을 배우게 되지요. 처음으로 다른 사람들 앞에 섰을 때는 어색하고 부자연스럽겠지만 참여가 반복될수록 그와 같은 일에 익숙하게 되고 훌륭한 태도와 자세를 습득하게 됩니다. 이처럼 참여는 사람의 생각과 이해관계에 변화를 가져올 뿐만 아니라, 그들의 외면적인 태도와 행동도 변화시키는 전인적인 학습의 장인 것입니다.

결론을 맺겠습니다. 오늘날과 같은 복잡하고 거대한 사회 속에서 모든 공적인 문제들에 모든 시민들이 적극적으로 참여하고 토론함으로써 문제를 해결하는 데는 한계가 있습니다. 그러나 참여는 대의민주주의로는 풀기 힘든 많은 문제들을 해결할 수 있는 길을 열어줄 뿐만 아니라, 자기중심적이고 폐쇄적인 삶을 사는 현대인들의 인생관과 행복관을 바꿔줌으로써 보다 풍요로운 삶의 가능성을 열어줄 수 있습니다. 우리의 정치방식을 국민의 참여를 촉진하는 방향으로 개혁해가는 것에는 대의민주주의의 한계를 극복하는 것 이상의 의미가 담

겨 있습니다. 그것은 우리 자신을 더욱 더 도덕적인 존재로, 그리고
사회를 더욱 더 풍요로운 삶의 터전으로 만들어줄 것입니다.

# 5. 일터민주주의를 생각한다

　오늘날 민주주의는 공동의 문제를 해결하는 가장 좋은 방법으로
간주되고 있습니다. 중대한 국가의 일을 논의하고 결정할 때나 동료
들 사이에서 공동의 문제를 결정해야 할 때 우리는 민주주의적인 방
식을 도입하곤 합니다. 그렇다면 민주주의적 문제해결 방식이 우리
가 많은 시간을 일하며 보내는 일터에서도 적용되는 것이 바람직하
지 않을까요? 이 질문은 민주주의에 대해 진지하게 생각해본 이들이
라면 누구나가 한 번씩은 자연스럽게 가져본 질문일 것입니다. 이번
강의에서는 일터에서의 민주주의를 국가 차원의 민주주의와 비교해
봄으로써 과연 노동자들에게 일터에서의 정책결정 과정에 참여할 수
있는 권리가 주어져야 하는지 검토해보고자 합니다. 저는 일단 법으
로 강제할 수 있는 민주주의가 기업의 경우에는 상황이 다르다는 것
을 이야기하려 합니다.

　우리는 국가 차원에 있어서는 한 치의 양보도 없이 민주주의를 옹

호합니다. 국가공동체의 공동 문제를 의논하고 최종적으로 결정할 때 국민의 의사가 민주적으로 표현·결집되어야 한다고 주장합니다. 만일 중대한 국가의 일들을 민주적 절차로 처리하지 않는다면 정당성이 없을 것이고 심한 경우에는 국민의 강한 저항에 부딪히게 되겠죠. 그렇다면 우리는 이런 논리를 우리의 직장에서는 적용시킬 수 없을까요? 여러분 자신이 해당되지 않는다면 여러분의 부모형제에게 물어보십시오. 직장에서 모든 일을 민주적으로 결정하고 처리하는지를요. 많은 경우 아니라는 답변을 얻을 것입니다. 실제로 우리는 국가의 일은 민주적으로 결정하고 처리하기를 고집하지만 직장의 일은 그렇지 않은 것을 보게 됩니다. 만일 민주주의가 그렇게 좋은 집단적 의사결정 과정이라면 왜 직장에서는 민주주의를 하지 않을까요? 물론 어떤 일터에서는 꽤 민주적인 절차에 따라 일을 진행하기도 합니다. 그러나 그런 일터는 흔하지 않으며, 설령 민주적인 의사결정 과정을 도입한 일터라 해도 민주주의 원칙은 그렇게 철저하게 관철되지 않습니다. 그리고 대부분의 직장에서는 민주적인 외양만 취할 뿐 실질적으로는 비민주적인 방식으로 일이 처리되는 경우가 대부분입니다. 국가가 하나의 결사이듯 직장도 하나의 결사이며, 민주주의가 좋은 집단적 의사결정방식이라면, 우리는 왜 국가 차원의 민주주의는 법적으로 강제하면서 일터에서는 민주주의를 굳이 강제하지 않을까요? 그 차이를 알아봅시다.

먼저 국가의 시민이 되는 것과 직장의 노동자가 되는 것은 처음부터가 다르다는 것을 강조할 필요가 있습니다. 왜냐하면 보통의 경우 우리들은 우리의 선택으로 우리나라의 시민이 되는 것이 아니라 태어나면서부터 저절로 대한민국의 시민이 됩니다. 그리고 한국인들과 특별한 관계를 맺고 한국 문화를 습득하죠. 그 때문에 만일 다른 나라로 이민을 가면 극심한 심리적 충격과 생활의 혼란을 겪기도 하고요. 그러나 특정 일터에 들어가는 것은 이와 다릅니다. 사람들은 직장을 잡아야 하는 청년기까지 선택의 여지없이 어떤 국가의 시민으로 남아 있어야 하지만 직장을 잡을 때는 수없이 많은 직종들 중에서 한 가지를 정할 수 있습니다. 물론 자신이 가지고 있는 기술과 자격에 따라 선택할 수 있는 직종 수가 상당히 적어질 수는 있겠지만 말입니다. 요컨대 한 국가의 시민이 되는 것은 비자발적인 데 반해 직장을 선택하고 바꾸는 것은 우리의 자유롭고도 자발적인 선택에 달려있다는 점에서 차이가 있는 것이죠.

우리가 직장을 마음대로 선택하고 바꿀 수 있다는 사실은 일터에서도 민주적으로 의사결정이 이뤄져야 한다는 주장의 당위성을 크게 약화시킵니다. 한 국가에서 민주시민의 권리는 다음과 같은 이유에서 절대적으로 필요합니다. 국가의 정치적 결정은 우리가 다른 곳으로 이민을 가는 과격한 조치를 취하지 않는 한 우리의 삶에 강력하고도 지속적인 영향을 미치게 됩니다. 그와 반대로, 직장 생활과 관련하여 개인이 자유를 누리는 정도는 훨씬 크다고 할 수 있습니다. 만일 직장에서의 의사결정이 자기의 마음에 들지 않거나 경영자의 관리 방식이 참을 수 없다고 판단될 경우 개인은 언제든지 그 직장을 떠날 수 있습니다. 물론 혹자는 현대 사회에서는 국가간 이민도 비교적 자유롭기 때문에 어떤 국가의 시민이 되는 것과 어떤 기업의 노동자가 되는 것 사이에는 본질적인 차이가 아니라 정도의 차이만 있을 뿐이라고 말할 수 있겠죠. 하지만 사실 이 정도의 차이는 본질적 수준이라고 할 수 있을 정도로 대단히 큰 것입니다. 대부분의 경우 국가를 선택하는 문제는 우리들의 일상적인 생활 속에서의 선택이 아닙니다. 다시 말해 국가는 우리의 선택 사항이 아닌 반면에 직장은 우리가 인생을 설계할 때 고려하고 선택하는 사항인 것입니다.

지금까지의 설명을 정리해보면 다음과 같습니다. 국가의 정책은 우리의 삶에 지속적이고도 강력한 영향을 미치는 반면, 직장에서의 의사결정은 우리의 선택에 따라 제한적으로만 우리의 삶에 영향을 미칩니다. 이 차이는 국가 차원에서의 민주주의는 불가피한 반면 직장에서의 민주주의는 필수적인 것은 아니라는 점을 설득력 있게 제시해준다고 봅니다. 국가의 공적인 문제가 민주적으로 결정되고 처리되어야 하는 이유는 그래야만 국민들이 그 정책의 결과를 용인하고 감내할 수 있기 때문이죠. 그렇지 않을 경우를 생각해보십시오. 자신의 의사를 반영할 기회도 없이 국가정책 때문에 피해를 받는다면 삶이 견딜 수 없고 더없이 고통스럽지 않을까요? 그러므로 국가 정치에서 민주주의는 어떤 비용을 지불하고서라도 실현시켜야 할 절박한 과제라고 할 수 있습니다. 그러나 일터의 경우 그와 같은 절박성의 정도가 다릅니다. 현대 사회에는 다양한 직종과 기업들이 있기 때문에 우리가 어떤 기업의 정책이 싫다고 생각한다면 그 직업을 언제든지 자유롭게 그만둘 수 있는 여건이 됩니다. 그 직장에 다니는 것이 고통스러울 경우 그만두고 다른 직장을 찾으면 되는 것이지요.

물론 직업은 한 인간의 자존감 및 독립성에 지대한 영향을 미치기 때문에 고용주의 직접적이고 자의적인 지배로부터 어느 정도는 자율성을 가져야 할 뿐만 아니라 정당한 사유 없는 해고를 불법화하는 현재의 관행을 엄격히 적용해야 할 것입니다. 또한 기업의 사회적 책임도 더욱 요구해야 합니다.

사실 국가와 직장의 차이에 대한 지금까지의 설명은 다소 과장된 감이 있긴 합니다. 유럽 국가들처럼 서로 문화가 비슷하고 인접해 있는 지역에서는 국가의 선택도 비교적 용이하기 때문에 직장을 선택하는 것과 거의 차이가 없다고 주장할 수도 있기 때문이죠. 그래서 인접해 있는 두 국가 중 하나는 권위주의 국가이고 다른 하나는 민주주의 국가라고 한다면 민주적인 국가로 이주하는 방법도 그다지 어렵지는 않을 터입니다. 반대로 어떤 특수한 지역에서는 직장이 거의 없어서 국가를 선택하는 것보다도 직장을 선택하는 것이 더 어려울 수가 있겠지요. 예를 들어 탄광촌의 경우를 생각해볼까요? 탄광촌에서는 다른 직장이 거의 없기 때문에 광부 일이 아니면 다른 일을 찾아보기 힘듭니다. 이런 경우엔 탄광회사가 민주적으로 의사결정하지 않을 경우 탄광회사의 정책은 광부들의 삶에 강력하고도 지속적인 영향을 미치게 될 것입니다. 그리하여 그 결과가 부정적일 경우 광부들의 삶은 아주 비참해질 겁니다. 그렇다고 탄광촌에서 자라고 일해온 광부들이 도시로 이주한다 해도 극심한 심리적 충격과 혼란 때문에 정상적인 생활을 하기가 어려울 테고요. 이와 같이 극단적인 경우를 가정한다면 일터에서도 어느 정도의 민주주의는 강제될 필요가 있다고 할 수 있을 것입니다. 극단적으로 억압적인 의사결정 과정과 노동자들에게 불리한 기업 정책은 민주주의 국가가 헌법에 보장하고 있는 기본적인 권리를 침해할 수 있기 때문이지요. 그러나 이런 경우는 극히 예외적인 것으로 일반화시켜서는 안 될 것입니다.

대체로 민주사회의 시민들은 다양한 직종과 직장을 어느 정도는 자유롭게 선택할 수 있습니다. 어떤 사람은 임금은 그다지 높지 않지만 정책결정이 민주적으로 이루어지는 직장을 선호할 것이고, 어떤 사람은 정책결정은 다소 권위주의적으로 내려지지만 임금수준이 높은 직장을 선호할 수 있습니다. 또 그 양자를 모두 갖춘 직장을 찾으려고 할 수도 있습니다. 만일 그런 직장을 찾았다고 한다면 참으로 행운이겠죠. 자유민주주의 사회에서는 이처럼 다양한 선택 가능성이 존재하며 이런 다양성이 민주사회의 활력을 가져다준다고 봅니다. 만일 국가가 정치에서처럼 일터에서도 민주주의를 강제한다면 기업가들과 노동자들의 선택범위를 제한시키는 결과를 가져올지도 모릅니다. 예를 들어 어떤 기업가가 모든 사재를 털어 기업을 세우려고 할때, 국가가 모든 정책결정 과정에 노동자들을 참여시키고 동등한 자격으로 정책결정을 하도록 강제한다면 적지 않은 기업가들이 창업을 포기할 수도 있겠죠. 그렇다면 그것은 기업가뿐만 아니라 일부 노동자들에게도 불이익이 될 것입니다.

물론 가능한 한 기업가들이 개인들의 자율성과 합리성을 존중하여 의사결정 과정에 노동자들을 참여시키는 것이 바람직하겠으나 그 기업의 자유재량에 맡기는 것이 원칙일 겁니다. 일터에서는 시민의 기본권을 침해할 정도의 위험이 없는 한 어느 정도의 비민주주의적인 의사결정절차도 용인될 수 있다고 봅니다. 일터민주주의를 법적으로 강제하는 것은 오히려 민주사회의 다양성을 위축시키는 결과를 가져올 뿐 아니라 일터민주주의를 강제하는 자체가 일부 사람들에게는 반민주적으로 보일 것입니다.

한편, 이런 일반적인 주장에 대한 반대 입장도 존재합니다. 특히, 급진적인 참여민주주의자들은 국가 차원의 민주주의가 활성화되기 위해서는 작업장에서의 민주적 훈련이 진행되어야 한다고 강조합니다. 앞의 강의에서 살펴보았던 페이트만과 달, 피터 바하라흐[P. Bachrach]와 아리예 보트위닉[A. Botwinick] 등이 대표적이죠.

페이트만은 시민들이 생애 대부분을 보내고 있는 작업장 및 산업분야에서 참여적 실천이 항상적으로 전개되어야 한다고 주장합니다. 예를 들어, 산업적 권위구조의 민주화, 즉 의사결정과정에서 경영자들과 노동자 간의 권력관계가 최대한 평등하게 유지되어야 한다는 것입니다. 이를 기반으로 작업장의 의사결정에 노동자들이 지속적으로 참여함으로써 참여의 태도와 능력을 계발하게 된다면, 국가적 수준에서의 참여 수준이 높아진다는 것이죠. 이런 페이트만의 주장은 '정치적인 것'을 국가정부 및 지역정부에 국한하지 않고 생활의 일상 수준에까지 확대시킴으로써 인간의 일상과 정치를 결합시켜줄 수 있는 체계적인 참여정치 모델을 제안하고 있습니다.

1950년대와 1960년대에 다원주의적 접근을 주도했던 달은 1970년대에 들어 이런 접근방식의 결함을 인정하고 산업민주주의, 즉 노동자들의 자치경영 체제를 지지함으로써 참여민주주의를 옹호하게 됩니다. "우리가 국가의 통치에서 행해온 것처럼 기업의 관리에서도 민주적 과정에 대한 권리를 행사하지 말아야 할 설득력 있는 이유가 없다"는 주장을 하면서 달은 민주사회를 목표로 하는 사회는 경제영역에까지 참여민주주의를 확장시켜야 한다고 주장합니다. 이런 주장의 철학적 기반에는 모든 개인들은 자신의 이익에 대한 최종적인 판단자이며 결사의 모든 구성원들은 구속력 있는 집단적 의사결정에 동등하게 참여할 자격이 있다는 자율과 평등의 원칙이 작용하고 있습니다. 이 가정들은 경제적 집단 내에서도 타당하기 때문에 일터에서도 자치의 원칙이 적용되어야 한다는 것이죠. 그는 노동자의 자치경영은 일터에서의 소외감을 줄일 뿐만 아니라, 사회 내에서의 정의와 민주주의라는 가치의 증진에 기여할 것이고, 우리를 보다 나은 시민들로 변모시킴으로써 국가정치 차원의 민주주의의 질을 향상시킬 것이라고 주장합니다. 그러나 달은 경제조직의 특수성 및 효율적인 기업운영 저해, 사유재산권 침해 같은 비판에 대해 적극적이고 설득력 있는 대안을 제시하지는 못했습니다.

1980년대 등장한 참여민주주의자들 역시 작업장에서의 민주적 훈련을 통한 계급의식 형성이 정의로운 공동체를 만드는 동력으로 작용할 수 있다고 주장했습니다. 대표적으로, 바하라흐와 보트위닉은 기존 참여민주주의 이론들이 권력의 이슈와 계급투쟁의 중요성을 간과했으며 민주주의의 문제를 탈정치화시키는 천진난만한 낙관론에 빠져 있다고 비판합니다. 아울러 노동자의 의식 및 실천에 미치는 이데올로기의 영향과 참여민주주의가 가지는 거시적인 정치적 함의 역시 간과했다고 지적합니다. 바하라흐는 일터민주주의가 사회변혁의 동력이 되기 위해서는 노동자의 계급의식을 일깨우고 참여의 권리를 쟁취하려는 투쟁의 전략이 중요하다고 강조합니다. 특히, 사회 전체의 참여 수준을 높이기 위한 노동자들의 투쟁 전략은 다양한 영역의 사회운동과 결합하여 소수자 및 약자의 연대의식을 고취하면서 효과적인 대중운동을 형성할 수 있다는 것입니다.

이런 급진적인 입장 역시 나름대로의 타당성과 설득력을 가집니다. 특히, 산업현장의 민주적 참여가 분별력, 창조성, 책임성 그리고 타인과의 상호의존 같은 일련의 덕성과 능력들을 함양한다면 일터민주주의는 정치공동체의 발전에 긍정적인 기여를 할 수 있을 것입니다. 그러나 경제의 영역은 일차적으로 사람들의 필요를 충족시키는 재화와 서비스를 생산해야 하며 여기에 실패하는 경제제도들은 만족스러운 것이 될 수 없습니다. 가장 이상적인 일터민주주의는 물론 재화와 서비스의 효율적인 생산과 분배를 중시하는 동시에 노동의 조직화가 자치적 시민성self-governing citizenship을 고무하고 격려하는 원리와 함께 작동해야 하겠죠. 그러나 현재 시점에서 시장경쟁 속에서 일터민주주의를 기업에 강제하는 것은 격렬한 논란을 불러일으킬 것이며 신중하게 접근해야 할 문제입니다. 물론 장기적으로는 참여의 덕성과 경제적 효율성이 조화를 이루는 기업의 운영 원리를 모색해야 할 것입니다.

# 6. 전자민주주의, 낙관만 할 수 있을까?

　오늘날은 정보사회로 불리곤 합니다. 정보사회는 정보의 생산·처리·유통의 속도와 양이 과거의 사회와는 판이하게 다를 뿐만 아니라, 그것이 가장 중요한 사회경제적 활동이 된 사회입니다. 나아가서 정보사회는 물건이 아닌 정보가 경제활동의 중심이 된 사회를 뜻하기도 하죠. 정보사회에서는 점점 더 많은 사람들이 정보관련 산업에 종사하게 되며, 전화·팩스·컴퓨터와 같은 각종의 통신매체를 사용하면서 일하는 것이 보편화됩니다. 개인이든 집단이든 효율적인 정보의 획득과 활용이 성공의 열쇠가 됩니다. 그리고 이런 변화는 당연히 정치방식에도 변화를 가져올 것인바, 전자민주주의에 관한 점증하는 관심은 바로 이런 변화를 반영하고 있다고 하겠습니다. 그래서 저는 이번 강의에서는 정보통신사회의 도래가 민주주의의 미래에 과연 어떤 영향을 줄 수 있을지를 검토해보고자 합니다.

　정보통신기술의 발달이 민주주의의 발달에 어떤 영향을 미칠 것인가를 놓고 전통적으로 상반되는 두 가지 입장이 있어왔습니다. 첫째는, 정보통신기술의 발전이 민주적 정치형태를 결정짓거나 아니면—약한 표현을 쓰면—촉진시킬 것이라는 견해입니다. 이 견해는 앨빈 토플러A. Tofler와 같은 미래학자들, 이언 맥레언I. Mclean, 아미타이 에치오니A. Etzioni, 래리 로단L. Laudan 등 적지 않은 학자들이 취하는 견해로 정보통신기술의 발전이 필히 직접참여적인 민주주의를 가져오든지 아니면 최소한 민주주의의 발전을 촉진시킬 것이라고 봅니다. 그러나 이 견해에는 내적인 문제점이 있습니다. 인간의 자유로운 선택능력에 기반을 둔 정치형태인 민주주의가 인간 외적인 요소인 기술에 의해 결정된다는 논리를 전제하고 있다는 점이죠. 민주주의는 궁극적으로는 인간의 자유롭고 평등한 협동적 노력의 표현이기 때문에 기술적 조건으로 결정될 수 있는 부류의 정치형태가 아닙니다. 아무리 정보통신기술이 발달해도 정치에 참여하고자 하는 의사가 없다면, 그런 기술은 민주주의를 진작시키는 데 별로 도움이 되지 않을 것입니다.

둘째로, 인간의 자유가 말살된 전체주의적 기술사회가 도래할 가능성을 예고한 입장이 있습니다. 자크 엘륄J. Ellul, 헤르베르트 마르쿠제H. Marcuse, 조지 오웰 등의 이론가들은 기술사회에서 기술발전은 자율적이 되고 반면에 인간의 자유는 상실될 날이 올 것이라고 경고하고 있습니다. 유감스럽기는 하지만, 기술결정론의 시각에서 볼 때 이 가능성이 논리적으로 보다 설득력이 있는 듯합니다. 기술결정론은 인간의 자유가 아닌 기술이 정치형태를 결정짓는다고 보기 때문이죠. 인간은 자율적인 내적 발전논리를 갖는 기술체계로서의 사회에서 비판적 이성을 상실하고 도구적 이성만을 사용하는 기능적 수행자, 곧 일차원적 존재로 전락한다는 경고가 기술결정론의 논리적 구조에 보다 잘 부합합니다.

하지만 이 두 가지 입장들은 모두 큰 문제점을 갖고 있습니다. 두 입장 모두 지나치게 인간의 의지를 과소평가하고 있다는 것이죠. 인간이 기술을 통제할 수 있는 가능성을 전적으로 부인하고 있습니다. 이 입장들은 아직도 곳곳에서 인간의 선택이 이뤄지고 있으며, 기술을 설계하고 사용하는 사람들에 의해 어느 정도 기술이 통제되고 있다는 엄연한 사실을 백안시하고 있습니다. 또한 원자력발전소, 유전공학 복제기술과 같은 기술들의 발전이 상당한 정도 시민들의 의지에 막혀 지연되거나 봉쇄되고 있는 현실 등을 무시하고 있습니다. 기업들과 정부가 각각 상업적 목적과 대민(對民)통제를 위해 정보통신기술을 이용함으로써 개인의 프라이버시를 침해할 가능성에 대해 여러 시민단체들이 입법적 대응노력을 전개하고 있는 사실 또한 전혀 고려치 않고 있지요. 아무리 기술이 자율적인 발전논리를 갖고 있다 해도, 그것은 인간의 의지와 노력에 대해 상대적일 수밖에 없습니다. 정보통신기술의 발전을 곧 바로 특정 정치형태와 조응시켜 생각하는 기술결정론적 논리는—이론적인 것을 포함한—인간의 모든 노력을 무의미한 것으로 취급해버리는 근본적인 한계를 안고 있는 것입니다.

제 생각으로는 기술과 사회(혹은 정치체제)는 전 역사를 통해 서로 영향을 주고받아왔다고 보는 것이 타당할 듯싶습니다. 때로 기술이 사회에 미친 영향이 사회가 기술발전에 미친 영향보다 훨씬 더 심대하거나 또는 그 역이 성립한 때가 종종 있었을 것입니다. 그러나 전체적으로 볼 때 기술과 사회는 한쪽이 압도함이 없이 상호작용해왔다고 보는 것이 마땅한 것 같습니다. 이 상호작용론의 관점에서 보면, 오늘날의 정보통신기술과 정치형태(또는 과정)의 상호관계는 보다 동태적으로 이론화될 수 있습니다. 정보통신기술의 발전이 일방적으로 민주주의 혹은 전체주의를 가져올 수 없고, 마찬가지로 현재의 정치형태(또는 과정)가 정보통신기술의 사용을 일방적으로 규정할 수도 없기 때문입니다. 중요한 문제는 정보통신기술이 가지고 있는 잠재력이 어떤 정치형태를 발전시키는 데 보다 더 유리 또는 불리한가를 철저히 검토해서, 그 잠재력을 가능한 한 민주주의를 촉진시킬 수 있는 방향으로 이용하는 것이라고 생각합니다. 그리고 이 과제는 당연히 한 사회의 문화적 특수성, 정치발전 수준, 경제구조 및 국제적 상호의존성의 정도에 관한 논의를 포괄하지 않을 수 없을 겁니다. 이러한 요소(또는 변수)들이 정보통신기술의 사회·정치적 활용의 방향과 목적을 상당 부분 좌우하기 때문이죠. 그렇다 하더라도 기술은 또한 독자적으로 사회에 영향을 미칠 수 있는 잠재력을 지닐 수 있기 때문에 예측 불가능한 사회·정치적 결과를 초래할 수 있음을 무시해서는 안 될 것입니다. 정치 본래의 역동성과 예측할 수 없는 기술의 잠재력은 상호간 상호작용을 더욱 복잡하게 만듦으로써 현재로서는 어떤 일반화도 어렵게 만들고 있습니다.

정보통신기술의 발달이 민주주의를 촉진하고 있는지의 여부를 보다 경험적으로 연구한 크리스토퍼 아터턴C. Arterton의 연구결과는 지금까지의 설명을 뒷받침해줍니다. 민주주의를 적극적으로 이해할 경우, 다시 말해 시민의 적극적인 정치 참여라는 관점에서 이해할 경우 경험적인 연구들은 한결같이 정보통신기술의 발전이 참여지향적인 민주정치의 필요조건일 수는 있지만 충분조건은 아니라는 것을 보여주고 있습니다. 즉, 정보통신기술이 적극적으로 이해된 민주정치를 촉진시키는 데 기여하기 위해서는 다른 전제조건들 및 매개변수들이 필요하다는 것이죠. 정보의 양과 질, 정치행위자들의 의식과 태도, 비용과 노력의 문제 등에 따라 정보통신기술이 민주정치에 미칠 수 있는 영향이 좌우된다는 것이지요. 요컨대, 아터턴의 경험적인 연구는 정보통신기술의 발전 자체가 곧바로 적극적으로 이해된 민주정치의 심화를 가져온다는 기술결정론적 명제를 부인하고 있습니다.

하지만 다소 소극적으로 이해할 경우, 다시 말해 민주주의를 정치권력의 남용과 기존의 억압적인 위계질서에 대한 저항이라는 측면에서 이해할 경우 정보기술의 발전이 갖는 함의는 크게 다를 수도 있습니다. 비록 동일한 정보통신기술이 통치엘리트들의 통제를 보다 효과적으로 달성하는 데도 사용될 수 있지만 민주화를 촉진시키거나 심화시키는 데 더욱 효율적으로 쓰일 수 있습니다. 예컨대, 권위주의 정권은 정보통신기술의 활용을 통해 시민의 반체제 운동을 효율적으로 감시하고 통제할 수 있지만, 반대로 반권위주의 세력들은 그 체제의 압정과 부정을 폭로하고 외부의 협조를 구하는 데 동일한 기술을 매우 유용하게 활용할 수 있습니다. 전화, 팩스, 캠코더, 인터넷, PC, SNS 등 우리가 일상적으로 사용하고 있는 통신수단들은 권위주의적인 체제를 붕괴시키거나 민주화운동을 촉진시키는 중요한 촉매가 될 수 있지요. 1990년을 전후하여 동구 권위주의 체제들이 붕괴된 사건은 물론, 2010년부터 최근까지 진행되고 있는 중동 지역의 민주화운동이나 시민적 저항 운동 배후에는 어김없이 전자통신매체가 자리 잡고 있습니다.

동유럽 국가들은 1980년 이전까지만 해도 외부문화에 대해 폐쇄적으로 남아 있었지만 현대적인 수송 및 통신수단으로 점차 서구세계와 연결되었습니다. 그러면서 싹튼 서구 사회의 물질적 풍요에 대한 선망과 자유로운 체제에 대한 동경은 권위주의 체제를 붕괴시킨 결정적인 힘으로 작용했지요. 마찬가지로 오늘날 진행되고 있는 중동 국가들의 민주화운동은 트위터와 페이스북 등의 커뮤니케이션 방법을 통해 동원·조직화되고 외부세계와의 연대를 구축함으로써 권위주의

체제를 무너뜨리거나 흔들고 있습니다. 이런 정보통신기술들은 비단 민주화의 초기 단계에 있는 국가들에서만 유용하게 활용되고 있는 것이 아니라, 이미 민주화된 국가들에서도 시민들의 권력통제를 용이하게 함으로써 민주주의가 권위주의로 타락하는 것을 방지하거나 정치의 책임성을 높이고 있습니다.

결론을 맺겠습니다. 적극적으로 이해된 민주주의보다 소극적으로 이해된 민주주의를 진작시키는 데 정보통신기술이 더 효과적으로 활용될 수 있는 것은 분명하지만, 어떤 경우든 정보통신기술 그 자체가 곧 민주주의를 심화시키는 충분조건은 될 수 없습니다. 정보화와 민주화의 상호작용 방식은 한 나라의 정치발전 수준과 정치의식, 경제구조, 문화전통, 국제적 상호의존성 정도 등 여러 변수들에 의존하기 때문이죠. 그러므로 이런 구체적인 변수들을 고려하지 않을 경우 이 분야의 연구는 지금까지 얻어진 결론 이상을 넘어서기 어려울 것처럼 보입니다. 이와 같은 전제에서 볼 때, 저는 정보화가 민주주의의 발전에 어떻게 기여할 수 있는가를 탐구하는 것이 좋은 연구방향이라 생각합니다. 다시 말해 정보화가 민주주의의 발전에 기여할 수 있도록 정보통신기술을 민주적으로 설계하고 활용하며 통제할 수 있는 방법을 탐구해야 한다는 것입니다.

이와 동시에 정보통신기술의 민주적 활용이 실질적으로 가능하기 위해서는 몇 가지 조건들이 필요하다는 것도 강조하고 싶습니다. 예컨대, 만일 새로운 정보통신기술이 일반 시민들이 사용하기에 어렵거나 비용이 많이 든다면 그것은 현실적으로 이용될 수 있는 가능성이 적겠죠. 나아가서 민주정치에 대한 시민들의 분명한 지지 및 정보통신기술의 비민주적, 상업적 남용에 대한 법적 대응과 같은 문제도 거론될 수 있을 것입니다. 그렇게 볼 때, 정보통신기술의 민주적 활용은

단순히 정치적인 문제인 것만은 아니며 경제적·법적 문제인 동시에
개인의 의식 및 태도 개혁을 수반하는 포괄적인 문제인 것입니다.

# 7. 높낮이 없는 민주적 유대를 위해: 평등의 문제

    민주주의는 평등의 원리라고 말들 합니다. 이 말이 과연 무슨 뜻일까요? 우리 사회는 물론이고 미국이나 영국과 같은 사회에서도 사실 많은 불평등이 존재합니다. 아주 잘 사는 사람이 있는가 하면 아주 못 사는 사람도 있지요. 능력이 아주 뛰어난 사람이 있는가 하면 아주 무능력한 사람도 많습니다. 많은 노동자들을 거느린 자본가들이 있는가 하면 자본가에게 고용되어 임금을 받고 살아가는 사람도 있습니다. 건강하고 아름다운 신체를 지닌 사람들이 있는 반면 장애를 지닌 사람들도 있고요. 그리고 집에서는 부모님이 가족을 돌보며 아이들은 부모님의 뜻에 따릅니다. 아무리 민주주의가 발전한 사회에서도 이런 부류의 불평등한 인간관계는 늘 발견됩니다. 그렇다면 민주주의 사회가 평등하다는 것은 과연 무슨 뜻일까요?

    이 문제는 그렇게 단순한 문제가 아닙니다. 왜냐하면 평등이란 개념을 이해하는 아주 상이한 관점들이 존재하기 때문입니다. 예를 들어 어떤 입장은 평등을 기회의 평등으로 이해하려 합니다. 또 어떤 사람들은 평등을 물질적인 평등으로 이해하기도 하며 또 다른 어떤 사람들은 평등을 단순히 투표할 수 있는 동등한 자격으로 이해하기도 하지요. 그러므로 민주주의가 평등하다는 의미는 어떤 입장을 취하느냐에 따라 전혀 다른 의미를 가질 수가 있습니다. 그렇다면 여러분들은 평등을 어떻게 이해하고 싶으십니까? 저는 이 강의에서 평등에 관한 어떤 최종적인 정의를 내리려고 하지는 않겠습니다. 사실 그것은 불가능하니까요. 저는 단지 자유민주주의 사회에서 평등의 의미가 확장되어온 과정을 역사적으로 간략히 조명해봄으로써 평등에 대한 이해가 어떤 방향성을 가지고 움직이고 있는가를 보여주려고 합니다. 그리하여 민주주의 공고화 과정에 들어선 우리나라가 앞으로 실현시켜야 할 평등이 어떤 것이어야 하는지를 진지하게 생각해볼 수 있는 기회를 제공하는 것으로 만족하려 합니다.

자유민주주의가 처음에 태동하기 시작했을 무렵 일부 지식인들은 모든 사람들이 자유롭고 평등하게 태어났다고 주장했습니다. 그 당시는 귀족과 평민 그리고 노예가 존재했던 신분제 사회였죠. 그렇기 때문에 그 지식인들의 주장은 사회의 기본질서를 뒤흔드는 혁명적인 것이었습니다. 그들의 주장에 숨어 있는 뜻을 헤아려보면 인간은 본래 평등한 존재인데 사회구조와 제도가 인간을 불평등하게 만들었다는 것이며, 따라서 그런 불평등한 사회구조와 제도는 폐지되거나 보다 평등한 방향으로 개혁되어야 한다는 것이었습니다. 그러므로 근대 초에 평등의 의미는 무엇보다도 인간은 원래 신분상의 위아래가 없이 모두가 동등한 도덕적 존재라는 것을 의미했습니다. 홉스 같은 사상가는 때로 인간의 능력도 대체로 대동소이하다고 생각했지만 일반적으로 평등이 그런 의미로서 쓰이는 경우는 드물었습니다. 어쨌든 인간은 모두 합리적이고 자유롭다는 점에서 위아래가 없는 평등한 존재라는 생각은 곧이어 누구나 법 앞에서 평등한 취급을 받아야 한다는 법치의 평등으로 발전하였습니다. 그리고 법치의 평등은 이어서 공동체의 문제에 대한 결정을 내릴 경우 누구나 동일한 한 표의 권리를 행사해야 한다는 주장을 수용하게 되었죠. 이 과정을 거치며 무산계급과 유산계급 간에 존재했던 참정권적 권리의 차별은 점차 해소되었으며 이어서 남녀 사이에 존재했던 참정권적 권리의 차별도 해소되기에 이르렀습니다. 이때가 대략 1920년대였습니다.

하지만 민주주의적 평등 개념은 또한 19세기에 대두한 사회주의 사상으로부터 심대한 영향을 받음으로써 그 의미가 확장·심화되었습니다. 사회주의자들이 볼 때 자유민주주의에서의 평등은 법적으로 인정된 형식적인 기회의 평등이었을 뿐 많은 실질적인 불평등들을 백안시했다는 점에서 치명적인 결함이 있었습니다. 자유민주주의에서의 법은 형식적으로는 모든 사람들에게 똑같은 시민적 권리들과 참정권적 권리들을 부여했죠. 하지만 아무리 열심히 일해도 생계를 꾸려나가기 어려울 정도의 박한 임금을 받는 사람들에게 법으로 평등하게 보장된 권리들은 아무런 쓸모가 없었습니다. 하루 종일 일해도 먹고살기가 빠듯한데 정치에 참여할 시간적, 정신적 여유가 있었겠습니까? 더구나 자유민주주의적인 형식적·법적 평등 개념은 사실은 일부 사람들이 다른 사람들을 착취하고 지배하는 실제 상황을 은폐하는 측면조차 있었죠. 실제로는 극심한 불평등과 착취가 존재함에도 불구하고 누구나 법 앞에서는 평등한 시민이라는 생각이 불평등과 착취를 느끼지 못하도록 함으로써 기존 체제를 유지하는 데 도움을 준다는 것입니다. 그런 측면에서 볼 때 사회주의자들이 자유민주주의적 평등을 순전히 사기극에 불과하다고 비판했던 것은 어느 정도 설득력이 있었습니다. 그래서 점차 세력을 확장시켜가고 있었던 노동자 계급의 욕구불만을 해소하고 그들의 요구를 부분적으로나마 수용하지 않고서는 자본가 계급이 주도하는 자유민주주의 사회는 더 이상 지탱하기가 어렵게 되었습니다. 서구의 자유민주주의 국가들은 다양한 사회보장 정책을 도입함으로써 못 사는 사람들의 불만을 해소하기 시작했으며, 그에 따라 민주주의적 평등 개념은 법적·형식적 평등을 넘어선 실질적·물질적 평등의 의미를 조금씩 수용하기 시작했지요. 20세기 중반 서구에서 복지국가의 완성은 그 과정의 정점이라 하겠습니다. 이 복지사회에서는 모든 사람들이 인간다운 생활을 위한 최소한도의 소득을 보장받으며, 국가로부터 의료혜택과 주택 등 다양한 지원을 받습니다. 절대적인 물질적 평등은 아니라 해도 이 정도의 평등이 이뤄져야만 인간이 다른 인간을 착취하는 일이 벌어지지 않고 모든 사람들이 다 형제처럼 끈끈한 유대를 발전시키며 인격적 완성을 기할 수 있다는 생각에서였지요.(그렇지만 형식적 평등을 주장하는 세력과 실질적 평등을 주장하는 세력 간의 대립과 상호비판이 사회발전의 자극이었다는 점을 간과해서는 안 됩니다.)

물론 이 과정은 다른 각도에서 다르게 설명될 수도 있습니다. 대체로 오늘날의 자유주의자들은 이상의 설명과는 약간 다른 각도에서 복지국가적인 평등개념을 옹호합니다. 물론 이 경우에도 사회주의 사상의 영향을 모두 부인할 수는 없지만 말입니다. 현대 자유주의자들의 해석에 따르면 복지국가적인 평등주의는 물질적인 평등 그 자체를 위해서라기보다는 개인들이 누리는 자유의 실질적인 평등을 제고할 목적으로 옹호됩니다. 처음에 자유주의자들이 평등을 주장했을 때는 그저 동등한 형식적·법적 권리를 보장하면 충분하다고 생각했습니다. 그러나 모든 개인들에게 동등하게 보장된 법적 권리는 물질적인 여건의 불평등 때문에 권리를 누리는 정도에서 엄청나게 차이가 났지요. 자유민주주의 사회는 모든 개인의 도덕적·인격적 평등의 실현을 지향했기 때문에, 형식적·법적 평등을 보장한 이후에는 모든 개인들이 법적으로 보장된 자유와 권리를 가능한 한 평등하게 실현할 수 있도록 후속조치가 필요해졌죠. 복지주의적 평등주의는 바로 이와 같은 필요에 부응한 개혁을 반영하고 있습니다. 물론 두 차례의 세계대전을 거치면서 부국강병의 절박한 필요성 때문에도 복지국가는 고안될 수밖에 없었지만 말입니다.

우리 시대에 가장 잘 알려진 복지주의에 대한 자유주의적 옹호는 철학자 존 롤스가 제시했습니다. 그는 사회의 부는 그 사회에서 가장 못 사는 사람들에게 유리하게 분배되어야 한다는 평등주의를 주장했습니다. 부를 불평등하게 분배할 수 있지만 그 불평등한 분배의 결과로 못 사는 사람들의 처지가 향상되지 않는다면 그것은 정의롭지 못한 분배라고 주장했습니다. 그는 이런 평등주의적 분배가 민주시민들이 자유와 권리를 누리는 데 상당한 평등을 가져다줄 것이라 기대했습니다.

평등에 대한 현대의 논의는 우리 사회를 민주적으로 개혁해나가는 데 중요한 방향타 구실을 해줍니다. 우리나라는 지금까지 성장우선주의를 표방하며 평등의 문제를 등한시해왔지요. 부의 불평등한 분배와 부의 집중이 자본의 확대를 가져옴으로써 경제성장에 도움이 된다는 생각을 가졌던 겁니다. 그러나 어느 정도 산업화가 성공하면서 공정한 분배에 대한 요구가 비등하게 되었고 점차로 그런 방향으로 개혁해야 할 필요성이 높아지고 있습니다. 자유무역과 효율성을 강조하는 신자유주의적 국제경제 질서가 확립되면서 복지국가 건설이 늦어지고 있지만, 시민들의 최소생계를 보장하는 한편 시민들이 누릴 수 있는 권리와 자유를 가능한 한 평등하게 하기 위해 보다 평등주의적인 분배정책을 지향해갈 시점에 와 있습니다. 형식적으로 자유와 권리가 보장된다 하더라도 그것을 행사할 수 있는 물질적인 여건이 갖춰지지 않는다면 무슨 의미가 있겠습니까? 그렇게 볼 때 현시기 한국의 진보주의자들의 가장 중요한 과제는 무엇보다도 (경제적 효율성을 결정적으로 위축시키지 않는 범위 내에서) 보다 평등한 부의 분배를 위한 개혁입법에 주력하는 것이라 할 수 있습니다.

한국의 신자유주의자들이 서구 복지국가의 위기를 부각시키며 분배정책을 공격하고 있으나 이것은 그곳 역사에 대한 단편적인 이해와 현 시기 한국 상황에 대한 몰이해에서 기인하는 것입니다. 서구 복지국가의 개혁을 복지국가의 포기나 부정으로 이해해서는 안 됩니다. 그것은 어디까지나 부분적인 후퇴이며 개혁일 뿐입니다. 이런 서구의 상황을 이제 복지국가를 향한 개혁의 초입에 들어선 우리나라와 단순 비교하는 것은 전혀 설득력을 갖기 어렵습니다. 우리나라는 지금보다는 훨씬 더 평등주의적 분배주의를 강화시켜야 할 시점이지요. 법적인 형식적 평등은 보다 실질적인 평등에 의해 보완·완성되어야 할 때입니다. 사회의 구성원들 중 아직도 상당수가 빈곤에 허덕이며 법이 보장하는 자유와 권리를 전혀 누리지 못하고 있다면 어찌 그런 사회를 문명화된 사회라 할 수 있겠습니까?

# 8. 너와 나의 차이, 공존할 수 있다: 관용의 원리

　우리는 민주주의 사회의 중요한 특징으로 관용을 거론합니다. 관용은 보통 반대를 허용하는 태도를 의미하는 것으로 이해되고 있습니다. 상식적으로 생각해보더라도 민주주의를 관용과 연관시켜 이해하는 것은 충분히 이해가 갑니다. 반대파를 관용하지 않는다면 갈등은 격렬하게 될 수밖에 없을 것입니다. 격렬한 싸움만이 존재하는 곳에서는 양보도 타협도 없을 것이고 오직 상대방을 제거하거나 지배하려는 생각만이 존재할 것입니다. 이런 곳에서는 합리적인 논의와 절차로 공동의 문제를 해결하는 민주주의가 실천되기 어려울 것이고요. 저는 이번 강의에서는 민주주의와 중요한 연관성이 있는 문화 또는 태도의 하나로서 관용의 의미와 그 역사적 발전에 대해 설명하고자 합니다. 그렇게 함으로써 민주주의를 발전시키기 위해서 관용의 미덕을 함양해야 할 필요가 있다는 것을 일깨우고자 합니다.

　관용 정신의 근대적 역사에 대해 설명하기 전에 먼저 관용의 보다 정확한 의미를 알아봅시다. 관용은 보통은 '그냥 자유롭게 내버려두는 것'을 의미하지만 그보다는 더 협소한 개념입니다. 관용은 관용하는 자와 관용되는 대상을 전제합니다. 관용은 관용하는 자의 입장에서 볼 때 존재하지 않았으면 하는 신념과 행위 또는 관행을 존재하도록 허용하는 것을 의미합니다. 이 관계는 다음과 같은 세 가지 구성요소를 가지고 있지요 첫째, 관용하는 자가 못마땅해하는 어떤 행위나 신념이 존재해야 합니다. 둘째, 관용하는 자는 강제적인 방식으로 이 행위나 신념을 방해해서는 안 됩니다. 셋째, 강제적으로 개입하지 않으려는 관용의 태도는 단순한 묵인이나 체념보다는 적극적인 의미를 갖습니다.

그런데 관용은 특히 명백히 그릇된 것이라고 여겨지는 신념이나 행위와 관련될 때 더 중요하게 되는 동시에 문제가 될 수 있습니다. 생각해보십시오. 관용이 잘못된 신념이나 행위까지도 허용한다면 그것은 잘못된 것을 허용하는 것이 옳다는 의미가 되지 않을까요? 이것을 우리는 '관용의 역설'이라고 부릅니다.

우리가 어떤 것에 무관심하거나 찬성한다면 그것은 관용의 대상이 아닙니다. 관용은 반드시 그 대상에 대한 부정적인 판단이나 느낌을 포함하지요. 그리고 만일 관용하는 자가 관용할 수 있는 형편에 있지 않다면 관용은 의미가 없을 것입니다. 예를 들어 어떤 노예가 주인의 신념과 행위를 못마땅하게 생각하고 있다고 생각해봅시다. 그에겐 주인의 신념과 행위를 강제로 바꿀 수 있는 능력도 힘도 없기 때문에 주인을 관용하고 있다고 할 수 없습니다. 그는 관용할 수 있는 상황에 있지 않은 거지요. 관용의 정신 혹은 태도는 못마땅한 신념과 태도에 대해 강제적으로든 다른 수단을 통해서든 개입할 수 있는 능력과 힘을 갖고 있지만 그렇게 하지 않기로 선택할 때 실천됩니다. 반

장 보댕

대로 불관용은 못마땅한 신념과 행위 그리고 관행을 강제적인 수단을 통해서라도 금지시키려하는 태도지요. 불관용이 극단적이고 무자비한 형태를 띠게 되면 우리를 그것을 박해라고 말합니다. 관용과 불관용은 보다 적극적이고 강한 형태로부터 보다 소극적이고 약한 형태에 이르기까지 정도의 차이가 있습니다.

그러면 이런 관용의 정신 혹은 태도가 옳다고 하는 신념은 어디로부터 발생했을까요? 이제는 그 역사적 발전과정을 더듬어 볼 차례입니다. 관용은 고대 그리스와 로마 그리고 중세의 사상 속에서도 간혹 찾아볼 수 있지만, 17세기 유럽에서 뚜렷하게 부각되었습니다. 물론 16세기 프랑스 사상가 장 보댕J. Bodin의 저작 속에서 이미 관용에 관한 논의가 나타나고 있지만 관용에 대한 일반적인 논의는 17세기에 들어서면서 본격적으로 나타나기 시작했지요. 이 당시 관용은 정치적 평화가 어떻게 복구되며 유지될 수 있는가 하는 문제를 다룰 때 아주 중요한 요소가 되었습니다. 아시다시피, 중세 말과 근대 초 유럽에서는 종교전쟁*과 분쟁이 한창이었죠. 이런 종교 분쟁의 소용돌이는 유럽 국가들의 정치적 안정을 근본적으로 위협했을 뿐만 아니라 문명화된 삶 자체를 불가능하게 할 정도의 심각한 폭력 상황을 가져왔습니다. 관용은 바

**종교전쟁**
유럽에서 종교개혁 이후 16~17세기에 걸쳐 신·구양 교파의 대립이 전쟁으로 발전한 경우를 지칭한다. 위그노전쟁, 네덜란드의 독립전쟁, 30년전쟁 등이 이에 속한다

로 이와 같은 상황에서 정치적 안정과 평화를 가져다줄 수 있는 중요한 원칙으로서 강조되었던 것입니다.

요하네스 알투지우스

요하네스 알투지우스J. Althusius, 바루흐 스피노자B. Spinoza, 존 밀턴J. Milton 등 적지 않은 사상가들이 관용을 옹호했지만, 당시의 가장 유명한 관용에 대한 옹호는 로크가 『관용에 관한 서한』에서 제시했습니다. 종교의 자유를 놓고 치열한 논쟁이 벌어졌던 17세기 말, 로크는 성서 해석을 통해 관용의 정신을 강조했습니다. 그의 성서 해석은 그다지 새로운 것이 없었지만, 로크는 기존의 관용론을 종합하여 체계적이고 강력한 원칙으로 정립하는 데 기여했습니다. 특히 로크는 종교적인 불관용의 비합리성을 강조했지요. 종교적인 불관용이 비합리적이라고 본

바루흐 스피노자

이유는 사람들이 양심적으로 동의할 수 없는 것을 믿도록 강제하는 것은 부질없는 노력일 뿐만 아니라 정치질서를 파괴할 가능성이 높기 때문이었죠. 로크가 볼 때 정부의 가장 중요한 기능은 정치질서와 공안을 유지하는 것이지 영혼을 구제하는 것은 아니었습니다. 정부는 인민의 영혼을 구하기 위한 적절한 수단도 전문적인 지식도 갖추고 있지 못하다고 생각했던 것이죠. 그러나 종교적인 신념 혹은 무신앙이 정치질서에 진정한 위협이 되는 경우에는 불관용 정책도 전적으

로 타당하다고 생각했습니다. 물론 불관용 정책을 수행할 것인가 아닌가는 신중한 판단의 문제라고 보았지만 말입니다.

관용에 대한 로크의 옹호는 그 범위는 온건했으며 그 적용은 신중했습니다. 그렇지만 시민들의 삶에 정부가 얼마나 개입하는 것이 적절한가를 이야기한 로크의 사상은 관용의 원리를 좀 더 폭넓고 적극적으로 적용할 수 있는 길을 열었습니다.

18세기의 계몽주의 사상과 미국헌법의 이론과 실제는 관용을 더욱 더 확고한 원칙으로 만들었지요. 특히 볼테르 Voltaire ●는 당대에 큰 영향력을 가지고 있었는데 누구보다도 확고하게 관용을 옹호했습니다. "나는 당신이 말하는 것에 반대하지만, 당신이 그것을 말할 수 있는 권리를 끝까지 변호할 것입니다"라는 볼테르의 말은 그가 품은 관용의 정신을 함축적으로 보여줍니다.

> **볼테르**
> 1694~1778. 프랑스의 작가, 사상가. 계몽주의 시대를 대표하는 인물로 18세기 유럽의 전제정치와 종교적 맹신에 저항하였다. 진보의 이상을 고취한 인물로 평가받고 있다.

관용에 대한 지금까지의 옹호자들 중에서 가장 철저하고 웅장한 변론을 제공한 사상가는 아마도 존 스튜어트 밀일 것입니다. 그는 1859년에 쓴 『자유론』에서 자유의 가치를 옹호하는 일환으로써 관용을 강조했습니다. 그가 관용을 주장한 것은 두 가지 근거에서였지요.

첫째, 관용은 사회의 개선과 지적인 진보 그리고 지식의 성장을 위해 필요한 조건이라는 것입니다. 둘째, 개인의 도덕적·정신적 발전을 위해 관용이 필요하다는 것입니다. 그러므로 관용은 사회진보의 수단이자 동시에 개성발달의 필요조건이기 때문에 좋은 사회의 필수요소라는 것이지요. 밀의 이와 같은 주장은 오늘날의 사상가들에게도 심대한 영향을 미쳤습니다. 오늘날의 유명한 자유주의 철학자들인 허버트 하트[H. L. A. Hart], 존 롤스, 로널드 드워킨[R. Dworkin], 조지프 라즈 등은 밀의 이와 같은 생각으로부터 많은 영향을 받았습니다.

관용론은 종교적 편견을 제거하고 소수문화에 대한 차별을 완화시키며 상이한 생활스타일을 서로 용인하는 태도를 조장하는 데 기여해왔습니다. 관용에 대한 현대적인 주장들은 한결같이 자유롭고 민주적인 사회에는 상당한 정도의 관용이 필요하다는 것에 이의를 달지 않습니다. 그러나 아직까지도 관용의 적합한 범위와 한계에 대해서는 이견이 존재하지요. 포르노그래피나 '증오'에 찬 발언, 그리고 신성모독과 같은 것들도 관용의 적합한 대상이 될 수 있는가에 대해서는 열띤 논쟁이 진행중에 있습니다.

그리고 부분적으로는 관용을 반대하는 입장도 존재합니다. 관용을 반대하는 이들이 가장 대표적으로 제시하는 이유는 관용이 부도덕하고 건전하지 못한 행위와 신념을 허용함으로써 사회의 응집력과 개인적 미덕을 파괴한다는 것입니다. 관용의 반대자들이 볼 때, 오늘날은 관용이 부족한 것이 문제가 아니라 관용이 지나치게 많이 허용되는 것이 문제라는 것이죠. 그러나 적어도 우리 사회를 중심으로 생각해볼 때 저는 아직도 우리에게는 관용이 절대 부족하다고 생각합니다. 흑백논리에 따라 우리편과 적을 구분하고 배척하는 태도가 아주 뿌리깊이 박혀 있다고 생각하기 때문입니다. 조금 더 부드러운 민주사회를 발전시키기 위해서는 우리 문화를 조금 더 관용적인 문화로 개선해야만 한다고 생각합니다.

# 9. 공손함, 그 보이지 않는 조화의 원리

　　민주사회는 제도의 구비만으로 온전히 성취될 수 없습니다. 민주주의 제도와 정신을 잘 이해하고 민주주의 제도를 왜곡 없이 운용할 수 있는 덕스러운 민주적 지도자와 민주시민이 존재할 때만이 민주주의는 온전히 실천될 수 있습니다. 모든 사회에는 상이한 이해들이 충돌하고 있기 때문에 사회가 평화롭게 유지되기 위해서는 그 갈등들이 조절될 필요가 있습니다. 갈등들이 원만히 해결되지 않고 첨예한 상태로 지속되면 아무리 민주적인 사회라 하더라도 위기를 경험할 수밖에 없고 민주주의 자체도 위태롭게 될 수 있지요. 이처럼 민주주의는 항상 조심스럽게 정성을 들여 보존해나가야만 가까스로 유지될 수 있는 까다로운 정치형태라고 볼 수 있습니다. 그럼에도 불구하고 민주주의는 인간의 자율성과 합리성을 실현할 수 있도록 해주는 유일한 정치형태이기 때문에 우리가 추구하는 것이지요.

　　그런데 우리가 민주주의 제도들을 도입하고 항상 많은 신경을 쓰면서 조심스럽게 운용해야 한다면 우리에게 큰 부담이 되지는 않을까요? 갈등과 문제가 발생할 때마다 의식적으로 분석하고 결정하려 한다면 무척 피곤할 것이라는 말입니다. 무엇인가 습관으로 되어 일종의 문화처럼 우리의 사고와 판단과 행위를 인도하지 않는다면 우리의 머리는 항상 무엇인가를 분석하고 판단하느라고 과부하가 될 것입니다. 이번 강의에서는 민주주의의 실천을 위해 필수적인 민주시민의 덕목들 중의 하나로서 공손(혹은 시민성, civility)의 덕목에 대해 살펴보고자 합니다. 이 덕목은 일종의 문화처럼 민주시민의 '마음의 습관'이 되어 크게 의식하지 않아도 사람들 사이의 갈등을 조절하고 완화시켜 부드러운 인간관계와 사회질서를 유지하는 데 크게 공헌하고 있습니다. 이 공손의 미덕은 민주제도의 한계를 보완해줄 뿐만 아니라, 민주주의 제도의 원활하고 온전한 운용에 필수적인 미덕인 것이지요.(19세기 프랑스 사상가 토크빌은 『미국의 민주주의』에서 미국의 민주주의는 미국인들의 '마음의 습관'을 반영한다고 보았습니다. 이것은 민주주의라는 정치원리는 문화적인 토양 위에서만 구체적으로 실천될 수 있음을 의미합니다.)

공손의 미덕이 자유민주주의 사회에서 어떤 역할을 하는가를 살펴보기 위해서는 적극적이고 헌신적인 민주시민의 삶을 살펴볼 필요가 있습니다. 이들의 삶 속에서 공손의 미덕은 가장 잘 발휘되고 있으니까요. 적극적인 민주시민의 삶은 공동체의 일에 적극적이고 헌신적으로 참여합니다. 생활의 많은 부분이 공동체의 문제들을 논의하고 해결하는 데 쓰입니다. 자유주의 정치질서의 시민이 된다는 것은 '만인이 분담하고 수락하는 혜택과 부담을 지는 것'을 의미하며, 공적인 것을 위해 사적인 것에 대한 관심을 접어두는 것을 의미합니다. 시민이 된다는 것은 개인들로 하여금 때로는 협소한 자기이익을 초월하도록 만들며, 공적인 문제들에 관심을 갖고 사적인 선 대신에 공적인 선을 따르도록 만들죠. 그러나 이와 같은 희생은 외부적으로 부과된 강요에 의해서가 아니라 공적인 정신에 고무된 개인들의 자유로운 판단과 결정의 결과인 것입니다. 그렇다고, 덕스러운 민주시민의 삶이 공동선을 위해 항상 자기 자신의 이익을 희생하는 삶만은 아닙니다. 이들은 사익의 추구가 공동선과 직접 충돌하지 않는 한 자유롭게 사익을 추구할 수 있지요.

그렇다면, 왜 이들은 그와 같은 삶을 살아야 하며 또 그렇게 살기를 원할까요? 그것은 이들의 삶이 공동체의 조건에 따라 큰 영향을 받는다고 믿기 때문입니다. 이들은 공동체를 단순히 이익실현을 위한 도구로 보지 않습니다. 또한 공동체의 상황이 불가피하게 자신들의 도덕적 성품에 영향을 미친다고 생각하죠. 오직 공동체가 이상적으로 유지되고 있을 때만 도덕적 특성과 민주시민으로서의 정체성을 자유롭게 표현할 수 있으며 자기실현은 부분적으로 공동체의 도덕적 건전성에 달려 있다고 생각하는 것입니다.

만일 우리들의 공동체가 타락하고 부패했다고 생각해보십시오. 그렇게 되면, 시민들은 계속해서 자율적인 민주시민으로서의 도덕적 특성을 실현할 수가 없습니다. 자유로운 도덕적 행위자로서의 정체성을 지키기 위해 그들은 큰 희생을 치르지 않으면 안 됩니다. 민주적인 덕성의 자유로운 행사는 혹독하게 제한됩니다. 그런 분위기에서 교육을 받는 그들의 자녀들은 현실과 부모의 가르침 사이에 큰 간극을 발견하게 되겠죠. 그리하여 그들 중 상당수는 원만하고 자율적인 도덕적 인간으로 성장하지 못하게 될 것입니다.

그러면 건강한 민주공동체는 과연 어떻게 유지될 수 있을까요? 민주시민이 발휘하는 공손의 미덕은 부분적이나마 이에 대한 한 가지

답을 제공해줍니다. 저는 공손의 미덕에 대한 에드워드 쉴즈<sup>E. Shils</sup>의 설명을 소개함으로써 이 질문에 답하려 합니다. 쉴즈는 자유민주주의 제도들이 자유민주주의를 유지하는 데 다소 효과적으로 작용하고 있다면 그 제도들이 공손의 미덕을 잘 구현하고 있다고 보았습니다. 즉, 자유민주주의 제도들은 최소한도의 공손의 미덕이 없으면 작동하지 않는다는 것이지요. 그에 따르면 공손의 미덕은 태도이자 행위의 패턴입니다. 공손은 시민사회를 구성하고 있는 제도들, 사회의 모든 계층과 부문들에 대한 존중과 애착의 태도입니다. 그것은 전체 사회의 선에 대해 관심을 갖는 태도이기도 하지요. 공손한 사람은 자기 개인적인 이익과 관심에 못지않게 전체 사회의 행복 혹은 이익에 관심을 갖습니다. 더 근본적으로 보면, 공손의 미덕은 자신의 개인적 의식을 부분적으로 집단적 의식으로 대체한 사람의 태도를 의미합니다.

그런데 쉴즈에 따르면 공손한 태도는 '개인들이 서로를 보고 서로를 들으며 서로를 직접 대하는 모든 상황'에 두루 작용하며, 입법부와 정치적인 집회와 같은 정치적 공간에까지 자연스럽게 미친다고 합니다. 한 걸음 더 나아가, 공손의 미덕 그 자체는 개인의 자아를 집합체의 일부로 보는 집단 자의식에 입각한 정치적 행위의 양식입니다. 공손의 미덕은 개인적이거나 협소한 이익보다 집단의 이익을 우선적으로 여기는 규범을 내포하고 있습니다. 공손은 자유민주주의 사회를 극단적인 당파적 갈등의 위험으로부터 보호하는 행위의 양식이지요. 보이지 않는 손처럼 공손의 미덕은 자유민주주의 질서를 유지하고 안정화시키는 요소로서 만일 그것이 없다면 자유민주주의 질서는 화해시킬 수 없는 이익들을 놓고 서로 대립하고 있는 개인들과 집단들의 갈등으로 인해 분열의 위기를 경험하게 될 것입니다. 그 미덕은 성문법 형태로 존재하지도 않고 어느 곳에서 왔는지도 알 수 없지만, 개인들과 집단들 사이에서 살아 움직이고 있으며, 이익집단이 주도하는 민주정치의 원심력을 상쇄시키는 데 중요한 역할을 수행합니다.

그러면 공손의 미덕은 어디로부터 출현했을까요? 합리적인 선택, 곧 사익에 고무된 개인들 사이의 사회계약으로부터 출현했을까요, 아니면 집단적인 공리주의적 계산의 결과일까요? 공손의 미덕은 계약관계를 효력 있게 만드는 공공문화의 한 형태로 볼 수 있습니다. 그것은 보이지는 않지만 자유주의 정치질서가 진화해온 과정의 구체적인 결과물로서 이해할 수 있습니다. 그것은 애초부터 자유주의 정치를 지속시키고 강화시키는 데 기여했습니다. 사회계약이나 공리주의적인 계산의 산물이 아니라 반대로 비합리적이고 비공리적이며 관례적인 행위양식입니다. 그렇지만 오직 그 미덕을 통해서만 진정한 자유주의 정치질서가 유지될 수 있습니다.

윌리엄 갈스톤W. Galston과 스티븐 마시도S. Macedo 같은 아리스토텔레스로부터 영향을 받은 일부 자유주의자들 역시 자유주의 정치질서는 그 자체를 유지하기 위해 실질적인 미덕과 개인의 탁월한 자질을 필요로 한다고 주장합니다. "자유주의 정치질서는 개인의 미덕을 필요로 하지 않는다"는 한때 지배적이었던 견해에 대해 그들은 품위 있는 자유주의 정치는 개인의 미덕에 힘입어 유지돼왔으며 그러지 않고서는 유지될 수 없다고 주장합니다. 갈스톤은 자유주의 제도의 작동은 중요한 경우 시민들과 지도자들의 성품에 영향을 받는다고 주장합니다. 그리고 어떤 시점에서는 개인 미덕이 쇠퇴하게 되면 그 결과로 아무리 기술적으로 완전한 자유주의적 정치제도로도 대처할 수 없는 병리적인 현상들이 나타나게 된다고 경고하지요. 그렇게 보면 오늘날 공동체주의자들이 비판하는 자유주의 사회의 병리현상들은 자유주의 사회의 본질적인 특성에 기인한다기보다는 건강한 자유주의 사회를 지탱하는 시민들의 미덕이 쇠퇴한 결과라고 보아야 할 것입니다.

결론을 맺겠습니다. 우리가 민주주의를 정착·발전시키기 위해서는 민주적인 제도를 구비하는 것만으로는 불충분합니다. 민주제도의 작동을 원활하게 하고 민주제도의 불완전성을 보완할 수 있는 민주적 덕성을 함양할 필요가 있습니다. 지금까지 우리 사회에서는 민주주의의 발전을 제도의 확충이란 관점에서 주로 이해해왔는데 이런 관점이 잘못된 것은 아니지만, 충분하다고 볼 수는 없습니다. 민주시민들이 민주주의를 운용하기에 충분히 덕스럽고 헌신적이 아니라면 민주주의는 언제든지 타락하거나 권위주의로 전락할 가능성이 있습니다. 따라서 우리는 민주시민의 덕성을 함양하려는 끊임없는 노력을 통해 우리의 민주주의가 이상적으로 유지될 수 있도록 힘써야 할 것입니다.

# 10. 정의로운 사회의 윤곽

정상적인 사람이라면 누구나 정의롭지 못한 사회보다는 정의로운 사회에서 살고 싶어 할 것입니다. 사회가 정의롭지 못하면 사람들의 관계에도 무엇인가 결함이 있을 것 같으며, 사람들의 사고와 판단과 행위 역시 큰 문제가 있게 될 것이라 생각합니다. 정의를 상실한 곳에서는 불의와 폭력과 거짓이 난무하며 그에 따라 사람들의 삶도 일그러진 모습일 것 같죠. 그러므로 사람들은 법과 도덕과 기강이 바로 선 사회에서 사는 것이 훨씬 더 안전하고 행복하다고 생각합니다. 무엇보다도 정의로운 사회에 산다는 것 자체가 큰 자부심을 주는 것 같습니다.

하지만 정작 과연 어떤 사회가 정의로운 사회인가를 물으면 어떻게 대답해야 할지 막막해지는 것이 보통입니다. 때로 어떤 사람들은 정의로운 사회는 평등한 사회 혹은 만인이 잘 사는 사회라고 말하기도 하지만, 그러면 무엇이 평등한 사회인지 혹은 무엇이 과연 잘 사는 것인가 하는 의문들이 끊임없이 일어나지요. 분명 이런 상황은 우리가 정의로운 사회의 건설을 위해 노력할 때 문제가 됩니다. 어떤 것이 정의로운 것인지 알지 못하는데 어떻게 정의로운 사회를 건설할 수 있겠습니까? 그러므로 이번 강의에서 저는 정의의 내용에 대해 살펴봄으로써 민주시민으로서 우리가 추구해야 하는 정의의 방향을 제시해볼까 합니다. 물론 이는 모든 사람들을 만족시킬 수는 없겠지만 상당히 많은 수의 사람들이 공감할 수 있는 내용이 되리라 생각합니다.

정의란 꽤나 추상적인 개념으로 일반적으로는 중요한 재화들의 분배를 위한 기준이나 목표를 의미하고 있습니다. 그리고 보다 포괄적으로 본다면 인간과 인간, 집단과 집단 사이의 이상적인 균형을 유지할 수 있는 원리 또는 원리들의 집합으로 이해되고 있지요. 그러나 어떤 상태가 과연 이상적인 균형상태이며 바람직한 상태인가를 알지 못하는 한 정의의 내용은 여전히 안개 속에 감춰져 있을 겁니다. 그러므로 고래로부터 철학자들은 사람들 사이의 바람직한 균형의 관계가 과연 무엇이며 어떻게 성취될 수 있는가를 놓고 고민해왔지요. 그럼에도 철학사를 살펴보면 정의에 대한 일치된 견해를 찾아보기가 어렵습니다. 시대마다, 철학자마다 정의에 대한 이해에 상당한 차이가 있다는 말입니다. 그러므로 일단 철학사에서 등장했던 다양한 정의이론들을 간략히 검토해본 다음 우리 시대 우리 사회에 적합한 정의의 내용을 모색해보고자합니다.

정의의 문제를 가장 중심적인 윤리적 · 정치적 문제로 제기했던 철학자는 플라톤이었습니다. 그는 『국가』란 책에서 당시 아테네에서 유행하던 정의에 관한 다양한 이해들을 비판적으로 검토하여 자신의 정의론을 제시했지요. 그가 이해한 바로는 당시 아테네의 소피스트들이 사용했던 정의라는 개념은 '각자에게 그의 것을 주는 것' '약속한 것을 지키는 것' '강자들을 견제하기 위한 약자들의 동맹' '강자의 이익' 등이었습니다. 이런 정의의 내용들은 주로 당시의 법적·정치적 현실을 반영하는 관례적인 정의의 내용들이었죠. 시간과 공간의 변화에 따라 바뀔 수밖에 없었던 내용들이었던 겁니다. 그리하여 플라톤은 시대와 공간을 초월한 보편적인 정의의 내용을 찾으려는 야망을 품고 주로 우주자연의 조화로운 질서에 대한 통찰을 통해 인간 사이의 바람직한 질서의 모습을 그리려 하였습니다. 즉, 무엇이 보편적으로 좋고 바람직한 질서인가라는 윤리학적 관점에서 접근한 것이죠. 플라톤의 정의란 간단히 말해 각자가 자기의 소질과 적성에 가장 적합한 기능을 수행함으로써 계급간의 조화가 이루어진 상태, 그래서 사람들 사이의 관계가 호혜적인 관계를 실현한 상태를 의미했습니다. 모든 사람들이 상호의존적인 호혜적 관계를 맺으며 조화롭게 통합되어 있는 곳에서는 타인들의 역할과 지위를 시기하지 않는 절제의 미덕이 가장 중요한 시민의 덕목이 될 것입니다.

한편 아리스토텔레스는 플라톤과 달리 정의를 주로 사회적 원리로서 파악했습니다. 그는 정의를 배분적 정의와 평균적 정의로 분류하고 특히 "각자에게 그의 몫을 주라"는 배분적 정의의 중요성을 강조했지요. 물론 그의 배분적 정의론의 근본은 플라톤의 정의론에 큰 영향을 받은 것이었습니다. 플라톤의 정의론은 아리스토텔레스를 거쳐 중세의 아퀴나스에까지 영향을 미쳤습니다.

그러나 근대에 들어서면서 정의에 관한 색다른 이해들이 대두했습니다. 그중의 일부는 고대 아테네의 소피스트들의 정의론들을 좀 더 세련되게 다듬은 것들로 볼 수 있지요. 근대 초 사회계약 이론가들은 정의를 무엇보다 '약속한 것' '계약한 것'을 지키는 것으로 이해했습니다. 그 구체적인 내용이야 어떻든 사람들 사이에 어떤 계약이나 약속이 이루어졌다면 그것을 지키는 것이 정의라고 이해되었던 것입니다. 그러나 시간이 지나면서 정의에 관한 공리주의적·실용주의적 이해도 등장했습니다. 흄에 따르면 정의란 플라톤이 이해한 것처럼 어떤 보편적인 자연 원리라기보다는, 사람들에게 유익을 가져다주기 때문에 인정된 인습적인 질서의 규칙들이라는 겁니다. 자원이 희소한 상황에서는 사람들이 경쟁적이 되기 때문에 적절히 규제하지 않으면 모든 사람들이 다 피해를 입게 됩니다. 그래서 모든 사람들이 받아들일 수 있는 경쟁의 규칙들이 생겨나는데, 이것이 바로 정의의 원리가 된다는 것입니다. 이런 규칙들이 정의의 원리로 인정된 것은 그 원리들이 효용성이 있었기 때문이라는 것이지요.

19세기 사회주의 사상은 정의에 관한 사람들의 이해에 큰 변화를 가져왔습니다. 주로 물질적·경제적 평등이란 관점에서 정의를 이해하도록 만들죠. 당시는 자본주의가 독점자본주의 단계로 접어들고 있었고 노동착취가 극에 달하고 있었던 시대였습니다. 심지어 만삭이 된 임산부와 어린아이들도 16시간 이상의 중노동을 하면서 겨우 목숨을 부지할 정도의 저임금을 받았던 시기였죠. 빈부의 격차가 엄청나게 벌어졌으며, 소수의 부자들이 다수의 빈자들을 노예처럼 부릴 수 있었던 시기였습니다. 마르크스와 엥겔스와 같은 진보적인 지식인들은 이에 분개했고 정의를 일차적으로 물질적인 평등의 관점에서 다시 정의할 수밖에 없었던 것이지요. 사회주의적 정의의 관념은 그 이후 정의에 관한 현대적 이해에서 빼놓을 수 없는 것이 되었습니다. 20세기에 발전된 복지국가 체제는 이념적으로는 사회주의적 평등이론으로부터 심대한 영향을 받았지요.

하지만 물질적 평등의 관점에서 정의를 이해하게 되면, 평등을 달성하기 위한 수단의 공정성이란 관점에서 많은 문제들이 제기됩니다. 1950년대 이후 등장하여 가장 많은 영향력을 끼친 롤스의 정의론은 이와 같은 우려를 반영하고 있습니다. 롤스는 『정의론』(1971)이란 책에서 공정으로서의 정의관을 제시했습니다. 사회의 구성원들 모두가 공정하다고 판단하는 조건 하에서 합의에 참여한 모든 당사자들이 동의할 수 있는 분배의 원리가 바로 정의의 원리란 것이지요. 이는 근본적으로 사회계약론적 발상을 도입한 것이라 할 수 있습니다. 정의의 원리는 합의의 산물이니까요. 그러나 그것은 단순한 계약의 산물은 아닙니다. 합의가 이루어지는 공정한 조건에 큰 비중이 놓여 있으니까요. 합의의 결과가 공정하다고 여겨지기 위해서는 먼저 합의가 이루어지는 조건이 공정하다고 여겨져야 합니다. 그리하여 롤스는 오늘날 미국과 같은 자유민주주의 사회에 적합한 정의의 두 가지 원리를 구성해놓았습니다. 첫째는 평등한 자유의 원리라 할 수 있으며, 둘째는 보다 평등한 분배의 원리인 '차등의 원리*'입니다. 이 두 가지 원리는 미국사람들이 현재 살아가는 자유로운 삶을 제약하지 않는 범위 내에서 보다 평등한 부의 분배를 실현하고자 하는 원리로서 제안되었습니다. 앞으로 부의 불평등한 분배는 사회의 가장 빈곤한 사람들의 물질적 형편을 반드시 향상시켜주어야 한다는 조건 하에서만 정당화된다는 것입니다.

> **차등의 원리**
> 개인의 자유를 보장하되 가장 혜택을 적게 받는 사람의 상황이 호전되는 범위에서 사회적 불평등이 허용되어야 한다는 원칙. 따라서 이 원칙은 결과적으로 평등주의적 입장을 취하게 되는데 롤스는 '모든 사람의 이익'을 만족시킬 분배방식이 없는 경우 이런 차등 분배가 더 '공정'하다고 보았다.

　우리 사회에서 정의로운 사회의 비전은 기회의 평등, 경쟁의 공정성, 능력에 따른 분배를 강조하는 신자유주의적 정의관이 지배적인 가운데 롤스의 자유주의적인(=사회민주주의적인) 평등원리가 그에 맞서 있는 형국이라 할 수 있습니다. 전자는 보수적이며 후자는 진보적이라 할 수 있겠지요. 사회주의 사상이 1980년대 후반 동구 사회주의

권의 붕괴로 인해 급격히 후퇴하게 되면서 우리나라에서도 1980년대 민주화의 봄을 타고 치열하게 전개되었던 급진적 노동운동이 퇴조하게 되었지요. 그에 따라 그보다 더 온건한 사회민주주의적인 정의관이 더 큰 호소력을 갖게 되었고 자유민주주의적인 정의관에 대한 실질적인 대안으로 자리 잡아가고 있습니다. 지금 우리나라는 민주주의와 시장경제라는 두 마리 토끼를 잡으려고 하는데, 이는 자유민주주의적인 정의관과 사회민주주의적인 정의관을 한국의 상황에서 종합하려는 시도로서 이해할 수 있을 것입니다.(시장경제는 본질적으로 자기욕구에 대한 자유로운 추구와 경쟁을 강조하는 원리이고 민주주의는 평등을 강조하는 원리라면, 이 둘을 상호보완적으로 결합시킨다는 것은 무척이나 어려운 일일 것입니다. 이에 대해서는 후에 자세히 살펴보겠습니다.)

결론을 맺겠습니다. 제가 생각할 때에 정의로운 한국 사회의 큰 윤곽은 능력과 업적이 정당한 대가를 받는 동시에 개인들의 절실한 기본적 필요 또한 충족될 수 있는 사회인 듯합니다. 만일 능력과 업적이 인정을 받지 못한다면 그 사회는 효율성이 떨어지게 되고 정체 상태에 빠지기 쉽습니다. 그렇게 되면 평등한 분배의 대상이 되는 파이의 크기가 작아져 모든 사람이 손해를 입게 됩니다. 반면에 능력과 부가 없다는 이유로 의식주 및 건강과 교육에 관련된 최소한도의 필요를 충족시킬 수 없다면 그것은 너무나 비정한 사회일 것입니다. 그 때문에 저는 경제성장을 지속적으로 가능하게 하는 한편 최소한도의 기본적 필요를 충족시켜줄 수 있는 평등주의적 분배원리가 결합된 공존의 원리가 현 시기 한국 사회를 위한 정의의 원리라고 보고 있습니다. 그런 점에서 민주주의와 시장경제를 동시에 발전시키되 이들 사이의 선순환이 형성되도록 노력하는 것이 옳은 방향이라 생각합니다. 문제는 구체적으로 그 기조를 적용할 때 어떻게 균형을 잡을 수 있는

가 하는 실천적인 어려움이겠지요. 인간사는 이상과는 다소 동떨어져 있으니까요. 그럼에도 불구하고 그런 노력을 끝까지 경주하는 것, 그 것이 보다 정의로운 사회를 향한 필수불가결한 조건입니다.

# 11. 정치적 무관심의 부메랑: 프라이버시가 위협받고 있다!

우리 시대에서 가장 두드러진 현상 중의 하나는 아마도 프라이버시를 신성시하는 경향일 것입니다. 누구도 자신의 사생활이 침해당하는 것을 원치 않으며 자신만의 비밀스런 삶의 영역을 갖고자 합니다. 만일 타인과 사회가 자신만의 삶의 공간을 엿보거나 간섭하려 한다면 우리는 강하게 반발하게 됩니다. 아주 친한 친구 사이라도 정도 이상으로 자신의 사생활에 관심을 갖거나 참견하려 들면 "그건 내 프라이버시야!"라고 선언하며 난색을 표명하곤 합니다. 심지어는 가족으로부터도 프라이버시를 지키려고 하는 것이 오늘날의 경향이지요. 그리고 이런 시대적 추세에 따라 대부분의 현대 국가들은 개인의 프라이버시를 법적으로 보호해주고 있습니다.

하지만 다른 한편으로 오늘날은 프라이버시의 자유를 위협하는 요소들도 다양합니다. 여러분들은 몰래카메라라든가 초소형 도청장치와 같은 다양한 첨단장비들이 우리의 프라이버시를 얼마나 심각하게 위협하고 있는지 잘 알고 계실 것입니다. 국가도 첨단기술을 이용하여 시민들에 관한 각종 정보를 효율적으로 관리하려는 과정에서 프라이버시를 침해하곤 합니다. 또한 여러 가지 상업적 목적을 위해 기업들은 개인에 관한 정보를 수집하고 활용하는데 그 과정에서도 개인의 프라이버시가 위협받습니다. 이처럼 오늘날은 프라이버시를 지키려는 우리의 의지가 강해진 것에 비례해 프라이버시 침해의 위험 또한 높아진 것이 사실입니다. 이번 강의에서 저는 우리의 프라이버시를 위협하는 여러 가지 요소들 중에서 흔히 간과되고 있지만 무엇보다도 중요하다고 생각되는 한 가지 요소에 대해 주의를 환기하고자 합니다. 그것은 바로 정치적 무관심입니다.

공적인 문제에 대한 우리들의 관심을 약화시킨 요인들은 다양합니다. 눈과 귀를 즐겁게 해주는 각종 오락프로그램과 스포츠산업 및 향락산업의 발달, 그리고 부와 성공에 대한 집착 등등 많은 요인들을 들 수 있을 것입니다. 그러나 전체적으로 볼 때 사적인 문제야말로 공적인 문제보다도 훨씬 더 소중한 삶의 영역이라는 생각만큼 정치적 무관심을 촉진한 요인은 아마도 드물 것입니다. 그런데 어떻게 이런 생각이 일반화되었을까요? 이 과정은 역사적으로 아주 오랜 시간에 걸쳐 진행되었습니다. 정치적 무관심이 프라이버시의 자유를 위협할 수 있다는 저의 주장을 제시하기 전에 저는 사적인 삶의 영역이 공적인 삶보다도 더 소중하다는 생각이 일반화된 과정에 대해 약간의 설명을 하고자 합니다.

고대로부터 사람들은 인간의 삶은 공적인 영역과 사적인 영역으로 분리되어 있다고 생각했습니다. 그런데 후세의 서양사에 지대한 영향을 미친 고대 아테네에서는 공적인 문제에 참여하는 것이야말로 사람을 사람답게 만드는 가장 숭고한 행위라는 생각이 널리 퍼져 있었지요. 반면에 가정과 같은 사적인 삶의 영역은 주로 인간의 생물학적인 필요를 충족시키는 영역으로서 여성과 노예들의 영역이라고 생각했습니다. 그러므로 사적인 삶에 몰입된 삶이야말로 인간을 인간답게 만드는 무엇인가가 없는 저차원적인 삶이라고 생각했지요. 그러나 이런 생각은 사회의 진화와 더불어 점차 바뀌게 되었습니다. 특히, 중세 기독교 시대를 지나면서 사람들은 감춰져 있는 인간 내면의 영적인 삶의 영역이 공적인 삶의 영역보다도 더 가치있다는 생각을 갖게 되었습니다. 이 생각은 종교개혁* 시기를 지나면서 사람들 의식 속에 더욱 더확고하게 자리를 잡게 되었지요. 특히 종교전쟁을 거치면서 개인의 양심과 신앙에 관련된 문제는 국가도 침해할 수 없는 순전히 개인적인 삶의 영역으로 인정되었습니다. 양심의 자유, 신앙의 자유및 관용의 규범 등은 이 당시에 확립되었습니다.

> **종교개혁**
> 16세기 로마가톨릭에서 반대하며 일어난 종교혁명. 이 혁명의 가장 중요한 지도자는 마르틴 루터와 장 칼뱅이다. 정치적·경제적·사회적으로 광범위한 영향을 미쳤으며 개신교를 세우는 기초가 되었다. 교황청의 세속화와 권력유착, 면죄부와 성물 판매, 성직자들의 타락이 직접적인 원인이 되었다.

　　근대 초에 성립된 절대주의 국가는 어렵게 확립된 개인 고유의 삶의 영역에까지 권력을 행사하려 했기 때문에, 개인들은 사적인 삶의 영역을 국가의 권력으로부터 보호하려고 온 노력을 기울이게 되었습니다. 이 당시 출현한 사회계약이론들은 사회와 국가는 개인의 이익을 위해 만들어진 도구에 불과하다는 사상을 폄으로써 국가권력을 가능한 한 제한하려 애썼지요.(홉스는 예외) 그리하여 사람들은 자유를 국가권력으로부터의 자유(소극적 자유)로서 이해하고 국가(정부)를 중심으로 이뤄졌던 정치활동을 적대시하기 시작했습니다. 이 과정은 중세의 종교적인 관심에 대신하여 경제적·상업적 이익이 사람들의 관심을 사로잡게 된 과정과 결합함으로써 시너지 효과를 얻어 사람들은 더욱 더 공적인 문제에 관심에 등을 돌렸습니다. 물론 이 과정에서도 일부 사람들은 공적 문제에 참여하는 것을 고차원적인 삶으로 인식했던 공화주의 전통을 복구하려는 움직임을 보이기도 했으나, 복잡하고 거대한 현대 산업사회의 발달은 그와 같은 움직임을 압도해버렸습니다. 사람들은 더욱 더 사적인 문제에 몰두하게 됐지요. 적지 않은 사람들이 공적인 문제에 관심을 가졌다고 해도 보통은 경제적·물질적 이득이 주된 동기였습니다. 공적인 문제에 대한 관심과 참여가 자신의 이해관계에 직접적인 연관성이 없다고 판단될 경우 사람들은 이제 정치에 대한 참여를 부담으로 여기게 되었고 나아가서는 아예 무관심해진 것입니다. 그리고 이미 언급한 바와 같이 오늘날의 첨단문명은 사람들의 관심을 정치로부터 더욱 멀어지게 하고 있습니다.

그렇다면 왜 정치적 무관심이 프라이버시의 자유를 위협하는 요소일까요? 프라이버시의 자유를 확립하기 위해 사람들은 그토록 오랫동안 투쟁했고 그 과정에서 정치에 등을 돌리게 됐다면, 정치적 무관심이 프라이버시의 자유를 위협한다는 것이 어불성설은 아닐까요? 오히려 정치적 무관심과 프라이버시의 자유는 손에 손을 잡고 같이 가는 파트너는 아닐까요? 저는 단호히 아니라고 말하고 싶습니다. 정치적 무관심은 장기적으로 보면 프라이버시의 자유에 대한 위험천만한 적입니다. 한번 생각해보십시오. 만일 모든 시민들이 정치에 전혀 관심이 없다고 하면 정치권력이 남용되는 것을 누가 막을 수 있겠습니까? 예를 들어 삼권분립과 같은 제도적 장치가 정치권력의 남용을 막기에 충분할까요? 단기적으로는 그럴 수도 있을 것입니다. 그러나 행정부·입법부·사법부가 모두 부패하고 타락했다면 어떻게 될까요? 그들은 시민들의 정치적 무관심을 틈타 서로의 부패와 비행을 눈감아주면서 사리사욕을 채우기 위해 권력을 남용하지 않을까요?

그리고 권력을 쥐고 있는 사람은 더 많은 권력을 추구하려 들 것이고, 더 많은 권력을 쥐게 되면 그 권력을 행사할 데를 찾게 됩니다. 그렇게 되면 권력자들은 예전에는 자유의 영역으로 인정해주었던 개인의 사생활까지도 간섭하게 되겠죠. 다시 말해 시민들의 장기적인 정치적 무관심은 권위주의를 강화시켜 궁극적으로는 사생활의 자유까지도 위태롭게 만들 수 있습니다.

　여러분들 중에는 다음과 같이 반문하는 분도 계실 것입니다. 그렇다면, 정치적 무관심이 고조된 오늘날에도 왜 많은 국가들이 여전히 민주적인 국가로 남아 있으며, 권위주의 전통이 깊고 정치적 무관심이 점점 더 만연해가는 우리나라에서도 민주화가 계속 진전되고 있는 것일까 하고 말입니다. 그 대답은 간단합니다. 서구의 민주주의 국가에서는 비록 그 수가 점점 더 줄어들고 있긴 하지만 정치에 깊은 관심을 가지고 적극적으로 참여하는 사람들이 있기 때문입니다. 그들이 바로 민주주의를 지켜내는 수호자인 셈이지요. 여러분들도 우리나라에서 최근에 벌어지고 있는 상황을 잘 알고 계실 것입니다. 현재 우리나라에서는 구태 정치인들을 몰아내고 정치를 바로잡기 위해 열심히 활동하는 시민단체들이 많이 출현하고 있습니다. 이런 시민단체들과 소수의 적극적인 개별 시민들의 정치 참여가 정치권력의 남용과 부패를 방지하고 우리의 공화국을 점점 더 민주화시켜나는 데 힘이 되고 있습니다. 이런 단체들과 소수의 능동적인 시민들이 없다면 우리나라의 민주화의 전망은 어두울 것입니다.

　결론을 맺겠습니다. 프라이버시의 자유는 우리가 정치권력을 민주적으로 통제할 수 있을 때 성공적으로 보호받을 수 있습니다. 국민들 대다수가 정치적으로 무관심하고 자기 자신의 사적인 문제에만 관심을 갖는다면 정치권력이 권위주의적으로 타락하는 것을 막을 길이 없습니다. 그렇게 되면 결국에는 우리 프라이버시의 자유도 정치권력에 의해 침해되는 사례가 잦아질 것입니다. 시민들의 장기적인 정치적 무관심은 우리가 그토록 신성시하는 프라이버시의 자유를 좀먹어 들어갑니다. 최소한도의 정치적 관심과 참여 없이는 자유로운 사생활의 자유도 자유로운 공화국의 유지도 불가능하다는 얘기입니다. 여러분들은 정말로 자유로운 사생활을 보장받기 원하십니까? 그렇다면, 자유롭고 민주적인 공화국의 유지를 위해 최소한의 정치적 관심을 보이시기 바랍니다.

# 12. 페미니즘, 자유와 평등을 향한 여성들의 행군

　오늘날 우리는 민주주의에 대해 얘기하면서 여성운동에 대해 말하지 않을 수 없습니다. 단순하게 생각해보더라도 인류의 전 역사에 걸쳐 인구의 절반을 차지하는 여성이 남성에게 지배당하고 통제돼왔다면 그동안 인류가 이룩한 민주주의는 불완전한 것이라고 할 수 있으니까요. 주지하듯이 민주주의란 정치적 평등을 가장 기본적인 이념으로 삼고 있습니다. 그 때문에 오랜 인류 역사에 걸쳐 존재해온 남녀 불평등은 민주주의 운동과 사상이 반드시 극복해야 할 잠재적 과제로서 존재해왔다고 할 수 있을 것입니다. 이런 관점에서 볼 때 지난 수 세기 동안의 역사는 여성운동을 통한 민주주의의 발전이라는 측면에서 대단히 중요한 시기였다고 볼 수 있습니다. 이번 강의에서는 여성운동의 발전과 특징을 개관해봄으로써 여성운동이 민주주의를 더욱 발전시키는 데 어떤 역할을 했는가를 생각해보고자 합니다.

　서구의 전 역사에 걸쳐 남성과 여성의 사회적 역할에 대한 논쟁은

메리 울스턴크래프트

기독교의 성서와 그리스 시대까지 거슬러 올라갈 수 있습니다. 성서의 구약과 신약에는 여성이 남성보다 열등하다는 주장이 있는 반면 평등하다는 주장도 담겨 있습니다. 그리고 플라톤의 『국가』 역시 남녀는 평등하게 교육을 받아야 한다는 생각과 아울러 여성이 남성에 비해 열등하다는 생각을 동시에 담고 있

습니다. 이처럼 남녀의 사회적 역할에 대한 논의는 아주 오랜 역사를 가지고 있기 때문에 최근 200년 동안의 여성운동만을 개관하는 것은 여러분의 지적 욕구를 충족시켜주지 못할 수도 있을 것입니다. 그럼에도 불구하고 이 기간 동안의 여성운동에 대해서만 집중적으로 살펴보려는 것은 여성운동을 뒷받침하는 주요 문헌들이 이 시기에 나왔고 여성의 정치적 평등이 실현된 것도 바로 이 시기이기 때문입니다.

근대 서구의 여성운동사에서 가장 오랜 전통을 가지고 있는 자유주의 여성운동은 1792년 매리 울스턴크래프트M. Wollstonecraft라는 여성이 『여권의 옹호』라는 책을 쓰고부터 시작되었다고 할 수 있습니다. 이 책의 요지는 여성이 남성의 노예가 된 이유는 사회적인 관습과 제도로 여성의 지적 발달이 저지되고 여성의 삶의 목적은 남성에 봉사하는 것이라고 가르친 그릇된 사회화 때문이었다는 것입니다. 이 주장은 이후 자유주의적인 여성운동에 지속적인 영감을 주었습니다. 울스

턴크래프트의 책이 나오기 전인 17~18세기 유럽은 계몽주의라는 합리주의적 사조가 확산되고 있었던 시기였습니다. 이 당시에는 인간의 이성에 대한 신뢰가 대단하여 이성으로 검증되거나 비판되지 않은 것들은 독단으로 치부하고 거부하는 경향이 강했습니다. 당시의 남성들은 이 합리주의를 남성 중심적으로 해석하여 여성은 남성에 비해 비이성적이고 감성적이라는 생각을 유포시켰지요. 그 결과 삶의 영역은 보다 합리적이라고 간주된 남성들이 주로 활동하는 영역과 비이성적이고 감성적인 여성들의 영역으로 나뉘게 되었습니다. 이른바 공적인 영역과 사적인 영역이 분리된 것이지요. 남성은 공적인 영역에서 그리고 여성은 사적인 영역에서 활동하는 것이 자연스럽고 바람직하다는 생각이 일반화되기 시작했던 것입니다. 1765년부터 1769년 사이 영국에서 출판된 윌리엄 블랙스톤W. Blackstone의 『영국법에 대한 주석』은 여성은 어떠한 법적·공적 위상도 가질 수 없다는 주장을 담고 있습니다. 그리고 이런 주장은 만인의 천부인권설*을 신봉했던 로크의 사상 속에서도 나타나고 있지요. 예를 들어 미국 독립선언의 기초가 되었던 로크의 저서 『통치론』 2편에는 다음과 같은 주장이 담겨 있습니다.

> **천부인권설**
> 모든 인간이 동등한 자유와 권리를 가지고 있다는 근대적인 사고는 공식적으로 자연법사상에 기초하는 미국의 버지니아 권리선언(1776년)부터라고 평가되고 있습니다. 이 선언은 생명권·자유권·재산권·저항권 등을 하늘이 부여한, 천부적인 불가침의 자연권으로 규정하고 있습니다.

남편과 아내는 때로 불가피하게 서로 다른 의지를 갖게 된다. 이럴 때에는 이에 대한 지배권이 누군가에게 주어져야 하는데, 이것은 자연스럽게도 보다 유능하고 힘이 센 남성에게 주어져야 한다.

합리주의에 기초한 자유주의는 이처럼 천부인권사상을 주장하는 한편으로 남녀의 차별적인 역할을 주장하는 모순된 견해를 가지고 있었습니다. 그 때문에 울스턴크래프트와 같은 일부 여성들은 이 모순을 날카롭게 지적하면서 남녀차별을 가져온 각종 법률과 제도들을 개혁해야 한다고 주장한 것입니다. 그들의 주장은 대체로 다음과 같은 다섯 가지로 요약해볼 수 있습니다. 첫째, 모든 인간의 합리성을 확신합니다. 자유주의는 개인의 이성을 어떤 확립된 제도나 전통보다도 더 확실한 진리의 원천으로 생각하지요. 둘째, 남성과 여성의 이성적 능력은 같다고 믿습니다. 셋째, 사회개혁을 추진할 수 있는 가장 효과적인 수단으로서 교육을 신뢰합니다. 그중에서도 특히 비판적인 사고능력을 기를 것을 강조합니다. 넷째, 개인들의 분리성과 독립성을 강조하는 한편으로 모든 개인들의 평등과 존엄성을 주장합니다. 다섯째, 천부인권설에 동의하면서 여성의 정치적 권리, 다시 말해 선거에 참여할 수 있는 권리를 강조했습니다. 요컨대 초기 단계의 자유주의 여성운동은 여성이 성적인 차별 때문에 부당하게 고통 받는다고 주장하면서, 동등한 임금과 시민권, 동등한 교육 및 복지에 대한 기회, 정치과정에 대한 동등한 참여 등을 주요한 운동 목표로 삼았습니다.

하지만 계몽주의 시대의 자유주의 여성운동은 포괄적인 사회구조의 개혁보다는 봉건적인 가족제도 및 남녀관계의 극복이라든가, 여성의 재산권, 취업권 및 참정권의 보장과 같은 시민적 권리의 획득만을 목표로 하는 한계를 가지고 있었지요. 그 때문에 19세기 사회주의 사상에 영향을 받은 일단의 여성운동가들은 남성에 의한 여성억압의 문제를 사유재산제도로 인한 계급발생 탓으로 돌리기 시작했습니다. 그들은 사회의 지배계급이 사유재산과 계급지배를 공고히 하기 위해 일방적으로 여성에게 정조를 강조하는 가부장적 일부일처제를 확립했다고 주장했지요. 따라서 자본주의 체제를 변혁하여 계급지배와 사유재산제도를 철폐하게 되면 이와 더불어 여성의 완전한 해방이 달성된다고 보았습니다.

이 시기 여성운동은 한 가지에 국한되지 않고 다양한 형태를 취했습니다. 열악한 노동조건을 개선하려는 형태를 띠기도 했고, 남녀와 빈부의 차이를 막론하고 동등하게 정치에 참여할 수 있는 보통선거권 획득을 목표로 하기도 했으며, 사회주의 혁명의 일환으로 전개되기도 했지요. 하지만 19세기 전체를 통하여 활발하게 전개되었던 여성운동은 20세기에 들어와 여성의 참정권이 보장된 후 일단락되었습니다. 그동안의 여성운동의 목표가 여성의 지위향상과 여권신장에 있었기 때문이죠. 그러다가 여성운동은 1960년대 서구의 민권운동, 학생운동, 그리고 베트남전 반대운동과 제3세계에서의 인권운동에 호응하며 다시 부활하게 되었습니다.

**신좌파**
1960년대 학생운동을 중심으로 등장한 새로운 좌파운동. 동서냉전 체제 하에서 서구의 경제적 호황으로 인한 구좌파의 붕괴, 소비문화의 만연, 대학의 양적인 성정과 낡은 권위의 지속, 소외계층으로 '학생'의 존재 등이 그 내적 발전요인으로 작용했고 외부적으로는 베트남 전쟁과 같은 민족해방운동의 성장, 냉전체제로 인한 핵전쟁의 위협 등으로 인한 체제 모순을 들 수 있다.

1960년대 후반과 1970년대 초 여성운동은 이른바 신좌파* 운동의 일환으로 시작되었지만, 이 운동에 참여한 여성들이 남성 동료들로부터 경멸적인 대우를 받았던 탓에 대단히 급진적인 양상을 띠게 되었습니다. 자신들만의 조직이 필요함을 절실히 느끼게 된 이들 급진적 페미니스트들은 가부장제, 결혼, 가정과 같은 제도들 속에서 진행되고 있는 남성지배와 여성복종 현상은 사회에서 일어나고 있는 모든 억압의 뿌리이자 모델이라 주장했습니다. 그리하여 여성운동이야말로 모든 혁명적인 사회·정치 변화의 토대가 되어야 한다고 역설했죠. 이들은 "사적인 것은 곧 정치적인 것이다"고 주장하면서 자본주의가 아닌 남성지배가 여성억압의 뿌리라고 강조했습니다. 그리하여, 이들은 여성 문제를 사회의 가장 근본적인 문제로 인식하고, 남성과의 사랑과 성 관계까지도 거부하면서 가부장제를 타파하기 위해 싸웠습니다. 이들은 여성은 남성과 근본적으로 다르고 남성문화와는 전혀 다른 문화와 생활스타일을 가지고 있으며 여성의 문화와 생활스타일이 미래 사회의 토대가 되어야 한다는 급진적인 주장을 폈습니다. 이 급진적 여성운동은 마르크스주의 여성운동에 대한 불만을 표현한 것으로 볼 수 있습니다. 예컨대 케이트 밀렛K. Millett은 마르크스주의에 반하여 가족을 이데올로기의 주된 근원으로 보았으며, 슐라미스 파이어스톤S. Firestone은 여성억압의 물질적 토대는 경제학이 아니라 생물학에 있다고 보았습니다.

최근 서구에서 전개되고 있는 여성운동의 다양한 흐름은 다음과 같습니다. 첫째, 여성운동이 더욱 실질적인 문제를 중심으로 전개되고 있습니다. 둘째, 종교분야에서도 그 영향을 넓히고 있어 여성주의 신학을 발전시키고 있습니다. 셋째, 아내와 어머니의 역할에서 벗어나려고 하는 노력도 돋보입니다. 넷째, 대리모에 관련된 문제를 중심으로 논란이 일고 있으며, 마지막으로 공적인 영역과 사적인 영역의 관계를 해명하려는 움직임도 활발합니다.

그러면 지금까지 개관한 여성운동의 다양한 흐름들과 민주주의는 어떤 관계가 있을까요? 앞에서 이미 소개한 바 있는 케임브리지 대학의 던 교수는 민주주의를 "우리가 소유할 수는 없지만, 원하지 않을 수 없는 것의 이름"으로 이해한 바 있습니다. 수전 멘더스S. Mendus는 그 이유를 현대 사회의 사회·경제적 분화가 불가피하게 경제적 불평등을 초래함으로서 정치적 평등을 파괴하기 때문이라고 설명하고 있습니다. 또한 멘더스에 따르면 현대 국가는 점점 더 개인과 공동체 사이의 균열을 벌림으로써 개인들이 공동선의 관점에서 생각하지 못하도록 조장하고 있다고 보았는데, 이런 현상이 후기 산업사회에서 민주주의의 실현을 보다 어렵게 만들고 있다고 생각했습니다. 하지만 오늘날의 많은 여성운동가들은 현대의 국가뿐만 아니라, 과거의 어떤 국가에서도 민주주의는 존재한 바 없다고 주장하고 있습니다. 왜냐하면 그들은 실질적인 의미에서 여성은 한 번도 민주주의의 주체인 시민의 범주에 포함되지 않았다고 생각하기 때문입니다.

결론을 맺겠습니다. 민주주의는 권력의 평등한 분배와 행사를 지향합니다. 하지만 여성의 참정권이 보장되어 있는 현재까지도 대부분의 나라에서는 아직도 가부장제에 기초한 여성억압과 성적불평등이 계속되고 있습니다. 그러므로 민주주의는 이런 불평등성을 시정하는 과정에서 계속 확장·발전될 것이라 생각합니다. 그러나 우리는 또한 여성운동을 하나의 동질적인 운동으로 간주해서는 안 됩니다. 여성운동 내부에는 많은 이견들과 분파들이 있기 때문이죠. 민주주의는 남녀의 사회·경제·정치적 불평등을 축소시켜나가는 한편, 여성들 사이의 불평등과 여성운동 내부의 불평등도 인식하고 극복하려고 노력할 때에 점진적으로 발전해나갈 수 있다고 봅니다.

# 13. 사익과 공익이 어우러지는 사회, 그 풍요로움을 꿈꾼다

    오늘날은 개인의 권리의식이 그 어느 때보다도 강해진 시대입니다. 누구나 권리라는 용어를 많이 사용하지요. 어떤 사람이 "그것은 내 권리야"라고 선언하면 그것은 자기에게 최종적인 결정권이 있다는 의사표시로 다른 어떤 주장도 그 사람의 뜻을 억지로 바꿀 수 없다는 강력한 의미를 담고 있습니다. 그 말은 타인에게 더 이상 참견하지 말아달라는 강력한 요청이기도 합니다. 그런데 사실 이런 권리 개념은 앞에서 이미 지적한 대로 무엇보다 다수결주의가 초래할 수 있는 부작용, 즉 다수가 소수를 억압하고 착취할 수 있는 가능성을 억제하기 위한 목적을 갖고 있습니다. 아무리 다수가 원한다고 하더라도 헌법에 의해 개인의 권리로 보장된 것은 침해해서는 안 된다는 것이지요. 개인의 삶에 필수적이라 여겨지는 이익들이 그렇게 권리로 보장됩니다.

    하지만 권리의식이 보편화된 오늘날은 새로운 문제가 발생하고 있습니다. 누구나 권리를 주장하며 자기 이익을 극대화하려고 하기 때문에 사회는 더욱 원자화되고 경쟁적으로 변해가고 있습니다. 권리는 원래 개인의 중요한 이익을 보호하려는 목적을 갖고 있기 때문에 모든 개인들은 저마다 "그것은 내 권리야"라고 선언하며 어떤 것을 요구합니다. 그러다 보면 제한된 사회적 자원을 둘러싼 분쟁은 더욱 첨예해지기 마련이고 인간 사이의 관계는 더욱 소원해지며 갈등을 빚을 수밖에 없습니다. 그런 까닭에 '공동체주의자*'로 분류되는 일단의 학자들은 오늘날의 중요한 사회적 문제들이 대부분 개인의 이익과 권리만을 강조하는 자유주의 문화의 필연적 산물이라고 비판합니다. 이기적인 사익추구를 개인의 권리로 정당화하고 있는 자유주의야말로 인간의 삶이 뿌리박고 있는 공동체를 와해시킴으로써 인간의 삶을 고독하게 만들고 탐욕스럽게 만들었으며 인간 사이의 유대를 약화시켰다는 것입니다. 이런 권리의 문화에서 인간은 어떤 객관적인 도덕원리를 따르지 않고 자신의 주관적인 감정과 선호에 이끌려 삶을 살아가게 된다는 것입니다. 그리하여 한 다발의 권리를 소유하고 있는 현대 사회의 개인들은 공동선 혹은 공익에는 무관심한 채 오직 자신의 이익만을 극대화하려는 이기적인 존재가 되어가고 있다는 것이 공동체주의자들의 판단입니다.

근대 초 자유민주주의자들이 개인의 권리를 처음 주장하기 시작했을 무렵에는 오늘날처럼 권리의 문화가 잘 정착되어 있지 않았습니다. 그와 반대로 대다수 평범한 개인들의 이익은 사회 전체의 이익에 철저히 종속되어 있었죠. 평범한 개인들은 국가의 명예와 위신, 혹은 군주의 위엄과 군사적 야심에 철저히 종속되어 있었습니다. 그러므로

> **공동체주의**
> 현대 자유주의에 대항하여 일어난 사조로서, 아리스토텔레스와 헤겔에 사상적 뿌리를 두고 있다. 이들은 자유주의의 추상적 인간관과 개인권리 중심의 사유를 비판하고 공동체적 존재로서의 인간관과 미덕 중심의 윤리를 강조한다. 대표적인 인물로는 매킨타이어, 샌델, 테일러 등이 있다.

최초의 자유주의자들이 개인의 자연적 권리를 주장했던 것은 그와 같은 억압적인 봉건질서로부터 개인을 좀 더 자유롭게 해방시키려는 정치적 목적 때문이었습니다.

당시의 자유주의자들은 결코 공동체가 인간의 삶에 불필요하다고 생각하지 않았습니다. 그들은 인간이 공동체 속에서 태어나서 자라며 생활한다는 것을 충분히 잘 알고 있었죠. 그럼에도 불구하고 인간은 원래 자연상태에서 생활하다가 그 불편함을 해소하기 위해 정치사회를 만들었다고 가정한 것은 그렇게 가정함으로써 얻을 수 있는 정치적 효과 때문이었습니다. 그들이 개인의 권리를 강조하는 한편으로 사회는 도구에 불과하다고 주장한 것은 공동체나 공익이 중요하지 않다는 의미에서가 아니었습니다. 단지 그 당시 사회가 공동체와 공익을 위한다는 명목 하에 개인을 너무나 억압했었기 때문에 그런 주장을 통해 개인의 자유와 권리를 어느 정도 확보하려는 뜻에서였죠. 그러므로 최초의 자유주의자들이 개인의 자유와 권리만 일방적으로 강조했지 공동체와 공동선의 가치를 전혀 인식하지 못했다고 비판하는 것은 사실 잘못된 비판이라 할 수 있습니다. 최초의 자유주의자들이 비난하고 개혁하고자 했던 것은 공동체의 억압적 성격이었지 공동체 자체가 아니었습니다. 그들 역시 공동체는 인간다운 삶에 반드시 필수적인 것이라 생각했지요. 다만 좀 더 인간의 자유가 숨쉴 수 있는 공동체, 그것이 바로 그들이 지향하는 공동체였던 것입니다.

근대 자유주의자들이 개인의 자유 및 권리와 더불어 공동체와 공익의 가치 역시 전폭적으로 인정하고 있었다는 증거는 많은 문헌에 나타납니다. 17세기 후반의 로크로부터 18세기의 스코틀랜드 계몽주의철학자들—데이비드 흄, 애덤 스미스, 애덤 퍼거슨 등—의 문헌 속에는 그런 증거들이 넘치고 있지요. 그들은 인간의 이기적인 측면 못지않게 이타적인 측면 또한 강하다는 것을 잘 알고 있었습니다. 그들은 특히 모든 사람에게 있는 타인에 대한 연민의 감정과 동정심을 강조했습니다. 이런 감정들은 개인들이 사익만을 지나치게 추구하는 것을 절제하게 해주는 한편 공익을 추구토록 함으로써 사회적 협력을 이끕니다. 예컨대, 애덤 스미스의 '보이지 않는 손'이란 표현 역시 사실은 공익의 관념과 결합되어 있습니다. 그는 흔

애덤 스미스

히 자유방임적 자유주의를 주창한 사람으로 알려져 있습니다. 그러나 그의 자유주의 사상은 공익 관념과 밀접한 연관성을 가지고 있지요. 그는 개인들이 자기의 이익을 극대화하기 위해 합리적으로 행위하게 되면 시장의 '보이지 않는 손'에 의해 사회 전체의 부가 극대화됨으로써 모든 사람들의 이익이 증대된다는 보았습니다. 그가 사익의 자유로운 추구를 강조한 것은 그것이 사회 전체의 이익 곧 공익을 극대화하기 위한 가장 최선의 방법이라고 생각했기 때문이었지 사익만이 중요하다는 생각에서가 아니었던 것이죠.

**자유지상주의**
현대 자유주의 내의 한 사조. 그 내용에 있어 신자유주의와 유사하다. 모든 삶의 영역에서 국가의 개입을 최소화하고 개인의 자유 실현을 극대화할 것을 주장한다. 대표적인 학자는 하버드 대학의 로버트 노직 교수이다. 최소국가론을 주장한 『아나키, 국가 그리고 유토피아』(1974)는 자유지상주의를 대표하는 저작이다.

하지만 오늘날의 상황은 크게 달라졌습니다. 적지 않은 자유주의자들이 달라진 상황을 무시한 채 계속해서 자유와 권리의 가치만을 일방적으로 강조하고 있습니다.(자유지상주의Libertarianism라고 불립니다.) 그 결과 의식이 있는 많은 사람들이 우려하고 있듯이 공동체에 대한 개인의 책임과 의무의식은 현저하게 위축되고 있습니다. 납세의 의무든

국방의 의무든 가능한 한 공동체와 공익을 위한 활동은 회피하려는 분위기가 조성되고 있지요. 우리나라에서도 많은 정치가와 지도자들이 군복무와 납세의 의무를 온갖 수단을 통해 회피하려 했다는 것, 여러분들도 잘 알고 계시겠죠? 요컨대, 봉건사회에서는 사회의 군사적·정치적 목적을 위해 개인의 권리가 지나치게 무시된 것이 문제였는 데 반해, 개인의 자유와 권리가 신성시되는 오늘날은 반대로 공동체와 공익이 무시되고 있다는 것이 큰 문제가 되고 있는 것이죠.

그렇다면 사익과 공익은 항상 대립적인 관계인 걸까요? 피상적으로 본다면 공익과 사익의 긴장과 갈등은 불가피하게 보일 수도 있습니다. 그리고 지금까지 서구의 역사와 사상사는 그와 같은 판단을 뒷받침해주고 있습니다. 처음에 봉건사회의 억압성을 극복하기 위해 개인의 자유와 권리를 강조하다 보니 어느덧 공동체의 유대가 파괴되어 인간소외와 고독 등의 현대적 병폐들이 만연하게 되었다고 볼 수 있으니까요. 서구의 역사는 마치 공익과 사익은 조화될 수 없다는 것을 증명하고 있는 것처럼 보입니다.

하지만 저는 그렇지만은 않다고 생각합니다. 사익과 공익이 때로 충돌하는 것은 사실이고 또 불가피하지만 좀 더 거시적으로 본다면 상보적인 관계에 있다는 생각을 합니다. 예를 들어 군대에 입대할 시기에 이른 어떤 청년이 있다고 가정해봅시다. 그는 개인적으로 군대에 가는 것을 손해라고 생각합니다. 군대에 가지 않고 일을 한다면 많은 돈을 벌 수도 있고 사랑하는 사람들과 헤어지지 않아도 됩니다. 그러므로 그가 군대에 가는 것은 분명 국방이라는 공익에는 이바지할 수 있지만 자신의 이익에는 반하는 것처럼 보입니다. 그러나 자신이 일익을 담당해야 할 국방이 성공적으로 달성되지 않는다면 어떤 일이 벌어질까요? 그와 사랑하는 사람들의 생명과 재산은 외적으로부터의 침입에 위태롭게 될 가능성이 높겠죠. 지면 관계로 이런 예들을 많이 들 수는 없지만, 이 예가 보여주듯 공익은 사익의 전제조건이 됩니다. 평화와 질서, 국방과 안보, 물질적 풍요와 사회정의 등은 모두 다 중요한 공익들입니다. 그러나 이런 공익을 달성하기 위해서는 사익이 적절히 자제되거나 경우에 따라서는 희생되어야 합니다. 전체 사회의 공익이 달성되지 않는다면 사익 역시 더 이상 추구될 수 없으니까요. 이렇듯 현대 사회의 많은 공익들은 궁극적으로 보면 모든 사람들이 안전하고 풍요로운 삶을 살 수 있는 공통의 조건이 됩니다. 이런 공통의 조건 위에서 사람들은 공익과 정면으로 충돌하지 않는 한 자신의 이익을 마음대로 추구할 수 있는 권리를 갖게 되는 것이지요.

# 14. 국가로부터의 자유에서 국가로의 자유로

오늘날처럼 개인의 권리를 신성하게 여기는 시대에 국가의 가장 중요한 임무는 개인의 재산과 생명 그리고 권리를 보호해주는 것이라고 여겨지기도 합니다. 이런 임무 외에 국가가 개인의 생활에 간섭하고 명령하는 것은 정당한 권리의 한계를 벗어난 것이라는 생각이 유행하게 되었습니다. 이런 경향 때문에 오늘날은 국가가 개인의 자유와 권리에 대한 가장 큰 위협으로 인식되기에 이르렀습니다. 국가는 어쩔 수 없이 개인의 자유와 권리를 억압하게 된다는 것이지요. 이런 지적은 어떤 의미에서는 사실입니다. 만일 국가가 어떤 일을 금지할 것 같으면 우리는 그 행위를 하지 않죠. 예를 들어 만 20세가 안 된 학생이 술집에 들어가려고 할 때나 미성년자 관람불가 영화를 보려고 할 때 그는 자신의 신분을 감추거나 아니면 하려던 일을 그만두게 됩니다. 마찬가지로 어떤 사람이 국가가 금지하는 약물을 복용하려고 할 때 그는 몰래 그렇게 하거나 아예 포기하지요. 권리와 자유에 대한 의식이 어느 때보다도 확고히 뿌리를 내린 오늘날에 이런 금지 사항들은 일부 개인들에게는 자신의 자유와 권리를 침해하는 것으로 느껴질 수도 있습니다. 그러므로 국가는 일반적으로 개인이 자유를 실현하는 데 도움을 주기보다는 방해하는 것으로 인식되곤 하지요. 저는 이번 강의에선 이런 통념과는 반대의 주장을 하려 합니다. 다시 말해 국가는 자유 실현을 위한 필수조건이라는 주장을 하고자 합니다.

물론 저는 국가가 때로 개인의 자유를 방해한다는 것을 인정합니다. 그러나 그런 측면이 있다는 사실을 인정하는 것과 국가는 개인의 자유 실현을 방해한다고 주장하는 것은 전혀 다른 것이죠. 무슨 의미일까요? 예를 들어보겠습니다. 제가 만일 여러분들이 법적으로 허용된 활동을 하려 할 때 그것을 못하게 강제로 막으려 한다고 생각해 보십시오. 그 행위가 이사를 가는 것이든 친구를 만나러 가는 것이든 상관없습니다. 그 행위는 여러분들이 해도 좋다고 허용된 것입니다. 그런데 제가 그것을 막는다면 어떻게 하시겠습니까? 여러분들은 처음에는 점잖게 항의하다가 제 행위가 도를 지나치면 경찰에 신고하게 되겠지요. 그러면 저는 국가의 대리기관인 경찰의 제재 때문에 더이상 자유롭게 행위할 수 없게 되겠지요. 이것은 물론 저의 자유를 제약하는 것입니다. 하지만 왜 국가가 제 자유를 제약할 수밖에 없는 이유를 이해하게 되면, 국가의 제약은 개인의 자유 그 자체를 방해하기 위한 것이 아님을 쉽게 이해할 수 있을 겁니다.

자유민주주의 국가에서는 저뿐만 아니라 모든 사람들이 자유롭고 평등한 존재로 간주됩니다. 때로 제가 저의 자유를 마음대로 구가하다 보면 다른 이들의 자유를 침해할 수 있습니다. 그러므로 국가는 어떤 사람의 자유 추구가 다른 개인들의 자유를 침해해서는 안 되도록 방지할 의무를 지게 됩니다. 그 결과 때로 국가는 개인들의 자유를 방해하지 않을 수 없습니다. 말하자면, 모든 개인들이 다 공평하게 자유를 누릴 수 있도록 어느 정도 개인의 자유를 제약해야만 된다는 것입니다. 국가가 때로 개인의 자유를 제약하는 것은 보다 많은 사람들이 자유를 평등하게 누릴 수 있도록 보장하고자 하는 의도에서입니다. 말하자면 자유는 자유의 이름으로 제약될 수 있는 것입니다.(물론 저는 지금 자유민주주의 국가를 배경으로 하여 설명하고 있습니다. 독재 국가라든가 전체주의 국가의 경우에는 국가가 개인의 자유를 억압하고 제약하는 이유가 전혀 다를 수 있습니다. 이 점에 대해서는 이 책의 '민주주의와 그 적들: 독재와 전체주의'를 참고하십시오.)

또한 자유에는 아주 많은 종류가 있으며, 이 자유들 사이에 때로 충돌이 일어난다는 사실도 자유에 대한 일정한 제약을 정당화시켜줍니다. 예를 들어봅시다. 제가 싫어하는 사람의 사생활을 폭로하고 싶은 충동이 들 때 저는 그렇게 할 수 있는 자유가 있다고 말할 수 있을 것입니다. 그러나 비방의 대상이 되는 사람 역시 타인의 비방으로부터 자유로울 권리와 자유가 있지요. 이때는 저의 '표현의 자유'와 타인의 '사생활의 자유'가 충돌하게 됩니다. 저의 '표현의 자유'가 실현되면 타인의 '사생활의 자유'는 침해될 수밖에 없겠죠. 국가가 어느 쪽을 제약하든 자유에 대한 일정한 제약을 하게 될 겁니다. 물론 반대쪽은 자유를 실현할 수 있을 테지만요. 이처럼 자유는 서로 충돌할 수 있기 때문에 한 국가가 처해 있는 구체적인 상황에 따라 여러 가지 자유에 비중의 차이를 두게 되지요.

또한 자유는 전체 사회의 공동선이나 공익을 위해서 불가피하게 제약될 수 있습니다. 이미 '무임승차'의 문제를 설명한 바 있기 때문에 이 부분은 쉽게 이해가 가리라 봅니다. 만일 제가 국가가 정한 세금이나 국방의 의무를 자유의 이름으로 거부한다면 저는 국가의 강제를 받게 됩니다. 그러나 그것은 자유에 대한 제약이라고 보기 어렵습니다. 만일 제가 국방의 의무를 지지 않거나 세금을 내지 않는다면 국가는 시민생활을 관리하고 국방과 치안에 쓸 재원이 부족해집니다. 국방과 치안이 불안정해지고 시민생활에도 많은 불편함이 생겨나겠지요. 그뿐 아니라 저의 무임승차 행위는 사회적 협동을 위협하게 되겠죠. 그러므로 제 개인의 자유는 강력한 법적 의무조항으로 제한될 수밖에 없는 것이지요. 현대 자유민주주의 사회에서 국가가 개인의 자유를 부분적으로나마 제약할 수밖에 없는 데는 우리가 다 이해할 수 있는 이유가 있는 것입니다.(밀의 '해악원리'는 사회가 어떤 경우에 개인의 자유를 제약할 수 있는가를 명시한 원리로서 그의 『자유론』에서 제시되었습니다. 사회는 개인의 행위가 타인에게 명백하고도 심각한 해를 끼쳤을 때만 제약할 수 있으며, 개인의 행위가 이상의 조건에 미달한다면 사회는 개인의 자유를 제약해서는 안 된다는 것이 '해악원리'의 요지입니다.)

그러면 이제 국가가 자유 실현의 필수조건이라는 주장을 살펴봅시다. 저는 이 주장을 두 가지 방식으로 설명하겠습니다. 하나는 논리적인 설명이고 다른 하나는 역사적인 설명입니다. 먼저 논리적인 설명으로 가상적인 '자연상태'를 가정해봅시다. 만일 국가가 없다면 어떤 일이 벌어질까요? 모든 사람들이 다 천사와 같지 않고 또 모든 사람들이 풍족한 삶을 누릴 정도의 풍부한 자원이 없다면 경쟁과 반목이 일어날 수밖에 없겠지요. 그러나 이런 갈등을 규제할 국가가 없기 때문에 모든 사람들은 자유로울지 모르나 항상 불안해할 수밖에 없을 것입니다. 타인들이 자신의 재산과 생명과 가족을 탈취한대도 그것을 막아줄 보호자가 없으니까요. 이런 상황에서 사람이 과연 진정으로 자유롭다고 할 수 있을까요? 자신도 타인들에 대해 마음대로 행위할 수 있기 때문에 자유롭다고 느낄 수 있을지 모르겠지만 역으로 자신도 결코 마음을 놓을 수 없을 것입니다. 자유가 오히려 짐이 돼버리는 역설적인 상황이 돼버리는 것이죠. 이처럼 자연상태의 자유는 자기 자신의 생명과 재산, 그리고 자유마저도 안전하게 확보할 수 없는 불안과 공포 속에서의 자유일 수밖에 없다는 점에서 사람들이 결코 원하지 않는 자유일 가능성이 큽니다. 그러므로 자유를 어느 정도 포기해서 자연상태의 불안정과 공포를 극복할 수 있다면 대다수 사람들은 그것을 원할 것입니다. 말하자면 안정된 자유를 구가하기 위해 어느 정도의 자유를 자유의지로 포기함으로써 국가의 간섭을 인정한다는 것이죠.(이와 같은 관점에서 국가의 존재근거를 찾고 있는 사상가는 17세기 영국의 홉스입니다. 그는 『리바이어던』이란 책에서 절대적인 자유가 허용된 '자연상태'의 공포와 불편함을 극복하기 위해 국가가 발생했다고 주장했습니다. 그러나 홉스의 사회계약적인 국가관은 국가의 역사적 기원에 관한 이론이 아니라 국가의 존재 이유에 대한 이론이라 할 수 있습니다.)

국가가 자유 실현의 필수조건이라는 주장은 역사적으로 설명할 때 더욱 설득력이 있어 보입니다. 여러분들은 제1·2차 세계대전을 전후하여 유럽에서 국가를 상실한 난민들의 삶에 대해 들어본 적이 있을 겁니다. 나치의 박해를 받은 유태인들과 집시들이 그 대표적인 예가 되겠지요. 그리고 베트남전 이후 조국을 떠나온 베트남 난민들의 삶에 대해서도 들었을 겁니다. 그들의 삶은 정말로 비참했습니다. 국가가 없기 때문에 결코 그들의 삶이 더 자유로웠다고는 할 수 없습니다. 그들은 인간적인 대접도 받지 못했으며, 심지어 한 국가의 범죄자만도 못한 취급을 받았습니다. 범죄자들은 적법한 절차에 따라 재판을 받을 수 있는 권리나마 있었던 데 반해 그들은 인간으로서의 어떤 권리도 보장받지 못했지요. 즉, 그들에게 국가의 상실은 보다 자유로운 삶의 가능성을 준 것이 아니라 죽음과 배고픔과 멸시와 천대의 저주만을 가져왔던 것입니다. 국가를 상실한 난민의 삶은 현대 사회에서 국가야말로 자유의 필수조건임을 극적으로 보여주고 있습니다.

# 5

민주주의,
미래를 이야기하다

# 1. 초국가체제에서
## 민주주의는 생존할 수 있는가?:
## 세계화의 문제

우리들은 세계화란 용어를 자주 접합니다. 오늘날은 세계화란 개념으로 특징지어질 수 있다는 것이지요. 세계화는 민족국가가 주요 행위자가 된 과거의 '국제화 시대'와는 달리 국가들 사이의 경계가 실질적인 의미에서 불분명해지면서 하나의 체제로 통합되고 있는 상황을 말합니다. 기든스는 이런 경향을 시간 개념과 공간 개념의 축소로 설명하고 있습니다. 예전 같으면 지구 반대쪽에 있는 나라에서 일어난 일들은 먼 곳의 일이었고 시간적으로도 상당한 거리가 있는 일로 간주되었습니다. 그러나 오늘날은 첨단 정보통신기술과 교통수단이 발달함으로써 먼 곳에서 일어난 일이라 하더라도 바로 옆에서 지금 일어나는 일로 경험되고 있습니다. 그러므로 공간적·시간적으로 지구는 급속히 통합되고 있어서 하나의 상호의존적인 체제로 재구성되고 있다고 할 수 있습니다.

세계화가 진행된 원인으로는 다음과 같은 점을 지적할 수 있습니다. 먼저 경제적인 상호의존성과 통합이 진행되고 있다는 점이죠. 오늘날은 어떤 사회도 국제적인 경제교류 없이 생존하기도 번영하기도 어렵게 돼가고 있습니다. 자본은 국경을 초월하여 자유롭게 이동하고 있으며, 노동도 예전에 비해 자유롭게 국경을 넘나들고 있고요. 더 값싼 노동력과 더 좋은 사업 편의를 제공하는 곳을 찾아다니는 다국적 기업의 행태도 경제적 통합을 가속화시켰습니다. 둘째는 환경문제에 공동으로 대처해야 할 필요성이 증폭되었다는 점을 들 수 있습니다. 오늘날 환경문제는 어떤 특정 국가만의 문제가 아닙니다. 지구는 하나고 환경도 하나이기 때문에 환경문제는 모든 인류에게 공통의 위협이지요. 그러므로 환경문제의 심각성에 대한 공감대가 국제사회에 일면서 공동운명체 의식이 높아가고 있으며 공동대처의 필요성도 높아가고 있습니다. 물론 핵전쟁으로 인한 인류멸망의 가능성에 대한 위기감도 공동협력의 필요성을 증가시켰죠. 마지막으로는 정보통신기술의 획기적인 발달과 급속한 확산을 들 수 있습니다. 세계는 인터넷을 통해 하나로 통합되고 있습니다. 그리하여 환경단체를 포함한 각종 비정부적인 조직체NGO들이 인터넷을 통해 국제적인 연대를 쌓아가고 있으며, 국제적인 사이버 공동체 혹은 시민사회를 형성해가고 있습니다.

따라서 이와 같은 세계화의 시대에서는 전통적으로 국민국가가 수행했던 역할에도 변화가 일어나는 것이 당연할 것입니다. 세계적으로 통합된 상호의존적 질서 속에서 국민국가가 예전에 표방한 강력한 주권 개념은 보다 유연한 형태로 변할 필요가 있습니다. 그래서 혹자는 배타성과 독립성을 특징으로 하는 주권 개념을 상호의존적인 상황 속에서의 자율성 개념으로 대체할 것을 주장하기도 하고요. 세계화 시대에는 예전에 국가가 담당하지 않았던 중재 역할을 오히려 더 많이 수행해야 할 필요성도 증대했기 때문에 국가의 지위가 취약해 졌다고만은 볼 수 없지만, EU와 같은 초국가적 연합과 각종 NGO 들, 그리고 기업과 개인들도 중요한 정치행위자로 돼가고 있기 때문에 국가의 역할이 불변적이거나 강해졌다고 보기도 어렵습니다. 그러나 한 가지 확실한 것이 있습니다. 세계화의 진전과 국민국가의 위상 혹은 역할 변화는 민주주의에 대한 우리의 전통적인 이해에 근본적인 변화를 가져오고 있다는 것이지요.

주지하듯이, 한 국민국가 내부에서 민주주의의 핵심적인 내용을 이루는 것은 민주적 시민의 범위, 국민주권, 대표의 원리 등입니다. 그러나 세계화와 그에 따른 국민국가의 위상 변화는 이와 같은 전통적인 민주주의 내용에 중대한 도전을 제기하고 있습니다. 예를 들어보겠습니다. 지금 세계 안보에 중대한 영향을 미치고 있는 미국의 핵 정책은 우리나라 국민들의 의사와는 아무런 상관없이 결정되고 있습니다. 그리고 마찬가지로 세계경제질서를 재편성하고 있는 미국의 경제정책 기조로서의 신자유주의 역시 우리의 삶에 결정적인 영향을 미침에도 불구하고 우리의 의사와는 아무런 상관없이 강요되었죠. 이뿐만이 아닙니다. 미국 의회에서 제정되는 법률과 비준되는 정책들은 비록 미국의 법률이고 정책이지만 세계인들의 삶에 엄청난 영향을 미치고 있습니다. 그러니 사실 우리가 민주주의 체제 속에서 산다고는 말하지만 정말 그럴까 하는 의문이 드는 것도 너무도 당연하지요. 우리는 우리의 삶에 중대한 영향을 미치는 문제들—안보, 경제, 정치, 환경 등—에 대해서 우리를 대표하여 발언할 대의원들을 미국에 보내지도 않았으며 또 미국의 대의원들을 선출하는 선거에 참여하지도 않았습니다. 그럼에도 미국의 대의원들은 마치 세계인들의 대표인 양 전세계에 영향을 미치는 정책과 법률을 제정하고 있는 것입니다. 그

냉전 시기 미국이 보유했던 대표적 핵미사일 타이탄II

런데도 과연 우리가 민주주의 시대에 살고 있다고 할 수 있을까요?

세계화는 국민국가를 배경으로 한 민주적 대표성의 원리에 심각한 위기를 초래했을 뿐만 아니라, 많은 국가들에서 국민주권의 원리를 거의 무의미하게 만들어버렸습니다. 전통적으로 주권의 원천이요 그 행사자로서 간주되던 국민은 이제 세계를 대상으로 정책을 작성하고 법률을 입안하는 강대국들의 볼모가 되어가고 있습니다. 실질적인 의미에서 국민은 이제 주권자라고 보기가 어렵습니다. 대내·대외적으로 하나의 질서로 통합되어 가고 있는 현시점에서 사실상 강대국과 강력한 초국적 기업들의 의도에 끌려 다니는 신세가 되었으니 말이죠. 그러므로 세계화 시대에서 국민국가를 배경으로 한 민주주의에 관한 이해는 한계가 있을 수밖에 없습니다. 변화된 환경에 따라 민주주의의 중요한 원리들과 내용이 수정되어야 합니다. 오늘날 몇몇 주도적인 이론가들에 의해 조심스럽게 제시되고 있는 '지구적 민주주의' 혹은 '코스모폴리탄 민주주의'는 바로 이와 같은 상황인식을 바탕으로 민주주의의 주요 개념과 원리들을 새롭게 이해하려는 시도들입니다.

'코스모폴리탄 민주주의'를 주창한 데이비드 헬드D. Held에 의하면 세계화 시대에 적합한 민주주의 모델은 세계화 과정의 세 가지 요소를 고려해야 합니다. 첫째, 경제적·정치적·법적·군사적 상호결합 과정이 주권국가의 성격과 범위 그리고 능력을 위로부터 변화시키는 방식. 둘째, 지역에 기반을 둔 집단과 운동, 그리고 민족주의가 대표 권력체계로서의 국민국가의 정당성을 아래로부터 문제제기하고 있는 방식. 마지막으로, 지구적 상호의존성이 국민국가의 정치체계의 성격과 과정을 변경시키면서 국가와 각국의 시민들을 연결시키는 정치적 결정과정이 형성되고 있는 방식. 헬드에 따르면 민주주의는 이 세 가지 요소들이 주권국가와 국제적 권력중심에 가져온 변화를 고려해서 재편되어야 한다고 합니다. 또한 그는 세계화 시대에 적합한 민주주의 형태는 다음과 같은 세 가지 조건을 충족시킬 때 가능해진다고 주장합니다.

첫째, 금융관리, 환경문제, 안보에 관련된 문제들, 새로운 형식의 커뮤니케이션 등과 같이 국민국가의 통제력 바깥에 있는 문제들이 보다 강화된 민주적 통제를 받을 수 있도록 영토에 기초한 책임성의 체계를 고쳐야 합니다. 둘째, EU와 UN과 같은 지역공동체적·지구적 규제기관의 역할과 기능을 제고함으로써 공동문제에 대처하기 위한 보다 일관되고 응집된 중심을 확립해야 합니다. 셋째, 국제적인 시민사회의 주요 집단·기관·결사 그리고 조직에 정치제도를 세우고자 할 때는, 이런 집단과 조직들이 민주적 과정의 일부가 될 수 있도록 조직과 운용의 규칙들이 민주주의의 원리와 양립할 수 있도록 해야 합니다.

민주주의가 지역공동체적 수준과 지구적인 수준에서 동시에 가능하기 위해서는 반드시 초국가적인 것이어야 합니다. 다시 말해 민주주의적 제도와 기구의 틀을 지구적으로 확장시켜야만 한 국가 내의 민주주의도 가능해질 수 있다는 것이지요. 그 결과는 어떻게 될까요? 지역연합 수준의 의회 창설을 통해 새로운 지역공동체법과 국제법을 만들어낼 수 있을 것입니다. 그리고 그와 더불어 논란이 되고 있는 문제와 연관된 모든 국가와 국민들이 참여하는 초국가적 투표제도도 필요해질 것입니다. 게다가 국제적인 통치조직을 세계시민의 비판에 두루두루 개방하는 한편 국제기구들을 민주화시킴으로써 관련된 모든 국가의 시민들로부터 대표성을 인정받을 수 있어야 하겠지요. 이런 개혁과 더불어 (국내적·지구적 차원의) 민주적인 결정에 이를 수 있도록 관련된 모든 개인들에게 시민적·정치적·경제적·사회적 권리를 보장해주어야 할 것입니다. 또한 국제재판소의 기능을 확대시키고 활성화시켜 집단과 개인들이 중요한 권리들을 침해당하지 않도록 해야 할 것이고요.

지금까지 논의된 '지구적 민주주의'는 현실적으로 보면 조만간 실현될 가능성은 희박합니다. 그렇지만 우리가 민주주의를 반드시 실현되어야 할 중요한 가치로 생각한다면, 이상의 주장은 그렇게 황당한 것만은 아닙니다. 세계적인 수준의 민주주의가 확립되지 않으면 국내 수준의 민주주의는 빈껍데기에 불과할 것이기 때문입니다. 그리고 국내는 물론 EU와 같은 지역공동체와 국제사회를 이루는 다양한 집단과 조직들 안에서의 민주주의가 동시에 실현되지 않는다면, '지구적 민주주의'의 진정한 성취란 불가능할 뿐만 아니라, 설령 가능하게 되었다 해도 극히 불완전한 민주주의에 불과할 것입니다.

# 2. 생태민주주의, 자연과 소통하라!

현대 문명은 대량생산과 대량소비를 근간으로 하는 산업사회로 인류의 생존을 위협하는 환경오염과 자원고갈을 유발합니다. 환경오염은 주로 산업 활동으로 인해 발생하는 대기·수질·토양 오염 등을 가리키며 자연환경이나 생활환경을 손상시키고 궁극적으로는 사람의 생활 및 건강에 유해한 영향을 미칩니다. 지구온난화로 상징되는 지구 생태계의 위험이 대표적일 것입니다.

자원고갈 문제 역시 인류에게 직접적인 위협이 됩니다. 산업혁명 이후 공업화와 인구증가로 인류 생존에 절대적인 역할을 하는 각종 자원이 급속도로 고갈되고 있으며 자원 확보를 위해 크고 작은 국지적 갈등과 전쟁이 벌어지기도 했습니다.

이미 1972년에 로마클럽●이 출간한 「성장의 한계The Limits to Growth」 보고서는 인류가 현 상태와 같

**로마클럽**
이름 높은 학자를 비롯하여 기업가 유력 정치인 등 전 세계의 지도자들이 참여해 인류와 지구의 미래에 대해 연구를 비영리 연구기관. 연구 결과를 보고서 형식으로 발간한다. 1972년 경제성장이 환경에 미치는 영향을 설명한 보고서 '성장의 한계'를 통해 세계적인 명성을 얻었다.

이 자원을 소비할 경우 자원은 언젠가는 고갈될 것이며, 따라서 자원의 소비를 어떻게 하든 멈출 필요가 있다고 경고했습니다. 특히 현대문명에 절대적인 기여를 하는 석유자원은 40년 이내에 고갈되고, 미국내 석유자원은 앞으로 10년 이내에 거의 고갈되기 때문에 석유자원을 차지하기 위한 세계전쟁을 우려하는 목소리도 있지요.

이처럼 인류의 생존과 직접적으로 연결되어 있는 생태위기의 근본원인이 소비지향적인 서구식 공업화 모델이라는 데는 이론의 여지가 없습니다. 산업혁명 이후 화석연료에 기반한 산업의 비약적인 발전으로 생활수준은 극적으로 향상되었지만 자연에 대한 무분별한 착취는 결국 지구 생태계를 위기로 몰아넣으면서 인류의 생존을 위협하고 있는 것입니다. 중국을 비롯한 개발도상국들 역시 과거의 산업발전 모델을 그대로 답습하고 있다는 데서 생태위기는 더욱 심각하다고 볼수 있죠. 이처럼 자연생태계의 보존을 위해서는 성장제일주의와 산업주의 등 근대적 세계관을 극복하는 것이 중요한 과제입니다.

이런 위기에는 경쟁 속에서 이익의 극대화를 최상의 가치로 추구하는 자본주의 시장경제의 원리에 가장 큰 책임이 있을 것입니다. 자본주의 세계화는 오랫동안 사람들의 손길이 닿지 않던 자연 생태계를 급속하게 기업의 사유재산으로 전환시키면서 이윤 창출의 수단으로 만드는 과정이었습니다. 아울러 물질적 성장을 우선시하는 현대 산업사회에서 자유민주주의 또한 일정 부분 책임이 있을 것입니다. 경제적 번영에 대한 약속은 거의 모든 자유민주주의 국가의 정치세력들이 내세웠던 효과적인 선거 전략이었습니다. 보다 근본적으로, 생태위기는 근대적 자유주의적 세계관의 한계, 즉 인간을 주체에 놓고 자연을 착취의 대상으로 간주하는 인간 중심주의와 자연을 철저히 대상화하고 배제하는 권리담론의 한계라는 지적도 있지요. 때문에 많은 생태주의자들은 현 사회의 자유주의적 정치·경제 체제가 과연 생태적 가치를 수용할 수 있는가에 회의적인 입장입니다.

임마누엘 칸트

물론 어떤 정치철학자들은 이념적 측면에서 자유주의가 환경 문제 해결에 장점을 가지고 있다고 주장합니다. 이는 크게 두 가지 견해로 나눠볼 수 있는데 첫째로 개인의 유용성 극대화를 주장하는 벤담의 공리주의적 설명으로서 최대한 많은 사람들에게 최대한 많은 유용성을 주기 때문에 자연은 보호되고 관리되어야 한다는 입장이 있습니다. 두번째로 개인의 자율성 극대화를 주장하는 칸트의 의무론적인 설명으로, 인간이 아닌 자연세계는 그 자체로서 가치를 가지고 있으며 자연의 가치를 존중하는 것이 자유주의적 시민의 의무라는 입장이 있지요.

하지만 개인의 권리와 이익 추구, 성장을 우선시하는 산업주의 및 시장경제와 더불어 현대 사회의 중요한 운영원리로 작동해온 자유민주주의가 환경파괴와 자원 위기를 맞아 재조명되면서 생태민주주의에 대한 관심이 높아지고 있습니다. 물론 생태민주주의는 아직 이론적으로 심도 깊은 접근이 이루어진 영역은 아닙니다. 따라서 이번 강의에서는 인간과 자연의 공존을 중심적인 의제로 제기하고 있는 생태민주주의의 문제의식을 대략적으로 살펴보고 자연 및 환경 문제를 어떻게 해결해나가야 하는지를 규범적 관점에서 모색해보고자 합니다.

자유주의적 방식에 회의적인 생태주의자들도 민주주의에 대해서는 비교적 우호적입니다. 민주주의와 생태적 사유는 서로 친화적이라는 거지요. 민주주의의 핵심 원리를 적용한다면, 생태민주주의는 궁극적으로 인간과 자연의 소통체계를 회복하는 것이고 이러한 생태적인 원리를 구체화할 수 있는 대안적 제도들을 논의할 수 있고 또 실험해야 한다는 입장입니다. 더구나 그동안 민주주의가 여성과 노예, 외국인 등 배제를 최소화하는 역사를 만들어왔기 때문에 민주주의 원리는 각별한 의미를 지닙니다. 역사적으로 남성인 자유시민의 권리를 대변하던 정치가 노예의 권리, 여성의 권리를 대변하는 정치로 확대돼왔다면 이제 자연생태의 목소리를 대변하는 생태민주주의가 민주주의의 자연스런 발전 경로라는 주장입니다.

그렇다면 환경의 지속가능성을 위협하면서 지구 생태계를 위기에 몰아넣는 현대 자유민주주의 산업사회의 한계를 극복하기 위해서는 어떤 노력이 필요할까요. 정치적으로 본다면, 무엇보다도 인간이 아닌 자연세계의 이익을 대변하려 하는 공식적·비공식적 정치활동이 중요할 것입니다. 이는 선거를 중심으로 운영되는 대의정치의 현실을 고려한다면 필수적인 활동이라고 볼 수 있습니다. 사람들의 정치적 관심이 집중되는 선거 기간에 자연생태의 문제를 집중적으로 부각시키면서 사람들의 각성을 촉구하는 정치적 활동이 일차적으로 중요합니다. 생태 문제는 미래 세대의 생존 및 번영과도 밀접한 관련을 맺고 있기 때문에 아직 태어나지 않은 미래 세대의 권리를 부각시키면서 유권자들의 양심을 자극하는 방식을 활용할 수 있습니다. 서구의 경우 녹색당 같은 생태주의 정당들이 대표적으로 생태정치를 실천하고 있다고 볼 수 있을 겁니다.

물론 대의정치의 한계를 보완하거나 극복할 수 있는 대안적인 정치적 실천과 조직화도 반드시 필요합니다. 이런 관점에서 생태정치는 정부와 기업체, 다양한 시민사회 단체의 의사결정 과정에 모든 이해 당사자들의 참여를 보장하는 풀뿌리 민주주의의 활성화를 요구합니다. 주민의 의식 향상 및 적극적인 실천과 맞물려 전개되는 풀뿌리 민주주의는 정부나 기업의 무한 개발을 제어할 수 있는 강력한 수단이 되지요. 특히, 우리 사회의 경우 중앙정부 주도의 반강제적 개발이 만연하기 때문에 주민자치 역량의 강화가 절실하다고 볼 수 있습니다.

아울러 주민들과 외부 시민사회가 함께 참여하여 대안적 발전방향을 모색하는 노력도 병행되어야 합니다. 제도적으로도 환경 관련 정보를 개방하고 환경정책을 결정할 때 투명성을 높이며 연관된 어떤 누구도 배제하지 않는 참여 속에서 생산적인 개혁 방안을 모색해야 합니다. 환경문제의 존재 여부나 발생 가능성, 진행의 심각성 정도를 정확하게 파악하고 해결책을 제시하는 것은 과학기술자의 몫이 아니라 시민이 참여하는 의사결정의 역할입니다.

결국 생태민주주의의 활성화를 위해서도 시민사회의 발전은 필수적입니다. 이는 다른 공적 이슈와 마찬가지로 환경문제의 원인을 분석하고 해결방안을 도출하고 그 결과로 공적 권위의 강력한 개입을 요청하는 방향으로 전개될 것입니다. 아울러 생태친화적인 시민적 교육과 실천도 중요한 과제가 되겠지요. 시민들이 지속가능한 발전의 중요성을 깨닫도록 만드는 교육의 실천과 조직화가 중요합니다.

우리의 경우에는 현재 중앙정부 산하의 지속가능발전 위원회, 지방정부 산하의 녹색시민위원회를 확대·발전시키고 환경단체들의 목소리를 적극적으로 반영하면서 시민들의 적극적인 관심과 참여를 유도하고 공적 논의를 활성화시켜나가는 제도적 발전 방안이 모색되어야 합니다.

이런 공적 토론 과정 속에서 협소한 자기 이익에 기반한 시민들의 선호도 변화될 수 있을 것입니다. 예를 들어, 자유민주주의의 대표적인 1인 1표 제도는 유권자 혹은 투표 참여자들 간의 평등성을 확보한다는 측면에서는 합리적이지만 생태적으로 바람직하지 못한 결과가나올 위험성도 있습니다. 생태계를 파괴하거나 생태계에 부담을 가하는 개발에 대한 정보가 충분히 공유되지 않거나 투표자들이 단기적인 이익에만 매몰될 때 그렇게 되겠지요. 이처럼 1인 1표의 동등성이 형식적인 차원에 머무르지 않으며 균형 잡힌 다양한 정보가 제공되고 심의를 거치면서 사회적 합의를 만들어나가는 것이 현실적으로효과적인 생태정치가 될 것입니다.

이처럼 생태민주주의가 성공하기 위해서는 현 세대는 물론 미래 세대의 모든 시민들에게 깨끗한 자연을 누릴 수 있도록 보장하는 지속 가능한 발전의 원칙을 확산시켜야 합니다. 여기에 모든 구성원들이충분한 기본권을 향유하면서 건강하고 쾌적한 환경을 누릴 수 있는사회적·경제적 정의 실현도 포함될 수 있습니다.

정리한다면, 생태민주주의는 환경이익이나 부담의 분배 문제, 환경적 위험의 제거, 쾌적한 환경의 유지와 향유 등 인간의 관점을 넘어서미래 세대와 현 세대의 관계, 나아가 자연과 사회의 정의로운 관계를적극적으로 제기합니다. 이를 위해서는 미래 세대뿐만 아니라 인간종으로부터 생물종으로 권리의 주체 범위를 확장하고 이를 실현할 수있는 방안을 적극적으로 모색해야 합니다. 특히 생태계의 목소리를대변할 수 있는 정치세력의 역할 및 시민사회의 발전이 중요합니다.이런 생태정치는 주민자치뿐만 아니라 여성운동, 평화운동, 국제주의운동과 결합하여 파급력이 극대화될 뿐만 아니라 지구적 민주주의의새로운 가능성을 현실화시킬 수 있습니다.

# 3. 심의민주주의, 참여의 업그레이드

　심의민주주의는 개인들의 이익 표출에 머무르는 선호집약 민주주의 혹은 대의민주주의의 위기와 관련하여 주목받는 민주주의 형태입니다. 선호집약 민주주의 모델은 시민은 자기 이익을 추구하는 존재이며 시민의 선호도가 선거를 통해 집약된다는 논리에 기반하고 있습니다. 이러한 논리는 이익이 첨예하게 대립할 경우에 당사자를 충분히 만족시킬 수 있는 합의점을 찾기 어렵고 정책의 정당성을 확보하기 어렵습니다. 그러나 심의민주주의는 이익 혹은 선호의 변화를 적극적으로 추구합니다.

　또한 심의민주주의는 다원주의 시대에 다수결주의의 한계를 보완할 수 있는 차이의 정치학과 관련하여 새롭게 조명받고 있습니다. 선호집약 민주주의 모델은 다수결주의와 결합하여 정책의 최종결정 과정에서 소수자의 의견을 반영하지 못한다는 한계가 있습니다. 그러나 심의민주주의 모델은 충분히 성찰하지 않는 다수의 전횡을 최대한 견제하는 동시에 심사숙고를 통해 소수자의 의견을 충분히 반영할 것을 요구하지요.

심의민주주의는 다양한 이론적 출발점이 있는 사상가들이 주장하기 때문에 각각의 이론가들이 강조하는 내용 역시 항상 일치되는 것은 아닙니다. 그럼에도 심의민주주의가 공유하고 있는 목적이나 원칙 그리고 기능은 추출할 수 있습니다.

심의민주주의는 기본적으로 시민들 혹은 대표자들의 참여에 의한 집단적 의사결정의 원리를 의미하며 참여자들의 합리성과 동등성을 전제로 합니다. 또한 의사결정 과정에서의 개방적이고 폭넓은 참여와 함께 참여자들의 선호변경을 특별히 강조합니다. 즉, 심의민주주의는 서로 경쟁하는 이익이나 이해관계의 타협이나 거래가 아니라 다양하고 풍부한 토의 과정을 통해 참여자들의 선호가 변화될 수 있다는 것을 강조하지요. 이를 통해 참여자들의 동의를 얻을 수 있는 합의를 추구하며 결과적으로 집단적 의사결정 과정의 '질'을 높이는 것을 핵심 내용으로 하고 있습니다. 이처럼 심의민주주의는 시민들 간의 대화, 토론, 소통을 통해 개인들이 자신의 선호를 계속 변화시켜나가면서 공공성을 지향하고 집단적 의사를 도출하려는 민주주의를 의미합니다. 이런 심의과정에서 전개되는 정치적 행위는 순전히 사적인 이익을 표출하는 투표 행위와는 대조적으로 공적인 성격이 강합니다. 참여자들이 자신의 이익뿐만 아니라 다른 이들의 이익에도 관심을 가지고 사회정의를 추구하기 때문이지요. 이런 심의민주주의는 단순히 참여하는 사람의 숫자를 넘어서 이슈에 대한 참여자의 관심과 지식, 타인에 대한 이해에 기반한 적극적인 참여를 강조합니다. 때문에 자기중심적이고 사적인 이익 추구에 매몰되는 자유주의 정치문화에 비판적이며 공공선을 중시하지요.

이러한 핵심 명제와 관련하여 심의민주주의의 몇 가지 조건을 도출해볼 수 있습니다. 첫째, 정부 내에서의 심의 또는 보다 넓은 공적 영역에서의 심의를 보장해줄 수 있는 질서정연하고 효율적인 제도가 존재해야 합니다. 둘째, 심의의 주체들 간 관계가 자유롭고 평등해야 합니다. 셋째, 심의를 통해서 선호가 변화할 가능성이 전제되어야 합니다. 이는 권력이나 기만, 위협 등으로부터 자유롭게 의사소통을 통해 자율적으로 선호를 변화시킬 수 있는 능력 및 민주적인 통제가 보장되어야 한다는 것을 의미합니다. 넷째 조건은 합리적이고 논리적 토론을 위한 일정 수준의 교양 또는 지식이 필요합니다. 다섯째, 정치적·사회적 문제들에 관심을 가지고 심의에 참여할 수 있는 정도의 경제적 수준이 충족되어야 합니다.

이처럼, 심의민주주의는 정치적·경제적 권력이나 이익의 극단적 합리화, 특별한 자격 요건이나 권위 등 내외적인 강제에 구속되어 있지 않습니다. 참여자들은 의견의 제안 또는 비판에서 반드시 동등한 기회를 가져야 하며 이들의 대화 상황은 어떠한 형태의 지배로부터 자유로워야 하죠. 논쟁의 참여자들은 '더 나은 논증의 힘'에 의해서만 선호도를 변화시키고 사회적 합의에 도달할 수 있습니다. 심의에 참여하는 사람들은 오직 논쟁 규칙이나 의사소통의 규범에만 구속받고요.

또한 심의민주주의는 차이가 존재한다고 전제합니다. 사실, 심의가 필요한 이유는 시민들이나 대표자들이 도덕적으로 불일치하기 때문에 받아들일 수 있는 합의를 도출하기 위해서입니다. 이를 위해 심의민주주의는 논쟁을 거쳐 잠정 합의를 도출하지요. 앞서 말씀 드린 것처럼, 심의민주주의는 현대 정치의 가장 큰 문제점인 다수결주의의 한계를 보완할 수 있습니다. 비민주적인 편견과 선입견에 매몰된 대

위르겐 하버마스(© Wolfram Huke)

중들의 의견과 판단을 변화시킬 수 있으며 그 결과 소수집단의 권익을 보장해줄 수 있습니다.

이런 심의민주주의는 참여민주주의와 상호보완적인 관계라고 볼 수 있습니다. 대중들의 참여가 증가하더라도 그 참여가 상호간에 진지한 의사소통과 심사숙고에 의존하기보다 상황적 논리와 인기영합주의에 매몰될 경우 위험할 수도 있습니다. 심의민주주의는 그 위험을 방지하는 데 기여할 수 있지요. 때문에 복잡한 정치환경에서 심의민주주의는 대의민주주의를 보완하는 제도로서 현실적인 의의가 있습니다. 심의과정을 통해 개개인의 선호들이 정제되고 성찰적인 선호들로 전환되었을 때 정치적 참여를 통한 의사결정은 더욱 정당성을 가질 수 있습니다.

이런 심의민주주의의 대표적인 이론가는 위르겐 하버마스J. Habermas입니다. 하버마스는 의사소통행위 이론에서 '공론장'의 중요성을 강조하지요. 하버마스는 공적 심의가 정의와 공공선에 도달하기 위한 필수조건이라고 강조합니다. 담론과정에 참여하고 그 결과로부터 영향을 받는 모든 참여자들의 합의가 규범적 타당성의 궁극적 원천이 된다는 겁니다. 그러므로 심의민주주의는 이성에 호소하여 중요한 정치적 논의들을 전개할 뿐만 아니라, 집단적 권력을 행사할 권한을 그와 같은 합리적 논의로부터 부여받는 정치사회를 의미하는 것이지요.

단순화시킨다면, 정치적 공론장에서 이성을 가진 국민들이 내놓은 '합리적' 여론이 의사소통 권력을 통해 입법적 권한을 가질 때 비로소 심의적 기제가 성공할 것입니다. 공론장이 단순히 여론을 형성하는 데만 그칠 것이 아니라, 그러한 여론이 하나의 '규범'으로 정착될 수 있어야 한다는 것이죠. 하버마스는 이를 위해 공론장은 시민들이 자유롭고 평등하게 참여할 수 있어야 하며 공적 논의에 필요한 정보가 공개되고, 모든 이들이 균등하게 인지할 수 있는 과정이 담보되어야 한다고 주장했습니다. 이런 공론장의 담론 과정에서 참여자들은 자신의 신념체계, 이데올로기, 규범, 가치 등을 자유롭게 표출하면서 도덕적 윤리적 문제까지도 논쟁을 통해 비판하고 검증을 수행합니다.

롤스의 정의관 역시 심의민주주의의 기본적 조건과 틀 속에서 구성되었다고 해도 무리가 없습니다. 롤스의 정의의 원칙들은 심의민주주의가 작동할 수 있는 공정하고 평등한 절차적 조건에서 계약당사자들이 자유로운 이성을 발휘하면서 도달한 결과물입니다. 시민들이 다양한 합리적 이유들에 대해 공적인 심의를 벌이며 합의한 것이죠. 그리고 이런 심의적 절차는 입법과정과 정책결정과정, 그리고 시민들이 정의관에 입각하여 대의원들을 판단·평가하는 과정을 통해서도 실현된다고 할 수 있습니다. 이 심의민주주의의 틀에서 보면 시민들은 민주적 게임의 규칙들을 논의하고 구성하며 필요할 경우 또 다시 재구성할 수 있는 능력과 자격이 있는 것으로 간주됩니다. 롤스의 경우에는 공적 심의의 대상에 헌법이나 정의 등 공적 이슈나 규칙만이 포함되며 도덕적·윤리적 문제는 제외됩니다.

심의민주주의는 정책의 정당성을 더욱 확보해주며 더 좋은 결정을 내릴 수 있게 해줌으로써 문제해결 능력을 높여줍니다. 또한 자유로운 토론이 있는 심의를 통해 이뤄진 정책결정은 보다 민주적이라 할 수 있지요. 이러한 심의적 정책결정은 참여자들에게 민주적 정책결정에 대한 교육을 수행하면서 정치적 효능감과 참여의식을 강화시켜줄 수 있습니다.

이러한 심의민주주의에는 몇 가지 한계가 있습니다. 무엇보다도 상당히 규범적이고 이상적인 상황을 상정하고 있다는 점이죠. 민주적 심의과정에는 원칙적으로 누구나 참여할 수 있어야 하지만 현실적으로는 제한된 사람들만이 참가할 수 있습니다. 특히 급진적인 페미니스트들은 하버마스의 공론장이 침묵하는 타자들의 희생 위에서 특정한 담론 양식을 특권화시키고 있다는 근본적인 비판을 가합니다. 즉, 합리주의의 명목 아래 남성적인 정치 담론을 선호하면서 감정적이고 이질적인 입장을 배제한다는 것입니다.

두번째로, 현대의 다원주의적 상황을 충분히 반영할 수 있는 심의민주주의가 작동할 수 있을지에 대해 회의를 품는 학자들도 있습니다. 영국 학자 리처드 벨라미가 주장하듯이, 모든 심의 당사자들이 서로 다른 합당한 의견과 정당한 이익을 가지고 있지만 근원적으로 불일치하는 '정치의 환경circumstances of politics' 속에서는 모두가 하나의 입장으로 수렴되는 것이 불가능할 수 있습니다. 자기이익을 초월할 수 없는 상황에서 심의과정이 막다른 골목에 이르는 것은 불가피할 수 있습니다. 이러한 환경에서는 심의과정이 서로 받아들일 수 있는 타협점을 찾는 것으로 목표를 수정할 수밖에 없습니다.

세번째, 심의과정에서 권력과 정보의 불균형 문제도 이상적인 담론상황을 어렵게 만들고 있습니다. 소수자 및 약자들의 목소리가 충분하게 반영하지 않는다면 심의민주주의는 차별과 배제를 정당화하는 장치로 전락할 것이겠죠. 서구의 경우, 심의의 수혜자는 소수 약자들이 아니라 교육을 잘 받은 사람, 백인, 중산층이라는 비판이 제기돼왔습니다. 현실의 권력관계가 반영된다는 것입니다.

마지막으로 심의과정의 비용이 지나치게 과다하다는 점입니다. 만약 정책심의에 참여하기 위한 시간과 금전이 과도하고 그 비용이 심의적 정책결정의 효용성을 능가하게 된다면 심의민주주의의 정당성은 회의의 대상이 될 것입니다.

이런 한계에도 불구하고 참여와 심의의 효과적인 결합을 의미하는 심의민주주의는 가치다원주의 시대에 다양한 이해관계를 가진 참여자들에게서 자발적이고 민주적인 의사소통과 토의, 합의과정을 이끌어낼 가능성을 가지고 있습니다. 그 결과로 정치적 의사결정의 정당성을 확보하고 갈등을 완화하는 데 큰 기여를 할 수 있고요.

오늘날 한국 사회에는 근본적으로 불일치하는 문제들—일반적인 정치적 문제뿐만 아니라 환경문제, 생명문제, 평화문제, 생태문제 등—이 산적해 있습니다. 합의가 어려운 이런 문제들을 해결하는 데 심의민주주의는 중요한 역할을 수행할 수 있습니다. 이러한 심의민주주의의 효과적인 운영을 위해서는 성숙한 민주주의 제도가 확립되어야 하며 무엇보다도 개방적이고 합리적이며 자율적인 시민정신과 토론과 관용의 문화가 정착되어야 합니다. 아울러 한국 사회에 적합한 심의민주주의 모델을 개발하고 적용하는 노력도 기울여야 합니다. 공동체의 윤리적 규범과 정의로운 사회의 도덕적 규칙을 마련하는 데 심의민주주의는 중요한 아이디어를 제공하면서 우리 사회의 민주주의의 질을 더욱 높일 것입니다.

# 4. 트위터 혹은 SNS 민주주의의 도전과 가능성

인터넷 정보검색을 위주로 한 기존의 웹 1.0 시대에서 참여와 공유를 바탕으로 한 웹 2.0 시대로의 기술 진화는 시민들이 단순히 참여하는 수준을 넘어 타인과 끊임없이 지식과 정보, 의견 등을 공유할 수 있게 만들었습니다. 웹 1.0은 정해진 토론방, 포털 등 한정된 공간에서만 시민 참여를 허용하지만, 웹 2.0에서는 시민들이 자발적으로 정보를 생산하고 공유하며 커뮤니케이션을 수행할 수 있습니다. 이런 현상에 대해 어떤 이론가들은 웹 1.0이 엘리트네트워크에서의 제한된 참여가 주된 특징인 반면, 웹 2.0은 열린 시민네트워크에서의 시민 참여가 특징이라고 설명하기도 합니다.

웹 2.0 시대의 이러한 특징을 최초로 반영한 방식은 정치 UCC였습니다. 외국의 경우 특히 각종 선거에서 UCC가 적극 활용되었는데, 미국의 힐러리 클린턴[H. Clinton] 상원의원, 프랑스 사회당의 세골렌 루아얄[M. S. Royal]● 대선후보 등 유력 인사들도 UCC 때문에 곤욕을 치르거나

**세골렌 루아얄**
프랑스의 정치인. 중도좌파 성향의 사회당 소속으로, 2007년 프랑스 대통령 선거에서 초반 돌풍을 일으키며 당선이 확실시 되었으나 결국 니콜라 사르코지에게 패배하였다.

사퇴하기도 했습니다. 우리나라의 경우에도 그간 정치 UCC의 파급력이 증명되었죠. 2004년 고 노무현 대통령 탄핵 정국, 2007년 한국 대선 과정에서 BBK의혹, 2008년 〈PD수첩〉이 제기한 미국산 쇠고기 수입 관련 정보 확산 과정은 UCC의 위력을 잘 보여줬습니다. 당시 개인 미디어 UCC와 블로그, 미니홈피 등이 그 사건들과 관련된 정보 및 동영상을 확산하고 퍼 나르면서 빠르게 구축된 정보네트워크는 기존 신문과 방송의 힘을 능가했습니다.

이제는 '트위터'와 '페이스북'으로 상징되는 SNS$^{Social\ network\ service}$가 급부상하고 있습니다. SNS는 오프라인의 사회적 관계 개념을 인터넷 공간으로 옮겨온 것입니다. SNS가 여타 온라인 커뮤니티와 다른 점은 특정한 관심사를 공유하는 집단 중심으로 활동하는 것이 아니라 개인이 중심이 되어 참여자들과 관계를 형성한다는 데 있습니다. 이런 관계가 축적되어 네트워크화되면서 중요한 소통의 장으로 기능한다는 것이죠. 특히 스마트폰의 등장은 SNS를 통한 정보의 실시간 확산을 더욱 손쉽게 만들고 있습니다. 그 결과 '트위터'와 '페이스북'은 2011년 초 튀니지의 재스민 혁명을 확산시키는 중요한 도구가 되었고 이집트에서 무바라크 대통령의 30년 독재를 종식시키는 데 결정적인 역할을 수행했습니다. 이들 나라의 정부에서 민주화운동을 확산을 막기 위해 인터넷을 차단한 것은 역설적으로 트위터의 힘을 증명하는 셈이죠. 미국의 월가 시위 역시 SNS의 덕을 톡톡히 봤다고 할 수 있습니다. 미국 트위터 사용자들이 꾸민 어느 인터넷 사이트의 간판 글에는 다음과 같은 선언이 공지되어 있습니다. "우리, 트위플$^{Tweeple}$은 좀 더 완벽한 정부를 구성하고, 좀 더 완벽한 소통을 확립하며, 좀 더 완벽한 투명성을 증진시키기 위해 트윗을 한다." 이처럼 '트위터 Twitter'들은 단순한 사교에 그치지 않고 좀 더 적극적인 정치 참여를 도모하고 있습니다. 따라서 '트위플twitter+people'은 '트위터하는 인민'으로 해석할 수 있습니다.

우리나라의 경우에도 2010년 이후 각종 선거에서 SNS의 힘이 막강해졌습니다. 여기에 2011년 12월, SNS 등 인터넷 매체를 이용한 선거운동을 금지하는 공직선거법 조항이 위헌이라는 헌법재판소 결정은 웹상에서의 선거운동과, 정당이나 특정 후보에 대한 의사표현의 자유에 날개를 달아주었죠.

트위터 사용자는 자신만의 트위터 계정을 소유하고 이곳에 140자로 제한된 단문을 수시로 올리거나('트윗') 다른 사람의 글을 전파('리트윗')할 수 있습니다. 이는 트위터가 사적인 기록 작성과 정보 교환을 통한 사회 이슈 참여를 동시에 실현하는 공간임을 보여줍니다. 트윗과 리트윗은 '팔로어follower'들에게 실시간으로 전달되면서 특정 정보를 공론화하는 오피니언 리더 혹은 유력자의 역할을 부각시키기도 합니다. 특히 수만 명에서 수십만 명의 팔로어를 거느린 유력자(파워 트위터리언)들이 적극적으로 제기하는 이슈는 사회적으로 엄청난 반향을 불러일으키기도 하지요.

물론 트위터의 유력자의 영향력이 커지면서 네트워크가 소수의 권력으로 집중되는 것이 아니냐는 의문도 제기됩니다. 그러나 한 통계조사에 따르면, 일부를 제외하면 특정한 시기에 큰 영향력을 발휘하는 유력자는 새로운 인물로 끊임없이 교체되고 있으며 이는 실시간 진행되는 담론 경쟁의 특징을 나타내는 것으로 분석할 수 있습니다. 특정 이슈마다 새로운 유력자가 등장하고 의견들이 끊임없이 아래서부터 올라오는 구조라는 것입니다. 현실정치에서 나타나는 소수 엘리트의 고착화 경향과 비교한다면, 트위터의 권력 구조는 분립과 분산이 본질이라는 거지요. 실제로 트위터에서는 일반인이 권력에 접근할 수 있는 기회가 많습니다. 상위 전파자가 퍼 나르는 글의 비율을 보면 10명 가운데 8명은 일반 사용자의 것이었습니다. 유력자의 글이 아니더라도 공감을 얻을 수 있다면 얼마든지 다른 사람에게 퍼지면서 반향을 불러일으킬 수 있다는 것이지요. 그래서 이른바 트위터 민주주의의 지지자들은 고정된 소수가 트위터 여론을 지배한다거나 이념성향에 따라 상호 격리되어 있다는 주장은 트위터 담론이 확산되는 과정에 대한 지나친 단순화이거나 특정 현상을 과장하고 있다고 반박합니다. 트위터 담론의 본질은 누구도 강제하지 않는 자발적 공간에서 매순간 다양한 글에 호감을 가지거나 의견을 개진하는 수많은 개인들의 정치적 판단과 행위라는 겁니다.

이렇게 형성된 네트워크는 이른바 사회적 정보 네트워크<sup>social information</sup> <sup>network</sup>로 발전하면서 정치정보를 주고받는 새로운 통로가 되고 있습니다. 자발적인 시민이 만든 촘촘한 사회적 네트워크 덕분에 원하는 주제와 이슈로 쉽게 연결되고, 정치 정보가 더욱 풍부해지는 것입니다.

이런 네트워크화된 정치는 시민의 권능 강화 차원에서 긍정적으로 평가할 수 있습니다. 즉, 정치적 행위자로서 시민이 과거 대의제에서 대표에게 위임한 권한을 되돌려 받을 수 있게 되었다는 거지요. 특히 정책결정 과정에서 시민들이 자발적, 적극적으로 참여하게 되면서 민주주의의 내실을 보다 풍부하게 다질 수 있습니다. 정치적 의제 설정에서 정책형성, 정책채택, 정책집행, 정책평가, 피드백 과정에 이르기까지 시민들이 효과적으로 개입할 수 있기 때문입니다.

SNS를 매개로 한 수평적인 의사소통이 보다 많은 참여를 이끌어내고 여론의 조직화를 통해 정책형성 과정에 영향력을 행사함으로써 시민의 정치적 효능감<sup>efficacy</sup>도 증진되었습니다. 인터넷 공간에서 읽고 쓰기를 경험하면서 공적 사안에 참여할 자신감이 쌓이고, 그런 참여를 통해 공적 영역에 영향을 미치고 있다는 자부심도 향상된다는 거지요. 또한 SNS를 통한 정치커뮤니케이션의 발전이 오프라인에서의 직접행동으로 이어지는 경우도 늘고 있습니다. 이런 네트워크화된 정치는 정치적 지향에서 각자의 자발성을 보장하는 동시에 시민들 또는 지지자들과 사회적으로 연계되는 형태로 나타납니다. 개인주의적인 측면도 가지고 있지만 공통의 목표를 놓고 관계 지향적 동질의식을 표출하게 되고요.

물론 SNS 민주주의의 발달에는 긍정적인 측면만 있는 것이 아니라 여러 가지 한계도 있습니다. 특히, 인터넷 기술이 실현한 쌍방향 커뮤니케이션 방식과 시민 참여성 증대는 앞서 언급한 몇몇 장점에도 불구하고 SNS를 극단의 정치공간으로 오염시킬 가능성이 있습니다. 동질성만 추구하다 보면 배타성이 자라기 쉬운 법이지요. 특히 총선·대선 같은 중요한 선거가 다가올수록 SNS를 장악하려는 정치집단들이 증가하면서 이런 현상이 큰 문제가 될 수 있습니다. 정치적 이해를 둘러싼 강력한 집단성과 응집성을 완화하지 않는다면 트위터와 페이스북으로 상징되는 소통과 참여의 공론장은 언제든 왜곡·변질될 수 있습니다. 뿐만 아니라 인터넷의 특성상 감정적이고 자극적인 요인에 따른 정치 참여는 일시적인 인기에만 편승하는 결정을 내릴 수 있습니다. 유희적이고 즉흥적인 정치 참여가 정치 문화를 왜곡하는 것이지요. 이런 방식의 참여는 과거 '황우석 사건'이나 연예인 스캔들에서 드러난 바와 같이 공론장 역할을 하기보다 공동체의 통합 기능을 저해할 수도 있습니다. 또한 전통적인 정치 매개 집단인 언론이나 시민단체, 정당의 기능 약화가 우려되고 정치적 행위에 대한 책임감도 감소할 수 있습니다.

아울러 정보를 활용하는 기술과 능력을 가진 집단과 그렇지 못한 집단 간의 양극화도 큰 사회문제입니다. 특히 SNS를 이용한 정보 및 메시지 전달에 능숙한 젊은 세대와 이를 이용하지 않은 기성세대 간의 격차는 여론의 양극화를 야기할 가능성이 높지요. 또한 가난하고 소외된 사람들일수록 SNS에 대한 접근성이 크게 떨어진다는 점도 풀어야 할 숙제입니다.

몇 가지 문제점을 살펴봤지만 SNS 민주주의가 시민의 자발적인 참여를 축으로 공유와 개방이라는 정치 담론을 이끌어냄으로써 대의제의 한계를 보완하고 현실 민주주의를 한 단계 성숙시키는 역할을 하고 있다는 점은 인정받을 만합니다. 물론 앞으로 UCC와 트위터, 페이스북 등과 같은 특정 수단을 넘어서 다양한 시민 참여의 방법과 내용을 모색하는 것도 중요한 과제일 겁니다. 민주주의 발전을 위해서는 단순히 참여의 양적 증가뿐만 참여의 질을 높이는 것도 중요한 과제입니다. 참여민주주의의 확장과 더불어 심의의 원리를 더욱 강화시켜야 하겠지요. 이를 위해서는 SNS 민주주의가 일회적인 차원이 아니라 지속적인 토론과 심의의 기제로 발전하는 방안을 적극적으로 모색해야 할 것입니다.

# 5. 민주주의, 소수자의 정치를 위하여

　민주주의와 소수자 문제는 밀접한 관계에 있습니다. 민주주의 체제에서 모든 시민은 정치적 결정에 참여할 동등한 권리를 가집니다. 인종과 성적 취향, 출신 지역, 재산의 많고 적음 등에 따라 소수자나 사회적 약자를 차별하거나 배제한다면 이는 민주주의를 부정하는 행위이죠. 더구나 민주주의는 맹목적인 다수결주의 한계를 극복해야 하는바, 충분히 성찰적이지 못한 다수의 힘과 권력으로 의사결정이 이루어진다면 이 또한 진정한 민주주의로 볼 수 없습니다. 문화적 소수집단이든 성적 소수집단이든 인종적 소수집단이든 소수의 목소리를 듣지 않고 이루어지는 정책 결정은 민주주의 원리에 위배되는 동시에 정당성이 없다고 할 수 있지요.

　일반적으로 소수자는 표준적이고 평균적인 인간과는 거리가 있는 사람들로서 흔히 주변인의 모습을 보입니다. 그리고 이들은 대개 사회적인 차별과 배제의 대상이 되어왔습니다. 특히 인간이 가진 정체성 가운데 성별 및 성적 취향, 인종, 국적, 계층, 출신지 등 스스로의 의지와는 무관한 조건을 이유로 배제되고 차별받아왔습니다. 현재까지도 남성/여성, 백인/흑인, 비장애인/장애인, 이성애자/동성애자, 내국인/이주민 등의 위계적 이분법이 작동하면서 그에 따른 억압과 불평등이 발생하고 있지요. 한 사회의 주류집단일수록 소수자들을 열등하거나 비정상적인 사람, 잠재적으로 위험한 집단으로 간주하는 경향이 있습니다.

그런 차별에도 불구하고 한 시대에 주변적인 소수집단으로 존재하던 사람들이 자신의 주체성을 부각시키고 주류의 가치와 질서에 문제를 제기하면서 사회 변화를 추동하기도 합니다. 자본주의 사회에서 피지배 집단이던 노동자들이 노동운동을 통해 자신들의 존재와 권리를 주장한 것이나, 제2차 세계대전 이후 흑인과 여성들이 동등한 인간으로서 목소리를 내며 민주주의 발전을 이끈 장면을 대표적인 사례로 볼 수 있겠지요.

이런 소수자의 정치는 크게 세 가지로 정리할 수 있습니다. 첫째는 인정의 정치politics of recognition로서 차이와 다양성의 인정 및 정체성에 대한 존중을 요구합니다. 개인이나 집단 등 소수자의 정체성을 인정하지 않는 것은 그들의 자존감에 상처를 입히면서 영속적인 고통을 안기게 됩니다. 그런 실존적 고통을 극복할 수 있는 기회를 제공하는 것이 중요하지요. 둘째로, 차이의 정치politics of difference로서 단순한 차이의 인정을 넘어서 차이의 표출에 대한 적극적인 긍정과, 차이의 소통을 통한 정체성의 변화를 추구합니다. 이는 소수/다수 집단의 위계 서열과 정체성 변화를 추구하면서 주류/비주류, 우월/열등 등의 이분법을 극복하고 새로운 질서를 요구합니다. 셋째는 재분배의 정치politics of retribution로서 집단적 차별과 불평등의 구조적인 원인이 경제적 영역의 재분배에 있다는 것을 강조하면서 경제적 불평등 해소를 요구합니다.

최근에 와서 그동안 소외받거나 주변화, 배제되던 다양한 주체들이 자신들의 목소리를 내고 있습니다. 이들의 목소리는 그동안 미처 인식되지 않았던 소수자들의 존재와 요구를 인식하게 만들고, 거기에 귀를 기울여야 더 민주적이고 평등한 사회로 나아갈 수 있음을 깨닫게 해줍니다. 실제로 이들의 주장은 인권의 증진에 큰 기여를 해왔지요.

그럼에도 불구하고 우리 사회는 아직 소수자에 대한 관심이 부족합니다. 소수자들의 권리보장은커녕 이들의 존재를 인정하는 사회 분위기도 별로 형성되어 있지 않지요. 소수자들 간의 연대나 세력화 역시 미흡한 편이고요. 이는 우리 사회가 덜 민주적이고 덜 평등하다는 증거로 볼 수 있습니다. 이번 시간에는 소수자의 존재와 발언, 운동에 주목하는 소수자의 정치가 가지는 함의를 철학적으로 살펴보면서 이것이 민주주의와 어떤 관련을 맺고 있는지를 간략하게 살펴볼 것입니다.

성별이나 계급 등 한두 범주나 요소들이 지배적으로 작동하던 과거 사회와 달리 오늘의 사회는 성별, 종교, 성적 지향, 장애, 나이, 사회적 신분, 출신지역과 출신국가, 용모 등 신체조건, 혼인여부, 임신 또는 출산, 가족상황, 인종, 피부색, 사상 또는 정치적 의견 등 갖가지 범주와 요소들이 모두 중요해지고 있습니다. 이를 반영하듯, 복합적이고 다층적인 구조 속에서 많은 사람들이 서로 갈등하고 경쟁하고 있습니다. 이러한 다양한 영역에서 차별과 배제가 공식적으로 혹은 은연중에 이뤄지고 있고요. 가부장주의 사회에서 여성이 받는 차별이 대표적입니다. 소수자들은 다르다는 이유로 혹은 힘이 미약하기 때문에 차별받고 있지만 실제로는 지배 권력을 가진 집단이 아니기 때문에 소수자로 존재한다고 볼 수 있습니다. 그러므로 소수자 운동은 민주적이고 평등한 사회를 향한 투쟁의 의미를 가집니다.

일반적인 관점에서 우리 사회에서 찾을 수 있는 대표적인 소수자에
는 장애인, 동성애자, 이주노동자, 결혼이주여성, 한부모 가정(미혼모
와 그 자녀) 등이 포함되며 넓은 의미에서 소수자는 저임금 비정규직,
임시직 노동자, 빈민 등 사회적·경제적으로 주변화 된 집단들이 포
함될 것입니다. 몇 해 전부터 사회적 관심을 모으고 있는 양심적 병역
거부자들 역시 사회적 소수자로 볼 수 있겠지요.

한편, 사회적 소수자를 논하면서 단순히 양적인 수의 많고 적음이
절대적 기준이 될 수는 없습니다. 다수자-소수자는 권력관계에서 지
배-종속 관계가 중요한 기준이 됩니다. 예를 들어 비정규직은 수적
으로는 다수이지만 소수자, 사회적 약자로 분류할 수 있습니다. 과
거 남아프리카공화국에서 인구의 80% 이상을 차지하던 흑인은 지배
집단인 백인과의 관계에서 사실상 소수자였죠. 남성중심주의, 남성적
가치관이 지배하는 사회에서 여성이 소수자로 대접받는 것 또한 마
찬가지 맥락입니다.

또한 소수자라는 개념은 시공간적 맥락에 따라 각기 다르게 정의
할 수 있습니다. 특정한 시점과 공간에서의 소수자가 반드시 다른 공
간에서도 소수자로 존재하지는 않는다는 것이지요. 비정규직 남성이
노동시장에서는 소수자, 사회적 약자일지라도 가부장적인 가정에서
그는 남성으로서 다수자의 권력을 행사할 수 있습니다.

소수자를 논함에 있어 또 한 가지 주의할 점은 정체성을 고정된 것
으로 바라봐서는 안 된다는 것입니다. 사회를 살아가는 인간은 단 하
나의 정체성만을 가지고 살아가는 것이 아닙니다. 정체성은 복수일
뿐만 아니라 얼마든지 변화 가능하다는 거지요. 그러므로 소수자의
정체성을 영구적이거나 고정된 것으로 정의해서는 안 됩니다. 더구나

소수자와 다수자의 정체성을 절대화한다는 것은 그런 차이에 따른 위계적 이분법과 불평등을 재생산한다는 것을 의미합니다.

소수자와 연동되어 있는 사회적 약자의 개념 역시 신중하게 접근해야 합니다. 약자라는 개념은 강자를 전제하면서 배제되거나 밀려난 사람들을 의미하지만 이 잣대만으로 보면 소수자의 주체적 능력을 간과하거나 소수자를 객체화시키는 오류를 범할 수 있습니다. 역사적으로 소수자는 끊임없이 자신과 주변 조건을 변화시키는 실천 속에서 능동적인 주체로 거듭났고 이는 인권과 민주주의를 확산시키는 데 크게 기여했지요. 예를 들어, 전통적인 약자였던 여성이나 흑인, 장애인들은 기존의 지배적 위계질서와 차별에 문제를 제기하고 동등한 존재임을 부각시키면서 보다 평등한 공동체를 만들어왔습니다. 평등한 시민권과 민주주의 확장을 가져온 노동운동의 발전 역시 당대에 소외된 자, 배제된 집단의 상징이었던 노동자들의 참여를 통해 가능했고요. 이들은 자신들도 동동한 인간임을 내세우면서 정치에 참여할 자격을 요구했습니다.

실제로 우리 사회의 민주화 역시 성별, 종교, 사회적 신분, 지역과 연령, 정치적 이념 등으로 차별받던 소수자들의 요구와 권리를 포용하는 정의를 향한 진전이었다고 평가할 수 있습니다. 예를 들어, 특정 지역 출신이라는 이유로 정치권력 접근에서 상당한 불이익을 받고 배제당하던 사람들이 상대적으로 공평하게 정치권력에 참여할 수 있게 된 것도 민주화가 거둔 성과 가운데 하나로 볼 수 있겠지요

이처럼 소수집단은 인권과 시민권을 확장시킬 수 있을 뿐만 아니라 기존 질서와 가치를 문제화하고 재구성할 가능성을 제공합니다. 즉, 다수자가 규정한 획일적인 질서와 통념에서 벗어나 새로운 가치와 차이를 만들어낼 수 있는 잠재력이 있다는 것이지요. 그 잠재력이

긍정적으로 발현될 때, 정치의 외연을 확장하고 정치의 성격을 새롭게 만들면서 민주주의를 발전시킬 수 있습니다. 더불어 이런 변화는 소수집단 전체의 자율성을 향상시킬 뿐만 아니라 인민대중 전체의 민주적 능력과 덕성을 함양시킬 수 있습니다. 차이에 대한 인정과 관용은 민주적 시민의 가장 중요한 덕성이자 보다 정의로운 사회를 만들어가는 원동력이기 때문입니다.

어떤 개인이나 집단을 막론하고 동등한 정치적 발언권을 허용하는 공론장, 다양하고 이질적인 세력들이 만나고 소통하는 '능동적이고 활력 있는 시민사회'는 민주주의의 수준을 한 단계 향상시키는 데 큰 역할을 합니다. 소수자들의 자발적인 움직임이 있고 그들의 목소리를 반영하는 사회는 그만큼 민주적이고 평등한 사회입니다. 약자를 배려하고 존중하며 그들의 주체성을 인정하는 사회일수록 인간에 대한 존중과 배려가 넉넉하기 때문이지요. 물론 아직 한국 사회는 소수자의 존재나 감성을 이해하는 정도가 낮은 상태입니다. 때문에 소수자 문제는 향후 한국의 민주주의 발전을 가늠하는 중요한 척도가 될 것입니다. 진정한 민주주의는 지배적인 정치질서가 배제하고 억압해온 주체들이 해방의 기획을 실현하는 마당이기 때문입니다. 이를 위해서는 끊임없는 민주주의 혁신과 시민문화의 성숙이 필요하겠습니다.

# 6. 더불어 행동하는 행복: '공적 행복'

　행복은 다양한 방식으로 추구될 수 있습니다. 행복의 수준과 내용은 천차만별일 수 있다는 거지요. 어떤 사람은 오랫동안 원하던 것을 얻어서 행복감을 가질 수 있습니다. 그리고 다른 사람은 오랫동안 보지 못했던 친구를 만나서 행복을 느낄 수 있으며 또 다른 사람은 자신의 신앙생활이 잘되어 나간다고 생각하기 때문에 행복감을 느낄수도 있습니다. 저는 이번 강의를 통해서 이와 같이 다양한 행복의 내용들 중에서 오늘날에는 대부분 잊혀져버린 행복의 한 차원을 소개할까 합니다. 이 행복은 적극적인 민주시민들이 경험할 수 있는 것으로, 정치공동체에 참여함으로써 얻을 수 있는 행복감입니다. 저는이 행복을 '공적 행복'이라 부르고 싶습니다. 이 행복은 많은 행복의 내용들이 개인적인 데 비해 공동체에 대한 참여를 통해서만 경험된다는 점에서 공적인 특징을 가집니다. 덧붙여 공동체 전체의 번영과 행복을 달성하려고 노력하는 과정에서 경험되고 실현된다는 의미에서도 역시 '공적 행복'이라 할 수 있겠습니다.

'공적 행복'의 내용이 무엇인지를 살펴보기 위해 저는 고대 그리스의 아테네에 관한 얘기로부터 시작할까 합니다. 왜냐하면 '공적 행복'의 이상이 바로 아테네에서 발원했고 또 실현되었기 때문입니다. 여러분도 잘 아시겠지만 고대 그리스의 아테네는 인류 최초로 직접민주정치의 이상이 실천된 곳이었습니다. 그곳에서는 자유시민의 자격을 갖춘 사람들이면 누구나 공동체의 문제를 논의하고 결정하는 민회에 참여할 수 있었습니다. 물론 아테네 민주정치의 주역인 자유시민들은 전체 인구 약 35만 명 중에서 약 5만 명 정도에 불과했습니다. 하지만 최소한 자유시민들 사이에서 실천된 민주주의는 그 후에도 찾아보기 힘든 이상적인 직접민주주의였죠. 시민들은 아크로폴리스라고 불리는 큰 광장에 모여 설득하고 설득되는 자유로운 토론을 거쳐 공적인 문제를 해결했습니다. 그런데 아테네 시민들의 정치 참여는 오늘날의 정치 참여와는 중요한 차이가 있었습니다. 바로 이 차이점이 오늘날 상당 부분 잊혀진 '공적 행복' 관념과 연관되어 있습니다.

'공적 행복' 관념은 인간을 사적인 부분과 공적인 부분으로 나누어 보는 관점을 전제합니다. 공적인 삶의 영역이라는 표현은 사적인 삶의 영역에 상대적인 개념이지요. 고대 그리스 사람들은 인간의 삶이 바로 이 두 영역에 걸쳐 있다고 생각했습니다. 사적인 삶의 영역은 공적으로 공개되지 않고 사적인 애정과 관심사가 주도하는 영역입니다. 가정이 대표적인 예이죠. 가정과 같이 공개되지 않고 감춰진 사적인 생활영역에서는 인간의 육체적 생존을 위한 경제행위와 자손을 재생산하는 생식활동이 가장 주된 내용을 이루고 있습니다. 이 사적인 삶의 영역은 공적인 참여의 삶을 살기 위한 조건이긴 하지만 일차적인 관심사가 주로 먹고사는 문제에 집중되어 있는 만큼 생물학적인 필연성에 묶여 있습니다. 그 때문에 공적인 영역에 비해 그 가치가 떨어지는 것으로, 자유시민이 시간과 재능을 쓰기에는 아까운 부분으로 간주되었습니다. 이런 통념은 가정과 같은 사적인 삶의 영역은 여성과 노예에 일임하고 자유시민은 생물학적인 필요충족 행위를 넘어서서 자기실현을 가능케 해주는 공적인 삶의 영역에 참여해야 한다는 논리와 연결됩니다.

공적인 삶의 영역이란 평등한 시민들이 모여 있는 공개적인 장소에서 일신상의 문제를 초월하여 공적인 문제를 자유롭게 논의하는 공간입니다. 정치사상가 아렌트는 『인간의 조건』(1958)이란 책에서 아테네의 공적 공간은 두 가지 중요한 기능을 담당했다고 주장합니다. 첫째로 공적 공간은 시민들에게 자유로운 행위와 발언의 기회를 증대시켜줍니다. 그리하여 모든 시민들이 동료 시민들 앞에서 자신의 독특한 정체성을 내보일 수 있는 기회를 꾸준히 제공합니다. 둘째로 공적 공간은 '공동의 기억'을 통해 행동과 발언의 무상함을 극복함으로써 '불멸의 명예'를 얻기에 합당한 시민들이 망각되는 것을 방지합니다. 다시 말해, 아테네 폴리스는 시민들로 하여금 독특한 정체를 가진 존재로서의 자기를 내보일 수 있는 유일한 공간으로 창설되었습니다. 동시에 인간의 최고 가치로 인식되는 '불멸에의 욕구'를 충족시키기 위한 유일한 공간이었습니다.

지상에서 오직 인간만이 불멸의 욕구를 지닌 존재이며, 그 욕구는 공존을 통해서 타인들이 기억해주는 명예를 획득할 때만 충족될 수 있다고 여겨졌습니다. 따라서 자유시민은 공동체를 위해 만인이 찬탄하고 기억할 만한 위대한 기여를 함으로써 불멸의 명예를 획득, 자신의 불멸성을 확보하려고 한다는 거지요. 아렌트가 보기에 아테네를 포함한 그리스의 폴리스(도시국가)들은 그러한 인간의 공적인 욕구가 발현되고 실현되는 공간이었습니다. 호메로스가 『일리아드』와 『오디세이아』에 기록하고 있는 영웅들이 바로 이와 같은 불멸성을 획득한 시민들입니다.

그러므로 아테네 민주정치를 유지시켰던 근간은 일신의 안락함을 초월해 공동체 전체의 선과 행복을 위해 헌신하겠다는 투철한 공공정신이었습니다. 이런 공공정신은 이른바 공화주의로 불리는 정치사상의 뿌리가 되어 마키아벨리와 루소 등을 거쳐 현재까지 계승되고 있습니다. 오늘날에도 적지 않은 정치이론가들이 자유주의 정치의 결함을 극복하기 위한 대안으로 공화주의 전통에 호소하고 있습니다. 앞에서 언급한 아렌트 역시 그중 하나입니다.

하지만 아테네 민주정치와 로마 공화정으로부터 전승된 공화주의 전통은 르네상스 시기 이탈리아의 도시국가와 18세기 영국 그리고 미국 건국 시대의 타운에서 잠시 부활한 것을 제외하면 근대 이후 시대의 대세로 자리 잡은 자유주의 정치에 밀려나게 됩니다. 그와 함께 공적인 참여의 정신과 공공선에 대한 관심도 소멸되었고 참여를 통해 경험할 수 있었던 '공적 행복' 또한 거의 망각되고 말았습니다.(그럼에도 불구하고 오늘날 공화주의 전통이 완전히 소멸한 것은 아닙니다. 적지 않은 학자들이 자유주의 정치의 한계를 극복하기 위해 공화주의적 참여 정치를 복구시키고자 노력하고 있습니다. 스키너, 샌델, 바버와 같은 학자들이 바로 그들 중 하나입니다.)

알려졌듯이, 자유주의 정치사상은 공화주의 전통과 마찬가지로 삶을 사적인 영역과 공적인 영역으로 구분합니다. 그러나 공화주의와 달리 진정한 자유는 국가권력이 개입할 수 없는 사적인 삶의 영역에서 실현되는 것으로 간주합니다. 정치에 대한 참여는 애국심이나 공공선에 대한 관심 때문이 아니라 자기 자신의 이익을 극대화할 목적으로 하게 됩니다. 자유주의자들에게 공동체는 고유한 가치가 있는 실체가 아닙니다. 그것은 일차적으로 개인의 생명과 재산과 자유를 지키기 위한 수단으로 간주되죠. 그러므로 공동체에 대한 헌신은 기쁨보다는 부담을 주는 것으로 이해되며 따라서 가능한 한 정치생활에 참여하지 않으려 합니다. 그들에게 보다 가치가 있는 삶은 친밀한 사적관계가 중심인 삶입니다. 그러므로 자유주의 정치가 대세를 장악할수록 정치공동체에 대한 애착과 참여는 점점 더 소멸해가는 반면, 사적인 삶은 절대적인 자유의 영역으로서 갈수록 신성한 것으로 되어갑니다. 미국의 압도적인 영향을 받은 지난 60년 동안 우리 한국에서도 비슷한 변화가 생기고 있습니다. 신세대 유권자들의 정치 참여는 급격히 떨어지고 있으며, 프라이버시에 대한 집착은 나날이 강해지고 있지요. 그리하여 공적인 참여의 삶에서 오는 기쁨과 행복을 경험할 가능성은 거의 사라지고 있는 형편입니다.

결론을 맺겠습니다. 프라이버시privacy라는 영어 단어는 원래 무엇인가가 박탈된 상태를 의미하는 privatus라는 희랍어에서 파생되었습니다. 이는 프라이버시에만 집착한 채 개인적인 행복만을 추구하는 삶은 온전한 삶이 아니라, 삶을 온전하게 하고 풍성하게 하는 중요한 무엇인가가 결핍되었다는 것을 의미합니다. 그도 그럴 것이 사적인 삶의 영역에서 경험할 수 있는 행복이란 극히 제한적인 인간관계와 관심사에 국한된 것이기 때문입니다. 평등한 동료 시민들과 함께 공적인 공간에서 공동체의 문제를 놓고 염려하며 자유롭게 토론하는 것은 인간의 경험을 더욱 풍성하게 만듭니다. 인간관계는 더욱 폭넓어질 것이며, 관심사도 전체 공동체의 번영과 행복에까지 확장됨으로써 전혀 새로운 차원의 기쁨과 행복을 경험하게 될 것입니다. 또한 정치 참여는 정치가 독재화되고 권위주의적으로 타락하는 것을 방지함으로써 결국은 사적인 자유의 영역을 지키는 데 큰 기여를 할 것입니다. 우리 모두 공적인 문제에 관심을 갖고 참여하는 훈련을 함으로써 지금까지 망각되어온 '공적 행복'을 우리의 삶 속에 다시 부활시키도록 합시다.

# 7. 정의로운 사회, 그 행복의 조건

여러분 중에는 아마도 사회정의와 개인의 행복은 별개라고 생각하는 분들도 계실 것입니다. 예를 들어 다수가 굶주림에 시달리고 있다고 해도 나와 내 가족만 풍족하고 만족스런 생활을 하고 있다면 나는 행복하다고 생각할 수도 있으니까요. 게다가 자신이 남보다 더 잘 살고 있다고 생각하면 더 우쭐해지는 것이 사람의 마음인바, 다수의 빈민들 사이에서 자신만이 유독 부유하고 잘 살고 있다고 생각하면 행복감이 갑절로 커진다고 생각할 수도 있겠지요. 그리고 실제로 우리 사회의 곳곳을 들여다보면 이런 생각이 전혀 터무니없는 가정은 아닐 거라는 생각마저 듭니다. 곳곳에 불의와 비참함이 만연해 있어도 유복하고 행복하게 사는 사람들이 적지 않은 것처럼 보이기 때문이지요.

하지만 저는 이런 생각은 피상적이라 봅니다. 만일 나의 삶이 다른 사람들과 전혀 상관이 없이 격리된 삶이라고 한다면 불의가 판치는 사회에서도 나의 삶은 행복할 수 있을지 모르지요. 그러나 모든 사람의 삶이 서로 얽혀 있고 상호의존적이라는 것을 이해한다면 사회정의야말로 내가 더 행복해질 수 있는 조건이라는 생각이 듭니다. 왜 그럴까요? 이것이 바로 오늘 강의의 주제입니다.

사회정의와 개인의 행복 사이에 상당한 연관성이 있다고 보는 데는 크게 두 가지 이유가 있습니다. 한 가지는 신중한 보수적 관점에서의 이유이고, 다른 한 가지는 도덕적인 인간의 관점에서 본 이유입니다. 저는 후자가 보다 더 중요하다고 생각하지만 전자도 인간사의 현실을 고려해볼 때 결코 무시할 수 없는 이유라고 생각합니다. 먼저 신중성에 기초한 이유를 살펴보도록 하지요. 만일 우리 사회가 빈부의 격차가 더욱 극심해져서 다수의 빈민과 소수의 부유층으로 확연히 분리된다고 생각해보십시오. 이런 사회는 일반적으로 사회정의가 실현되지 못한 사회로 평가됩니다. 무엇보다 다수 빈민의 비참한 상황과 소수의 호화스런 생활이 극명히 대조됩니다. 그 때문에 다수 빈민의 소수를 향한 질투와 시기가 보편적으로 될 가능성이 큽니다. 자연히 온갖 범죄가 창궐하고 약탈행위가 빈번하게 일어나 사람들의 삶이 무척 불안해질 겁니다. 국가는 사회안전을 위해 더 많은 경찰력을 충원해야 하는데 이는 결국 잘 사는 사람들의 지출을 늘리게 되겠죠. 이와 같이 빈부격차의 심화는 그로부터 야기되는 사회 문제를 방지하기 위해 더 많은 재정지출을 가져오므로 결코 소수의 부자들에게도 유리하다고 보기 어렵습니다. 더구나 부유층 입장에서는 안전을 위해 지출을 감수하고도 자신들을 향한 다수의 적대감과 질투를 피할 수 없을 것이니 단지 직접적인 위협을 잠재적인 위협으로 대체한 효과밖에는 얻지 못합니다.

질투와 적개심이 상존하는 사회에서 안정되고 행복한 삶을 누리기란 결코 쉽지 않을 것입니다. 그것은 빈민들과 부유층 모두에게 유익하지 않지요. 만일 부자와 특권층이 내는 안전비용이 경찰력을 증대하는 데 쓰이지 않고 빈민들의 생활고를 완화하기 위해 쓰인다면 어떻게 될까요? 빈민들이 부유층이 낸 돈 덕분으로 생활하고 있다고 생각한다면 부유층에 대한 적개심은 크게 완화될 것입니다. 비록 부유층의 재정부담이 자신의 생명과 재산을 지키기 위한 이기적인 동기에 따른 것일지라도 도움을 받는 입장에서는 고맙게 생각할 수 있습니다. 그렇게 되면 시기와 분노에 찬 범죄는 줄어들 것이고 사회는 그런 대로 안전하게 유지될 가능성이 커지겠지요. 이렇듯 안정된 사회라면 부유층은 계속해서 자기들의 특권적인 지위를 유지할 수 있고 이는 그들의 행복에 유리하게 작용할 겁니다.

사회정의의 문제를 신중성에 기초하여 이해하는 것이 일부 사람들에게는 못마땅하게 보일 수 있습니다. 이 입장은 인간에 대한 다소 부정적인 이해에 바탕을 두고 있기 때문이죠. 최근 들어 우리 사회에서도 순수한 이타적 감정을 가지고 부를 사회에 환원하는 사람들이 늘고 있습니다. 각종 재해가 닥쳤을 때 아낌없이 성금하는 사람들도 드물지 않습니다. 그렇기 때문에 부자들이 순전히 이기적인 동기에서 안전비용을 지불한다는 신중주의적 관점은 인간의 심성을 지나치게 부정적으로 보는 견해라고 생각할 수도 있습니다.

그러나 신문과 각종 언론매체에서 접하는 소식들을 생각해보면 인간에 대한 낙관적인 이해만으로는 사회 안전을 확보할 수 없다는 생각이 들지요. 대다수가 선하고 이타적이라고 해도 소수가 그렇지 못하다면 사회는 소수 악인들의 횡포와 비행의 포로가 될 테니까요. 그리고 모든 이들이 선하고 이타적이라면 애당초 사회정의에 관한 문제는 발생하지 않았을 것이고 따라서 국가가 반드시 발생했을까 하

**무정부주의**
일반적으로 모든 정치적 조직, 규율, 권위를 거부하고 국가권력 기관의 강제수단을 철폐함으로써 자유와 평등, 정의, 형제애를 실현하고자 하는 유토피아적 이데올로기 및 운동. 국가나 정부기구는 본래 해롭고 사악한 것이며 인간은 그것들 없이도 올바르고 조화로운 삶을 영위할 수 있다는 신념이 근간을 이루고 있다.

는 의문도 듭니다. 물론 무정부주의자 의 시각이 옳을 수도 있습니다. 그러나 인간에게 악하고 이기적인 심성이 있고 그 때문에 사회가 갈등과 분쟁에 휩싸일 가능성을 감안하면, 신중한 관점은 사회를 예측할 수 없는 위협으로부터 안전하게 보호하기 위해 필요한 태도입니다. 불확실성과 복잡성, 그리고 위험성이 증대하고 있는 오늘날에 신중성은 더욱 중요해지고 있습니다. 최근 케임브리지 대학의 던 교수도 신중성의 정치이론적 중요성을 부각시킨 바 있습니다.

그렇지만 인간의 사회적 협력을 이기주의적인 각도에서 이해하는 것은 인간의 행복에 부정적인 영향을 미칠 수도 있습니다. 사회정의에 대한 관심이 주로 불안과 공포의 정념에서 발원한다고 보기 때문이지요. 이 관점에서 사회정의의 실현은 주로 가진 자들의 불안과 공포를 축소하고 못 가진 자들의 시기와 질투를 완화한다는 소극적 측면에서 옹호됩니다. 사회협력에 대한 이와 같은 이기주의적인 발상은 인간 행복의 가장 중요한 원천이라 할 수 있는 조화로운 인간관계의 창출과 유지에는 크게 기여할 것 같지 않습니다.

저는 좀 더 이상주의적인 관점에서 사회정의의 문제를 바라보려고 합니다. 자기의 안전과 이익을 유지하기 위해 남을 돕는다는 생각은 너무 소극적이며 자신의 행복에도 그리 도움이 되지 않기 때문입니다. 세금을 내고 기부할 때, 내 것을 지키기 위해서 그렇게 한다고 생각하는 대신 타인에 대한 연민과 타인의 행복을 위해 그렇게 한다고 생각하면 어떨까요? 이기적인 동기에서든 이타적인 동기에서든 지불하는 비용은 동일하다면 어떤 것이 기부자의 행복에 더 기여할 수 있을까요? 예를 들어 제가 어떤 걸인에게 약간의 돈을 준다고 했을 때 그 걸인이 자꾸 따라 붙어 마지못해 돈을 주는 경우와 그의 가엾은 처지를 안타까워하며 돈을 주는 경우를 놓고 봅시다. 아마 자발적인 동정심으로 기부하는 편이 훨씬 더 나을 겁니다. 이처럼 동일한 결과를 가져오는 행위라 하더라도 그 행위에 수반된 동기와 의도의 차이는 행위자의 행복에 적지 않은 영향을 미칠 수 있습니다.

우리들은 대개 우리 자신의 이익을 위해서 일한다고 생각합니다. 하지만 이익을 얻기 위한 행위들에 대해 곰곰이 생각해보면 중요한 깨달음을 얻을 수 있습니다. 우리들의 직업 가운데 많은 것들은 결국은 타인들을 유익하게 하는 일입니다. 그 대가로 보수를 받지요. 그런데 우리는 그런 직업적인 행위들이 우리 자신의 이익을 위해서라고만 생각하는 경향이 있습니다. 우리가 그런 생각을 바꾼다면 그동안 직업에 대해 가지고 있었던 많은 편견과 부정적인 생각들을 떨쳐버릴 수 있습니다.

저는 이런 입장을 이상주의적인 진보주의 입장으로 부르겠습니다. 이 입장은 신중한 보수주의와는 달리 인간에 대한 긍정적이고도 낙관적인 견해에 입각해 있습니다. 타인의 불행에 연민을 갖는 자연적인 이타주의와 남을 도우려는 선의지가 그 밑바탕에 깔려 있습니다. 이런 인간론으로 행복의 문제를 바라보면 행복은 전혀 다른 각도에서 이해될 수 있습니다. 행복이 물질적인 소유와 소비로부터 오는 충족감이 아닌 타인과의 좋은 관계와 나눔으로부터 오는 즐거움의 관점에서 이해되는 것이죠. 우리는 이와 같은 행복을 얼마든지 경험하고 발견합니다. 가족, 친척, 그리고 친구들과의 관계가 원만하고 좋을 때 행복을 느낍니다. 또한 직장에서의 원만한 대인관계가 우리의 행복에 큰 영향을 미치죠. 우리는 행복하기 위해 이와 같은 모든 개인적·사회적 관계들이 계속해서 원만하고 이상적으로 유지되기를 바랍니다.

그러므로 신중한 보수적 관점에서뿐만 아니라 이상주의적인 진보적 관점에서도 사회정의 실현에 힘써야 할 필요가 있습니다. 실제로 우리에게는 사회정의에 관심을 갖게 하는 유대의 능력이 있습니다. 자연재해나 인재가 발생하면 많은 이들이 자원봉사에 나서고 기부금을 아낌없이 희사합니다. 또 국제적인 운동경기가 있을 때면 한마음 한뜻이 되어 열정적인 응원을 합니다. 감격적인 승리 앞에서 우리는 아무런 상관이 없다고 생각해온 타인들과 격의 없는 포옹을 나눕니다.

물론 이타적인 감정에는 한계가 있습니다. 우리는 평소 이타적인 마음을 가족이나 친구가 아니면 쉽게 발휘하지 않으려 합니다. 또한 우리는 같은 동포에 대해선 애착을 보이지만 이런 감정을 국경을 넘어서까지 확장하고자 하는 의지는 약합니다. 그러나 그런 한계를 넘어서 행동하는 사람들도 분명히 적지 않게 존재하므로 불가능하다고 미리 단정하는 것은 잘못된 판단이겠죠. 우리 모두에게는 가족과 친구의 범위를 넘어 타인의 행복과 복지가 향상되기를 바라는 거룩한 마음이 있습니다. 이런 잠재력을 자각하고, 또 실제로 이타적인 행위를 통해 자신의 이익과 행복을 실현하고 있다는 것을 이해하게 되면, 우리의 삶과 행복이 사회정의와 훨씬 더 밀접한 관계임을 인정할 수 있을 것입니다. 이번 강의가 독자들로 하여금 이런 이해와 각성의 필요성을 조금이라도 일깨워주는 데 기여할 수 있기를 기대해봅니다.

# 8. 한국적 민주시민의 형성을 향하여

　많은 나라들이 민주주의라는 동일한 정치체제를 채택하고 있지만 민주주의의 향기는 저마다 다릅니다. 미국 민주주의만의 고유한 향기가 있고, 영국 민주주의와 독일 민주주의 역시 그들만의 독특한 향기를 가지고 있습니다. 한국의 민주주의 역시 좋든 나쁘든 나름대로의 고유한 특색을 가지고 있습니다. 이렇게 각 나라마다 민주주의가 제 나름대로의 향취를 갖는 이유는 문화의 차이에 있다고 봅니다. 그리고 문화의 차이는 결국 인간형의 차이를 만들어내기 때문에 결국 문화와 인간형의 차이가 각 나라의 민주주의를 독특하게 만드는 가장 근본적인 원인이라 생각합니다. 이번 강의에서는 한국 민주주의를 그 밑바닥에서부터 규정하고 있는 한국의 현대 문화와 그 안에서 형성되고 있는 한국인의 자아구조를 다소 직관적인 방식으로 분석해보고자 합니다. 그리하여 한국형 민주주의를 주도해갈 수 있는 바람직한 한국형 민주시민의 상을 모색해보고자 합니다. 저는 이런 목적의 논문을 이미 『한국정치학회보』(33집, 1999년)에 발표한 바 있기 때문에 이번 강의는 그 논지를 요약하는 차원에서 진행하겠습니다.

한국인들이 서구식 자유민주주의를 수정·보완 없이 그대로 추구해야 하는가 하는 문제는 한국 민주주의의 미래에 관련된 가장 근본적인 문제입니다. 서구의 자유민주주의는 그 민주적 질서 속에서 살아가는 인간의 자기이해를 반영할 뿐만 아니라, 그러한 인간의 도덕적 능력을 발현할 수 있는 최적의 정치제도로서 정당화돼 왔습니다. 그렇게 볼 때, 수정 또는 보완되지 않은 서구식 자유민주주의가 과연 우리 한국인들의 도덕적 특성에 가장 잘 부합하는 정치형태가 될 수 있겠는가 하는 의문은 당연합니다. 한국의 전통적인 유교 문화가 인간을 바라보는 눈은 자유주의적 관점과는 판이합니다. 자유주의적 관점에 따르면 개인은 자신의 신체를 경계로 삼아 자아와 타자를 확연히 분리·구분하고, 그 분리 의식에서 자아의 정체성을 확보합니다.

반면 유교 문화의 시각에서 개인은 특정 집단에 속하는 다른 개인들과의 관계 속에서만 자신의 정체를 확보하죠. 다시 말해 유교에서 개인의 정체의식은 항상 그 개인이 속해 있는 보다 큰 집단과의 관계를 통해서만 획득됩니다. 따라서 유교의 자아관념은 자유주의적 자아관념에 비해 그 외연이 훨씬 넓고 복잡할 수밖에 없습니다. 예컨대, 유교적 개인은 단독으로 존재하는 것이 아니라, 부부·부자·군신·형제·붕우 등의 관계를 통해서만 그 정체가 확인됩니다. 그가 속해 있는 집단의 성격과 지위는 개인의 정체를 확인하는 데 필수적인 배경이기 때문에 개인 자신보다는 그가 속한 집단의 정체를 확인하는 것이 필요합니다. 요약하면, 자유주의 문화에서는 인간을 분리되고 독립적인 개인으로 보는 데 반해, 유교문화에서는 개인을 다양한 인간관계망의 한 구성요소로 보는 것이지요.

그런데 문제는 전통적인 유교의 인간관이 현재 한국 사회의 문화적 특징과는 일치하지 않는다는 것입니다. 왜냐하면, 한국 사회의 문화는 이미 순수한 유교 문화라고 보기 어려우며 오랜 동안 반反유교적인 자유주의 문화에도 깊은 영향을 받아왔기 때문입니다. 가장 단순하게 보더라도 현재 한국 사회의 문화는 유교 문화와 자유주의 문화가 혼합된 구조입니다. 그리고 한국 사회가 유교 문화로부터 자유주의의 유입과 확산에 따라 혼합적인 문화로 변해왔다는 판단이 옳다면, 한국인의 자아가 지닌 도덕적 성격에 커다란 변화가 발생하고 있다는 추론을 해볼 수 있습니다. 자아가 상당 부분 문화공동체에서의 삶을 통해 형성된다고 볼 때, 문화의 변화는 곧 자아의 변화를 의미하기 때문입니다. 서구의 자유주의 문화가 유입되기 이전의 지배적인 한국 문화가 유교 문화였다고 할 경우, 그 문화 속에서 형성된 한국인의 자아는 분리되고 독립적인 개체라기보다는 서로 결합되고 의존적인 공동체적 존재였다고 할 수 있습니다. 그러나 약 반세기에 걸친 근대화 과정을 통해 자유주의 문화가 점차 그 세력을 확장해감에 따라 한국인의 자아형성은 전통적인 사회와는 다른 양상을 띠게 되었습니다. 개인주의 문화의 영향으로 자아의 개체의식은 보다 선명해지고 있는 반면, 그 공동체적 유대는 점차 약해지고 있지요. 그러므로 현재 한국의 문화는 서구의 자유주의 문화와 전통적인 유교공동체주의 문화가 긴장관계를 이루면서 공존하는 형태로서, 한국인의 자아도 이와 같은 두 문화의 영향으로 인해 공동체적인 특성과 아울러 개인주의적인 특성도 동시에 드러내고 있다고 할 수 있습니다.

그런데 이와 같은 자아의 복합적 구조를 그대로 묘사한다는 것은 거의 불가능합니다. 단지 전체적으로 볼 때 자유주의적인 분리된 인간관과 유교의 공동체적 개인관의 중간 형태로서 이 양자의 특징이 모두 불완전하게 나타나는 구조로 이해할 수 있을 뿐입니다. 따라서 저는 앞으로 정말 중요한 과제는 이와 같은 혼합적인 문화구조 속에서 한국적 민주정치공동체의 주체가 될 수 있는 바람직한 자아의 이미지를 구성하여 의도적으로 그러한 인간형을 창출할 수 있도록 노력하는 것이라고 생각합니다.(하나의 공동체 안에서 사람들은 생활양식 및 실천방식 그리고 가치체계를 공유하고 있습니다. 아울러 공통적인 윤리와 도덕체계를 가지고 있는데 그 응집성이 높을수록 그 문화공동체는 안정성을 갖는다고 볼 수 있습니다.)

바람직한 한국형 민주주의의 주체가 될 수 있는 이상적인 한국인의 상은 지금까지 한국 정치를 부분적으로 규정해온 부분집단—지역, 가문, 학벌, 혹은 사회계급—중심의 공동체 감정과, 국법으로 규정된 권리와 의무체계를 통해 자신을 보편적 공동체로서의 국가의 일원으로 인식할 수 있는 시민의식 사이의 균형을 의식적으로 유지해갈 수 있는 존재라고 봅니다. 이와 같은 개인은 자유주의의 보편적 개인주의와 본질적으로 편파적일 수밖에 없는 공동체 감정이 서로를 파괴하는 방식으로가 아니라 상호보완적으로 기능하도록 하는 덕성을 체현한 개인입니다. 자유주의적 개인주의와 보편주의는 부분집단의 공동체 감정을 견제함으로써 보편 공동체의 공동선과 개인의 권익을 보호하는 데 기여할 것입니다. 반면에, 고유한 내용을 갖는 부분집단의 공동체 감정은 상대적으로 개인주의와 보편주의의 정서적 메마름을 보완함으로써 개인의 삶에 구체적인 의미와 안정감을 부여할 테고요.

때때로 부분 공동체에 대한 애착과 전체 국가공동체에 대한 시민적 책임이 강렬한 긴장을 일으킬 수도 있을 것입니다. 국가공동체가 특정한 개인들이나 부분 공동체들이 겪고 있는 지속적인 희생을 묵인하는 편파성을 보인다면, 소외된 부분 공동체에 대한 강렬한 귀속감이 국가공동체의 편파성을 시정하도록 항거하는 운동의 정서적 기반으로 작용할 것입니다. 역으로 국가공동체의 공동선들—질서, 평화, 정의 안정, 법의 지배, 권리체계 등—이 특정한 부분 공동체들이 과도하게 누려온 특권에 의해 위태로워질 수 있는 경우에는 부분 공동체들의 권익을 제약할 수 있어야 합니다. 그러나 보편 공동체로서의 국가공동체의 공동선을 심각히 침해하는 경우가 아니라면, 부분 공동체들이 법적 테두리 내에서 누리고 있는 고유한 문화적 삶을 제약해서는 안 됩니다. 이는 국가공동체를 억압적인 질서로 타락시키는 길이기 때문이죠. 국가의 공동선에 대한 시민적 충성과 부분 공동체의 일원으로서의 충성 사이에서 때때로 발생하는 긴장을 완전히 해소할 수 있는 절대적인 기준과 묘안은 없습니다. 그 긴장의 내용과 조정은 그 긴장이 발생하는 정치사회의 문화의 독특성, 권리체계의 발전 정도, 물질적 풍요의 정도, 그리고 무엇보다도 시민들의 덕성에 달려 있습니다.

지금까지의 설명은 개인주의와 보편주의가 결합된 시민의식과 본질적으로 편파적일 수밖에 없는 공동체의식 사이에 존재하는 긴장적인 상호의존성을 조명해줍니다. 여기서 시민의식과 공동체의식이 서로 긴장적인 관계에 있다는 말은 때때로 이 둘 사이에 충돌이 발생하는 까닭에 한쪽의 양보가 불가피하다는 것을 의미합니다. 그리고 상호의존적이라 함은 개인의 행복에는 자유와 아울러 공동체적 유대감 혹은 귀속감이 필수적이며, 공동체가 건강하게 유지되기 위해서는 개인 권리의 보장 체계가 필수적이라는 것을 의미합니다. 이상적인 한국형 민주시민에게서 자유와 공동체의식은 서로 긴장관계에 있음에도 불구하고 공존·견제·균형을 이루면서 공동체의 건전성과 자아의 귀속감 및 활력을 동시에 유지하는 상보적인 관계를 형성하고 있습니다.

이 긴장적인 공존관계가 완전히 융합적인 관계로 나아가는 것은 바람직하지 않습니다. 그것은 곧 한 가지의 지배적인 요소에 의해 다른 요소가 그 견제력을 상실해버리는 것을 의미하기 때문이죠. 지역 공동체의식에 의해 보편적인 시민의식이 흡수될 때 그 정치사회는 편파적이며 권위주의적인 체제로 귀착될 가능성이 큽니다. 반면에 공동체적 유대감이 개인의 권리의식에 의해 압도돼버리면, 우리 사회는 공동체에 대한 책임과 의무는 결여한 채 권리만을 갖고 있는 '이방인들의 사회'가 되어버릴 테겠죠. 이 두 가지 요소의 긴장적인 공존이 이와 같은 극단적인 결과들을 극복할 수 있는 유일한 가능성을 제공한다고 봅니다. 그러므로 이상적인 한국형 민주시민은 이 두 가지 요소의 긴장을 통해서 지역공동체에 함몰되지 않는 보편적인 시민의식을 유지함과 동시에, 정서적 일체감을 통해 개인의 삶에 귀속적 안정을 주는 공동체의식을 동시에 유지해갈 수 있어야 한다고 생각합니다. 우리가 근대화 과정을 통해서 배양한 자아성찰의 능력은 이 두 가지 요소의 긴장적인 공존을 가능하게 하는 중요한 무기라고 생각합니다.(자아는 외부에 대한 적응 및 발전을 도모할 뿐만 아니라 그 자신의 내용에 대한 반성까지도 포함하는데, 이것을 기든스는 자아성찰이라고 부르고 있습니다. 이러한 자아성찰로 인해 근대성은 여전히 발전의 여지가 많다고 볼 수 있습니다. 단순히 발전만을 향해 달려온 근대화와 구분지어 '성찰적 근대화'라고 부를 수 있습니다.)

하지만 지역공동체에 대한 귀속감과 보편적인 개인의 권리의식을 균형적으로 유지할 수 있는 덕성은 어느 순간의 의식적인 각성을 통해서만 체득되지 않습니다. 그 두 요소의 긴장적인 균형을 이룰 수 있는 미덕을 함양하는 데는 오랜 경험과 시행착오 그리고 많은 성찰이 필요할 것입니다. 그 과도기 동안에는 국가의 공동선과 보편적인 개인주의에 견제되지 않은 지역공동체의식이 집단이기주의의 성격을 띠고 국가공동체의 통합을 방해할 수도 있고 개개인들의 권익을 과도하게 희생시킬 수 있습니다. 반대로 개인들의 보편적인 권리의식이 지나치게 만연할 경우 공동체 감정은 그에 비례하여 희석될 수 있지요. 이 두 경향이 개인들의 자아성찰 능력의 발휘를 통해 적절히 견제되고 균형을 이룰 수 있을 때까지는, 때때로 연대감 없는 추상적인 정치질서의 측면만 지나치게 발현되거나, 아니면 편파적인 지역감정에 의해 정치공동체가 깊이 분열되는 양상이 나타날 수 있을 겁니다. 한국 정치에서 혼합주의가 지속되고 있다는 분석은 이 두 가지 요소가 아직은 긴장적인 균형을 이루지 못하고 있는 것으로 풀이할 수 있습니다. 또 그런 의미에서 정치의 주체가 되는 위정자들과 인민대중들이 긴장적인 두 요소를 균형적으로 유지할 수 있는 덕성을 아직 갖추지 못했다는 것을 의미하기도 합니다. 정치 영역에서의 고질적인 지역성 문제는 이 두 요소들이 현재로서는 불균형적으로 결합되어 발현되고 있다는 것을 말해줍니다

결론을 맺겠습니다. 근대화를 통해 획득한 자아성찰성과 근대성의 한계에 대한 인식이 비교적 명확해진 오늘날 전통적인 지역공동체적 유대감과 보편적인 시민의식의 균형을 통해 귀속의 욕구와 자유의 욕구를 동시에 충족시킬 수 있다면 그것이 가장 이상적일 것입니다. 그러나 두 욕구 사이의 균형은 때때로 무너질 수 있습니다. 따라서 어느 요소도 절대적인 우세를 갖지 않도록 긴장과 균형을 유지하는 것이 필요합니다. 정치 영역에서 한국적인 민주주의의 발전은 바로 이와 같은 두 요소의 긴장적인 공존을 자아성찰능력에 의지해서 정착시켜나가는 것이라고 믿습니다. 저는 이상적인 한국형 민주시민

은 그와 같은 긴장을 내재화한 인간으로서 한국형 민주정치공동체에 독특한 향취를 부여하는 주체가 된다고 생각합니다.

# 9. 통일한국의 미래와 민주주의의 과제

2011년 12월 19일, 오전 8시 30분에 김정일 국방위원장이 사망했다는 보도는 한반도뿐만 아니라 미국과 일본, 중국, 유럽 등 전세계를 놀라게 했습니다. 북한 최고지도자의 죽음과 이로 변화할 북한 체제의 미래는 한반도를 둘러싼 동아시아와 세계 평화에 큰 영향을 미치기 때문입니다. 한반도 평화와 통일 문제는 한국 사회에서 언제나 중요한 화두였습니다. 이번 강의에서는 통일의 당위성과 남북통일에 기반 한 새로운 공동체의 미래를 가늠해보고 우리의 정치적 과제에 대해 이야기해보고자 합니다.

여러분들은 통일에 대해 어떤 판단과 태도를 가지고 계신가요? 혹시 통일 비용이 남한 경제를 위축시킬 것이라는 막연한 두려움으로 통일을 별로 원하지 않나요? 아니면 '민족은 하나'라는 일념으로 통일의 당위성을 강력히 주장하고 계신가요?

통일을 적극적으로 지지하는 사람들은 남북 분단으로 인해 우리 민족이 당한 불이익을 강조합니다. 6·25전쟁 등 수많은 비극과 독재의 정당화, 분단 체제로 인한 국력 낭비와 이에 따른 번영 가능성 차단, 남북한 사이의 이질화로 인한 민족정체성의 훼손, 표현과 사상의 자유 등 민주주의 가치의 위축 등이 대표적인 분단의 폐해지요.

하지만 젊은 세대를 중심으로 통일에 대해 부정적인 인식이 확산되고 있는 것도 사실입니다. 특히, 고도경제성장의 혜택을 경험한 세대들은 통일의 후유증과 비용을 심각하게 우려하면서 회의적인 입장을 나타내기도 합니다. 통일에 필요한 경제적 부담 때문에 가난해지지 않을까 우려하는 분들도 적지 않습니다.

물론 통일은 사회적 혼란과 갈등, 경제적 비용 등 많은 부작용을 발생시킬 것입니다. 서로 다른 두 체제가 통합되어 하나의 사회를 이룬다는 것은 어려운 과제이며 오랜 시간이 요구됩니다. 독일의 한 정치학 교수는 동서독 통일을 '서로 다른 부모 밑에서 자란 쌍생아의 재회'라고 표현했습니다. 40년 동안 각기 다른 환경 속에서 자란 쌍생아가 만나 어느 날 갑자기 하나의 가족임을 선언하고, 한집에서 살아가는 과정에서 갈등이 없다면 오히려 그것이 이상한 일이지요. 하다못해 사랑하는 두 남녀가 결혼을 해도 성격, 가치관, 생활방식, 취향 등을 놓고 갈등과 반목이 발생하는 법입니다. 우리의 경우에는 분단 60년이 넘었기 때문에 그 과정은 더욱 험난할 것입니다.

그렇다고 해서 통일을 부정적인 관점에서만 접근하는 것은 오류입니다. 통일은 갈등 못지않게 한반도가 비약적으로 발전할 수 있는 기회를 제공하기 때문이죠. 우리에게 중요한 것은 남북한 체제가 통합되는 과정에서 발생할 수 있는 문제를 예측하고 대처 방안들을 적극적으로 수행하는 일입니다. 가령, 지금까지는 북한이 핵개발을 고집하고 있지만 체제 유지를 위해서라도 핵무기를 포기하고 개혁·개방

6·25전쟁의 기록들

의 길로 나설지도 모릅니다. 이 경우 한반도 공동체의 발전과 번영의 관점에서 북한의 변화에 적극적이고 능동적으로 대처할 수 있어야 하겠죠.

통일을 해야 하는 이유는 우리가 더 잘살 수 있고 또 더욱 정의로운 공동체에서 인간다운 삶을 살 수 있기 때문일 겁니다. 우선, 훼손된 민족정체성을 회복할 수 있지요. 또한 한반도 통일은 빈곤과 독재로부터 고통 받는 북한 인민들의 자유와 인권을 신장시킬 수 있습니다.

나아가 분단으로 인한 남북한 불신뿐만 아니라 우리 사회에도 팽배해 있는 갈등과 분열을 완화시킬 수 있습니다. 우리 사회의 민주주의가 공고화되고 차이와 다양성을 포용하는 정치문화를 형성하는 데도 통일은 중요한 계기가 될 것입니다. 경제적으로도 통일을 통해 북한뿐만 아니라 남한 사회 모두 다양한 혜택을 누릴 수 있습니다.

세계 10위권의 경제 규모를 갖고 있음에도 불구하고 분단 60년이 야기하는 전쟁의 불안과 공포, 불안정성으로 인해 한국 경제는 저평가를 받아왔고 엄청난 분단 비용을 지불해왔습니다. 뿐만 아니라 정치적, 군사적으로도 많은 제약을 받아왔습니다. 따라서 남북 분단으로 인해 장기적으로 발생하는 비용과 비교한다면, 통일 비용은 단기간 동안 한시적으로 발생하는 비용인 동시에 미래 수익을 담보로 투자되는 생산적 비용이라고 볼 수 있습니다.

통일 비용 및 편익에 대한 국내외의 연구결과를 종합한 통일연구원의 자료에 의하면, 통일 비용보다 통일로 발생하는 편익이 훨씬 큰 것으로 나타났습니다. 일단, 통일이 되면 한반도와 동북아에서 전쟁 위협을 근본적으로 제거하게 되어 평화가 찾아올 겁니다. 뿐만 아니라 내수시장이 확대되고 단일경제권이 형성되어 경제적 편익이 크게 증대합니다. 그 내용을 들여다보면, 국토가 두 배 이상 증가하고 북한의 풍부한 자원과 저렴한 노동력을 활용하면서 발생하는 규모의 경제, 북방 경제권과 동북아 경제권 형성, 북한 지역의 경제발전에 힘입은 국제경쟁력 1위 상품의 증가, 갈등과 분쟁 지역 이미지를 극복함으로써 발생하는 국가 브랜드 가치 상승효과 등을 꼽을 수 있습니다. 물론 통일 비용에 대한 철저한 분석을 통해 그 부담을 최소화할 수 있는 치밀한 준비가 필요할 것입니다.

통일 시나리오는 다양하지만 대체로 경제·사회·문화 등 비정치적 영역에서 교류와 협력을 진행하는 비정치적 통합 단계, 제도적·정치적 통합이 이루어지는 정치적 단계, 남북한 주민들 사이의 평화적이고 민주적인 갈등해소 단계로 도식화할 수 있을 것입니다. 이 모든 단계에는 다양한 행위자와 의제, 실행방식이 개입될 것입니다. 저는 이 과정에서 무엇보다도 민주주의적 실천과 절차가 확립되어야만 진정한 의미의 통일이 완수될 수 있다고 생각합니다.

먼저, 그동안 북한 문제와 관련해 우리 사회에서 심각한 수준으로 증폭되었던 이념 갈등을 고려한다면 국론 분열을 최소화할 수 있는 성숙한 시민의식을 함양하고 합의를 도출하는 민주적 절차를 보다 견고하게 구비해야 합니다. 구성원들의 자발적인 참여와 민주적 과정을 통해 통일에 대한 의지와 역량을 배양하면서 합의를 만들어내는 것은 통일을 대비한 선결과제라고 볼 수 있지요. 차이와 다양성을 인정하면서도 극단적인 갈등과 적대로 치닫지 않도록 하는 정치통합의 전략이 중요한 시점입니다.

이를 위해 타협과 관용의 민주적 덕성과 능력을 함양하는 시민교육과 정치적 노력이 필요할 것입니다. 한국의 민주주의를 보다 성숙시킬 수 있는 실천과 제도는 오랜 분단으로 인한 남북한의 사회와 문화, 정치적 이념과 사고방식, 생활방식 등의 이질화를 극복하는 데도 긍정적으로 작용할 것입니다.

아울러 통일 후에 남북대립이 격화되지 않도록 평등한 기회를 보장하는 정치적 원리와 경제적 구조를 체계적으로 준비해야 합니다. 특히, 남한의 양극화를 야기하는 신자유주의적 세계화의 폐해를 완화할 수 있는 분배 구조를 모색해야 합니다. 남한 사회가 갈등과 분열로 점철되어 있다면 통일은 더 큰 혼란을 불러일으킬 수 있습니다.

자유와 평등, 민주주의의 정당성이 통일한국의 정치적 가치라면 북한 인민이 이를 공유하도록 만드는 전략도 필요합니다. 이러한 정치적 공통성은 승자의 강요가 아니라 북한 인민들로 하여금 자발적인 동의를 보내게 만드는 신중한 실천과 대화를 통해 진행되어야 할 것입니다.

남한 국민들의 경우에는 정치적 통일 이후의 사회통합 과정에서 자발적이고 능동적인 참여를 통해 이질성 극복과 갈등 해결에 적극 나서야 할 것입니다. 북한 주민들이 겪게 될 혼란과 고통에 대한 이해와 공감을 통해 우리의 현실을 성찰하고 북한 인민들의 주체적인 목소리를 경청해야 할 것입니다. 북한 인민들 역시 새로운 정치 현상을 이해하고 적극적인 참여를 통해 영향력을 증대할 수 있도록 충분한 교육과 지원을 받아야 하겠고요.

특별히, 다문화 시대를 맞이하여 남한에서 이주민이 급증하고 있는 현재의 추세를 고려할 때 순혈주의적인 민족주의를 완화하는 노력도 요구됩니다. 한반도 공동체는 더 이상 단군할아버지의 자손들만의 전유물이 되어서는 안 됩니다. 배타적 민족주의는 인종적, 문화적으로 이질적인 사람들을 배제하고 억압을 정당화하는 폐해를 가져오며 내부적으로도 차이와 다양성을 위축시키게 됩니다. 그러므로 통일한국의 정치공동체는 생물학적 혈연에 근거한 인종적·종족적 동일성이 아니라 북한 주민과 남한 주민, 이주민들이 함께 살아가면서 정의로운 공동체를 만들어나가는 유대감과 소속감에 기반해야 합니다. 이는 삶의 기본적인 필요를 충족시키면서 삶의 질을 높이는 생산적인 복지국가를 지향한다는 것입니다. 그럴 때 통일한국은 긍지와 자부심의 대상이 될 수 있을 것이며 정치통합 역시 온전하게 성취될 것입니다.

이처럼 우리 사회의 민주주의를 더욱 성숙시키고 경제발전의 '질'을 높이면서 동시에 통일에 유리한 환경을 조성하기 위해 대내외적으로 통합정책을 적극 펼쳐나가야 합니다. 한국은 명확한 전략적 비전을 가지고 주변국들과 협력하면서 통일에 유리한 구조를 구축해야 합니다. 탈냉전의 시대에 유일한 섬으로 남아 있는 한반도가 통일된다면 안정과 평화를 구조적으로 정착시켜 궁극적으로 동아시아 평화공동체의 성립에도 크게 기여할 수 있다는 것을 주변국들에게 설득해야 합니다.

이번 강의에서는 통일의 필요성과 편익을 중심으로 정치적·사회적 통합의 전략을 대략적으로 살펴보았습니다. 그러나 무엇보다 중요한 것은 통일 그 자체가 아니라 어떠한 통일이어야 하는지에 대한 국민적 합의를 어떻게 도출할 것인가의 문제일 겁니다. 물론 당장의 과제는 남북한 적대적 구조를 평화적인 협력관계로 전환시키는 문제겠죠. 그러나 이런 당장의 노력 못지않게 우리의 정치문화를 보다 성숙하게 만들면서 민주주의를 발전시키고 다양한 구성원들이 공존·공생할 수 있는 관용 정신을 함양하는 것이 통일에 대한 근본적인 대비일 뿐만 아니라 통일 이후의 통합과 번영에도 중요한 토대가 된다는 점을 다시 한 번 강조합니다. 이를 위한 첫걸음은 통일 담론의 공론화이며 이 과정에서 국민들의 관심과 참여에 기반해 보다 성숙하고 견고한 국민적 합의를 도출하는 일일 겁니다.

# 6

민주주의,
헌법과 시장을
이야기하다

# 1. 법은 우리를 자유롭게 하는가?

현대 민주주의는 '법의 지배'와 결합되어 있다는 말을 많이 합니다. 왜 그런 결합이 필요할까요? 이번 강의에서는 '법의 지배'의 의미를 살펴봄으로써 민주주의가 왜 '법의 지배'를 필요로 하는지 설명하겠습니다.

'법의 지배'는 크게 세 가지로 해석되고 있습니다. 첫째는 가장 단순한 의미로 누구나 법에 따르며 복종해야 한다는 것입니다. 이 원칙의 역사적 발전과정을 되돌아볼 때 '법의 지배'는 특히 정부가 '법 아래서' 그리고 '법에 따라' 통치해야 한다는 것을 강조합니다. 그러므로 '법의 지배'는 입헌정부를 필요로 하게 되는데, 이는 궁극적으로 폭정이나 자의적인 지배를 막기 위한 것입니다. 통치자나 그 대리인들은 정당한 것으로 인정되고 있는 헌법적 제한을 존중하면서 법적인 제약 아래 권력을 행사해야 합니다.

'법의 지배'의 한 가지 구체적 표현인 입헌 통치는 모종의 권력분립을 포함하고 있습니다. 이것은 물론 권력의 독점과 남용을 방지하기 위해 수립된 원칙입니다. 법은 정치권력의 행사에 의해 변경될 수 있지만 그것은 오직 헌법적 절차에 따라서만 가능합니다. 그리고 정부와 관료들의 모든 행위는 행위 시점에서 적용되는 법률의 요구를 존중해야만 합니다. 국가의 입법·행정·사법적 권력은 적절한 조치 없이는 단일한 인물이나 제도에 의해 행사되어선 안 됩니다. 권력이 한 인물이나 제도에 집중되면 권력의 남용을 효과적으로 막기 어렵기 때문입니다. 특히 사법권력의 독립은 대단히 중요합니다. 입법권력과 행정권력은 다양한 방식으로 분할하고 배열할 수 있지만—'법의 지배'는 이 두 권력 간의 완전한 제도적 독립을 요구하지는 않습니다— 사법권력만큼은 온전히 독립되어야 합니다. 정부와 입법부는 합법적인 방법에 의해 변경될 때까지는 현존하는 법률—궁극적으로는 사법부에 의해 해석됩니다—에 따라 행위해야 합니다.

프리드리히 하이에크$^{F. A. Hayek}$•는 '법의 지배' 원칙을 더 엄격하게 해석합니다. 그에 따르면 법은 그 일반성 때문에 자의적인 지배를 막아주는 방패가 됩니다. 만일 통치자들이 일반적인 법률의 제약 속에서 통치할 의무가 있다면, 그들은 특정한 사람들을 예외적으로 취급할 수가 없습니다. 18세기 영국의 로크 역시 일반적인 법률에 의한 통치의 중요성을 강조한 바 있습니다.

> **프리드리히 하이에크**
> 1899~1992. 오스트리아 태생. 영국의 경제학자. 보수주의자로서 케인즈주의적 복지국가관에 대한 비판으로 유명하다. 1974년에 스웨덴의 자유주의 경제학자 G. 뮈르달과 공동으로 노벨경제학상을 수상했다. 주요 저서로는 『노예의 길』, 『자유헌정론』 등이 있다.

하이에크는 현대 사회에서 입법 기능과 행정 기능의 구분이 흐려지면서 '법의 지배'가 위협을 받고 있다고 주장했습니다. 정부의 모든 강제적 행위가 '정당한 행위에 관한 보편적인 규정'인 법률로 정당화되는 것이죠. 하이에크는 행정부는 시민들의 사적인 행위에 적용되는

사법의 규정들을 언제나 존중
해야만 한다고 강조했습니다.
또한 현대 사회에는 입법부가
행정부의 특별행위를 정당화
해주는 경향이 있으며 덕분에
행정부가 법률적인 제약을 회
피할 수 있다고 비판했습니다.
국민의 대표체로서 법을 제정
하는 입법부가 권력분립을 깨
트리는 주도적 역할을 하고
있다는 것이지요.

앨버트 다이시

　20세기 초 영국의 법사상가
앨버트 다이시<sup>A. V. Dicey</sup> 역시 정부가 일상적인 사법에 따라야 할 중요성
을 강조합니다. 영국 헌법의 한 가지 원칙인 '법의 지배'에 대한 분석
에서 다이시는 만인—시민들과 정부 관리들을 모두 포함하여—이 민
법과 형법에 똑같이 복종해야 한다는 의미에서 평등의 관념을 강조
합니다. 그는 '법의 지배'는 자의적인 정부권력뿐만 아니라 자유재량
권에 기초한 정부권력도 인정되어서는 안 된다는 원칙을 표현한 것
이며 헌법은 관리가 연루된 일반적인 소송에 대한 법원 결정들의 산
물이라고 주장합니다.

　다이시의 입장은 사법에 지나친 중요성을 부여함으로써 공법의 입
지를 약화시켰다는 비판을 받습니다. 오늘날에는 정부가 공법으로
부여받은 특별한 권력이 없이는 경제와 사회를 효율적으로 관리할
수가 없기 때문에 이런 비판에 설득력이 있다고 할 수 있겠지요. 어쨌
든 '행정법'에 대한 다이시의 유명한 반박은 '법의 지배'에 깔려 있는

논리근거를 잘 보여주고 있습니다. 하이에크는 정부기관들의 행위나 정부기관들이 만든 규정들을 규제하는 법규와 '사람과 재산에 대해' 행사되는 행정권력을 구분했습니다. 여기서 행정권력은 자유재량권의 행사를 포함하며 사람들을 차별적으로 취급할 수 있는 권한을 포함합니다. 하이에크는 '사회정의'를 추구하는 과정에서 시민들과 그들의 재산이 행정의 대상으로 취급되게 된다면, '사회정의'의 추구는 '법의 지배'와 양립할 수 없다고 단언했습니다.

한편, 입헌주의는 권력분립의 원칙을 충족시키는 형식적인 적법성 이상의 의미가 있다는 것을 강조할 필요가 있습니다. 만일 삼권분립의 원칙이 충족되었다 해도 법이 정부의 자유재량권을 무제한 허용하고 정부권력의 성격과 범위에 대해서도 전혀 제한하지 않는다면, 정부의 자의적 권력행사를 방지할 수 있는 안전판이 모두 사라져 개인의 자유는 항구적으로 위협받게 될 것이기 때문입니다.

'법의 지배'의 둘째 의미는 절차적 공정성이나 적절한 절차의 중요성을 강조합니다. 이런 의미의 '법의 지배' 개념은 특히 론 풀러<sup>L. Fuller</sup>가 강조한 것으로, 존 피니스<sup>J. Finnis</sup>와 롤스도 이 입장을 지지하고 있습니다. 풀러는 법의 일반성 못지않게 법의 공개성을 강조합니다. 법의 내용은 모든 시민들에게 공포되어야 하며, 그 의미가 분명하고 모순이 없어야만 시민들의 복종을 확보할 수 있습니다. 또한 법의 내용은 안정적이어야 하며, 실천이 불가능한 것을 요구해서도 안 됩니다. 풀러는 법의 이런 성격을 '법의 내적 도덕성'이라고 명명했습니다.

하지만 풀러는 절차적 적법성과 법의 도덕적 특성 사이의 필연적 연관성을 수립하지 못했습니다. 법의 내용에 어떤 실질적인 한계를 부과하지 않았기 때문에 절차적 적법성 원칙을 지키면서도 상당한 정도의 불평등이나 부정의를 허용할 수 있는 여지가 있는 거지요. 따라서 그의 주장은 일정한 부류의 자의적인 권력행사를 배제하지만 인권이나 시민적 자유 혹은 사회적 평등과 같은 중요한 가치들을 보장해주기에는 충분하지 않습니다.

'법의 지배'와 법의 도덕성 사이의 연관성은 적법성 개념에 깔려 있는 논리근거를 주의 깊게 살펴보면 이해할 수 있습니다. '법의 지배'를 지지하는 것은 사람들을 법률에 입각하여 행위할 수 있는 존재로 간주하는 것이기 때문에, '법의 지배'는 결국 인간의 존엄성과 자율성을 인정하는 것과 같습니다. '법의 지배'가 확립된 곳에서는 사람들이 계획을 세울 때 법의 요구를 고려할 수 있도록 합니다. 또한 그들의 자결권 역시 정치권력의 예측 불가능한 행사에 의해 좌절되지 않습니다. 피니스는 '법의 지배'는 통치자와 피치자 사이에 존재하는 상호 작용의 중요성을 인정한다고 주장했습니다. '법의 지배'는 통치자와 피치자들 사이의 상호적 관계와 절차적 공정성의 중요성을 인정하고 있기 때문에 어느 정도는 효율성이나 다른 가치들을 희생시키는 것이 정당화된다는 것이지요.

하지만 '법의 지배'가 정치권력을 제약하는 역할만 한다는 것은 일방적인 견해입니다. 법은 통치자의 의사를 이행하는 데 기여할 수 있을 뿐만 아니라, 사람들이 타인들의 자유를 존중하면서 자신의 목적을 추구할 수 있는 안정된 틀을 제공하기도 합니다. 그리하여 '법의 지배'는 공법과 사법에 의거하면서 형성된 정당한 기대를 보호해주며, 개인의 계획과 독립적인 행위를 위한 안정된 토대를 마련해줍니다.

롤스는 정의와 공적인 규칙 간의 연관성을 지적했습니다. 공적인 규칙들을 일관되고 공정하게 적용하는 것을 정의로운 사회협력의 필요조건으로 보았습니다. 또한 법질서가 '법의 지배'의 원칙들을 더 완벽하게 실현할수록 자유는 더욱 안전하게 보호되며 사회관리 역시 효율적으로 이뤄질 수 있다고 보았습니다. 만일 법이 모호하고 부정확하다면 자유 역시 불확실하게 될 수밖에 없다고 생각한 것이지요.

　마지막으로 '법의 지배'는 법을 구성하고 있는 법규와 원리들의 충실한 적용을 의미하기도 합니다. 이는 개별 소송에서의 법적 의무는 판사의 임의적인 자유재량으로 판결되어서는 안 되고 현행법의 해석에 입각해서 결정되어야 함을 의미하지요. 이 원칙은 법의 진정한 의미와 내용에 이견이 존재하는 경우라 해도 그대로 관철되어야 한다는 것입니다. 만일 법을 쉽게 해석하고 적용할 수 없을 때 판사들이 자신의 정의 관념과 공공정책에 대한 견해에 입각하여 마음대로 법을 제정하고 해석한다면 '법의 지배'는 심각하게 훼손될 것이기 때문입니다. 오늘날 '법의 지배'의 이런 측면을 강조한 학자는 드워킨입니다. 그는 어려운 소송의 경우에 판사들이 자유재량에 따라 법을 해석해서는 안 되고, 현존하는 법체계를 가장 잘 설명해주고 정당화시켜줄 수 있는 근본적인 도덕원리에 따라 적용해야 한다고 주장했습니다. 그는 충분히 잘 발달된 법체계가 있는 곳에서는 법의 해석과 적용에 관련된 모든 문제들에 하나의 옳은 답이 있다고 주장했습니다. 드워킨의 설명은 법의 내용을 판단할 때 개별 판사들의 양심의 중요성을 부각시킵니다. '법의 지배'는 궁극적으로 이성의 문제인 까닭에 모든 시민들이 이해하면서 복종할 수 있다는 것이 드워킨의 생각이지요. 법에 대한 분석을 도덕적 사유와 정치적 원리와 동일시하고 있는 드워킨의 입장은 논란이 있을 수밖에 없는 정의와 공정성에 관한 기준에 법의 내용이 지나치게 의존하는 문제점이 있습니다. 하지만 '법의 지배'에 대한 형식적 설명에 깔려 있는 자율성과 개인적 책임의 원리는 드워킨이 법의 분석에 핵심으로 삼고 있는 독립적인 도덕 판단을 전제하고 있지요.

지금까지 설명한 것처럼 '법의 지배'에는 다양한 의미가 있습니다. 그런데 그 의미를 꼼꼼히 살펴보면 '법의 지배'는 민주주의에 내재된 가치들과 비슷한 가치들을 많이 내포하고 있음을 알 수 있습니다. 만인이 동등한 법의 지배를 받는다는 사실은 민주주의의 평등 정신을 구현하고 있으며, 절차적 공정성과 적절한 절차의 관념 속에는 인간의 평등한 존엄성과 자율성을 존중하려는 민주주의의 핵심적 이상이 들어 있습니다. 그리고 마찬가지로, 법규와 법원리들의 충실한 적용이라는 의미에서의 '법의 지배' 관념 역시 판사들의 자의적인 해석의 가능성을 최소함으로써 개인의 자율성과 책임성을 보호하고자 하는 의도가 깔려 있습니다. 그러므로 '법의 지배'는 어느 모로나 민주주의와 잘 조화될 수 있으며 민주주의를 실현시킬 수 있는 최선의 수단을 제공해줍니다. 이 때문에 민주주의는 '법의 지배'를 필요로 하는 것입니다.

# 2. 헌정주의란 무엇인가?

법의 지배는 현대 자유민주주의 사회에서는 그 누구도 부정할 수 없는 귀중한 가치가 되었습니다. 아무리 폭압적인 권위주의 정권조차 스스로를 민주주의 정권으로 내세우려는 것처럼 말입니다. 경쟁하는 정파들 간에도 법적 정당성 문제는 상대방을 공격하고 자신의 논리를 옹호하는 효과적인 전술로 활용됩니다. 우리 정치사회를 뜨겁게 달구었던 대통령 탄핵 문제나 행정수도 이전 문제에서도 각 정치세력들은 법의 이름으로 자신의 주장들을 정당화했습니다. 법의 지배와 민주주의는 일종의 '신성불가침'의 원리가 되었다는 인상까지 주지요. 특히 헌법에 의거한 권력분립 및 그에 따른 법의 지배 원리를 '헌정주의'라고 부르는데, 역사적으로 그것은 17~18세기에 나타난 절대군주의 권력을 (헌)법을 통해 제한하려고 노력하는 가운데 확립되었습니다. 헌정주의는 17세기 후반 영국의 존 로크 등의 사회계약론과 18세기 프랑스의 몽테스키외의 권력분립론, 그리고 18세기 후반 미국

연방 창설자들의 정치이론을 거치며 체계화되었습니다.

헌정주의는 정부의 통치권력은 제한되어야 하며, 일정한 법적 제한에 따를 때만 정당성을 얻을 수 있다는 주장으로 집약할 수 있습니다. 다시 말해, 헌법은 정부의 정당한 행위에 일정한 한계를 그어야 하며 정부가 그 업무를 처리하는 방식을 규정해야 합니다. 그래야만 자의적인 권력의 행사를 방지하고 개인들의 삶을 보호할 수 있습니다. 원칙적으로 헌법은 독립적인 사법부의 존재를 규정하고 판사들이 독립적으로 법을 발견하거나 해석·적용할 수 있는 권한을 줌으로써, 행정부의 행위가 정해진 범위를 벗어나지 않고 확립된 절차들을 준수하도록 요구합니다. 이러한 권력분립을 통해 개인의 자유와 권리를 가장 효과적으로 보호한다는 점에서 헌정주의는 무엇보다도 자유민주주의 정치체제에 적합한 정치이론으로 볼 수 있습니다.

헌정주의는 최고법인 헌법에 의해 관리되는 정치체제의 작동원리이기 때문에 우선 헌법의 성격과 기능을 좀 더 자세하게 알아보도록 하겠습니다. 헌법의 영어 표기인 constitution은 어원적으로 '구성한다'는 뜻을 가진 단어 constitute에서 파생한 것으로, 무엇을 만들거나 질서를 세운다는 의미가 있습니다. 그래서 고대 그리스적 맥락에서 constitution이란 용어는 정치체로서의 도시국가 자체를 의미하거나 이상적인 정체politeia 자체를 의미했습니다. 이러한 어원적 의미는 오늘날까지 이어져 헌법의 성격 가운데 일부를 구성하고 있습니다. 헌법은 국가라는 정치조직의 기본 구조를 규정합니다. 또한 헌법은 정부의 목적, 정부형태, 각 부처의 권력, 국가-시민사회의 관계, 여러 정부제도들 사이의 관계, 그리고 정부 기능의 한계를 명시함으로써 정치조직의 기본구조를 결정합니다.

위와 같은 기본적인 기능과 함께 헌법의 기능을 다음과 같이 섬세하게 분류해볼 수 있습니다. 첫째, 헌법은 정부의 관리들이 누구이며, 어떻게 선출되고, 임기는 얼마이며 그들 사이에 권한이 어떻게 분할되고, 또 그와 관련하여 시민들이 어떤 권리들을 가져야 하는지 등 일반적으로 정부 구성 방식을 규정합니다. 둘째, 헌법은 양심의 자유, 종교의 자유, 출판의 자유와 같은 시민적 자유 및 민주적 참여의 권리와 같은 정치적 권리들을 헌법에 안치·보호합니다. 셋째, 헌법은 또한 일종의 집단적 서약장치입니다. 헌법을 통해 국민은 집단적으로 공무를 다루고 사회갈등을 해결하기 위한 특정한 제도적 절차를 구성합니다. 넷째, 헌법은 정부의 자의적 권력을 제한할 뿐만 아니라 국민의 단기적인 정서와 선호의 부정적 폐해를 경계해야 합니다. 즉, 국민들의 일시적인 감정에 의해 공공행정이 좌우되는 것을 방지해야 하지요. 그러므로 헌법은 유권자들의 일부 또는 상당수가 비민주적인 편견과 선입견에 근거하여 집단적인 의사결정을 내릴지라도 일부 소수집단의 권익이 침해되지 않도록 보호하는 역할을 합니다. 다섯째, 헌법은 하나의 정치체제에 속해있는 구성원들을 통합시키는 동시에 국민의 열망을 담고 있습니다. 헌법 조문은 그 제정자들과 국민들의 도덕적 정체성을 나타낼 뿐만 아니라 앞으로 발전시키고자 하는 공동체의 윤곽을 제시해줍니다. 결론적으로 헌법은 한 국가의 정부구조, 통치절차, 기본권뿐만 아니라 국민들의 목적과 이상 그리고 그들의 공동생활 속에서 구현하고자 하는 도덕적 규범들을 포함합니다.

근대 헌정주의의 확산은 개인의 존엄성에 대한 의식이 고조되고 공권력이 역할이 괄목할 정도로 증대되는 시대적 요청에 따른 것입니다. 또한 헌정주의의 정착은 인간의 자율성에 대한 신념의 확산을 역사적 배경으로 삼고 있습니다. 근대 사회에서 개인은 이성을 소유한 존재로서 스스로 선택·계획하고 행위하며 또 그 결과에 대해 스스로 책임을 지는 존재로 인식됩니다. 개인들은 국가의 간섭을 받지 않고 독립적으로 사고하고 행위할 수 있는 자유로운 영역을 원했으며, 집단적 문제를 스스로 해결하고 관리할 수 있는 민주적 권리를 필요로 했습니다. 다른 한편으로 16~17세기에 걸쳐 유럽에서는 강력한 중앙집권적 민족국가체제가 발달했는데 이는 효율적인 정부를 유지하면서도 정부에 의한 공권력의 남용을 막을 수 있는 제도적 장치의 고안을 자극했습니다. 이에 따라 중앙집권적 국가체제를 적극 수용하면서도 인간존엄 사상을 동시에 구현할 수 있는 제도적 원리 혹은 장치로서 헌정주의를 만들어냈던 겁니다. 이런 관점에서 보면, 무정부적 혼란을 피하는 동시에 국가권력을 제한함으로써 안전하게 권리와 자유를 향유할 수 있다는 헌정주의 원리는 근대적 법의 지배 이념과 밀접한 연관성이 있음을 알 수 있습니다.

헌정주의에서 권력분립의 원칙은 가장 중요한 원리이자 형식적인 적법성 이상의 의미가 있습니다. 앞서 언급했듯 삼권분립의 원칙이 충족되었다 해도 법이 정부의 자유재량권을 무제한 허용하고 정부권력의 성격과 범위에 대해서도 전혀 제한을 가하지 않는다면, 정부의 자의적 권력 행사를 방지할 수 없고 개인의 자유도 위협받게 될 것이기 때문이죠. 이런 맥락에서 법의 지배와 법에 의한 지배를 구분할 필요가 있습니다. 사악한 정치권력도 법을 통해 지배권을 행사할 수 있기 때문에 진정한 법치는 법의 지배라고 볼 수 있는 것이죠.

그렇다면 법의 지배와 헌정주의에 기반을 둔 입헌정부는 매우 약하거나 소극적인 정부를 의미할까요? 그렇지는 않습니다. 헌법은 순전히 '제약'하는 기능만을 갖는 것이 아닙니다. 헌법은 때로 정부로 하여금 어떤 것을 행할 수 있는 권한과 능력을 부여해주는 적극적 기능도 합니다. 이에 대해 좀 더 자세하게 살펴보도록 하겠습니다. 헌

정주의를 적극적 헌정주의와 소극적 헌정주의로 구분한 홈즈S. Holmes
에 따르면, 적극적 헌정주의는 정부의 강제력을 제한할 뿐만 아니라
정부에 권한과 능력을 부여해주는 특징을 갖고 있습니다. 물론 자유
주의적 입헌정부는 정부가 자의적으로 시민의 생명, 자유 혹은 재산
을 박탈할 수 없게 제한한다는 점에서는 소극적입니다. 하지만 평화
와 질서를 유지하고, 국방을 포함한 다양한 공공재를 공급하며, 법의
지배를 확립하고 다른 사회경제적 하부구조(재산권 체계를 포함)를 확
립하며, 형법상의 정의와 시민적 정의를 제공해줄 수 있는 충분한 권
한을 갖고 있다는 점에서 매우 적극적인 기능도 수행하죠. 홈즈는 이
양 측면을 갖지 않는 헌법은 시민들의 생명과 자유와 재산을 효율적
으로 보호해줄 수 없으며, 따라서 자유주의적 이상들을 결코 실현할
수 없다고 보았습니다.

더구나 권력의 독점과 남용을 방지하기 위해 수립된 원칙인 권력
분립과 이를 통해 실현되는 견제와 균형 원리는 헌정주의의 탁월성
을 입증합니다. 물론 이것이 정부 각 부서들 사이의 완전하고도 철저
한 분리를 요구하지는 않습니다. 완전한 분리는 오히려 정부를 혼란
스럽게 만들고 작동하지 못하게 할 뿐만 아니라 불안정성만을 조성
할 수도 있습니다. 이것이 바로 권력분립이 견제와 균형의 원리와 결
합되어야 하는 이유입니다. 정부의 각 부서에 다른 부서들에 대한 약
간의 통제권을 줌으로써, 혹은 매디슨의 표현을 빌리면 약간의 부분
적인 대리권을 줌으로써, 헌정체제(또는 입헌체제)는 한 부서가 전제적
권력을 행사할 수 있는 위험성을 방지합니다. 그 예로 행정부의 거부
권, 특정한 정부 직책에 대한 대통령의 인사지명을 거부할 수 있는 입
법부의 거부권, 판사들을 탄핵할 수 있는 입법부의 권한 등을 들 수
있지요. 이와 같은 견제와 균형 원리는 폭정을 방지할 뿐만 아니라

전체 정부조직을 더 책임감 있고 현명하게 만들며 인민의 장기적인 이익에 복무하도록 만듭니다. 예컨대, 특정한 경우에 행사되는 행정부의 거부권은 법안들이 법으로 제정되기 전에 입법부와 대통령에게서 이중으로 검토를 받도록 함으로써 보다 좋은 법이 될 수 있는 가능성을 높여줍니다.

이와 같은 헌정주의의 기저에는 근본적으로 민주주의의 핵심적인 가치와 이상들이 잠재해 있다는 점을 강조하고 싶습니다. 무엇보다도 만인에 대한 동등한 법의 지배를 (정부권력에 대한 통제를 통해) 보호하는 헌정주의에는 평등한 참여의 이상이 담겨져 있다고 볼 수 있습니다. 즉, 모든 시민들이 그들이 준수해야 할 법률을 제정하는 입헌 정치 과정에 참여하여 그 결과를 결정할 수 있는 평등한 권리들을 보호하고 실현할 수 있도록 해줍니다. 실제로 우리가 만약 스스로 규율이나 법 같은 규칙과 규범을 만들어내는 '저자'가 된다면, 그리고 그런 규칙들로부터 생성된 사회적 관계 속에서 살아간다면 우리는 외부의 강제에 구속되지 않는 자율적 존재이자 참다운 시민이 될 수 있을 것입니다. 인간이 진공 속에서 홀로 살아갈 수 없는 존재인 이상, 우리가 서로 평등한 자격으로 우리의 삶과 사회생활을 규율하고 인도할 규칙과 규범들을 스스로 제정할 수 있는 정치사회야말로 가장 바람직한 사회일 겁니다. 모두가 동등한 자격으로 참여한 입법과정에서 제정된 법에 따라 사는 것은 평등과 자유의 원칙을 동시에 구현하는 것인바, 그런 사회는 인권의 원칙과 인민주권의 원칙이 구현된 최선의 공화국이 아닐까요?

# 3. 헌법은 살아 숨 쉬는 나무인가?

헌법은 고정불변하는 것일까요, 아니면 시대적 변화에 따라 재해석되고 수정되는 것일까요? 여러분은 헌법은 최초에 제정된 의도에 충실해야 한다고 생각하십니까? 아니면 성장하는 나무처럼 진화하고 발전한다고 생각하십니까? 최근 우리나라에서도 헌법 개정 논의가 활발하게 전개되고 있습니다. 급속하게 변화하는 현실과 국민들의 의식을 반영해 지금의 헌법을 고쳐야 한다는 요구가 지속적으로 분출되고 있지요. 그러나 이 문제는 생각보다 간단치 않습니다. 이번 강의에서는 일단 헌법의 의미와 역할을 다시 강조하면서 논의를 전개하겠습니다.

고유한 의미의 헌법은 한 국가의 통치 질서에 대한 기본법으로 정의할 수 있습니다. 달리 말해, 헌법은 시대적 맥락을 떠나 국가의 통치 조직과 통치 방식 및 통치 권력과 국민의 관계를 규정하고 있습니다. 이런 헌법은 국가의 근본법이고 토대이기 때문에 그 내용 변경에는 아무리 신중해도 지나치지 않습니다. 헌법은 일반법과 달리 쉽게 개정하거나 폐지할 수 없습니다. 사법부 또한 헌법을 적법하지 않다고 선언할 수 있는 어떤 권한도 없으며, 오직 헌법에 의거해서만 입법부가 제정한 법규나 행정행위에 대해서 위헌임을 선언할 수 있을 뿐입니다. 한국의 경우에도 헌법 개정 절차는 매우 까다롭지요. 한국의 헌법 개정 절차는 2단계로 나누어져 있습니다. 먼저 대통령 또는 국회 재적의원 과반수의 발의로 제안된 헌법 개정안은 대통령이 20일 이상 공고한 후 공고일로부터 60일 이내에 국회에서 국회 재적의원 2/3 이상의 찬성을 얻어야 합니다. 이후 30일 이내에 국민투표에 붙여 유권자 과반수의 투표와 투표자 과반수의 찬성을 얻어야 통과되는 것으로 규정되어 있습니다.

헌법 개정에 대한 논의는 불문헌법을 채택하고 있는 영국 같은 나라들보다는 성문헌법을 운용하는 미국 같은 나라들에서 더 빈번히 갈등과 대립을 야기하는 경향이 있습니다. 미국에서는 200여 년 전에 필라델피아 제헌의회에서 연방헌법을 만든 '건국의 아버지'의 뜻과 의도를 어떻게 해석하고 적용할 것인가가 헌법 개정 논쟁의 기준이 됩니다. 헌법학계에서는 이를 '원본주의'와 '살아 있는 헌법' 이론 간 대립으로 파악합니다. 쉽게 말해 원본주의는 최초의 헌법 초안자들의 의도와 텍스트에만 의존해서 헌법을 해석해야 한다는 입장이며, '살아 있는 헌법' 이론은 헌법을 살아 있는 유기체로 간주하고 헌법 조문의 진화된 의미에 주목해야 한다는 입장입니다. 물론 이 대립은 헌정주의와 민주주의 사이의 직접적인 대립이 아니라 헌법을 어떻게 보다 민주적으로 해석하고 적용하느냐에 관련된 것입니다.

이 논쟁이 제기된 배경은 미국의 정치사회적 격변과 무관하지 않습니다. 1960년대 흑인민권운동으로 대표되는 시민권 논쟁, 히피의 반전

문화운동 등이 이 시대의 변화를 상징합니다. 당시 기존의 권위에 도전하는 세력과 전통적 가치를 옹호하는 세력 사이에 격렬한 논쟁이 벌어졌는데, 이 논쟁은 인종차별, 종교, 성생활과 프라이버시 같은 첨예한 갈등의 한 가운데서 얼마만큼 새로운 가치를 수용하고 법을 재해석해야 할지에 대한 논쟁으로 확산되었습니다.

사실 사회·경제·문화적인 상황변화 및 그에 대한 사람들의 인식변화를 고려한다면 최초의 헌법 조항 및 그에 대한 해석은 달라질 수 있을 것입니다. 예컨대, 미국 헌법의 제정자들은 약 200년 뒤에 등장하게 될 인터넷 문명을 전혀 예상하지 못했기 때문에 그에 필요한 법규들을 전혀 예상하지 못했을 것입니다. 그리고 노예제도를 수용했던 1800년대 미국의 주州헌법들은 노예제도가 해체된 이후의 사회에서 볼 때는 시대착오적일 수밖에 없습니다. 또한 서독의 기본법에 들어 있던 통합에 대한 서약은 1976년까지는 사실상의 두 개의 독일을 전제했던 까닭에 통합 이후에는 쓸모없는 조항이 되었습니다. 아마도 남한과 북한의 헌법도 통일 후에는 현실과 맞지 않는 부분들이 있을 것입니다.

따라서 헌법 해석의 상대성을 주장하는 헌법 이론가들은 헌법의 의미가 영원히 고정되어 있거나 고정돼야 한다고 생각하지 않습니다. 헌법학자들과 판사들 중에서도 헌법이 살아 있는 나무처럼 진화한다고 보는 이들이 많습니다.

헌법을 성장하고 적용하는 나무라고 보는 이들은 헌법 제정자의 의도나 텍스트의 원래 의미를 절대적으로 강조하는 것은 오래전의 헌법 초안자들의 의도가 현재의 인민을 구속하는 것이기 때문에 죽은 자가 산 자를 지배하게 되는 모순과 같다고 비판합니다. 더구나 초안자들의 의도를 완벽하게 파악하는 것은 불가능하다고 지적하니다. 이들은 정부의 권력은 제한되는 것이 당연하지만, 이런 제한에 대한 이해는 환경과 신념의 변화에 따라 달라질 수 있다고 주장합니다.

하지만 이런 입장을 비판하는 이들은 정치적 결정에 의한 빈번한 헌법 수정은 헌법의 안정성과 정당성을 훼손하고 성문헌법의 권위를 추락시킴으로써 정치적 혼란을 가져올 수 있다고 반박합니다. 헌법은 시대에 따라서 다른 해석이 내려질 수 있는 '백지수표'가 되어서는 안 된다는 것이지요. 이들의 견해에 따르면 헌법 해석의 기초는 특정한 조문을 작성하고 비준한 사람들의 이해에 달려 있지, 이후 세대들의 이해에 달려 있지 않습니다. 그러므로 헌법적 구속을 살아 있는 자들에 대한 죽은 자들의 지배로 취급해서는 안 되고, 헌법 제정 당시의 입법자들의 의도를 성찰하고 그 의도를 존중하는 것이 헌법의 취지에 가장 근접할 수 있는 길이며 민주적 가치를 실현하는 방법이라고 주장하지요. 이들은 헌법의 고정성에 대해 과거로부터 현재까지 그 헌법 아래 살았던 사람들 및 현재 그 헌법을 존중하는 다수 사람들의 지지를 확보했다고 볼 수 있다고 주장합니다. 더구나 정상적인 상황에서 헌법의 변화는 판사들의 새로운 해석에 의해 발생하며 이는 결국 '소수 판사들'의 견해가 헌법을 새롭게 창조하는 역할을 한다고 비판합니다. 어떤 점에서는 비민주적인 성격이 강하다는 거지요.

이런 견해에 맞서 헌법의 진화를 지지하는 사람들은 헌법의 의미를 변경하는 판사들은 과거와 다른 시대 의식을 반영하는 것이며 다수인들의 정서와 견해를 반영할 가능성이 높은바, 현 시대 다수인들로부터 정당성(권위)을 인정받기 쉽고 따라서 안정성을 담보할 수 있다고 주장합니다.

그러면 이 두 가지 중 어느 것이 기본법으로서의 헌법의 지위와 민주주의 원칙에 더 부합할까요? 헌법의 권위와 안정성을 보호함으로써 사회의 질서를 유지할 수 있다는 점에서는 원본주의 입장이 더 호소력 있어 보입니다. 그러나 시대에 따라 확장되고 발전하는 민주주의 이념을 더 효과적으로 반영할 수 있다는 입장에서는 헌법은 살아 있는 나무와 같다는 견해가 더 적절해 보입니다.

헌법을 살아 있는 나무에 비유하는 학자들은 헌법의 용어로서 평등, 자유, 정의 같은 중요한 개념들이 다양한 맥락에서 상이하게 해석되며 과거와 동일하게 적용될 수 없음을 강조합니다. 평등이라는 개념만 해도 시대에 따라 법적 평등, 정치적 평등, 사회경제적 평등 등 그 뜻이 다르게 규정될 수 있으며, 그에 따라 해석이나 적용도 달라질 수 있다는 것이지요. 텍스트를 구성하는 언어의 의미 자체가 달라지며 낡은 개념에 새로운 의미가 더해지기도 하고 어떤 개념들은 시대착오적인 것으로 판명날 수 있습니다. 더구나 최초의 헌법 제정에 참여한 모든 사람들의 의도가 동일했다고 판단할 수 있는 근거도 없다고 주장합니다.

이들은 또한 앞서 논한 바와 같이, 현대는 헌법제정자들의 시대와 매우 다르다는 점을 강조합니다. 현대 사회에는 헌법제정자들이 생각하지 못했던 수많은 상황들이 있습니다. 예를 들어 근대 초에 헌법에 포함된 언론 자유의 권리는 인터넷에서의 포르노그래피의 유통 권리를 예상하지 않았을 것입니다. 물론 이에 대해 헌법의 고정성을 지지하는 사람들은 최초의 헌법제정자들의 원래 의도를 유추하여 결정할 수 있다고 주장합니다. 그러나 이를 비판하는 사람들은 "최초 제정자의 의도에 입각하여 결정하는 대신에, 왜 우리 스스로 결정하지 않는가? 그들의 의도는 절대적으로 그리고 언제나 옳은 것인가? 그들이 옳지 못한 의도를 가지고 잘못된 결정을 할 가능성은 없었는가? 또 그들의 견해가 후대에 이르기까지 영원히 옳은 것으로서 간주되어야 하는가? 후손들이 도덕적으로 더욱 진보하여 최초의 헌법제정자들이 내린 결정을 수정할 수는 없는가?"라고 근본적인 질문을 던집니다. 심지어 이들은 원래 제정자들의 의도가 헌법해석의 절대적인 기준을 제공한다면, 그것은 결국 현 세대들의 민주주의를 부정하는 것이 아니냐고 반문합니다.

헌법을 진화·발전하는 관점에서 파악하는 해석자들의 주장은 때때로 헌법의 의미 자체를 훼손할 가능성이 크다는 점에서 헌정주의의 의의 자체를 크게 약화시켜버릴 수 있다고 비판받습니다. 변화하는 환경과 도덕적·정치적 수준의 향상에 따라 헌법이 끊임없이 재검토되고 수정된다면, 그것은 정부권력—특히, 이 경우 자의적인 사법권력—을 제한하는 안정된 장치로서의 본래 기능을 수행하기 어려울 것이기 때문입니다

이에 대해 드워킨은 헌법이 고정되어 있다는 견해를 철저히 거부합니다. 헌법은 그 개정 규칙이 정당하게 발동하거나 혁명이 발생하는 시기까지 고정된 형태로 전승되는 완성품이 아니라는 것이지요. 반대로 그것은 정치공동체의 목적에 대한 우리의 이해, 곧 정치이론이 세련돼지거나 향상됨에 따라 계속적인 재검토와 재작업을 요구하는, 진화하는 작품이라는 것입니다. 그러나 이런 주장은, 정상적인 상황에서 헌법의 해석을 주도하는 인물들은 판사이며 결국 소수의 판사들이 헌법을 새롭게 만드는 것과 같다는 점에서 반민주적일 뿐만 아니라 판사들의 전제를 정당화할 뿐이라는 비판을 받을 수 있습니다. 이는 다음 강의의 주제인 사법심사제도와 민주주의의 관계에서 좀 더 자세하게 살펴볼 것입니다.

지금까지 간략히 개관해보았듯이, 헌법 해석은 헌정주의와 민주주의의 가교 역할을 하기 때문에 그 자체가 중요한 정치적·제도적 함

의를 갖습니다. 이 논쟁은 민주주의를 어떻게 정의할 것인가 하는 문제와도 밀접한 연관성이 있습니다. 즉, 민주주의에 대해 인민의 지배를 실현하는 원리를 강조하느냐 아니면 평등한 개인의 권리 보장을 우선하느냐에 따라 헌법 해석이 달라질 수 있다는 것입니다. 대체적으로 볼 때, 헌정주의 원리를 강조하는 자들은 궁극적인 헌법 해석의 권위를 여론에서 떨어져 있는 판사들의 손에 쥐어주려 하는 반면, 민주주의 원리를 강조하는 이론가들은 헌법 해석의 궁극적 권위를 국민들이 직접 선출한 관리들 곧, 입법자들에게 부여하려는 경향이 강합니다. 공화주의적 입헌주의 혹은 정치적 입헌주의에서는 법의 지배를 민주적인 참여의 권리를 보장하는 것일 뿐만 아니라, 법의 내용 자체가 민주적인 참여로 결정되는 것으로 봅니다. 물론 민주적인 참여로 결정되는 법은 민주주의를 부정할 수 없다는 한계를 지니지만 그 법의 내용은 다른 종류의 입헌민주주의보다 훨씬 포괄적입니다.

# 4. 헌정주의, 다수결 민주주의를 견제하라!

보통 민주주의의 핵심 원리 중 하나는 다수결주의라고 합니다. 다수결은 최대한 많은 사람들의 의사를 반영하는 가장 민주적인 의사결정 방법으로 여겨지고 있습니다. 선거뿐만 아니라 중요한 정책결정 혹은 일상 속에서 집단적 결정을 할 때에도 우리는 다수결을 사용하지요. 그만큼 다수결 원칙은 정치적·사회적 생활뿐만 아니라 일상적인 삶 속에서도 최선의 방법으로 간주됩니다. 그러나 이에 대한 비판도 만만치 않습니다. 다수결의 원칙은 소수를 배제할 가능성이 크며 다수의 횡포를 견제하기 힘들다는 것입니다.

헌정주의는 바로 이런 다수결의 횡포를 방지하고 소수자의 인권과 목소리를 보장하는 데 중요한 역할을 합니다. 헌정주의는 다수결 민주주의가 소수자의 기본적 자유(권리)를 침해하는 것을 경계합니다. 만약 헌법에서 보장하는 기본권의 내용들을 다수의 선호와 판단에만 맡길 경우, 이는 역으로 소수자의 평등한 권리 행사를 침해할 수 있습니다. 장애인들이나 이주민 집단, 동성애자들의 권리 문제가 대표적인 사례이겠죠. 주류를 차지하고 있는 비장애인, 정주민 집단, 이성애자들이 소수자들의 권리를 제약할 수도 있으며 혹은 이들의 자유를 적극적으로 실현하는 정책에 찬성하지 않을 수 있습니다.

이런 맥락에서 드워킨은 다수결 민주주의를 시민권에 대한 잠재적 위협 요소로 간주했습니다. 그는 단순한 다수결에 의한 집단적 의사결정 과정에 비판적이었고 수의 많고 적음에 상관없이 평등하게 존중하고 배려할 것을 강조했습니다. 사실 민주주의의 핵심 원리로서 다수결주의는 기본적으로 성찰이 부족한 다수의 힘과 권력의 결정권을 옹호하지 않습니다. 만약 의사결정 제도가 힘과 권력에 의해 불평등하게 유지된다면 그것은 부정의한 것입니다. 예컨대, 사안에 대해 성찰하지 않은 사람들이 단순한 다수결로 모든 문제를 결정해버리는 무비판적인 민주주의는 '숫자'라는 힘에 권력을 안기는 장치이며 가장 조악한 수준에서 다수의 지배가 됩니다. 헌정주의는 단순히 1인이나 소수의 지배뿐만 아니라 다수의 맹목적인 전횡도 견제합니다. 그러므로 문화적 소수집단이든 성적 소수집단이든 인종적 소수집단이든 소수의 충분한 발언권과 주장이 반영되지 않은 정책결정은 원칙적으로 정당성을 상실합니다.

하지만 현실적으로 민주시민 모두가 참여하는 의사결정 과정에서 합당한 의견들이 충돌하고 있을 때 다수결주의에 의해서 최종적으로 결정이 내려지는 것은 불가피한 현실이기도 합니다. 드워킨 역시 다수결주의에 의한 민주적 의사결정의 정당성을 부인하지는 않습니다. 하지만 다수결주의에 의한 의사결정은 중요한 제약을 따라야만 합니다. 그것은 헌법적 기본권의 보장을 통해 실현되는 평등한 시민권의 원칙을 침해해서는 안 된다는 원칙입니다. 사실 다수결주의에 의한 최종적인 의사결정은 모든 시민들의 평등한 지위를 존중해주는 최선의 방식일 수 있습니다. 벨라미가 강조하듯이, 다수결주의가 채택하고 있는 1인 1표 제도는 모든 개인들이 의사결정 과정에서 동등한 역할을 해야 하고 그 의사결정에서 동등한 비중으로 고려되어야 한다는 민주적 원칙들을 반영하며, 그 과정에서의 '타협'이란 것도 결국은 모든 개인들의 동등한 비중과 역할을 고려해볼 때 상호적인 양보가 불가피하다는 원칙을 반영한 것이기 때문입니다.

하지만 다수결주의 그 자체가 민주적 기본가치들의 온전한 실현을 보장해주지는 않는다는 것은 분명해 보입니다. 때문에 다수결주의의 한계를 극복하려는 학자들은 헌정주의와 민주주의를 대립적으로 보지 않고 민주주의를 보다 실질적으로 정의하고자 합니다. 예컨대, 드워킨과 홈즈는 민주주의란 단순한 다수결을 의미하는 것이 아니라 소수자를 포함하여 '모든' 시민들의 평등한 시민권이 실현된 상태이며, 법의 역할은 온전한 민주주의를 보호하고 실천하기 위한 것이라고 강조합니다. 즉, 민주주의를 단순한 다수결주의가 아니라 공적 심의과정으로 이해하고, 헌정주의를 이 심의과정에 동등하게 참여할 수 있는 권리를 보호한다는 측면에서 이해하는 거지요. 이처럼 성찰적 시민을 전제로 한 심의민주주의를 강조하게 되면, 헌정주의와 민주주의를 상호지지적인 원리 혹은 상호보완적인 제도로서 파악할 수 있습니다. 이런 입장에서 민주주의의 본질은 개인의 자율성이나 평등과 같은 민주적 가치들의 실질적인 보호를 통해 실현될 수 있으며, 민주적 가치의 실질적인 보장은 헌법의 수호를 통해 가능합니다.

이런 입장은 헌정주의가 보호하는 권리체계가 민주주의를 강화시키는 역할을 수행한다고 봅니다. 개인의 권리 중에는 직접적인 민주적 참정권—투표권과 공무담임권 등—이 있으며, 민주주의의 정상적인 작동을 가능하게 하는 전제조건으로서의 권리들—이른바 언론과 출판의 자유, 결사의 자유 등—도 있습니다. 그리고 심지어 순전히 비정치적인 권리들—재산권, 종교의 자유 등—로 간주돼온 권리들도 일정한 민주적 함의를 갖고 있습니다. 이런 사적 권리에 대한 존중은 평화적인 선거경쟁, 민주적 토론 및 당파들 사이의 타협에 우호적인 분위기를 창출함으로써 민주정치의 효율성을 증진시키며 일반 대중이 그 체제의 결정에 기꺼이 협력하려는 마음가짐을 갖도록 유인합니다. 소수자들도 민주적 심의의 결과에 승복할 수 있다는 것이지요. 이처럼, 헌정주의는 보다 심화된 민주주의 발전의 제도적 기초로 파악할 수 있습니다.

하지만, 다양한 문화전통과 가치체계들이 공존하고 수많은 이익들이 충돌하는 현대 사회에서 모든 공적인 문제들이 전부 심의민주주의로 해결될 수 있다고 보는 것은 지나친 낙관이겠죠. 현실에는 아무리 진지한 심의과정을 거치더라도 해소할 수 없는 불일치와 갈등이 산적해 있습니다. 때문에 실제의 정치적 결정은 궁극적으로 다수결주의로 내려질 수밖에 없으며, 그 결과 소수자들이 소외되거나 배제됨으로써 평등한 시민권을 누릴 수 없는 상황이 발생합니다. 이 경우 장기적으로 소외된 소수자들이 할 수 있는 일은 가두시위를 벌이거나 헌법재판소에 소송을 제기함으로써 다수결 민주주의를 통해 잃어버린 최소한의 권익을 복구해달라고 요청하는 것 뿐이죠.

그렇지만 현실적으로 다수결 민주주의의 불가피함을 인정하더라도 그 전망을 너무 어둡게만 볼 필요는 없습니다. 너무도 다양한 영역에서 이해관계가 복잡하게 얽혀 있는 현대 사회에서 한 다수파가 지속적으로 지배적이기는 힘들기 때문입니다. 즉, 현대 사회가 매우 다양한 이해관계를 기반으로 다양한 계급 계층으로 분화되기 때문에 항구적이고 결속력이 높은 다수파의 형성은 그만큼 어려워지고 따라서 개인과 소수의 권리 역시 효과적인 견제와 균형의 원리에 따라 일정 이상은 안정적으로 보호될 수 있을 것입니다. 상이한 집단들이 서로 견제하고 균형을 이룰 수밖에 없는 현대 정치의 특성이 정의와 공동선의 증진을 위해 서로 협력하도록 강제하고 있기 때문이지요.

결국, 다수의 지배를 원칙으로 하는 민주적 권위의 영역과 소수의 보호를 원칙으로 하는 개인적 자유의 영역을 명확하게 규정할 수 없다는 딜레마가 존재합니다. 미국의 건국자들은 이러한 딜레마를 의식해 소수자의 자유와 다수의 지배라는 원칙의 타협점을 정의하는 기능을 비정치적 기구, 즉 미 연방 대법원에 위임할 것을 규정했습니다. 현실적으로도 입헌주의와 (다수결) 민주주의는 상보적으로 기능하면서도 여전히 어느 정도 긴장관계를 형성하고 있다고 보는 것이 무리가 없을 것입니다.

# 5. 시장과 민주주의:
## 반대로 뛰는 두 마리 토끼?

지금 우리 사회의 발전 방향을 가장 압축적으로 표현해주고 있는 표현은 '시장경제와 민주주의의 병행 발전'일 것입니다. 이는 김대중 정부의 정책기조로서 자유경쟁적 시장경제를 통해 효율적인 생산을 높이고, 이를 바탕으로 보다 평등하게 부를 분배하겠다는 의지의 표현입니다. 하지만 이 두 과제는 흔히 반대로 뛰어가는 두 마리의 토끼로 비유되곤 합니다. 상반된 두 가지 목표를 동시에 성취하기가 쉽지 않기 때문입니다. 반대 방향으로 뛰어가는 두 마리 토끼를 동시에 잡으려 하다가는 한 마리도 잡지 못하는 사태가 일어날 수 있듯이, 두 가지를 함께 추구하다 보면 한 가지 목표도 제대로 이룰 수 없게 될 가능성이 높게 마련이지요. 그러나 저는 이 두 가지 목표가 상충할 때도 있지만 반드시 그런 것은 아니라고 생각합니다. 이번 강의에서는 바로 이 얘기를 하려고 합니다. 시장경제의 효율성과 민주주의적 평등 원리는 상황에 따라서 서로 상보적인 관계를 이룰 수도 있다는 것을 살펴보자는 거지요.

시장과 민주주의는 다른 서구 국가들과 마찬가지로 우리나라에서도 가장 중요한 제도입니다. 시장은 경제생활을 위한 중심이며 민주주의는 정치생활을 위한 핵심입니다. 이 두 가지를 어떻게 조화시킬 것인가 하는 문제는 서구 국가들뿐 아니라 우리나라에서도 가장 중요한 사회과학적 문제입니다. 시장제도와 민주주의를 오랫동안 실천해온 경험과 전통이 부족한 한국 사회로서는 더욱 어려운 과제입니다. 어쨌든 지금 우리나라는 이 두 가지 제도를 병행 발전시키려는 목표를 추구하고 있는데 과연 그것이 가능할까요? 저는 시장과 민주주의의 관계를 서로 다르게 이해하고 있는 두 입장을 설명함으로써 이 문제를 다뤄보고자 합니다.

현재 시장과 민주주의 양자의 필요성과 바람직함을 인정하면서 이 둘의 관계를 이해하려고 하는 입장에는 두 가지가 있습니다. 여러분들도 많이 들어본 개념들일 텐데 신자유주의와 복지주의적 자유주의가 그것입니다. 먼저 신자유주의에 대해 살펴보겠습니다. 신자유주의는 시장경제에 대한 전폭적인 지지에 기초하고 있습니다. 신자유주의를 지지하는 사람들은 시장을 경제적 효율성을 극대화할 뿐만 아니라 개인의 자유를 보장하는 가장 중요한 수단으로 간주합니다. 이들은 경제적 자유주의가 민주주의를 성공으로 이끄는 관건이며 경쟁적 시장은 개인적 자유의 실현을 위한 필수조건이기 때문에 민주주의를 위해서는 필수불가결한 것으로 간주합니다. 시장의 힘을 교정하려고 하는 모든 시도는 불가피하게 시장관계가 촉진하는 개인의 자유를 억압하기 때문에, 국가의 개입은 개인의 자유에 대해서도 민주주의에 대해서도 치명타가 된다는 것이지요.

이와 같은 신자유주의의 표준적인 주장은 하이에크의 저술 『법,

입법 그리고 자유』(1982)와 『자유헌정론』(1960)에서 분명히 나타나 있습니다. 하이에크는 자유로운 개인들 사이의 상호작용으로 결합된 시장이 계획경제와는 비교할 수 없을 정도로 좋은 결과를 가져온다고 주장합니다. 그에 따르면 시장은 모든 자원을 효율적으로 할당하는 제도라기보다는, 가장 희소한 자원인 지식을 가장 경제적으로 활용하게 해주는 도구일 뿐만 아니라 사회전체에 확산되어 있는 정보를 전달하고 동원시키는 발견의 장치입니다. 지식은 의식적으로 표현할 수 있는 지식—즉, 명제적 지식—처럼 이론화 혹은 수량화할 수 있는 것과 경제행위자들의 태도, 습관, 통찰력 속에 깃들어 있는 것들처럼 의식적으로 표현할 수도 없고 언어로 이론화할 수도 없는 것이 있습니다. 후자에 속하는 지식은 어떤 단일한 계획기관에 의해 일일이 수집되어 정책에 반영될 수 있는 지식이 아닙니다. 그와 같은 종류의 지식은 시장의 '보이지 않는 손'에 의한 방식이 아니라면 도저히 반영해낼 수 없습니다. 그러므로 사회주의 체제의 보편적인 빈곤화 현상은 사회의 모든 곳에 확산되어 있는 비명제적 지식을 수집할 수도 계산해낼 수도 없는 계획경제의 무능력에서 기인한다고 볼 수 있습니다.

하이에크는 이와 같은 이유로 가능한 한 모든 영역에서 정부의 간섭과 역할을 최소화해야 한다고 주장합니다. 정부의 주요 목표는 시민들이 소비할 어떤 특정한 재화와 서비스를 산출하는 것이 아니라, 재화와 서비스의 생산을 규제하는 장치들이 잘 작동하는가를 살피는 것입니다. 국가는 시장경제에 간섭해서는 안 됩니다. 정부는 아무리 숭고한 목적 때문이라고 해도 일단 개입하게 되면 억압적이 되며, 관료적 비효율성을 빚어내기 때문입니다. 따라서 하이에크는 사회정의가 국가에 의해서 성취될 수 없다고 보며, 만일 국가가 인위적으로 사회정의를 실현하려고 해도 역효과만 발생한다고 봅니다. 그는 일부 복지제도의 장점을 부인하진 않지만, 복지국가의 한계는 명백하다고 주장합니다. 복지국가는 가난한 자보다 부유한 자에게 더 많은 혜택을 주고, 거대한 관료주의적 비효율성과 억압성을 조장하며, 수혜자들에게 수동적인 복지의존성만을 심어준다는 것입니다. 따라서 국가의 역할은 자유시장경제의 경쟁을 보호하고 있는 법의 강력한 집행과, 외부로부터의 적의 공격과 같은 최소한도의 의무로 한정됩니다. 자유시장경제가 내포하고 있는 불평등과 또 그로부터 발생하는 다른 불평등들은 어떤 특정한 분배자가 고의로 만들어낸 불평등이 아닌 만큼 부정의한 것이 아니라는 것이지요. 하이에크는 또한 불평등은 오히려 앞서가는 소수의 엘리트들의 실험정신을 자극함으로써 장기적으로는 그 혜택을 자유로운 사회의 모든 구성원들이 누릴 수 있도록 해준다고 주장합니다.(그러므로 하이에크는 엘리트주의적 역사발전론을 견지한다고 볼 수 있습니다. 소수의 앞서가는 엘리트들이 새로운 제도와 가치들의 유용성을 실험적으로 향유하여, 그 유용성이 입증되면 일반 대중들에게도 그 혜택이 미치게 된다고 보았기 때문입니다. 그는 이 현상을 '단계효과'라 불렀습니다. 보다 일반적으로 '적하이론'이라 부르기도 하지요. 항아리에 물이 차면 흘러내린다는 의미입니다.)

더 나아가서 시장은 이윤의 추구라는 단일한 원리에 지배받으며, 피부색·신분 등과 같은 요소들을 전혀 고려의 대상으로 삼지 않기 때문에 정치적 편파성과 사회적 편견을 배제한다고 합니다. 이윤 추구가 이기주의를 장려하는 것이 아니라 반대로 자유사회의 도덕적 건전성을 보장해준다는 것이죠. 요컨대 시장은 개인들에게 자율성과 자결의 자유를 제공함으로써 인간성을 표현하고 실현할 수 있도록 해주기에 도덕적인 차원에서 정당화되는 것입니다. 한마디로 시장은 곧 민주주의를 위한 필수적인 도덕적 토대로서 정당화됩니다.

복지주의적 자유주의자들은 자유민주주의 사회를 구성하고 있는 시장경제와 민주주의에 동등한 비중을 둡니다. 신자유주의자들은 시장경제를 조건으로만 민주주의가 가능하기 때문에 시장경제에 더 큰 비중을 두지만, 복지주의적 자유주의자들은 민주주의를 독립적인 하나의 원리로서 시장경제(자유주의)의 도덕적 결함과 한계를 제약하거나 보완하는 역할을 한다고 이해합니다. 시장경제에서의 자유경쟁은 단순히 사람들의 선호의 차이만을 반영하지 않고 재능, 가족관계 등의 숙명적인 차이도 반영하는 만큼, 도덕적으로 정당화할 수 없는 그런 차이가 불러올 불평등한 결과를 제한해야만 합니다. 따라서 복지주의적 자유주의자는 시장제도의 가격체계를 유지하면서도 불평등을 어느 정도 완화시킬 수 있는 재분배를 통해 시장의 개혁을 도모하려 합니다. 그러나 어떠한 해결책도 불완전하기 때문에 국가는 경제적으로 열악한 상황에 있는 이들의 기본적인 복지를 책임져야 합니다. 이를 위해 연금제도를 수립하고 누진세와 증여세 등을 부과해 기금을 조성하는 것이죠.

신자유주의자들과 복지주의적 자유주의자들의 주장은 현재 한국 사회의 개혁의 방향을 설정하는 데 좋은 지침이 됩니다. 한국 사회의 근간을 이루는 두 제도가 시장경제와 민주주의인 만큼 둘의 관계를 어떻게 설정할 것인가 하는 문제가 보수-개혁 대립의 가장 중요한 내용을 이루고 있습니다. 이 중에서도 특히 민주주의적 평등 원리의 내용을 어떻게 이해할 것인가 하는 것이 한국의 좌우파 논쟁의 핵심적 내용이 될 것입니다. 왜냐하면 자유시장 원리는 어쨌든 좌우파이 공통적으로 지지하는 원리이며, 자유시장의 결함과 한계는 민주주의의 평등 원리를 어떻게 이해하느냐에 따라 다르게 인식되기 때문입니다.(이는 현실에 충실하여 내린 평가입니다. 즉, 이론적으로는 시장체제를 부정하는 급진적 사회주의자도 있겠지만 우리나라에서는 그 세력을 확인하기에 너무나 미약하다는 점에서 일단 논외로 하는 것입니다. 그러므로 여기서 구분한 좌·우파란 진보·보수의 구분과 일치한다고 볼 수 있습니다.) 서구의 신자유주의자들은 민주주의를 법치주의나 대중의 부분적인 정치 참여를 보장하는 제도적 장치 혹은 절차로서 이해하려는 경향이 강합니다. 반면에, 복지주의적 자유주의자들은 그와 같은 법적·제도적 권리의 평등한 실천을 가능케 하는 여러 사회·경제적 조건의 평등을 촉진시킴으로써 실질적인 자유의 행사에도 평등할 수 있게 하려고 합니다.

하지만 여기서 복지주의적 자유주의자들이 강조하는 평등의 강조를 지나치게 확대해석함으로써 사회주의적인 함의가 있는 것으로 이해해서는 안 됩니다. 사회주의자들과 달리 복지주의적 자유주의자들은 시장경제와 사유재산제도의 존재를 자유롭고 평등하며 합리적인 근대인의 자기실현을 위해 필수적이라 생각하니까요. 단지 시장과 사유재산제도는 기회의 평등을 사실상 불가능하게 하는 (도덕적으로 정당화할 수 없는) 원초적인 불평등을 내포하고 있는 까닭에 그 영향을 최소화해 개인들이 누릴 수 있는 실질적인 자유의 불평등을 가능한 한 축소하려고 하는 것이지요. 그러므로 진보주의적 자유주의자들이 아무리 평등의 측면을 강조한다고 해도 그들이 움직일 수 있는 범위는 시장경제와 사유재산제도의 테두리 안에서입니다. 상대적으로 민주적 평등 원리의 독립성을 존중하지만, 자유주의 사회의 기본제도인 시장경제의 중요성에 대해서는 이의를 제기하지 않습니다. 시장제도와 사유재산제도를 자유주의 사회의 기본원리라고 할 수 있는 개인적 자유(자율성 또는 자결의 능력)—다소의 결함이 있긴 하지만—의 보루로 생각하기 때문입니다.

저는 오늘날 한국 사회에서는 시장경제와 민주주의 양자에 동등한 비중을 두는 복지주의적 자유주의의 시각이 유효하다고 생각합니다. 서구 복지국가의 후퇴와 사회주의의 몰락 그리고 IMF사태의 동시적 전개는 한국에서의 사회복지제도 확충에 관한 의미 있는 논의를 원천적으로 차단했습니다. 서구에서의 신자유주의는 제1차 세계대전 이후 착실하게 발전시켜온 복지제도를 전제로 한 자유시장 논리의 부활을 의미합니다. 반면에 한국의 경우에는 복지주의 원리가 미처 실험되기도 전에 자유시장 논리로의 복귀가 강조되는 형편입니다. 국가경제가 몰락하는데 사회정의는 부차적인 문제이기 때문이지요. 경쟁적인 세계경제체제에서 생존하기 위해서는 복지보다는 성장이 필요하고, 성장하기 위해서는 자유시장논리에 충실해야 한다는 것입니다. 그러나 한국의 경우에는 엄밀히 말해 자유시장 논리로의 복귀란 표현은 전혀 적합하지 않습니다. 복지제도를 광범위하게 실시한 적이 없으니까요.(어떤 추세가 대세이기 때문에 피할 수 없다는 것과 그 추세가 과연 바람직한가라는 문제는 별개의 것입니다. 미국이 주도하는 국제경제질서 속에서 한국이 생존하기 위해서는 신자유주의에 편승해야 하겠지만, 그것이 곧 신자유주의가 '바람직한' 삶의 원리라는 것을 의미하지는 않습니다. 궁극적으로 현실논리와 당위의 논리가 조화를 이룰 수 있는 '제3의 길'이 모색되어야 할 것입니다.)

시장경제의 효율성과 더불어 민주적 평등원리는 병행 실천되어야 합니다. 지금 당장은 사회정의를 제대로 구현할 수 없다고 해도 지속적인 관심을 갖고 점진적으로 실천해나가야 합니다. 저는 지금보다 더 많은 사회보장제도가 확충되어도 서구 국가들의 수준에는 훨씬 못 미치리라 생각합니다. 일시적으로 아무리 경제가 성장해도 그 혜택이 골고루 돌아가지 않고, 상당수의 사람들이 지속적인 빈곤과 박탈감에 시달리게 된다면 그 사회는 위기에 빠질 수밖에 없습니다. 빈곤한 집단과 부유한 집단들 사이의 위화감과 갈등이 깊어져서 누구도 원치 않는 대립과 반목이 초래되기 때문입니다. 이런 상황에서는 소외된 집단이 국가를 향한 충성과 헌신을 하기가 불가능하므로 국력도 심각하게 손실을 입겠죠. 이런 사회에서 작동하는 민주주의는 빈곤한 다수의 폭정이 되든지 아니면 부자들만이 누리는 특권에 머물게 됩니다. 민주주의의 진정한 실천은 가능한 한 많은 국민들이 동등한 자유를 누릴 수 있을 때에 가능합니다. 그렇게 볼 때 평등주의적 요구에는 눈 감은 채 시장경제의 효율성만을 추구하는 것은 결국 시장경제 자체마저도 파괴하는 결과를 가져올 뿐입니다.

# 6. 경제적 권리와 정치적 권리, 우선권을 다투다

앞에서 우리는 경제적 제도(자본주의 시장)와 정치적 제도(민주주의)의 관계를 중심으로 평등의 문제와 관련한 쟁점들을 살펴보았습니다. 이번 장에서는 논의를 좀 더 심화시켜서, 자유주의의 이데올로기적 스펙트럼에 따라 경제적 권리(사유재산권)와 정치적 권리의 비중이나 강조점이 어떻게 달라지는지를 분석해보겠습니다.

신자유주의 혹은 우파자유주의는 겉으로는 자본주의 시장과 민주주의를 모두 중시하지만, 시장의 우선권을 강조하며 보다 근본적인 중요성을 부여합니다. 이들은 로크의 자기소유권 개념에 기반해 사유재산권에 생명이나 자유에 맞먹는 가치를 부여하지요. 어떤 면에서 보면, 개인의 생명과 자유를 보장하기 위한 수단이라 할 사유재산권이 오히려 더욱 중요성을 가지는 것이지요. 그에 따라 민주적 정치과정에 참여할 권리는 상대적으로 중요성이 낮아집니다. 이들에게 민주주의는 선거와 동일시되며 민주적 권리 역시 대의제나 투표에 참여할 권리만을 의미하는바, 공동선이나 사회복지를 위해 재산권을 결코 제약해서는 안 됩니다. 빈부격차 등 자본주의 시장의 폐해가 극심해지더라도 이를 막아내기 위한 국가의 노력이 정당화되기 어렵습니다. 극단적인 가정이지만, 사유재산권과 경제적 자유를 보장하는 권위주의 체제와, 시민권은 보장하되 경제적 권리를 제약하는 민주주의 사회 중에서 고르라면 이들은 전자를 채택할 가능성이 높지요.

실제로 이런 자유지상주의 입장에 속한 이론가들의 논의를 살펴보면 민주적 정치과정에 적극적으로 참여할 수 있는 정치적 권리에 대한 내용을 거의 발견할 수 없습니다. 민주주의를 공동체의 공존방식과 경제체제까지도 결정할 수 있는 포괄적 참여라는 의미로 이해한다면, 이들에게 민주주의는 그와는 전혀 다른 의미가 될 것입니다. 실제로 이들은 다수결에 의한 결정이 사유재산권과 거래의 자유를 침해한다면 이것은 정당성을 결여한 결정이며 무효라고 주장합니다. 이들에게 정치적 권리에 기반한 민주적인 의사결정 과정은 오직 사적인 자유 혹은 사유재산권을 안전하게 보호하는 역할에 한정됩니다. 심지어 이 입장에 포함시킬 수 있는 머레이 로스바드M. Rothbard는 '무정부주의적 자본주의'가 최선의 체제라는 극단적인 주장을 제시하기도 했습니다. 물론 이들이 강조하는 국가 개입의 폐해 즉, 국가의 강제성이 야기하는 개인의 자유의 침해 그리고 혼란과 비효율성은 분명히 나름대로의 설득력을 가지지만요.

반면 시장과 민주주의의 균형을 지향하는 균형적 자유주의 입장은 민주적 정치과정에 참여하는 정치적 권리를 재산권과 경제적 자유만큼이나 중요하게 간주합니다. 따라서 균형적 자유주의자들은 시장의 불평등한 분배가 민주주의를 왜곡하고 위협하는 현상을 강력히 비판하며 제한적이나마 국가에 의한 재분배 정책을 지지합니다. 때문에 균형적 자유주의자들은 평등주의적 자유주의, 복지자유주의로 불리기도 합니다. 이러한 균형적 자유주의의 대표적인 인물들로는 롤스와 하버마스 그리고 드워킨 등이 있습니다.

롤스는 『정의론』을 통해 정치적 권리 역시 구성원들에게 균등하게 배분되어야 할 중요한 권리로 강조했으며 차등의 원리 역시 이를 위해 평등한 경제적 조건을 마련하기 위한 장치라고 규정했습니다. 롤스에게 민주적 참여의 권리는 경제적 권리—사유재산권 및 시장적 거래의 자유—만큼이나 중요한 위치를 차지하고 있습니다. 따라서 롤스의 자유주의는 시장과 관련한 기본권을 일방적으로 강조하기보다는 민주적 이상과 가치들의 독립적 지위를 인정하는 '균형적 자유주의'로 규정할 수 있습니다. 균형적 자유주의자들이 복지권을 강조하는 것은 복지정책에 담긴 평등이라는 가치를 중시해서라기보다는 민주적 정치과정에 참여할 수 있는 기본권의 평등한 향유를 위한 것으로 보는 편이 합당합니다

하버마스 역시 사적인 자율성을 보장하는 권리와 공동체의 의사결정에 참여할 권리를 동등하게 강조하는데, 시민들은 법질서의 주체로서 정치적인 공적 담론에 참여할 수 있는 평등한 기본권을 보장받아야 합니다. 하버마스에 따르면 평등하고 자유로운 개인들은 공동의사를 형성하는 과정에 참여함으로써 정치적 자율성을 행사하며 그 과정에서 정당한 법을 만들고 효력을 발생시킵니다. 하버마스는 또한 재산권과 계약의 자유를 골자로 한 사적인 자유와 정치과정 참여를 핵심으로 삼는 정치적 자유는 모두 동시적인 기원을 갖으며 서로의 전제조건이라고 강조합니다. 때문에 사적인 자유와 공적인 자유가 충돌할 경우 그것은 공동생활의 불가피한 현상으로 받아들여야 하며 원칙적으로 어떤 권리가 다른 권리에 대해 절대적인 우선성을 지닌

것으로 판단할 수 없습니다. 이처럼 하버마스에게 사적인 자유와 공적인 자유는 상호보완적입니다.

드워킨 역시 평등을 실현하기 위해 시장과 대의민주주의를 동시에 중시하며 양자의 견제와 균형을 강조합니다. 그는 소득재분배 정책과 복지제도를 주장하는 동시에 민주적 다수의 편견을 견제하는 수단으로서 소수자의 권리를 강조합니다.

마지막으로 위의 두 입장보다는 보다 급진적인, 시장에 대한 민주주의의 우선성을 강조하는 입장이 있습니다. 좌파자유주의로 분류할 수 있는 이들은 민주주의 없이는 자유주의는 온전하게 실현 불가능하다고 봅니다. 그러므로 공동체의 전반적인 의사결정에 대한 시민의 광범위하고 적극적인 참여가 근본적으로 중요합니다. 이 견해에 따르면 민주적 권리야말로 다른 사적이고 경제적인 권리의 원천이자 기반인 것이죠. 오늘날 대의민주주의의 한계와 결함을 보완함으로써 자유주의적 정치관행을 바꾸고자 하는 일단의 참여민주주의자들 역시 경제적 권리 보다는 정치적 권리를 강조합니다.

캐롤 굴드는 이런 입장을 견지한 대표적인 인물입니다. 그는 자유의 개념을 적극적으로 재해석하여 참여의 원리를 단순히 정치적 영역을 넘어 사회, 경제적 영역에까지 확장하고자 합니다. 굴드에 따르면, 자유는 '자유로운 선택'뿐만 아니라 '자기발전의 활동'까지도 포함하며 이런 자유의 확장에는 사회협력과 물질적 조건에 대한 공평한 접근도 포함됩니다.

굴드는 다양한 권리들을 열거하면서 재산권은 독립적인 권리가 아니라 적극적인 자유의 개념에서 도출되는 수단적 권리라고 강조합니다. 그가 가장 강조하는 것은 인간이 영위하는 집단생활의 모든 방면에 참가해 공동의 결정을 내릴 수 있는 참여 권리의 중요성입니다. 그런 점에서 그는 시장경제와 그것을 뒷받침하는 일련의 경제적 권리를 중요하게 고려하더라도 참여민주주의적 결정이 이것들을 규제할 수 있다고 봅니다. 따라서 그의 자유 개념은 민주적 참여를 핵심으로 삼으면서 사적인 영역의 자유를 넘어서 사회적·정치적 질서의 재편을 위한 운동의 규범적 토대가 됩니다. 굴드가 복지권을 인권에 포함시키면서 시장의 재산관계를 교정하는 국가와 민주주의 역할을 강조한 것도 같은 맥락으로 볼 수 있지요.

마지막으로 마이클 왈저의 '복합평등' 개념 역시 정치적 권리의 중요성을 강조하고 있습니다. 왈저는 정의로운 분배의 대상이 될 재화의 사회적 의미를 문화적 전통과 맥락 속에서 해석하고 적용하는 문화특화적인 방법을 주창합니다. 그는 이 방법에 따라 각 영역에 존재하는 고유한 재화의 사회적 의미를 밝히고 그 영역에서만 적용될 수 있는 분배기준과 방식을 확인하여 그에 따라 재화를 분배해야 한다고 제안합니다.

이러한 복합평등에 따른 재화의 분배 원리는 시장과 정치 등 다원화된 영역의 고유성을 강조하는 동시에, 자본의 논리가 가져온 불평등이 시장영역을 넘어서 다른 영역의 불평등을 야기할 경우 경제적 권리는 제약되거나 교정되어야 한다는 입장을 견지합니다. 예를 들어, 돈 많은 사람이 의료와 교육의 재화를 독점하는 것은 돈의 영향력이 자신의 고유 영역인 시장경제를 벗어나는 것이므로 옳지 못한 것이죠. 따라서 정의를 실현하기 위해서는 돈이 자신의 고유 영역인 시장경제를 벗어나서 다른 영역에서까지 그 지배권을 확장하지 못하도록 해야만 합니다. 왈저는 시장경제를 부인하지 않지만 자본의 전제를 경계합니다. 그는 시대와 문화적 맥락을 초월한 채 시장의 권리를 절대시하는 자유주의는 문화적 특수성을 무시하고 있으며 시민들

간의 교류와 의사소통을 통해 형성될 수 있는 영역별 정의의 가능성마저 봉쇄한다고 봅니다. 민주정치는 시민들을 공동행위를 통해 정치공동체의 미래를 만들어가는 주체로, 그리고 분배적 영역들을 감시하고 정의로운 사회를 유지할 수 있는 존재로 인식하게 만듭니다. 구성원들의 민주적 합의와 공동의 이해를 강조하는 그의 입장은 사실상 정치적 권리를 더욱 지지하는 강력한 논리가 될 수 있습니다.

벨라미 역시 현대 사회의 특징으로 다원주의를 강조하면서 민주적 자유주의를 주창합니다. 그에 따르면 자유주의 원리 및 제도적 장치들은 민주적 조정 과정을 거친 잠정적 협약일 뿐입니다. 그러므로 협약의 기반이 되는 민주적 결정 영역과 참여의 권리를 통해서만 자유주의 가치는 보호되고 실현될 수 있습니다. 그는 민주주의를 배제할 경우 오히려 반자유주의적 결과가 야기될 수 있다고 역설하지요. 이런 관점에서, 정책결정 권력의 평등한 분배는 민주주의의 심화와 확장을 의미하므로 시장 경쟁보다 훨씬 더 중요한 가치입니다. 또한 광범위하고 적극적인 시민적 참여를 보장하는 민주주의는 다른 사적인 권리의 원천이자 그런 권리를 제약할 수도 있는 절차적 근거가 될 수 있지요.

페이트만으로 대표되는 참여민주주의 연구자들 역시 개인의 자율성을 민주적 자치의 원리로 확장하고 재구성하면서 참여의 교육적 기능을 강조하고 있습니다. 산업구조의 민주화를 주창한 로버트 달 역시 1970년대 이후 기업의 민주적 참여와 자치 경영을 주장하며, 민주주의의 확장으로서 사회경제적 평등과 참여를 강조하고 있습니다.

지금까지 경제적 권리와 정치적 권리 혹은 시장과 민주주의의 관계를 중심으로 현대 자유주의를 개관해보았습니다. 잠정적 결론은 양자의 관계를 설정하는 '최상의' '유일한' 방식은 없다는 것입니다. 개인의 존엄성과 필수적 권익을 보호하기 위한 헌법적 장치인 기본권에 관한 견해는 재산권 및 계약적 권리를 우선하는 입장과 자율적인 참여의 권리를 우선하는 입장으로 나뉩니다. 어느 한쪽의 우선순위를 '절대적으로' 정당화할 수는 없습니다. 물론 사유재산권과 계약적 권리의 절대성보다는 폭넓은 집단적 삶의 영역에서 평등한 참여의 권리를 강조하는 입장이 상대적으로 중산층 이하의 서민들에게 유리한 분배적 결과를 가져올 수 있습니다. 그러나 이러한 민주주의의 상황적 우선성에도 불구하고 시장에 대한 우리 시대의 지지 또한 보편적이라고 할 수 있지요. 경제적 권리와 정치적 권리 중 어느 것이 더 중요하고 우선해야 하는가의 문제는 특정하고 구체적인 사회적 문화적 맥락 안에서 잠정적으로 조정되어야 할 원리이자 계속해서 재조정되는 관계로 평가할 수 있습니다.

# 7. 경제성장의 '질'을 높이는 사회적 자본

여러분들은 민주주의가 경제발전에 도움이 된다고 생각하십니까? 지금까지의 연구들에 따르면, 대체로 경제발전이 민주주의의 필수 조건인 것처럼 보입니다. 학계에서 1990년대까지 풍미했던 '근대화이론'은 시장경제의 발전이 민주주의를 가능하게 만든다고 주장한 대표적인 조류입니다. 1인당 GDP의 증가, 국민소득의 향상 등으로 측정되는 경제발전과 번영이 궁극적으로 민주화를 가능하게 만들었다는 것이지요. 그러나 경제발전이 반드시 민주주의를 보장하지는 않는다는 반박도 강하게 제기되고 있습니다. 경제발전과 민주주의의 상관관계는 확률상의 문제이며 역사적·문화적·국제적 요인이 복잡하게 작용한다는 지적이 그것입니다.

이번 강의에서는 경제발전이 민주주의에 미치는 영향이 아니라 그 역의 관계, 즉 일정 수준에 도달한 민주주의가 과연 경제발전의 촉매제 역할을 할 수 있을지를 논의해보겠습니다.

먼저 일반적인 차원에서 민주주의가 경제발전에 긍정적인 영향을 미친다는 점에 대해 알아보겠습니다. 일단 민주주의 발전은 정치질서를 안정화시킨다는 점에서 경제발전에 긍정적으로 작용합니다. 여러분도 알다시피, 민주주의 발전은 안정된 법치주의를 확립시키고 이런 법치적 민주주의는 사회의 투명성과 행위의 예측 가능성을 키웁니다. 그 결과 자의적 통치에서 야기되는 폐단들, 즉 불투명성, 부패, 불확실성, 불안, 불신 등을 방지하고 공정한 경쟁을 유도함으로써 경제발전에 유리한 환경을 조성할 수 있습니다. 민주주의에 기반한 법치주의 국가는 외국 자본의 유치에도 훨씬 유리한 편입니다.

또한 민주주의는 인적·물적 자원을 최대한 효율적으로 활용할 수 있는 경제정책의 합리성을 일정 수준 이상으로 보장합니다. 민주주의에 의해 보장되는 참정권은 효과적인 경제정책에 관한 경제전문가들의 자유로운 토론을 가능하게 만들면서 최선의 경제정책 모색에 유리하게 작용하겠죠. 무엇보다도 정부의 잘못된 경제정책이나 정경 유착과 같은 부패를 비판할 수 있게 해주면서 투명하고 효율적인 경제정책을 채택하게끔 이끌 수 있습니다.

경제발전을 순전히 양적으로 바라보지 않고 질적인 차원에서 이해하게 되면 민주주의가 경제의 질적 향상에 기여한다는 것이 보다 분명히 드러납니다. 민주주의 발전은 약소 계층의 삶의 질 개선과 양극화의 시정을 통해 사회통합에 기여할 수 있습니다. 민주적 참정권이 없을 때 약소 계층의 입장은 소외되거나 배제됩니다. 반대로, 노동자 계급을 비롯한 다양한 시민사회 집단들이 발언권을 가지게 되면 그만큼 민주주의가 공고해질 뿐만 아니라 경제발전에 크게 기여할 것입니다. 모든 시민의 정치적 발언권이 보장되는 선진 민주주의 국가일수록 만성적인 빈곤이나 극단적인 갈등이 줄어드는 경향이 이를 방증합니다. 민주주의가 정책결정의 비효율성을 가져오고 경제 성장에 불리하다는 반박이 있지만 민주주의의 긍정적 효과에 의해 비효율성은 얼마든지 상쇄될 수 있지요.

이런 관점에서 한국 사회에서도 민주주의가 경제발전—양적인 성장과 질적인 성숙을 포함하는—에 직·간접적으로 매우 긍정적인 기여를 할 수 있다고 봅니다. 물론 경제발전에 대한 민주주의의 기여는 앞으로 한국 사회가 어떤 민주주의 형태를 채택·발전시키느냐 따라 상당한 차이가 있을 것으로 판단됩니다.

서구의 경험을 고려할 때, 저는 경제적 성숙과 관련하여 사회적 자본의 확충을 촉진하는 민주주의 발전을 강조하고 싶습니다. 사회적 자본의 중요성을 주창한 로버트 퍼트넘[R. Putnam]은 사회적 자본을 사회 구성원들 사이의 신뢰와 유대감, 공적 업무에의 적극적 참여, 구성원들 사이의 수평적 관계에 기반한 관용과 신뢰, 상호존중 등으로 정의합니다. 이러한 사회적 자본은 개인 간의 협력을 촉진함으로써 사회의 생산성을 높여주는 신뢰, 규범, 네트워크 등 사회적 관계에서 발생하는 일체의 무형 자산입니다. 사회적 자본은 거래비용을 절감해서 물적·인적 자원의 생산성을 높이며, 구성원 간 신뢰관계를 구축해 사회안정에도 기여한다는 것이지요. 이처럼 사회적 자본은 물적·인적 자본과 마찬가지로 사회적 안정의 척도이자 국가경쟁력과 경제발전의 핵심요소라는 것이 일반적인 주장입니다.

미국의 정치철학자인 프랜시스 후쿠야마 역시 시민의식을 근간으로 하는 사회적 자본을 평가한 대표적인 학자입니다. 후쿠야마는 자신의 저작 『트러스트』를 통해 자유민주주의 시장경제체제가 지속적으로 발전하기 위해서는 시장 원리와 함께 사회구성원 사이의 신뢰가 뒷받침되어야 한다고 역설합니다. 여기서 말하는 신뢰는 상호 협력을 가능하게 만드는 시민성이라고 할 수 있습니다. 이런 신뢰가 경제발전에 드는 비용을 최소화하면서 세계적 자본주의 경쟁에서의 생존과 번영을 가능하게 만든다는 것이지요.

특별히, 사회적 자본 이론은 시장과 국가의 이분법적인 구도를 넘어 성장과 분배, 효율과 형평, 자유와 연대 사이에서 조화를 모색하는 경제발전 전략을 추구합니다. 이는 신자유주의적 경제 질서 속에서 성장 위주의 경제정책을 펼쳐온 우리 사회가 참고할 만한 전략이라 할 수 있죠. 단순하게 생각해봅시다. 한 사회에서 특정 집단이나 계층에 속하는 구성원들이 교육이나 위생, 주거, 취업 같은 일상 생활에서 차별과 소외를 당한다면 그 사회는 끊임없는 갈등과 분열을 겪게 되고 지속적이고 안정적인 경제발전은 불가능하겠죠. 또한 중간층이 급격히 감소하는 '양극화 사회'에서는 사회적 유대와 연대, 신뢰와 존중이 형성되기 힘들 것입니다. 당연히 이런 사회에서는 정치적 불신과 무관심도 팽배하며 사회적 자본이나 사회적 연계망이 취약할 가능성이 높을 테고요. 사회적 자본은 바로 그런 상황에 가까워져 가는 한국 사회를 사회적 신뢰와 협력적 관계망을 통한 분배와 성장의 선순환으로 이끌 선택지 가운데 하나입니다.

개인들은 다른 시민들과 연계망을 형성하고 교류함으로써 시민적 태도의 핵심이라고 할 수 있는 호혜성, 관용, 연대감, 협동심, 신뢰 등을 획득하게 됩니다. 이러한 시민적 연계망은 다양한 사회적 상호작용을 아우르는 개념이라 할 수 있습니다. 넓은 의미에서 사회적 연계망은 이웃과의 교류나 친구, 동료들과의 모임과 대화뿐만 아니라 학부모운동, 환경운동, 여성운동, 적십자운동, 노동운동 등 시민적 결사체 활동까지 포함합니다. 이러한 시민적 네트워크의 확대와 이를 통한 시민성의 발전 및 사회적 신뢰 회복이 경제의 질적 성장의 동력이

자 지속가능한 경제발전의 기반이 된다는 것이지요.

실제로 사회적 자본이 발달되어 있는 선진 국가일수록 사회보장제도가 잘 발달되고 지속적인 경제 성장을 성취해왔습니다. 경제적 풍요와 수준 높은 복지를 자랑하는 북유럽 국가들은 사회적 자본 및 신뢰 수준에서도 모두 최상위를 자랑하고 있습니다. 국민소득이 일정 수준 이상인 선진국 가운데는 사회복지 제도와 사회 부문 간 균형발전, 시민문화의 전통이 탄탄한 국가일수록 사회적 자본이 풍부한 것으로 나타났습니다. 이는 사회적 자본 형성 및 성숙에 영향을 미치는 민주주의 수준에 따라 선진국의 경제발전 및 경제의 '질'도 차이가 남을 보여줍니다. 따라서 사회적 (네트워크)자본을 보다 많이 필요로 하거나 생산해낼 수 있는 민주주의 형태가 있다면, 그런 민주주의 형태를 채택·운용하는 것이 경제발전에 더 유리하다고 볼 수 있습니다. 사실, 사회적 자본은 모든 사회·정치 제도들의 정상적 운용에 공통적으로 필요합니다. 그러므로 사회적 자본에 유리한 민주주의 형태는 경제발전과 정치통합에도 공히 유리하게 작용할 것으로 봅니다.

이와 같은 문제의식은 한국의 정치제도 개혁과 관련하여 다음과 같은 아이디어를 제안합니다. 먼저, 공적 영역에 대한 신뢰를 높일 수 있는 제도 개혁이 필요합니다. 특히, OECD 국가 중에서 최하위권에 머물러 있는 정부와 국회 등 정치권에 대한 신뢰를 높여야 합니다. 공적 영역에 대한 신뢰는 사회적 자본의 한 유형으로 사회 발전의 인프라 역할을 할 수 있습니다. 특히, 정부에 대한 민간의 신뢰는 시민들이 정책 형성과 집행 과정에 더욱 적극적으로 참여하도록 만들 것입니다. 이를 통해 정책효과가 극대화되어 사회발전이 가속화되면 다양한 사회적 자본이 더욱 증진될 수 있습니다.

다른 하나의 아이디어는 선거제도의 개혁입니다. 한국에서 소선거구제와 결합된 다수결주의적 민주주의는 다양한 층위의 분열을 심화시키는 경향이 있습니다. 이런 선거제도가 자유지상주의 경제체제와 결합할 경우 한국 사회는 더욱 더 분열과 갈등으로 내몰릴 가능성이 있습니다. 자유지상주의 경제체제는 신자유주의적 세계화와 맞물려 양극화를 심화시킬 뿐만 아니라 이를 교정할 수 있는 정치적 권리와 국가의 역할을 간과하기 때문입니다. 이는 장기적으로 시민사회의 통합에도 부정적으로 작용함으로써 경제발전에 필요한 사회적 자본의 획득을 어렵게 합니다. 따라서 이와 같은 문제점을 극복할 수 있는 대안적인 민주주의 형태에 대한 사회적 논의가 필요합니다. 여기에는 물론 권력구조 개편 및 헌법 개정에 대한 논의가 포함됩니다. 특히, 승자독식과 극단적인 저항정치를 불러오는 현재의 다수결주의적 민주주의를 대체하거나 보완할 수 있는 대안적인 민주주의 형태에 대한 고민이 필수적입니다. 예컨대, 파트너십을 강조한 민주주의 혹은 매우 완화된 협의민주주의 등에 대한 모색이 절실히 요청되지요. 대안적인 민주주의 형태는 다수결주의적 선거민주주의에 비해 관용과 신뢰, 그리고 상호존중과 같은 사회적 자본을 확충하는 데 긍정적으로 작용하며 건전한 시장경제의 발전에 유리하게 작용할 수 있어야 합니다.

마지막으로, 사회적 자본이 민주주의와 경제발전에 긍정적으로 영향을 미치도록 하기 위해서는 그 부작용을 제어할 수 있는 사회문화적 조건을 확보하는 노력이 필요합니다. 특히, 우리나라의 경우, 각종의 연고주의적 병폐들—정치와 경제에서의 혈연, 지연, 학연의 영향—을 끊을 필요가 있습니다. 사회적 자본이 국가적 수준에서 작동하지 못하고 혈연주의·지연주의·학연주의 등과 결합되어 발현될 경우, 민주주의와 경제발전에 기여하기는커녕 타락과 부패를 부추길 수도 있기 때문입니다. 그러므로 사회적 자본이 민주주의와 경제발전에 긍정적 방향으로, 전 국가적 수준—그리고 기대컨대 장기적으로는 지구적 수준—에서 더 활발히 작용할 수 있도록 시민들의 공적 이성이 더 개방적이고 폭넓게 개발·사용되어야겠지요.

# 7

민주주의,
다문화 시대와
인권을 이야기하다

# 1. 다문화주의란 무엇인가?

여러분들도 한 번쯤은 '다문화주의'라는 용어를 들어보셨을 것입니다. 다문화주의란 다양한 인종, 종교, 문화적 소수집단의 구성원들도 평등한 인권을 소유하고 있기 때문에 그들의 주체성을 존중해야 한다는 주장입니다. 나아가 다문화주의를 옹호하는 사람들은 다양하고 이질적인 문화를 수용하고 차이와 다양성의 소통을 통해 공동체의 문화적 내용을 보다 깊고 풍부하게 만들 수 있다고 믿습니다.

다문화주의는 원래 유럽의 근대국가와 미국·캐나다·호주 등 이민국가들의 형성 과정에서 정체성을 배제당한 다양한 인종 및 문화 집단들이 1970년대 이후 자신들의 독특한 문화적 정체성을 존중받으려는 노력 속에서 발생하고 확산된 개념입니다. 그러므로 기본적으로 다문화주의는 상이한 문화적 정체성을 가진 집단들의 권리 인정과 공존의 문제의식을 바탕으로 하고 있습니다. 역사적으로 다문화주의는 인종주의, 백인 중심주의, 자문화 중심주의에 대한 비판을 공유하고 있으며 소수자 집단의 정체성 및 권리 담론과 불가분의 관계를 맺고 있습니다.

그러나 사실 다문화주의라는 개념은 대단히 모호하고 이중적이며 복잡한 문제를 간직하고 있습니다. 일단 엄격한 기준에 따른다면, '다문화주의'와 '다문화적'이라는 용어는 구분되어야 합니다. '다문화적'이라는 용어는 한 사회에 다양한 문화적·인종적·종교적 집단들이 공존하고 있다는 '사회학적 사실'을 지칭합니다. 이에 비해 '다문화주의'는 사회학적 사실에 대한 규범적 접근, 즉 이런 현상에 대해 어떻게 대응할 것인가를 주요 의제로 설정합니다. 그러므로 '다문화적' 용어와는 전혀 다른 차원의 개념인 것이지요.

이처럼, 규범적 관점에서 다문화주의는 국가의 통합이념으로서 바람직한 사회에 대한 비전을 의미하기도 하고 또는 그런 목표를 성취하기 위한 현실정치의 동원 수단이자 정책 수단을 의미하기도 합니다. 또한 보다 넓은 관점에서 다문화주의는 대체적으로 한 사회 내 다양한 인종이나 민족 집단, 혹은 소수집단의 문화를 단일하고 동질적인 문화로 동화시키지 않고 서로 인정하고 존중하면서 공존하는 것을 목적으로 하는 이념체계를 의미한다고 볼 수 있습니다.

다문화주의에 대한 탁월한 연구자인 마르코 마르티니엘로[M. Martiniello]의 보다 명료한 정의에 따른다면, 다문화주의는 한 사회가 인종·성별·성적 취향 등에 따라서 구별되는 이질적인 주변문화로 이루어져 있고 이들은 서로 등등한 지위를 지닌다는 명제에서 출발합니다. 이 관점은 국민국가와 민족문화의 동질성이란 조건 아래 가려져 있던 소수자와 그들의 문화를 공동체의 구성 요소로 긍정하고 주

> **마르코 마르티니엘로**
> '민권적 다문화주의'를 이야기한 이주민 사회통합연구가. 벨기에 국립 과학연구재단 연구원이자 리에주 대학 정치학 교수. 주로 이민 문제, 민족 간의 문제, 민족주의와 인권문제 연구로 이름 높다. 대표 저서로 『현대 사회와 다문화주의』가 있다.

체적 존재로 인정합니다. 즉, 보다 넓은 의미에서 보자면, 성·인종·계급·라이프스타일·성적 취향·종교·이데올로기 등 다양한 생활세계의 중요성을 강조하면서 등장한 포스트모더니즘을 배경으로 공동체 내부의 다양한 소수집단과 하위문화 집단들의 권리와 발언권을 지지하는 일련의 흐름을 다문화주의로 지칭할 수 있지요.

이번 강의에서 다문화주의 논의는 이주민으로 상징되는 소수의 인종·종교·문화 집단과 주류집단과의 공존 문제에 초점을 맞추도록 하겠습니다. 이는 서구뿐만 아니라 한국 사회에서도 이주민을 중심으로 한 문화적 다양성에 대한 국가적 대응이 중요한 쟁점이 되고 있기 때문입니다. 즉, 국제이주민 증가에 따른 다인종·다문화 집단이 존재하는 상황 속에서 다양한 소수집단의 평등한 문화적·사회적 지위를 인정하는 것, 학교·기업·이웃·도시 또는 국가와 같은 조직적 수준에서 인종적으로 다양한 문화를 수용하고 존중하는 문제가 중요한 공적 의제로 떠오르고 있습니다.

오랜 이주 역사가 있는 서구권 국가에서도 여전히 다문화주의가 사회적 쟁점이 되는 것은 지구화와 불가분의 관계를 맺고 있습니다. 지구화로 인한 자본과 노동의 유연화는 노동자의 국제적 이동을 활성화했고, 타국 혹은 타문화권에 대한 관심과 동경은 국제결혼의 비율을 비약적으로 증가시켰습니다. 문화권들 간의 학술·문화 교류의 폭도 대폭 커졌습니다. 그로 인해 전통적 국민국가의 영토선이 그어놓았던 경제적·문화적 경계는 급격히 허물어졌으며, 인종적·문화적·종교적 구성도 예전과는 비교할 수 없을 정도로 다양하고 복잡한 양상을 띠게 되었습니다. 더구나 전세계로 퍼져 나간 이주 노동자들은 부당한 사회·경제적 차별과 착취를 당하지 않기 위해 다양한 방식—항의, 소송, 폭력투쟁, 홍보 등—으로 대응하기 시작했고 이러한 움직임은 해당 국가에 새로운 도전과 과제를 던지고 있습니다. 특히 오늘날 전세계적으로 민주주의가 확산되고 인권의식이 고양되면서 각국의 소수 인종·문화 집단들이 자기 집단의 문화적 생존을 담보할 수 있는 권리를 획득하기 위해 각국 정부에 압력을 넣고 있는 상황은 해당 국가의 정치사회 및 경제질서의 변화를 가져오기도 합니다.

150만 명의 이주민이 살고 있는 우리 사회 역시 다문화 사회로 진입하고 있으며 한국에서 다문화주의는 '현재 진행형'으로 평가할 수 있습니다. 물론 우리나라의 총 인구 중에서 외국인 거주자의 비율이 2%를 약간 상회하는 상태를 다문화 사회로 보기 어렵다는 지적도 있습니다. 그러나 엄격한 기준을 적용하더라도, 한국 사회가 다문화 사회로 이행해가는 과도기인 것은 틀림없으며 이런 현상은 더욱 가속화될 겁니다.

실제로, 학교와 길거리에서 만나는 다양한 인종의 외국인들, 혹은 같은 동네에 살고 있는 동남아 출신의 '새댁 아줌마'를 통해서 이미 우리에게 외국인은 낯선 존재가 아닙니다. 〈방가방가〉〈완득이〉처럼 이주민들이 주인공으로 등장하거나 혹은 이주민 문제와 연관된 영화나 드라마도 많이 있고요. 외국인 이주민들이 직접 주관하는 외국인 영화제도 매년 개최되고 있습니다. 또한, 여러분들이 직장인이 되었을 때 비록 해외영업부에서 근무하지 않을지라도 아마도 업무를 추진하는 과정에서 직간접적으로 많은 외국인들과 관련을 맺게 될 것입니다.

여러분도 알다시피, 경제적으로 세계 10권에 진입한 한국의 위상은 해마다 높아지고 있습니다. 특히 동남아시아와 중앙아시아, 그리고 심지어 아프리카의 서민들에게도 코리언 드림이 유행하고 있습니다.

향후 가속화될 신자유주의적 세계화는 국경을 넘는 이주민들의 수를 더욱 증가시킬 것이고 우리나라에 거주하는 외국인들의 비율도 계속 높아질 것입니다.

더구나 정부 자료에 따르면, 우리나라의 낮은 출산율, 인구구조의 고령화, 인구유출, 노동력 부족 등의 요인을 고려할 때, 국제결혼 증가와 더불어 국제결혼 가정의 자녀들의 비중 역시 급증할 것으로 예상됩니다. 결혼비율 중 11.9%가 외국인과의 결혼이라는 지금과 같은 추세(2008년말 기준)가 계속된다면, 2020년에는 20대 한국인 5명 중 1명, 신생아 3명 중 1명이 국제결혼 가정의 자녀일 것으로 추정됩니다. 즉, 지금과 같은 순혈주의적 민족 개념은 상당한 변화를 맞이할 수밖에 없다는 것이죠. 이제 우리는 '단군 할아버지의 자손'을 내세우며 혈연적 순수성을 강조하는 민족 개념을 벗어나야 합니다. 핏줄에 근거한 민족 개념을 고집한다면 외국인들은 물론 다문화 가정의 자녀들을 동등한 공동체의 일원으로 인정하기 힘들 뿐만 아니라 그들에게 크나큰 고통을 주게 될 것입니다. 피부색과 언어, 문화가 다르다고 불이익을 주거나 차별해서는 안 된다는 관점이 다문화주의의 기본입니다. 불행하게도, 불과 수 년 전까지만 해도 한국에서 거주하고 있는 외국인들은 무시와 차별, 심지어 작업장에서 욕설과 구타까지 당하며 인간적인 모멸감을 견뎌야 했습니다. 국제인권단체들은 외국인 이주노동자 및 결혼이주여성의 인권 문제를 제기하면서 공식적으로 한국 정부에 항의하기도 했지요. 이는 대한민국의 국제적 위상을 떨어뜨리고 한국인들에게 부끄러움을 안기는 사건이었습니다.

이제 한국에서 이주민의 인권 및 시민권 문제와 관련하여 소수집단을 포용하고 그들의 주체성을 인정하려는 노력은 우리 민주주의 발전 수준을 가늠하는 척도가 되었습니다. 세계적으로 자랑스러운 공화국이 되기 위해서 우리는 외국인들의 인권을 존중하면서 더불어 살아갈 수 있는 대한민국을 만들어야만 합니다. 한국에 거주하고 있는 외국인 및 다문화 가정 자녀들에게 우리 정부 및 국민들이 어떻게 대우하느냐에 따라 대한민국의 정치적 안정과 미래의 가능성 역시 크게 달라질 수 있습니다. 현재의 추세로 볼 때, 이주민들에 대한 전향적인 조치들이 나오지 않는다면, 성장한 다문화 가정의 2세, 3세 자녀들이 도시 및 농촌의 빈민 지역에 밀집하게 될 가능성이 높습니다. 즉, 최악의 경우에 빈곤층과 지역, 소수자가 결합된 소요사태가 발생할 수 있지요. 물론 이런 사회질서의 위기 때문이 아니더라도 이주민과 정주민 집단 사이의 차별과 경제적 불평등을 완화하고 이주민을 포함하여 모든 구성원들이 존엄성을 인정하고 누릴 수 있는 조건과 환경을 마련해야 할 것입니다.

# 2. 다문화주의의 빛과 그림자

이제 우리는 다문화주의에 대해 보다 깊이 있는 분석과 함께 현실적인 문제에 대해서도 논의하고자 합니다. 이는 미래지향적인 한국의 비전을 설정하고 정치적 통합과 사회발전을 어떻게 일구어낼 것인가의 문제와 밀접한 관련을 맺고 있습니다.

앞서 강의에서 말씀드렸지만, 외국인 이주민의 증가로 상징되는 다문화 현상은 한국의 인구학적 변화와 경제적 필요와 맞물려 더욱 심화될 것으로 예상됩니다. 결혼이주여성과 외국인 노동자 같은 중장기적 이주민뿐만 아니라 단기체류 외국인의 수도 급증할 것입니다. 외국인들과의 공존 문제는 향후 한국 정치사회의 가장 중요한 쟁점이자 국가적 과제 가운데 하나가 될 것입니다. 사회적 진통 끝에 다문화주의에 대한 합의를 성취한다고 할지라도, 이를 실현하기 위한 방법은 그보다 더 다양하고 험난할 것이고요.

사실 외국인 이주자 집단의 존재 및 증가는 그동안 단일민족이라는 순혈주의에 익숙해 있던 한국인들에게 호기심과 기대의 대상인 동시에 불안과 우려의 대상이 되고 있습니다. 그만큼 다문화 현상은 양가적이고 복합적인 문제입니다. 이 현상이 우리 사회에 미치는 영향이 광범위하다는 것을 고려한다면, 다문화주의 '현실'의 문제점과 대안을 보다 깊이 고민하고 연구할 필요가 있습니다. 예를 들어, 마치 당장이라도 다문화주의를 채택할 수 있고 또 아무런 문제없이 다양한 문화들이 공존하면서 다문화 사회가 정착할 수 있으리라는 기대는 냉정하게 분석·평가되어야 합니다. 다문화주의에 대한 지나치게 낙관적이고 낭만적인 기대를 경계해야 한다는 것이지요. 이런 기대는 자칫 혼란과 무질서의 위험성을 외면하고 있다는 점에서 무책임한 태도라고도 볼 수 있습니다.

물론 차이와 다양성의 조화로운 공존이 갖는 무한한 잠재력을 부정할 필요는 없습니다. 다만 그런 가능성을 현실화하기 위해서라도 우리는 다문화 '현실'을 냉정하게 분석하고 다문화 사회의 부정적 측면을 최소화하려 노력해야 한다는 것이죠. 당위적이고 규범적인 차원이 아니라 다문화 사회로 나아가기 위한 실제적인 전략과 현실적 대안을 신중하게 모색해야 한다는 것이지요.

이런 관점에서 다음과 같은 질문이 가능합니다. 첫째, 다문화 현상의 세계적 추세는 인정하지만 과연 문화적 다양성과 차이가 무제한적으로 수용되어야 하는가? 둘째, 오랜 기간 동안 특정한 민족 집단이 압도적인 주류집단을 형성해온 상황에서 새롭고 이질적인 다양한 인종집단 모두를 조건 없이 단기간에 포용하거나 장려해야 하는가? 셋째, 소수문화들을 어떤 방식으로 그리고 어느 정도로 포용해야 하는가? 즉, 단순히 관용하거나 보호해주는 정도로 충분한가 아니면 적극적으로 존중하고 장려해야 하는가?

이러한 신중하고 비판적인 검토를 거칠 때 비로소 한국의 다문화
주의는 한국적 상황에서 적실성과 내구력을 갖춘 정치담론이 될 수
있습니다. 불행히도 지금까지의 다문화 담론들에서는 이런 문제를 충
분히 숙고한 흔적을 찾기 힘듭니다. 소수문화 구성원들에 대한 사회
적 차별과 경제적 착취를 고발하면서 즉각적으로 다문화주의의 당위
성을 부각시키는 것은 윤리적인 설득력을 가질지 모르지만 공동체의
질서와 발전에 대한 고민은 부족한 것이 사실이지요.

　무엇보다도 다문화주의의 가장 큰 문제점은 지나치게 다양성을 인
정할 경우 사회적 유대와 연대, 통합의 기반을 어디에서 찾을 것인가
하는 데 있습니다. 다문화주의의 공통적인 문제의식인 인종·민족·
종교·문화적 집단들의 차이와 다양성의 존중이라는 관점은 합당하
지만, 차이에 대한 인정은 사회통합에 필수적인 사회적 연대를 잠식
하고 소속감을 약화시킬 수도 있지요. 예컨대, 소수집단의 자치권에
대한 인정이 국가적 통합을 저해한다는 비판이 가능합니다. 이는 정
치통합과도 밀접한 관련이 있습니다. 즉, 소수집단들의 소속감이 지
나치게 강조될 경우, 더 넓은 차원의 정치공동체에 대한 소속감은 약
화될 수밖에 없다는 것이죠. 매우 느슨하게 결합된 정치공동체 속에
서 서로 독립적이고 폐쇄적이며 동질적인 집단의 위상만을 배타적으
로 강조한다면, 다양한 집단, 문화집단들을 하나로 묶어줄 수 있는
유대와 연대의 기반은 사라지게 됩니다. 정치공동체의 통일성을 절대
적으로 강조하면서 다양한 소수집단의 고유한 정체성을 부정하는 국
가주의만큼이나, 소수집단의 폐쇄적인 독립성을 배타적으로 강조하
는 다문화주의 역시 경계의 대상입니다. 물론 다문화주의의 분열적
속성을 극복할 수 있는 통합이 보수적인 주류집단 중심으로 전개되
어서는 안 되겠지요. 이는 결국 주변부에 위치한 소수자를 더욱 객체

화하고 억압하는 결과를 낳게 될 테니까요.

다문화주의의 어떤 흐름은 국가의 역할을 부정적으로만 판단하는 경향이 있습니다. 그러나 아무리 세계화 시대에 국가 주권이 약화되고 있다고 할지라도, 하나의 영토 내에서 질서와 통합과 발전을 담보하는 가장 강력한 행위자는 여전히 국가입니다. 국가라는 시스템을 통과하지 않고서는 다문화주의도 본래의 목적을 성취하기 어렵습니다. 그러므로 다문화 시대의 규범적 방향성을 존중하면서 새로운 정체성과 연대의 기반으로 작용하는 국가의 역할을 적극적으로 모색할 필요가 있습니다. 물론 민족국가에 기반을 둔 정치공동체가 내부의 소수집단을 주변화하고 억압하는 경향은 단호하게 경계해야 합니다.

다문화주의에 내재한 두번째 문제점으로, 다문화주의는 특정 개인이나 집단의 문화적 정체성을 지나치게 정태적이며 본질적인 것으로 간주하는 오류에 빠질 수 있다는 비판이 제기되고 있습니다. 이런 정태적 입장에 따르면, 문화적 정체성은 고정 불변적인 성격을 가지고 있고 그 범주를 벗어나지 못합니다. 개인들의 문화적 정체성은 오직 자신의 부모나 선조가 속해 있는 문화로만 형성되는 단일성을 극복할 수 없다는 것입니다. 개인이나 집단은 다면적이고 복합적인 정체성을 가질 수 없는 존재로 규정당하는 것이죠. 결국 이런 입장은 문화적 정체성을 역동적인 구성으로 바라보지 못하며 문화를 폐쇄적인 세계로 바라보는 본질주의적 해석의 한계를 보입니다.

이런 한계는 이중적인 의미에서 다문화주의의 창조적이고 생산적인 가능성을 차단하는 효과를 발휘합니다. 무엇보다도 차이와 다양성의 맞부딪침agonism을 통한 정체성의 변화를 사고하지 못하며 또한 이에 기반한 새로운 다문화 공동체로의 진전 가능성을 차단합니다.

이런 맥락에서 세일라 벤하비브S. Benhabibe 나 액셀
호네트A. Honneth, 브라이언 배리B. Barry 같은 학자들은
다양한 문화에 대한 포용과 소통이라는 다문화주
의의 이상을 지지하면서도 그것이 문화적 순수성
과 절대적 분리의 옹호를 의미할 때는 비판적인
입장을 취합니다.

역사적 상식으로 판단하더라도 절대적으로 순
수한 문화는 존재할 수 없습니다. 문화변용론은
하나의 문화는 이질적인 문화와 장기간 접촉함으
로써 갈등과 해결 단계로 나아간다는 주장을 담
고 있습니다. 일부 근본주의적인 종교적·문화적 입장을 제외하면,
다양한 문화들은 내부적으로 끊임없는 진화를 거듭해오고 있으며 동
시에 다른 문화들과의 융합을 통해 새로운 변종을 발생시켜왔습니
다. 대표적으로 인류의 문화를 풍요롭게 만들어준 헬레니즘 문화, 비
잔틴 문화 등 다양한 문화융합의 사례들은 얼마든지 찾아볼 수 있지
요. 우리 전통문화 역시 유교, 불교, 도교 등 이질적이고 다양한 문화
적 융합 위에서 번성한 것이고요. 현재 우리가 겪고 있는 지구화 역시
문화적 유동성과 융합을 매일의 생활 속에서 경험하게 만들고 있습
니다. 의식주의 급속한 퓨전 형태가 대표적인 예입니다.

다문화주의에 내재한 세번째 문제점은 다문화주의가 보호하려는
소수집단 자체의 모순과 관련되어 있습니다. 하나의 정치공동체 내에
서 소수집단은 주류집단에게 자신들만의 고유한 문화적 정체성을 인
정해줄 것을 요구합니다. 그러나 이들은 소수집단 내부의 비민주적
권력관계와 인권문제를 거론할 경우, 자신들의 문화적 고유성과 정체
성을 위협하고 해체하려는 의도라며 비난합니다. 그렇다면 내부적으

로 억압적인 소수집단이나 자유민주주의의 기본적인 헌정 원리—인권과 자유, 평등 같은—와 부합하지 않는 소수집단에 대해 다문화주의는 어떻게 대응해야 할까요? 다문화주의는 대화와 타협을 거부하며 폭력적인 해결책만을 선택하는 배타적인 종교적·정치적 근본주의자들의 정체성과 문화까지 보장하고 관용해주어야 할까요?

저는 이런 모순을 다문화주의의 역설이라고 부릅니다. 다문화주의의 역설은 '관용의 역설'로부터 원용한 것입니다. 관용의 역설이란 차이와 다양성을 불관용하는 입장까지 관용해야 하는 딜레마를 두고 나온 말입니다. 단순하게 설명하자면, 표현의 자유를 억압하는 세력까지 정당성을 인정하는 것은 진정한 관용이 아닙니다. 즉, 잘못된 행위까지 존재하도록 허용할 것을 요구한다면 그것은 잘못된 것을 허용하는 것이 옳다는 판단을 내포하게 됩니다. 그러므로 관용의 역설은 모든 이견을 관용할 수는 없다는 뜻으로 해석할 수 있지요.

다문화주의의 역설이란 결국 소수집단의 동질성 유지를 위해 내부의 이질적인 경향들을 억압하거나 혹은 폭력적인 방식으로 제압하는 일을 방관할 수는 없다는 것을 의미합니다. 다문화주의적 공존이 가능하기 위해서는 다문화적 공존을 불가능하게 하거나 위협하는 문화들까지 포용해서는 안 된다는 거지요. 다문화주의를 명분으로 이런 소수집단의 내부적인 억압을 방치할 경우 그것은 단순히 공동체의 도덕적인 책임 방기일 뿐만 아니라 자유민주주의를 표방하는 정치공동체 헌정 원리의 일관성을 해치고 정치적 원리의 통일성까지 약화시킬 수 있습니다. 그러므로 최소한 차이와 다양성에 대한 존중이라는 자유민주주의적 원리는 주류집단과 소수집단의 관계뿐만 아니라 소수집단 내부에서도 일관되게 관철되어야 합니다.

이처럼 무조건적인 다원성의 포용을 경계해야 한다는 저의 주장은 다원성의 존중 원칙을 거부하는 것이 아닙니다. 다만, 문화적 다양성의 수용은 일정한 기준을 따라야 한다는 의미지요. 만약 최소한의 기준에 부합하지 못하는 집단들의 관행을 용인할 경우, 다문화주의가 지향하는 다양성의 평화적 공존은 내부로부터 위협받게 됩니다. 요약하자면, 저는 하나의 정치공동체 내에서 정당성을 갖는 민주적 절차와 원칙을 준수할 때 비로소 다문화주의가 안정적으로 뿌리내릴 수 있다고 생각합니다. 그렇다면 세계적 차원에서 국경을 넘나드는 이주민의 증가와 한 사회 내의 이질성의 증대가 불가피한 흐름이라면 적실성 있는 다문화주의는 어떤 모습과 전략을 갖추어야 할까요? 다음 강의에서 다문화 공동체의 윤곽을 살펴보고 한국에서 다문화주의의 전망을 모색해보겠습니다.

# 3. 다문화 공동체의 미래와 전망

저는 지난 강의에서 소수를 억압하거나 희생을 강요하는 국가주의, 맹목적인 애국주의 및 폐쇄적인 민족주의는 단호하게 비판해야 하지만 정치통합에 관한 문제의식을 결여한 채, 무조건 소수집단·인종집단들의 권리 보호나 자치권에만 집착하는 것은 오히려 공동체를 해체시킬 수 있다는 점을 지적했습니다. "모든 다양한 것은 평등하고 아름답다"는 이데올로기적 수사만을 부각시키면서 다양성의 증대가 가져오는 적대적 긴장과 갈등, 혼란과 붕괴의 위험성을 간과하거나 대응 방안을 마련하지 못한다면, 급진적인 다문화주의는 스스로의 생명을 단축시킬 뿐입니다. 이제부터 진행될 강의들은 위에서 제기한 질문에 대한 저 나름대로의 길찾기라고 볼 수 있습니다.

적실성 있는 다문화주의는 상당한 정도의 정치적 안정성을 확보하면서도 가능한 한 최대의 문화적 다양성을 확보할 때 실현될 수 있습니다. 즉, 문화적 다양성과 정치통합을 동시에 성취해나가는 전략이 필요하다는 것입니다. 이런 맥락에서 정치적 정체성(시민적 정체성)과 문화적 정체성의 적절한 관계를 만들어내는 프로젝트는 다문화주의의 가장 중요한 목표가 될 것입니다. 이러한 최대한의 문화적 다양성과 최대한의 정치적 통합을 성취하는 전략은 해당 국가의 고유한 전통과 특수한 상황을 감안하여 추진되어야 할 것입니다.

한국 사회는 상대적으로 정치적 통합 수준이 높은 반면에 문화적 포용 면에서는 미흡하다는 것이 일반적인 평가인바, 다양한 소수집단에 대한 강력한 배제를 반성하고 완화하며 개방성과 포용력을 높여 나가려는 노력이 절실하다고 볼 수 있습니다. 이런 노력을 게을리한다면, 서구의 다문화주의 국가들에서 발생하고 있는 소수 인종·민족의 소요 사태로부터 자유로울 수 없으며 그 책임은 주류집단인 우리들이 져야 할 것입니다. 달리 말해, 주류집단이 선도적으로 자기인종 중심의 민족개념을 점진적으로 탈피하는 동시에 소수인종 집단들도 폐쇄성을 극복하고 다른 집단들에게 개방적인 태도를 형성할 수 있도록 유인하는 역할이 중요하다는 겁니다. 결국 주류집단과 소수집단 모두를 변화시킬 수 있는 정치적·경제적·사회적 프로그램의 형성과 추진이 요구됩니다. 이를 위해서는 무엇보다도 정치공동체의 평등한 구성원이라는 정체성의 공유, 나아가 문화적 정체성과 시민적 정체성 사이의 균형을 스스로 조절하는 성찰적인 '능동적 주체'의 형성이 중요한 과제이고요.

사실 다문화주의의 수용 기준은 문화적 다양성을 포용하는 방식 및 강도와 밀접히 연관됩니다. 소수집단의 문화를 단순히 관용하고 보호할 것인가 아니면 적극적으로 존중하고 장려할 것인가에 따라 큰 정책적 차이가 생긴다는 말이지요. 소수집단들의 문화적·종교적 관행들을 인권이나 헌법의 근본 가치와 충돌하지 않는다는 조건에서 묵인하거나 관용하는 수준이라면, 다문화주의의 채택이 특별히 급진적인 정책 변화를 수반하지는 않을 것입니다. 사실 이런 입장은 기존의 중립적인 자유주의 국가들의 경험에서 비롯된 것으로 이들 나라는 자유주의 헌법과 충돌하지 않는 선에서 다양한 문화를 포용해왔습니다. 이런 국가에 속한 소수집단들은 자신들의 주요한 가치와 관행들을 공적 영역에서 관철시키거나 강제하려 하지 않습니다. 물론 공적인 장에서 자신들의 견해를 제시할 수는 있습니다.

하지만 만약 문화적 다양성의 포용 강도가 높아질 경우에 정책적 대응은 크게 달라질 수 있습니다. 문화적 다양성의 존중과 장려를 위해 헌법적 틀 자체를 크게 수정해야 할 가능성이 높아지기 때문입니다. 물론 이와 함께 시민권과 이민 관련 법률도 대폭적인 개정이 필요할 것입니다. 또한 이런 논의는 선거제도 같은 민주주의 형태와도 밀접한 관련을 맺고 있습니다. 다문화 포용의 방식 및 수준과 해당 정치체제와의 관련성 문제는 보편적인 해답이 존재하지 않습니다. 각국이 처한 상황에 따라 얼마든지 다른 해결책이 제시될 수 있기 때문입니다.

이를 위해 제가 제안하는 아이디어는 세 가지입니다. 첫째는, 다면적 정체성에 대한 적극적인 사고입니다. 다문화 담론의 주류는 개인의 정체성을 부모가 속한 문화공동체의 정체성을 그대로 잇는 것으로 간주하는 경향이 있습니다. 그러나 이주민 2세대들의 문화적 정체성은 반드시 혈통적인 계승만으로 설명될 수 없습니다. 이들의 정체성은 주류문화를 포함하여 그들이 자라면서 경험한 다양한 문화를 통해 형성되고 변화합니다. 부모세대의 정체성이 이들에게 영향을 미친다고 해도 이들은 정주국 시민으로서 강력한 정치적 정체성을 가질 수 있습니다. 실제로 오늘날 미국과 캐나다, 호주와 영국 등 다문화적 배경을 갖는 국가들에서 이주민 2, 3세대들이 강력한 정치공동체 소속감과 정체성을 갖는 것을 쉽게 찾아볼 수 있습니다. 이주민들의 2, 3세대들은 어렸을 때부터 소속된 정치공동체의 공적 원리에 적응하는 오랜 경험을 통해 정치공동체에 비교적 강력한 소속감을 가질 개연성이 큽니다. 적실성 있는 다문화주의는 문화적 정체성 못지않게 이런 정치적 정체성을 함양해야 합니다. 이는 주류집단 및 그 후손들에게도 마찬가지로 적용될 수 있지요. 예를 들어, 과거에 영국인이 되기 위해서는 획일적인 인종과 종교—즉, 백인이고 기독교인—를 가져야 했지만 오늘날에는 이런 기준이 적용되지 않습니다. 이들이 다문화적 감수성과 포용력을 함양한다면 주류집단과 소수집단의 다면적인 문화적 정체성과 정치적 정체성의 통합이 마련될 수 있을 것입니다.

다음은 국가의 역할에 대한 적극적인 사고입니다. 주류 다문화주의는 보통 중앙정부로 상징되는 국가가 문화적 다양성을 보호하고 증진할 수 있는 가능성에 대해 회의와 의심의 눈길을 보내왔습니다. 그러나 중앙정부 혹은 국가를 다문화주의의 적으로 일방적으로 몰아붙이는 전략은 자칫 다문화주의의 가장 강력한 아군을 적으로 돌리는 오류를 범할 수 있습니다. 국가는 주류문화 집단과 소수문화 사이에서 벌어질 수 있는 지배와 억압 관계를 감시하고 교정하는 중요한 역할을 수행할 수 있기 때문입니다. 나아가 국가는 다양한 능력과 자원들을 동원하고 분배하면서 약소집단 구성원들의 역량을 키울 수 있습니다. 다시 말해, 국가는 고유한 통치력을 통해 소수문화의 고유한 정체성과 시민으로서의 정치적 정체성을 동시에 함양할 수 있는 적극적인 역할을 수행할 수 있다는 것입니다. 또한 시민사회 내부에 존재하는 배제와 억압의 관행들을 척결하는 데도 결정적인 역할을 담당할 수 있습니다. 이를 통해 시민사회의 민주성과 자율성 역시 극대화할 수 있지요.

마지막으로, 국가의 역할을 감시 · 견제 · 비판하면서 다문화주의를 강화하는 시민사회의 역할도 중요합니다. 특히 시민사회는 국가의 비민주성을 비판하고 견제함으로써 특정 집단에 편파적인 국가가 되는 것을 막을 수 있습니다. 시민사회의 문화적 다양성과 활력은 국가가 주류문화 집단의 이해관계를 일방적으로 반영하는 당파적 국가가 되는 것을 견제합니다. 동시에 국가가 시민사회의 다양성과 자율성을 보호해주는 공정한 감시자가 되도록 압력을 가할 수 있습니다. 사실 근대국가가 형성되는 시기부터 국가와 시민사회는 독자적으로는 해결할 수 없는 한계나 과제를 안고 있습니다. 개인과 집단의 정체성 형성에도 둘의 기능 분화와 협력이 긍정적인 역할을 할 수 있습니다.

다면적 정체성을 가진 성찰적 개인의 형성과 이를 둘러싼 국가와 시민사회의 상호보완적 긴장관계는 한국적인 다문화주의를 형성 · 정착 · 발전시키는 데 유효한 원칙입니다. 즉, 국가와 시민사회의 균형은 국가의 통일성이 시민사회의 다양성을 압도하지 않고, 반대로 시민사회의 다양성이 국가의 통일성을 위태하게 만들지 않는 긴장적 균형상태를 유지하도록 한다는 것이지요. 이런 관점에서 보자면, 일방적인 국가 주도의 다문화주의도, 일방적인 시민사회 중심의 다문화주의도 한국 사회에 적합한 다문화주의라고 볼 수 없을 겁니다. 다문화 사회 속에 존재하는 다양한 주체들의 지위와 권리를 보편적 인권의 차원에서 보장하는 동시에 현재의 권력 불균형을 조정할 수 있는 기회와 조건을 적극적으로 마련하는 국가와 시민사회의 긴장적 보완관계가 요구됩니다.

다문화주의 전략에 대한 지금까지의 논의는 다문화 민주주의로 종합할 수 있습니다. 다문화 민주주의는 인권과 민주주의의 결합을 통해 보다 성숙하고 심화된 민주공화국의 정치적 토대가 될 수 있습니다.

먼저 다문화 민주주의는 무엇보다도 다양한 문화적 주체들의 인권을 보다 적극적으로 모색해야 합니다. 서구적 맥락에서 보자면, 특권층으로서 백인 남성을 벗어나 유색인종, 여성, 빈민, 이주노동자도 똑같은 평등한 인권의 담지자라는 생각을 보편화해야 합니다. 이것은 차이와 다양성을 형식적으로 인정한다거나 주류집단의 입장에서 소수자 및 외부에 대한 우월적 관용을 뜻하는 것이 아니라 추상적인 인권 이념을 현실에 확장한다는 것을 의미하지요. 모든 사람을 예외 없이 존엄한 인간으로 선언하는 순간, 다시 말해 모든 사람을 그가 가진 지위나 학식이나 재산, 성이나 인종 따위와는 무관하게 한 사람의 인간으로 이해하는 순간 그것은 즉각적으로 모든 불평등과 부자유와 억압과 배제 등에 대한 안티테제가 될 수밖에 없습니다. 그러므로 국민 또는 민족 중심 사고로는 인정하기 힘든 이주노동자와 결혼이주자의 인권과 주체성에 대한 성찰과 실천을 공유하고 확산하려는 노력이 중요합니다. 인권에 기반한 이중 국민 또는 이중 민족 의식은 다문화적 공동체를 형성하는 데 유용하게 쓰일 것입니다. 이러한 노력은 또한 한국의 민주주의를 새롭게 변형시키고 정치적 의식을 성숙시키는 방향으로 이끌 것입니다.

다음으로 다문화 민주주의는 다양한 정치사회적 의제들이 쟁투하는 민주적 공론장의 형성과 맞물려 진행되어야 합니다. 진정한 다문화주의는 다양한 문화적 배경을 지닌 주체들이 변화하는 환경에 적합한 문화적 상징을 발견·소통·공유하는 공동세계를 마련하고 이 과정에서 제기되는 문제들에 대응하는 실천을 전개할 때 비로소 본격화될 수 있지요. 이런 관점에서 다문화주의가 담고 있는 온전한 가치는 시민적 평등, 평등한 자유, 결사의 자유, 다원주의와 다양성에 대한 존중 등을 핵심 원리로 하는 민주주의가 더욱 심화될 때 충분히 실현될 수 있습니다. 정치공동체를 통한 다양성의 조화와 공존 속에서 다문화 민주주의는 유기적인 연대와 유대를 성취하는 동력으로도 작용할 것입니다.

# 4. 한국의 다문화주의, 한계와 가능성

21세기 들어 한국 사회에서 급속하게 확산되기 시작한 다문화주의 또는 다문화 현상에 대해 한국 정부 역시 적극적으로 대응해왔습니다. 한국 정부는 2006년에 '다민족 다문화 사회로의 전환'을 공식 선언하면서 보다 체계적인 다문화 정책을 실시하게 됩니다. 2007년 법무부는 '재한 외국인 처우기본법'을 만들었고, 2008년에는 보건복지부에서 '다문화가족 지원법'을 기반으로 다문화 정책을 본격적으로 추진했지요. 2009년부터는 거의 대부분의 지방자치단체가 지역적 특수성에 맞는 다문화 관련 정책을 추진하기 시작합니다. 2010년에는 여성가족부가 총괄하는 다문화가족지원센터가 건립되어 더욱 조직적이고 체계적인 다문화가정 지원사업을 전개하고 있습니다. 현재 진행되고 있는 다문화 정책으로는 특히 결혼이주여성을 주요 대상으로 한 한국어 교육, 한국생활정보 제공, 가족교육, 취업지원, 자조모임, 통번역서비스 등이 있습니다. 또한 외국인 노동자를 대상으로 한 정책도 실시하고 있습니다. 노동부에서 운영하는 외국인노동자지원센터에서는 외국인 노동자의 입출국 문제, 임금체불, 산업재해, 근무지 변경 등 노동 상담과 한국어 교육 등의 서비스를 진행하고 있지요. 이처럼 다문화 현상의 급속한 증가에 맞춰 한국 정부 역시 단기간 내에 발 빠르게 대응하고 있습니다. 시대적 추세에 적극적으로 대응하려는 한국 정부의 노력은 과소평가할 수 없으며 이주민 대상의 지원과 교육이 그들에게 큰 도움이 되는 것도 사실입니다. 그러나 이번 강의에서는 비판적인 관점에서 한국의 다문화주의가 가진 문제점을 살펴보고 앞으로의 해결과제를 제시해보겠습니다.

먼저 가장 큰 문제점은 정책 목표의 혼란으로 판단할 수 있습니다. 다문화주의는 본디 이주민의 고유한 문화적 정체성을 인정하려는 노력이자 그 기반 위에서 사회통합을 성취해내는 이념적 태도를 의미합니다. 즉, 차이와 다양성의 소통과 통합을 통해 국민국가의 내용을 보다 풍부하게 만들려는 정책적 지향점을 갖는다는 것이지요. 그러나 한국의 다문화 정책은 지나치게 동화주의˙적인 경향이 강합니다. 다문화주의 정책 모델들 중 하나인 동화모형은 이민자가 출신국의 언어와 문화, 사회적 특성을 완전히 포기하고 주류사회의 구성원들과 차이가 없게 되는 것을 의미합니다. 그러므로 엄격히 말해서 동화모형은 다문화주의라고 볼 수 없지요.

> **동화주의**
> 주류에 동화시킨다는 의미를 가진 말로 최근에는 통합주의란 용어를 더 선호하고 있다. 사적인 영역에서는 문화적 다양성을 보호하지만, 궁극적으로 소수집단의 주류사회로의 동화를 목적으로 한다. 대표적인 동화주의 정책은 미국을 예로 들 수 있다.

이런 관점에서 보자면, 현재 시행되고 있는 한국의 다문화 정책들은 그 정책들이 내건 수사학적 치장과 달리 적지 않은 한계를 가지고 있습니다. 무엇보다 지나치게 한국 문화의 우월성을 강조하고 한국 문화에 대한 적응과 동화만을 강조하고 있기 때문입니다. 정부의 관련 기관 및 단체들도 한국어 교육, 한국 역사 교육, 한국 요리 강습, 생활예절 교육 등에 치중하고 있습니다. 이에 비해, 이주민의 문화적 배경에 대한 이해 노력은 빈약한 편이죠.

결국 현재 한국의 다문화주의는 소수문화에 대한 포용 및 차이와 다양성에 기반한 통합이라기보다는 주류문화로의 일방적인 동화만을 내세운다고 볼 수 있습니다. 그래서 비판자들은, 한국 정부가 '다문화주의'를 전면에 내걸고 있지만, 한국 사회가 지향하는 다문화 사회의 이상이 불분명하기 때문에 동화주의 정책과 다문화 정책이 혼선을 빚고 있다고 지적합니다.

두번째로는, 정부 주도로 다문화 정책들을 전개하면서 시민사회의 참여가 부족합니다. 즉, 중앙부처 및 지방자치단체 관료들의 '위로부터의 다문화주의'를 보완할 수 있는 장치로서 시민사회의 광범위한 논의와 의견을 적극 반영해야 한다는 것이지요. 상식적인 주장이지만, 다문화주의는 '서로 다른 세계의 사람들 간의 소통'이 절대적으로 중요합니다. 그러므로 이주민과 일반 시민들이 서로 만나서 소통하고 교류할 수 있는 기회와 공간을 더욱 많이 확보해야 합니다. 이를 통해 한국의 주류집단의 구성원들도 다문화적 감수성과 태도, 능력을 함양할 수 있기 때문입니다. 따라서 이주민들을 대상으로 주류문화의 교육 못지않게 다수자를 대상으로 소수자에 대한 이해를 증진하는 프로그램들이 더욱 활발해져야 합니다.

세번째로, 한국 정부의 다문화 정책이 지나치게 특정 이주민 집단에 집중되어 있다는 비판을 제기할 수 있습니다. 결혼이주여성 및 다문화 가정의 문제에만 너무 편중되어 있다는 것인데 이 과정에서 한국 거주 외국인 가운데 다수를 차지하는 이주노동자는 다문화 정책에서 배제되고 있습니다. 물론, 특정한 조건을 충족한 결혼이주여성이 우선적인 정책 대상이 되는 것은 불가피한 면이 있습니다. 그러나 정부의 다문화 정책이 "대한민국 국민과 혼인하여 대한민국 국적의 미성년 자녀를 양육하고 있는 자"라는 항목에만 지나치게 편중되고 있는 현실은 분명히 시정돼야 합니다.

네번째, 외국인 노동자에 대한 정부 정책이 지나치게 관리·통제·처분 중심으로 전개되고 있다는 비판이 제기돼왔습니다. 즉, 일종의 차별배제모형*으로서 3D직종과 관련된 노동시장의 수요 원리만이 강조될 뿐, 전반적으로 노동권 차별뿐만 아니라 복지 혜택이나 시민권으로부터의 배제를 적극적으로 시정하지 않고 있다는 것이지요. 사실, 이주 외국인 노동자와 관련된 최근까지의 정책을 두고 볼 때, 한국정부는 출산율의 급격한 저하와 고령화로 인한

> **차별배제모형**
> 배타적 외국인 이민 정책의 형태로 특정 지역·직업에만 외국인의 진입을 허용하는 것으로, 보통 특정 경제영역에만 받아들이고 복지·정치·문화·사회적 영역에는 받아들이지 않는 형태로 나타난다. 이는 결과적으로 외국인의 정착을 원칙적으로 차단하는 것을 의미한다.

노동력 보충 및 대부분의 국내 노동자들이 기피하는 3D직종의 인력 수급을 위해 어쩔 수 없이 외국인 노동자의 유입을 허용해왔다고 해도 과언이 아닙니다. 경제적 이유 때문에 마지못해 외국인 노동자들의 유입을 허용한 한국 정부는 산업연수제도(1991.11~2003.10)와 고용허가제(2003.11~)와 같은 인권 침해적 정책을 채택했는데, 이는 외국인 노동자들에 대한 한국 정부의 기본적인 인식을 반영한 것으로 볼 수 있습니다. 이와 같은 외국인 노동자에 대한 차별 정책은 경제적인 이유와 낮은 인권의식 외에도 한국인 특유의 단일민족 정서에도 원인이 있을 것입니다. 다행히도 국내 인권단체뿐만 아니라 국제 인권단체들도 외국인 노동자의 인권 및 시민권을 제고할 것을 지속적으로 한국 정부에 요청하고 있는 상황이며 이에 따라 이주노동자의 인권에 대한 관심도 높아지는 추세입니다

다섯번째, 장기적·거시적·체계적·종합적인 이주민 정책의 방향을 도출하고 그에 부합하는 구체적인 정책을 마련해야 합니다. 다문화 정책은 단순한 이주민 적응 지원 정책이 아닙니다. 다문화주의는 주류집단과 소수집단의 교류와 소통, 차이와 다양성에 대한 포용을 통해 새로운 공동체의 문화와 질서를 마련하는 것을 의미합니다. 때문에 단기적인 지원책보다는 중장기적인 관점에서 사회경제적 통합 노력을 보완해야 합니다. 현재의 추세로 볼 때, 다문화 가정의 2세, 3세 자녀들이 급증하게 되면 이들이 도시 및 농촌의 빈민 지역에 밀집하게 될 가능성이 높습니다. 정부는 장기적인 사회통합의 차원에서 다문화 가정 및 외국인노동자의 사회경제적 조건을 향상시키는데 더욱 노력해야 합니다.

마지막으로, 이주민의 주체성에 대한 적극적인 고민이 필요합니다. 오랫동안 국가 정책뿐만 아니라 자국민들의 의식 속에서 이주민들은 국가나 지역사회를 구성하는 사회적 주체가 아니라 일방적 지원의 대상으로 간주되었습니다. 한국에서 이주민들은 시혜와 온정, 연민의 대상으로 객체화된 측면이 강했습니다. 그러나 진정한 다문화주의는 이주민들의 주체성과 자존감을 존중하고 고유한 문화나 역량을 강화하는 동시에 이주민 당사자의 문제제기 및 의견을 수렴하는 제도적 장치를 구비해야 합니다.

무엇보다 중요한 것은 다문화 시대를 살아갈 수 있는 주체를 형성하는 것입니다. 즉, 진정한 다문화적 '인간형'은 우리와 다른 이주민의 문화적 배경과 개성을 이해할 수 있는 다문화적 감수성과 태도, 능력을 함양해야 합니다. 그럴 때 이주민 혹은 타문화에 대한 생각도 유연해지고 삶의 내용도 보다 풍부해질 수 있습니다. 이주민과 일반 시민들이 서로 만나서 소통하고 교류할 수 있는 기회와 공간을 더욱 많이 확보해야 하고 정부 차원의 다문화 시민교육을 체계적으로 실시해야 합니다. 우리와 다른 다양한 인종과 문화, 언어를 사용하는 외국인들을 대면했을 때 당황하지 않고 그들과 더불어 살아갈 수 있는 의식과 태도를 갖추어야 하겠지요.

이와 관련하여, 이주민들의 문화적 정체성이 표출되고 또 그들의 목소리를 들으려 하는 노력이 필요합니다. 이것을 우리는 '다문화 교육권'이라고 부를 수 있습니다. 물론 다문화 교육권의 1차적인 주체는 이주민들입니다. 이주민들에게 당장 절실한 과제는 일단 한국 사회에 빨리 적응하는 것입니다. 이주민들이 원한다면 주류사회의 문화, 언어, 가치 그리고 습속을 빨리 이해하는 것이 이들의 생존에 도움이 됩니다. 따라서 이들이 원할 경우 그들의 필요를 충족시켜줄 수 있는 다문화 교육권을 보다 광범위하게 도입해야 합니다. 물론 이러한 다문화 교육은 주류사회의 구성원들에게도 적용되어 소수 인종·문화집단들의 문화와 역사에 대한 기본적인 지식을 습득하게 하는 것이 좋습니다. 따라서 다문화교육은 쌍방향의 권리로서 소수집단과 주류집단 상호간의 이해와 적응을 촉진함으로써 사회통합을 이루는 데 중요한 역할을 할 수 있습니다.

이러한 다문화주의적 공교육은 문화적 차이를 넘어선 상호이해를 증진할 뿐만 아니라 민주적 심의를 위한 심의능력을 함양시킬 수도 있습니다. 학생들—주류사회의 구성원들은 물론 소수집단들의 구성원들과 혼혈인들을 포함—은 사회를 구성하는 다양한 인종·문화·종교집단의 역사와 문화를 배움으로써 상호이해의 기반을 쌓을 수 있습니다. 간문화적 지식cross-cultural knowledge이라는 문화적 자원의 유통을 통해, 다문화주의 교육은 입장을 바꿔 생각해볼 수 있는 시민적 능력을 배양할 수 있지요. 다문화주의 교육을 통해 상호이해를 촉진함으로써 각자의 도덕적·문화적 정체성을 이해하고, 심의를 통해 공통의 토대를 찾는 데 필요한 공동의 어휘를 구성해낼 수 있습니다. 장기적으로는 다문화주의 교육과 심의민주주의의 지속적인 실천이 한국 사회의 정치제도 개혁에도 도움이 될 겁니다.

이처럼, 문화적 차이와 다양성의 소통을 통해 사회통합을 이룰 때 대한민국은 진정한 문화적 강국으로 도약할 수 있으며 이를 기반으로 선진국에 진입할 수 있을 것입니다. 단순히 아이돌 스타로 상징되는 '한류'를 넘어서 외국인의 인권을 존중하고 그들의 문화적 정체성을 수용하여 우리의 문화를 풍요롭게 만들 때, 비로소 '한국적인 것'은 세계적인 것이 될 수 있습니다. 물론 혈연적 순수성에 기초한 단일민족주의를 완화하거나 극복하는 것은 쉬운 일이 아닙니다. 그러나 미래를 창조해나가는 것이 젊은이들의 몫이라면 여러분들이 가진 편견과 선입견을 극복하는 것은 시대적 의무이자 특권입니다. 그 출발점은 학교와 직장에서 외국인 혹은 이주민들을 여러분들과 동등한 동료이자 주체적인 인간으로 존중하는 것이고요. 나아가 그들이 이 낯설고 힘든 환경에서 자신의 꿈과 삶의 이야기를 펼칠 수 있도록 도와주는 것입니다. 열린 마음을 가지고 그런 노력을 기울이는 젊은이야말로 미래의 역사를 만들어나가는 주인공이라는 자부심을 가질 만합니다.

# 5. 인권은 어떻게 정당화될 수 있는가?

오늘날 인권은 보편적인 가치를 가지며 행복을 추구하는 모든 인간에게 보장되어야 할 권리들을 정당화하는 기반입니다. 그러나 인권은 추상적이고 당위적인 가치를 가지기 때문에 인권을 정당화하고 실현하는 논리는 정치적·철학적·역사적으로 다르며 또한 상황에 따라 이론과 현실의 간극이 발생합니다.

먼저 인권의 기반인 권리를 사전적으로 살펴보면, 그것은 인간이 인간답게 살기 위해 요구할 수 있는 자유와 서비스를 의미합니다. 권리를 의미하는 영어 단어 'right'에는 도덕적으로 올바른 것, 합리적인 것, 정당한 것이라는 의미가 포함되어 있지요. 종합하면, 권리란 정의로운 상황에서 자연스럽게 정당하게 가지는 어떤 것을 의미합니다. 그러므로 인권은 모든 사람이 인간적 존엄성을 누리기 위해 필요한 것들을 도덕적으로 요구할 수 있는 정당한 권리를 의미한다고 볼 수 있겠습니다. 아울러 다른 사람을 다르게 대우하거나 차별해야 할 합리적인 이유가 없다면 모든 사람들을 공평하게 대우해야 한다는 것, 인간으로서 존중받을 권리를 모든 사람에게 평등하게 인정하고 보장하는 것이 인권규범의 핵심입니다. 그러나 모든 사람이 존엄성을 가지고 있다는 주장을 위한 논리는 철학적·종교적·사회적으로 조금씩 다릅니다.

사회계약사상과 칸트주의 도덕철학은 인간은 합리적이며 자율적인 존재, 곧 자유의지를 갖고 있는 존엄한 존재이기 때문에 인간으로서 기본권을 갖는다고 주장합니다. 기독교적 담론은 인간은 신의 자녀이기 때문에 신성하며 모두가 신 앞에서 평등하기 때문에 인권을 갖는다고 믿습니다. 현대의 아리스토텔레스주의는 도덕적인 존재로서 인간은 신체적·정신적·정신적 필요와 욕구가 충족되어야만 '좋은 삶'을 영위할 수 있기 때문에 그런 필요에 상응하는 인권을 누려야 한다고 봅니다.

인권규범에 대한 진화생물학적 정당화도 존재합니다. 진화생물학의 발전으로부터 인간 존엄성 관념을 도출하는 이런 입장은 철학적·종교적 정당화를 거부합니다. 이들에 의하면, 인간은 동물과 달리 유일하게 사고하고 상상하며 창조하고 문명을 구성할 수 있는 '존재의 경이로움'을 갖고 있는 '존엄한 존재'입니다. 과학적으로 증명할 수 있는 이 존엄성 개념에 입각하여 이들은 존엄성을 보호하고 실현할 수 있는 필수적인 조건으로서 인권 체계를 도출할 수 있다고 주장하면서 인권에 대한 세속적인 정당화를 시도합니다.

이러한 인권에 대한 옹호와 정당화는 인권에 대한 우리의 태도를 형성하고 국제 인권법에 권위를 부여하는 데 더없이 중요합니다. 철학적·도덕적 인권담론들이 없다면 인권에 대한 국제적인 공동이해와 대응에 어려움이 따를 것이며 서로 다른 종교와 문화를 갖고 있는 나라들이 상호이해를 통해 인권 관련 국제법과 국제기구를 창설·유지하는 것도 거의 불가능할 것입니다.

그러나 인권 개념을 인간의 우주에서의 지위나 인간 본성에 대한 형이상학적 가정으로부터 추론해내거나 정당화하는 방법은 큰 문제점을 가지고 있습니다. 인간 본성이 가변적인가 불변적인가에 따라 인권의 내용이 달라질 수 있으며 인간의 필요와 욕구가 시대와 사회에 따라 변하는 것도 일관된 인권 담론 형성을 어렵게 만듭니다. 인간성에 관한 형이상학에 토대를 둔 인권 개념은 그 긍정적인 기능에도 불구하고 인간 삶의 역사성과 괴리가 있기 때문에 인권 개념을 오히려 공허한 이상으로 만들 가능성이 있습니다. 예컨대, 모든 개인은 인간이기 때문에 인권을 갖는다는 주장이 아사 직전의 수많은 아프리카인들과 파키스탄의 이재민들에게 어떤 실질적인 의미가 있으며 각종 차별과 착취에 시달리는 외국인 노동자들이나 학대받는 아이들과 소외된 여성들에게 도대체 무슨 의미가 있을까요?

철학적 인권 담론의 또 다른 현실적인 어려움은 실천 가능성입니다. 설령 보편적인 철학적 절대원리를 확인하고 그로부터 기본적인 인권 체계를 구성하는 것이 가능하다고 해도 이를 실천하는 것은 별개의 문제입니다. 절대 원리로부터 도출한 인권 체계의 타당성에 대해서는 모든 국가와 집단들이 동의할 수 있지만 실천의 조건과 단계, 방법에 대해서는 이해관계가 다를 수밖에 없습니다. 즉, 그것들을 어떻게 보호하고 실천하는가에 관한 문제는 철학적 정당화와는 별개로 구체적인 상황에 대한 판단과 현실적인 고려를 요구한다는 것이지요.

이런 맥락에서 인권규범을 인권이 발생한 구체적인 역사적·사회적 맥락 속에서 파악하는 담론은 철학적·종교적 논의의 한계를 보완하고 인권의 확장을 위한 보다 현실적인 인식과 대응을 가능하게 합니다. 역사적 · 정치사회학적 접근방법에 따르면, 종교적 자유는 종교전쟁을 거치며, 시민적 자유는 절대주의에 대한 의회의 투쟁으로부터, 그리고 정치적 · 사회적 자유는 노동자들과 농민들의 성장과 요구로부터 발생한 것으로 봅니다. 또한 교육, 의료복지 그리고 환경에 대한 권리는 빈곤층이 끈질기게 요구하고 투쟁함으로써 쟁취한 것으로 봅니다. 역사적 · 사회학적인 인권 담론은 인권 체계가 어떤 과정을 거쳐 확립되었고 어떻게 지금과 같은 방식으로 범주화되었으며 어째서 한계나 문제점들을 가질 수밖에 없는지를 조명해줌으로써 철학적 인권 담론의 약점을 보완할 수 있지요.

이러한 인권 담론의 현실적 전개를 살펴보면, 인권에 대한 이해가 발전하면서 국가가 시민에게 보장하는 권리의 내용도 발전한다는 것을 알 수 있습니다. 민주주의 발전 정도나 경제 능력에 따라 인권도 불균등하게 발전한다는 것이지요. 사실 인권은 본질적으로 무제한, 무정형적인 성격을 가지며 특정한 정치 및 사회제도를 통해서 비로소 그 가치의 실효성이 구현됩니다. 권리의 내용과 외연은 언제나 역사적인 맥락 속에서 규정됩니다. 현재 우리가 향유하고 당연하게 여기는 자유와 권리 역시 역사 속에서 형성된 것이며 그 내용과 깊이, 범위 또한 향후 얼마든지 변할 수 있습니다.

이제 인권과 시민권의 관계를 간략하게 살펴보겠습니다. 시민권은 다양하게 정의할 수 있지만 "모든 시민이 인간답게 살기 위해 서로에게 또는 공동체와 정부에 요구할 수 있는 서비스와 지위"라고 간략하게 정의할 수 있습니다. 이러한 시민권은 국가라는 정치 기구 및 제도 속에서 구체적으로 실현된 인권을 의미합니다. 즉, 인권이 도덕적 · 당위적 · 추상적 차원에서 논의된 인간의 권리라면 시민권은 제도적 · 법적 · 현실적으로 보장된 것이죠. 시민권이 발전하면서 다시 인권에 대한 이해와 논의도 발전했으며 또한 인권을 추상적으로 논의할 때 예상하지 못했던 문제들이 시민권이 구체적인 제도로 발전하면서 드러나게 됩니다.

특별히 이러한 인권규범은 특수한 역사적 국면에서 억압받아온 피지배층 혹은 체제변혁 세력들의 저항과 투쟁에 힘입어 인정·확립되었다는 것을 강조하고자 합니다. 억압과 착취에 대한 저항과 투쟁, 빈곤과 질병과 같은 사회악들의 완화에 대한 요구, 환경오염과 같은 새로운 공동의 악을 해결해야 한다는 절박한 요구 등이 인권규범 발전의 동력이었다는 것이지요. 결국 인권의 발전은 정치에서 배제된 자들의 투쟁의 역사이자 배제에 대한 저항이었으며 배제를 최소화하기 위한 노력의 결과라고 볼 수 있습니다.

프랑스혁명 역시 인간으로서 권리를 가지지 못했던 사람들의 저항의 결과였으며 1789년의 '인간과 시민의 권리 선언●'은 근대 시민권 제도의 초석이 되었습니다. 프랑스혁명이 만들어낸 프랑스 헌법은 당시의 인권 관련 사상들을 종합해서 그것을 시민권 제도로 만들었습니다. 비로소 추상적인 인권이 국민적·시민권 제도로 명문화되고 인권은 국가가 보장하는 시민권으로 현실화되었던 것입니다. 이후 시민권의 역사는 '인간 평등'이라는 사상에 입각하여 보편주의에 따라 자유, 평등, 우애라는 원리를 실현하고 확장해온 역사였습니다. 비록 시대적 제약으로 인해 많은 한계를 가지고 있었지만 인권규범이 프랑스혁명을 통해 정초되었다는 것은 분명해 보입니다.

이런 역사적 경험은 앞으로도 인권 담론 및 시민권이 민주적이며 쟁투적인 공론장에서 토론과 숙고, 실천을 통해 변화할 것임을 예고

> **인간과 시민의 권리 선언**
> 1789년 8월 26일 프랑스 국민의회가 채택한 이 선언문은 미국 독립전쟁의 베테랑인 라파예트 후작이 초안을 작성하고, 토머스 제퍼슨의 검토를 통해 완성되었다.

합니다. "우리는 평등하게 태어나지 않았다. 우리가 평등하게 되는 것은 우리 모두의 평등한 권리를 상호 보증하고자 하는 우리의 강력한 결단 아래 만들어진 한 집단의 구성원이 될 때"라는 아렌트의 주장은 이를 명료하게 나타내고 있지요. 분명한 것은 인권과 시민권의 확장 및 발달은 우리가 향유하는 민주주의 심화와 불가분의 관계에 있다는 것입니다. 인권에 대한 추구가 민주주의에 대한 추구이며 그 역도 마찬가지라고 볼 수 있습니다. 민주주의의 핵심 원리가 존엄한 인간의 평등이라면 모든 사람들은 지위나 학식, 재산, 성, 인종 등의 속성과 상관없이 존엄한 인간이라고 선언하는 인권 담론은 민주주의의 테제와 정확하게 일치하지요. 물론 이에 대해 보다 심도 있게 분석하는 시간을 가질 것입니다. 이후의 강의에서는 시민권의 역사적 발전 및 인권과 민주주의의 관계, 세계적 차원의 인권규범에 대해 차례대로 자세하게 살펴보도록 하겠습니다.

# 6. 인권과 민주주의 그리고 시민권 논쟁

이번 강의에서는 인권과 민주주의의 관계를 시민권을 중심으로 보다 자세하게 살펴보겠습니다. 앞선 강의에서 말씀드린 것처럼, 인권이 행복을 추구하는 모든 인간에게 보장되어야 할 기본적인 권익을 정당화한다면 시민권은 그런 가치를 실현하는 제도라고 할 수 있습니다. 그러므로 우리는 인권이라는 당위적인 가치만이 아니라 현실에서 시민권을 통해 인간의 삶을 개선하는 방법을 모색해야 합니다. 이런 인식은 시민권 제도를 개선하여 인권을 확대·심화하려는 노력과 연결되기 때문에 민주주의 발전과 밀접한 연관성이 있지요.

우선, 인권과 민주주의는 유기적이면서도 다면적인 관계를 형성하고 있습니다. 이 관계에 대한 이해는 민주주의를 이해하는 방식과 인권의 범위를 어디까지로 볼 것인가 하는 문제와 연관됩니다. 여기에는 민주주의를 절차적·제도적 관점에서 볼 것인가 아니면 실질적인 '인민의 통제'와 '정치적 평등주의'의 관점에서 볼 것인가 하는 문제가 있습니다. 또한, 인권을 단순히 시민적·정치적 영역의 권리로만 볼 것인가 아니면 경제적·사회적·문화적 영역의 권리까지 포함하는 것으로 볼 것인가 하는 문제가 있습니다.

어떤 학자들은 보편적으로 실천가능한 시민적·정치적 권리만이 인권의 범주에 포함된다고 주장합니다. 그러나 이는 지나치게 협소한 주장입니다. 시민적·정치적 권리의 실천가능성은 다른 사회적·경제적 조건과 밀접한 연관성이 있기 때문이지요. 직관적으로 봐도 생존에 필요한 경제적 권리는 시민적·정치적 인권 개념을 의미 있게 하는, 보다 근본적인 중요성을 지닙니다. 따라서 인권 개념은 사회적·경제적 인권과·문화적 인권을 포함해서 보다 포괄적으로 이해할 필요가 있습니다.

먼저, 시민적·정치적 인권이 민주주의와 어떤 관계를 갖는지 살펴보겠습니다. 사실, 역사적으로 민주주의와 인권은 서로 별개의 현상으로 인식되어온 경향이 있습니다. 즉, 민주주의는 정부조직의 문제로서 국가 내부의 문제로 간주되어온 반면, 인권은 개인적 권리의 보호─즉, 개인이 인간다운 삶을 살 수 있는 최소의 필요조건을 보장하는─라는 관점에서, 그리고 'human'이라는 용어가 시사하듯이 보편적인 현상으로 이해돼왔습니다.

그러나 오늘날 인권과 민주주의를 분리시켜 이해하는 것은 더 이상 설득력이 없습니다. 두 가지는 유기적으로 통합되어 있기 때문이죠. 물론 이 경우 민주주의를 어떻게 이해할 것인가 하는 문제가 결부되어 있지만 말입니다.

민주주의를 '인민의 통제'와 '정치적 평등주의'로 이해할 경우, 시민적·정치적 인권은 필수적인 권리가 됩니다. 즉, 결사의 자유, 표현의 자유, 집회의 자유, 사회적·정치적 활동의 자유 등이 주어지지 않는다면 대중은 정부에 대해 효과적인 '통제'를 할 수 없게 됩니다. 그런데 이런 자유들은 개인의 권리(인권)로서만 확실히 보장될 수 있습니다. 예컨대, 민주주의의 핵심은 모든 시민들이 상호간에 평등하다는 전제하에 발언권을 지니고, 정부의 권력을 효과적으로 통제할 수 있는 권리를 갖는 것입니다. 그리고 이 권리들이 효과적이 되려면 선거, 정당, 의회 같은 정치조직이 필요하고, 동시에 시민적·정치적 권리들(=인권)에 대한 보장이 필요합니다. 따라서 민주주의와 시민적·정치적 인권의 관계는 유기적인 통합관계를 이룬다고 할 수 있지요.

이번엔 민주주의와 경제적·사회적 권리의 관계를 살펴보겠습니다. 이 관계에 대한 물음은 민주주의의 수준과 지속 가능성과 관계됩니다. 민주주의는 왜 경제적·사회적 권리를 보장해야 하며, 경제적·사회적 권리는 어느 정도, 그리고 어떤 측면에서 민주주의에 의존하고 있는 것일까요?

경제적·사회적 권리는 개인들이 자신들의 생존이나 노동, 주택, 교육, 문화, 환경 등과 관련하여 국가나 사회에 대해 청구할 수 있는 권리를 의미합니다. 모든 개인들이 자신들의 삶에 필요한 기본 재화를 분배받을 수 있는 권리를 갖는다는 것이지요. 이처럼 적극적인 인권 체계로서 사회적·경제적 권리들은 다른 사람들이나 국가의 적극적인 관여를 필요로 하는 경우가 많습니다. 예를 들어, 복지권은 한 사회의 빈곤층에게 복지 혜택을 주기 위해 불가피하게 부유층에게 그만큼의 부담(의무)을 부과하게 됩니다. 이처럼 국가의 적극적인 노력과 의무 이행을 강조하는 사회권은 자본주의 시장경제가 야기하는 사회적 불평등을 민주주의적으로 교정하고 자유의 실질적인 향유를 위해 평등한 기회를 보장하는 것을 목표로 합니다.

경제적·사회적 권리의 보장은 모든 시민들이 시민적·정치적 권리를 실질적으로 행사할 수 있도록 해주기 때문에 민주적 참여를 활성화시킬 수 있습니다. 극단적인 빈곤은 정치적 권리의 행사를 제약하지요. 형식적으로 보장된 시민적·정치적 인권의 실질적인 향유를 위해서는 경제적·사회적 인권이 필수적인 것입니다. 하지만 그동안 부여받지 못했던 경제적·사회적 인권을 보장받기 위해서는 인민들이 시민적·정치적 권리를 적극적으로 행사하는 것이 필요합니다. 실제로, 불평등 완화와 인간다운 삶의 조건을 요구하는 적극적인 권리들은 노동자·빈민의 오랜 정치사회적 투쟁의 결과물이었습니다. 더구나 집단적인 사회권은 소유 집착적인 개인주의를 넘어서 도덕적 연대와 유대에 입각한 시민사회의 정치적 활성화를 가능하게 만드는 역할도 합니다. 때문에 이러한 사회권의 실현은 한 사회의 이념적 지향성, 민주주의 발전 정도, 시민사회의 활성화 및 시민의식, 경제적 불평등 같은 문제들과 밀접한 관련을 맺고 있지요.

그렇다면 자본주의 사회에서 불평등이 불가피한 이상, 인권 및 민주주의와 관련하여 어느 정도의 경제적 불평등이 용인될 수 있을까요? 시민적·정치적 권리 실현을 위해 완전한 평등은 불필요합니다. 그러나 일부 특권층이 과도한 정치적 영향력을 행사하기 위해 자신의 부와 지위를 사용한다면 시민적·정치적 평등은 심각하게 손상될 것입니다. 일반적으로 부의 불평등이 민주정치에 끼치는 해악은 돈이 정치에 침투하는 경로를 차단함으로써 어느 정도 완화할 수 있습니다. 예컨대, 언론의 독점소유금지법, 공영선거법, 정당자금의 원천 공개 등등이 대표적입니다. 또한 민주주의와 관련하여 특히 노동권의 중요성은 강조되어야 합니다. 노동자들의 생존에 필요한 기본 수입을 보장한다면 빈곤과 박탈감에 기인하는 불만과 적대감을 완화하고 민주주의 문화에 필수적인 관용과 토론, 타협을 가능하게 해줄 것입니다.

이처럼 민주주의가 경제적·사회적 권리를 보호하는 데 관심을 가져야 한다는 주장에 대한 두 가지 반론이 가능합니다. 먼저, 경제적·사회적 권리를 위한 복지제도 확충 같은 노력이 경제발전이나 경제적 경쟁력을 약화시킨다는 비판이 있습니다. 다음으로는 경제적·사회적 권리의 실천이 자유민주주의 사회의 기본제도들—사유재산제도와 교환의 자유 등—과 갈등을 빚는다는 비판도 있을 수 있고요. 사유재산은 시민적·정치적 권리의 기초이자 독립적인 시민사회의 토대인데, 경제적 평등이 이를 훼손한다는 것입니다. 물론 시민사회의 유지에 사유재산과 교환의 자유가 필수적이라는 주장에는 이론의 여지가 없습니다. 그러나 기본적인 경제적·사회적 권리는 그러한 제도들을 폐지할 것을 요구하는 것이 아니라, 그 제도들을 보다 폭 넓은 공익의 관점에서 규제하고 보완할 필요가 있다는 것을 의미합니다. 규제를 위해 엄청난 관료기구가 필요한 것도 아니고요. 더구나 만약 신자유주의적 세계화가 사유재산권을 신성불가침으로 간주하면서 노동시장 유연화, 사회보장의 축소, 시장 만능주의, 무한경쟁의 논리 등을 맹목적으로 추진함으로써 개인의 생존을 위협한다면 그런 시장 경쟁의 논리에 대한 제약은 충분히 정당화될 수 있습니다.

일반적으로 인권의 범위 및 내용에 대해 "당위는 실천 가능성을 포함한다"는 진술에 입각해 사회적·경제적 인권의 실현을 회의적으로 바라보는 시각이 상당한 영향력을 행사하고 있습니다. 즉, 실천 가능한 인권만을 보장해야 한다는 논리이죠. 그러나 이런 입장에 선다면, 시민적·정치적 권리만이 보편적으로 실천 '가능'하기 때문에 인권의 범주에 포함될 것이며 사회적·경제적 권리의 중요성은 무시될 것입니다. 여기서 강조하고 싶은 것은, 앞에서 설명한 것처럼, 시민적·정치적 권리를 실질적으로 행사하기 위해서는 사회적·경제적 조건이 필요하기 때문에 두 영역의 권리를 이분법적으로 분리시켜서는 안 된다는 것입니다. 당장 실천 가능한 인권만 보장해야 한다는 주장은 보수적인 입장의 논리일 가능성이 크지요. 더구나 현실 정치적인 측면에서, 인권의 실현 범위를 제한할 필요가 있다는 주장은 정치지도자들이나 기득권층의 무관심, 혹은 의지 결여에 대한 변명일 가능성이 높고요. 결국 인권의 실천은 관련 사회의 정치적·경제적 자원 수준과 연관되어 있고, 여러 사회세력들의 이해관계가 맞물려 있기 때문에, 고도의 정치성을 띠는 복잡한 문제일 수밖에 없습니다.

마지막으로, 문화적 권리와 민주주의의 관계에 대해 살펴보도록 하겠습니다. 문화적 권리는 크게 두 가지 범주로 나눠볼 수 있습니다. 첫째, 교육과 과학적 지식의 혜택에 대한 권리로서 개인적 발전을 위해 보편적인 지식에 접근할 수 있는 개인의 권리를 의미합니다. 둘째, 자체의 고유한 권리를 실천하고 재생산할 수 있는 집단의 권리를 의미합니다. 첫번째 범주로서 교육권은 대부분의 다른 권리들—시민적, 정치적, 경제적, 사회적 권리들—의 효과적인 행사에 필요한 권리이며 교육에 대한 평등한 접근은 평등한 시민권 보장에 필수적입니다. 두번째 범주의 집단적 문화권은 자신이 속한 집단의 문화적 독특성 혹은 특수성을 인정받는 것입니다. 문화권은 특정 집단이 자신들의 집단적 특징과 정체성을 인지하고 유지하면서 차별받지 않고 살아가는데 필요한 권리라고 볼 수 있습니다. 종교적·인종적·성적 소수자, 이주민 집단, 장애인 등 다양한 소수자 집단이 대표적이겠죠.

이들의 특수한 문화적 차이에 대한 권리 인정은 일견 인권을 뒷받침하는 보편적인 인간의 필요와 능력과 모순되는 것처럼 보이며, 평등의 원칙 혹은 평등한 인간존엄성의 원리와도 모순되는 것처럼 보일 수 있지만 이는 피상적인 견해입니다. 소수자 집단의 문화적 특수성과 차이에 대한 권리는 인간이 보편적으로 필요로 하는 고유한 정체성에 대한 요구에 기반하고 있기에 타인들에게 존중받을 필요가 있습니다. 소수문화 집단은 지배적인 다수문화에 차별과 억압을 받으면서 자존감에 상처를 입고 문화적 권리를 제약받는 경향이 있습니다. 그러므로 이들의 차이를 인정하는 것은 평등과 모순되는 것이 아니라 평등의 요구라고 할 수 있지요. 나아가 문화권의 옹호는 민주주의의 개념과 그 절차 및 제도들에 대한 재평가를 요구할 수 있습니다. 즉, 민주주의를 단순히 정치적 민주주의로만 이해하는 것을 넘어서서, 사회적 민주주의 및 다원주의적 민주주의로 확장시켜 이해할 필요가 있습니다. 이러한 변화는 평등을 침해하는 것이 아니라 차이의 평등을 효과적으로 실현하는 방법이 될 것입니다.

# 7. UN인권선언과 세계 인권규범의 전망

이번 강의에서는 국내적·일국적 차원을 넘어서 대부분의 국가들이 지지를 보내고 있는 국제인권선언의 형성 및 전망에 대해 공부해 보겠습니다. 상이한 종교와 문화를 가진 국가들 사이에서 인권은 어떻게 보편적인 지지를 획득할 수 있을까요? 각각의 문화가 만물의 척도가 된 시대에 모든 국가와 문화에 통용되는 보편적인 인권규범의 수립은 어떻게 가능하고 또 정당화될 수 있을까요? 물론 최소치의 보편적 인권규범에 대한 합의가 가능하다고 해도 권리들의 구체적인 내용과 우선순위에 대한 보편적인 합의까지 도달하기는 어렵습니다. 여기에 각 국가의 특수한 정치적 이해관계가 결부될 경우 인권 문제는 정치적 거래와 타협의 대상이 될 가능성이 클 테지요.

이런 난제들에도 불구하고 UN을 중심으로 한 국제 인권 레짐의 확립 노력을 결코 과소평가할 수는 없습니다. UN인권선언과 인권 관련 국제 규약들은 형식적이나마 거의 모든 국가들의 지지를 받고

앨리노어 루스벨트와 UN국제인권선언문

있으며 다양한 국제적 협력과 압력을 통해 개별 국가들의 행위를 제약하는 효과를 발휘하고 있습니다. 이는 어떤 국가도 UN이 주도하고 있는 국제 인권 레짐의 압력으로부터 결코 자유로울 수 없게 되었다는—그 자체로서 중요한 의미가 있는—사실을 넘어서, 인류 역사상 최초로 전지구적인 차원의 인권규범 및 제도들을 수립하기 위한 노력이 가시적인 결실을 얻기 시작했다는 의미가 있습니다.

이처럼 아직 법적 구속력은 매우 제한적이지만 모든 인류와 국가 그리고 집단들을 규제하는 보편적인 인권규범의 수립과 실행 가능성에 대한 기대는 공존의 규칙이나 원칙을 다루는 정치학에 매우 중대하고 새로운 주제를 던져주고 있습니다. 요컨대, 전 인류를 대상으로 하는 공존 규범의 원천과 정당성의 근거, 그리고 그 규범의 성격과 한계에 대한 질문이 세계화 시대 정치철학의 가장 중요한 주제로 부상한 것이죠.

　이런 관점에서 먼저 가치 다원주의 시대에 UN인권선언이 어떻게 가능했는가를 살펴보고, 인권 담론의 미래 및 지구적 시민권의 윤곽을 살펴보도록 하겠습니다.

　UN인권선언은 영국의 역사학자 카E. H. Carr가 의장을 맡고 세계의 석학들이 참여한 UNESCO 산하의 '인권의 이론적 기초 위원회'가 1947년 중국과 이슬람 사회, 힌두 사회, 미국, 유럽, 사회주의 국가들의 관점 및 관례적인 법학적 관점들을 총 망라하여 인권에 대한 견해를 묻는 질문지를 돌려 의견을 수렴하여 만들어진 결과물입니다. 응답지 분석을 통해 유네스코는 인권의 역사적 맥락을 인정하는 한편, 세계의 다양한 철학과 문화들이 대부분 인권 개념과 유사한 개념들을 포함하고 있다는 것을 확인할 수 있었지요. 그 결과를 가지고 문화 상대주의를 명분으로 보편적인 인권규범의 수립 불가능성을 주장하는 입장에 대응했습니다. 이러한 과정을 거쳐 진행된 인권선언의 초안 작성 프로그램은 간문화적 합의cross-cultural dialogue가 가능하다는 것을 보여주기도 합니다.

　인권선언의 초안작성위원회는 주요 서구 국가 출신은 물론 인도, 필리핀, 칠레, 레바논, 중국과 같은 다양한 국가 출신들로 구성되었습니다. 나아가 이 위원회에서 가장 적극적인 역할을 수행한 위원들은 레바논과 중국 등 비서구 국가 출신이었죠. 그들은 각 문화와 종교들이 나름대로의 입장에서 수용할 수 있으면서도 특정 문화나 종교에 지나치게 유리하지 않도록 인권선언을 작성하는 데 기여했습니다. 이러한 간문화적 대화의 원리는 UN인권위원회가 인권선언과 인권목록을 작성 · 수정 · 변호하는 전 과정에 걸쳐 지속적으로 적용되었습니다.

약 2년 동안 진행된 81차례의 회의 기간 동안 다양한 문화와 종교 그리고 언어공동체와 정치체제들에서 파견된 참여자들은 뜨거운 논쟁을 벌였습니다. 그 결과 최종적으로 마련된 인권선언은 매우 다양한 문화와 전통들 사이의 합의의 산물로 평가받았습니다. 이 합의 과정에 참여한 사람들은 대부분 모든 문화권에 속한 국가의 대표자들로서 각 국가 내부의 중첩합의를 대변하는 대표자들로 인정할 수 있습니다. UN인권선언 작성에 참여한 대표자들이 소속 국가의 집단 의사를 무시하고 개인적인 자격으로 참여할 수는 없을 테니까요. 이들 중 상당수는 인권규범에 대해 자신들의 가치관과 종교적 신념에 입각하여 진정으로 지지를 보냈으며 또 일부는 그 인권규범이 더 이상의 잔악한 범죄를 막아줄 것이라는 실용적인 이유에서, 그리고 또 일부는 거부할 마땅한 근거를 찾기 어려워 표면적인 동의를 보냈을 것입니다. 그 합의는 이렇듯 다양한 철학적·실용적 근거에 입각하여 합의된 인권선언은 정당성과 아울러 상당히 지속적인 안정성을 확보할 수 있었습니다.

확대된 중첩합의로서 인권선언은 문화에 대한 우리 시대의 변화된 인식과 궤를 같이합니다. 지구화의 급속한 전개는 상이한 문화권에 속한 사람들의 이주를 활성화시켰으며 그 결과 대부분의 사회들은 인종적·문화적·종교적 다양성을 지니게 되었고 자연스럽게 상이한 문화들 사이의 교류와 상호침투가 촉진되었지요. 그러면서 비록 문화들 사이의 갈등과 충돌이 빈번한 상황에서도 상호적응이 이루어졌고 각 문화에 고유한 문제와 한계들을 인식하게 함으로써 문화의 내적 혁신을 가능하게 만들었습니다. 또한 각 문화는 고유한 세계관과 가치체계를 지닌 고정 불변하는 실체가 아니라 가변적이고 혁신을 위한 가능성을 지니고 있다는 사실도 인권문제에 대한 공동의 이해와 대응을 가능하게 만들었습니다.

다문화주의 경향과 문화적 소통성의 증대 그리고 간문화적 공통성의 확인은 자유화 및 민주화 그리고 인권 의식의 급속한 확산과 더불어 UN을 통한 국제적 협력을 보다 강력하게 가능하게 만드는 요인이 되고 있습니다. 이는 1960년대 이후 UN헌장과 인권선언에 천명된 권리들을 보호할 수 있는 법적 문서와 집행 기구들을 마련하려는 국제적인 협력의 배경으로 작용했으며 인권규범에 대한 보다 실질적이고 깊이 있는 국제적인 이해와 정당화를 가능하게 만든 요인이 되고 있습니다.

이처럼, UN인권선언은 다양한 종교적·문화적·철학적·도덕적 전통을 갖고 있는 국가 및 단체들 사이의 민주적 심의 혹은 타협의 원리가 종합된 결과물로서 인권철학과 정치가 상호보완적인 관계 속에서 인권 담론의 모색과 실현에 기여할 수 있다는 것을 보여줍니다.

물론 인권선언은 현실적으로 적지 않은 한계를 가지고 있습니다. 무엇보다 시대적이고 역사적인 상황에 따른 제약, 잠정적 합의이기 때문에 부족한 규범효과와 구속력, 국제정치적 역학관계에 따른 불안정성 등을 지적할 수 있습니다.

그렇지만 인권보장을 위한 국제 레짐의 발전과 지구화의 가속화는 인권 담론 및 규범의 발전을 이끌게 될 것입니다. 1948년 이후 UN 및 각종 지역협의체와 같은 공식 기구들이 인권 관련 기준을 정하고 감시하며 집행하는 역할을 강화하고 있습니다. 공식적인 수준에서 인권 관련 UN국제협약은 고문근절, 여성차별금지, 아동 및 소수민족 권리보호를 강제하고 있으며 무기통제관련 현장검사, 고문조사를 시행하고 인권백서를 발간해왔습니다. 물론 독립적인 강제 장치와 과세 능력이 없기 때문에 구속력이 약하고 인권 위반에 대해 정부 간 협력에 의존할 수밖에 없습니다. 더구나 그런 절차는 안보리나 강대국의 경제적·전략적 이해관계 때문에 왜곡되기 쉽지요. 그럼에도 불구하고, UN의 도덕적 설득과 공개적인 폭로는 상호의존성이 심화된 오늘날 단위 국가의 행동에 대한 중요한 압력으로 작용하고 있습니다.

한편으로, 비공식적 레짐으로서 인권 NGO의 확산 및 활약이 두드러지고 있습니다. 이들은 인권기준을 설정하고 감시하는 역할을 수행하고 있습니다. 각국의 희생자들에 대한 법적 변호와 인권운동을 위한 재정적 지원이 대표적입니다. 아울러 경제발전, 빈곤구제, 난민원조 등 열악한 국가의 구성원들의 경제적·사회적 권리 증진에 기여하고 있습니다. 또한 수많은 인권협약의 발전에도 적극적 역할을 하고 있지요. 특히 이들의 활동은 세계적 시민사회를 창출하고 지구적 차원의 민주주의를 발전시키는 데 기여하고 있습니다. 수많은 NGO와 국제인권변호사들, 시민의회, 정부와 독립적으로 운영되는 국내외 언론매체들의 네트워크가 새로운 공적 영역을 형성하고 있는 것입니다. 이런 활동에 기반하여 국제적 여론이 형성되어 각국 정부에 압력을 행사하고 책임감 있는 정부의 조치와 기업 행위를 유도하고 있습니다.

물론 이런 지구적 시민사회는 국가의 공식적 인권 레짐과 독립적으로 작용하는 것이 아니라 상호적인 관계를 형성하고 있습니다. 또한 인권 보장 문제에서 주권국가 체제에 의해 제약을 받고 주권국가에 강제력을 행사하지는 못합니다. 더구나 UN인권선언처럼 국제적 인권규범이 다양한 정치적·문화적·종교적 국가 및 집단들 간의 중첩합의의 산물로 이해된다면, 국제 인권규범 역시 '일정 부분' 현실적인 국제정치적 역학관계를 반영하며, 부분적일지라도 정치적·역사적 한계를 가질 수밖에 없습니다.

이런 관점에서 보자면, 인권규범이 인류의 장기적인 역사발전 과정에 부합하는 가치를 추구하는 주체들에 의해 주도되고 있는지 아니면 퇴행적인 가치와 비전을 추구하는 세력들에 의해 주도되고 있는지 여부가 국제적인 인권규범의 성격과 내용, 발전에 큰 영향을 미치게 될 것입니다. 1948년의 UN인권선언 이후 많은 난관 속에서도 인권 레짐이 확산되고 공고화되고 있는 것이 세계적인 추세라면 이와 같은 역동적인 과정은 중단되지 않을 것입니다. 이는 미래에 대한 낙관적인 기대를 하게 만드는 중요한 근거이지요.

마무리하기에 앞서, 인권의 확장으로서 지구시민권의 전망을 검토해보겠습니다. 근대 시민권은 특정한 영토 내에 살고 있는 국민에게 부여되었습니다. 이는 국내적 차별을 완화하거나 제거하는 데는 크게 기여했지만, 국민국가 바깥에 있는 사람(즉 외국인)에게는 차별을 더 심화시킨 측면이 있습니다. 국민국가에 기여한 것이 없는 외부인에게 시민권을 주지 않고 권리에 제한을 두는 것은 정당하다고 할 수 있지만 이주해서 세금을 내고 산업에 참여하는 등 사실상 국민국가의 발전에 기여하는 사람들을 혈통이나 국적을 근거로 배제하는 것은 인권 담론의 보편주의 원리에 위배됩니다. 따라서 탈국가적 현상에 부합하는 새로운 미래의 인권 담론이 필요합니다.

이와 관련하여, 미국의 정치사회학자 제이콥슨D. Jacobson 역시 영주권자와 이중국적자의 증가는 국적을 근거로 배타적으로 운영되어오던 근대적 시민권에 큰 변화를 나타내는 증거라고 주장합니다. 물론 독일의 사회학자 욥케C. Joppke는 영주권이나 이중시민권은 아직까지 국가에 의해 보장된다는 점에서 국민국가를 뛰어넘지 못했다고 비판했습니다. 하지만 이러한 근대적 시민권의 변화와 확장이 국적과 그 권리를 분리하고 다중적인 국민 정체성 또는 지구시민의 새로운 정체성을 형성하는 데 기여하면서 국민국가의 틀을 약화시키는 것은 분명해 보입니다.

이처럼, 지구화 시대의 인권과 관련하여 독일의 정치철학자 벤하비브는 지구적 정의global justice 이론에 기반하여 '국민이 아닌 자'의 권리에 대한 관심을 촉구하고 있으며 외국인에게도 정당한 시민권just membership을 부여해야 한다고 주장하고 있습니다. 또한 야세민 소이살Y. N. Soysal은 탈국가적 시민권postnational citizenship을 제안합니다. 소이살은 이주민들의 제반 권리 문제는 전통적인 시민권 담론에서 변종적인 경험이라고 평가합니다. 정치적·사회적·경제적 행위자로서 이주민들이 광범위하게 참여하는 것은 국적에 기반하여 배타적 경계를 규정하는 전통적인 국민국가적 시민권 개념과 배치되는 것이기 때문입니다. 소이살은 시민권을 국적과 별도로 간주하여 국적과 상관없이 인간지위라는 사실에 기초하여 모든 이주민들에게도 시민권을 부여해야 한다고 주장합니다. 탈국가적 시민권 개념은 소이살의 문제의식을 압축하는 개념입니다.

이런 담론의 확산과 그에 따른 국제적인 압력은 국제인권협약을 확산시키면서 국민적 시민권을 지구적 시민권으로 확장하고 있습니다. 신자유주의적 세계화가 상당 기간 동안 세계의 정치적·경제적 질서를 지배하고 또한 그 이후에 도래할 세계질서 원리도 국경을 넘는 이주민의 국제적 이동을 가속화시킬 수밖에 없다면, 지구적 시민권 문제는 향후 인권 담론의 핵심 쟁점이 될 것이며 나아가 국제 사회에서 현실화될 수 있는 미래 지향적 인권선언이 될 것입니다. 물론 이를 위해서는 국민국가적 정체성을 극복할 수 있는 지구적 시민의 정체성을 형성하고 궁극적으로는 지구공동체를 구성하는 일이 필요하겠죠.

# 8

민주주의,
동양과 전통을
이야기하다

# 1. 유교와 민주주의가 만날 때

오늘날 한국의 지성계는 근대 서구에서 유래한 자유민주주의의 한계를 극복하기 위해 상당한 노력을 기울이고 있습니다. 자유민주주의는 개인의 자유와 권리만을 일방적으로 강조하고 공동체에 대한 책임과 의무를 무시하기 때문에 사회를 더욱 더 분리시키고 경쟁적으로 만든다고 비판하면서 대안적인 정치공동체 형태를 모색하느라 여념이 없습니다. 그 가운데 가장 많은 공감대를 형성하고 있는 시도는 우리의 전통문화인 유교와 민주주의를 결합시켜 자유민주주의의 한계를 극복해보려는 것입니다. 이른바 '유교민주주의론'이 그것입니다. 이번 강의에서는 '유교민주주의론'이 지향하는 바가 무엇이며, 또 그것이 성공하기 위해서는 어떤 장애물을 넘어야 하는가를 살펴보도록 하겠습니다.

먼저 '유교민주주의론'이 대두한 배경을 알아보도록 하지요. 얼마 전까지만 해도 유교는 유학자들을 제외하고는 한국의 지성계에서 별

막스 베버

다른 주목을 받지 못했습니다. 오늘날 한국의 지식인들 사이에서 유교가 다시 중요한 화두로 대두한 데는 아이러니 하게도 서구학자들의 영향이 큽니다. 이들은 한국을 포함한 동아시아 신흥공업국가들의 비약적 경제성장의 원인을 찾으려는 과정에서 유교의 중요성을 인식하게 됩니다. 독일의 사회학자 막스 베버가 서구 자본주의 발달의 동인을 프로테스탄티즘의 근검절약 정신에서 찾았듯이 이들은 동아시아 신흥공업국들의 경제성장을 유교의 높은 교육열, 현세성과 실용성, 공동체주의 윤리, 높은 질서의식 그리고 유교국가의 경제개입 등에서 찾고자 했던 것입니다.

이처럼 처음에 유교는 주로 동아시아 국가의 경제성장과 연계되어 논의되기 시작했습니다. 그러다가 미국의 저명한 정치학자 새뮤얼 헌팅턴S. Huntington이 「문명의 충돌」이란 글에서 유교민주주의는 불가능하다는 논조의 주장을 펴고, 1990년대 초 싱가포르의 리콴유 수상과 당시 한국의 야당 지도자였던 김대중 씨가 유교식 민주주의의 가능성을 둘러싸고 논쟁을 벌이게 되면서 유교민주주의론이 한국 지성계의 주요 화두로 부상하게 되었습니다. 그리하여 오늘날에는 유교민주주의가 과연 가능한가라는 질문을 넘어서 유교민주주의는 가능할 뿐만 아니라 서구의 자유민주주의보다 더 우월하다는 주장까지 등장하게 됩니다.

사실 이런 배경을 제쳐두더라도 유교민주주의론이 한국 학계의 중요한 화두로 대두한 또 다른 원인이 있습니다. 이른바 '포스트모더니즘'의 등장과 유행은 서구에서 발원한 근대문명의 근본적인 문제점과 한계를 폭로해주었습니다. 그에 따라 서구 근대문명의 중요한 한 부분을 이루고 있는 자유민주주의도 서구 사회 내부는 물론 외부로부터도 맹렬한 비판을 받았지요. 그 비판의 내용은 다양하지만 이 강의와 관련해 중요한 것은 자유민주주의의 문화적 바탕을 이루는 자유주의는 보편적인 진리가 아니라 근대 유럽인들의 가치와 편견을 반영하고 있다는 것입니다. 자유민주주의는 자유주의라는 독특한 인본주의 문화에 적응된 형태의 민주주의일 뿐이라는 거지요. 이런 지적과 함께 자유주의 문화는 개인주의적이며 합리주의적인 문화인 까닭에 인간관계를 도구적으로 간주하며, 따라서 인격적이고 도덕적인 관심으로 결합된 진정한 공동체가 아니라는 점도 지적되었습니다. 자유주의적인 개인주의 문화에서는 사회 전체의 공동선보다는 사적인 개인의 이익이 보다 중요하게 받아들여지기 때문에 개인의 삶을 위해 아주 중요하다고 판단되는 이익은 권리로서 보호받습니다. 그러나 그 결과 개인들은 더욱 더 원자화되고 고립화되며 고독과 소외현상이 만연하게 되지요.

따라서 유교민주주의는 자유민주주의에 대한 두 가지 평가 위에 입각해 있다고 할 수 있습니다. 첫째는 자유민주주의는 민주주의의 보편적인 형태가 아니라 17세기 서구 유럽에서 발원한 자유주의문화에 적응된 형태의 민주주의라는 평가이고, 둘째는 자유주의는 공존과 삶의 원리로서는 결함이 많은 문화 또는 이데올로기라는 평가입니다.

첫째 평가에 대해서는 이의가 있을 수 없습니다. 자유주의는 분명히 근대 서구인들의 가치와 선입견의 소산이기 때문입니다. 근대 서구인들의 가치와 선입견이 반드시 유교의 그것보다 낮다고 볼 이유는 없습니다. 단지 그들이 세계 역사의 주도권을 먼저 잡은 결과로 그 문화의 우수성이 지나치게 과장되었다고 할 수도 있으니까요.

그러나 자유주의에 대한 두번째 평가는 검토할 필요가 있습니다. 설령 자유주의가 근대 서구인들의 선입견을 반영하고 있고 또 결함이 있다고 하더라도, 자유주의에 가치 있는 것이 하나도 없으며 따라서 무조건 자유주의를 배격해야 옳은가 하는 문제를 고민해봐야 한다는 것입니다. 예를 들어 개인의 자유와 권리는 무조건 배격해야 옳을까요? 공동체의 유대도 좋지만 만일 개인의 자유와 권리가 전혀 보장되지 않는다면 여러분들은 그런 질서를 진정으로 원하겠습니까? 여러분들은 공동선의 실현을 위해 국가가 여러분의 재산을 기꺼이 헌납하라 명령한다면 그렇게 할 자신이 있습니까? 아마 힘들 겁니다. 대부분이 개인의 자유와 권리는 어느 정도는 필요하다고 생각할 겁니다. 그렇다면 우리는 유교민주주의를 구상할 때 유교냐 자유주의냐 식의 극단적인 이분법은 피해야 합니다. 유교가 아무리 바람직한 삶의 원리를 제공한다고 해도 전통적으로 유교의 그림자처럼 인식된 권위주의와 연고주의를 분리해내지 않는다면 유교민주주의는 헌팅턴의 지적처럼 '형용모순'에 빠질 수밖에 없습니다. 그러므로 유교민주주의를 논한다면 유교로부터 자유주의와 양립할 수 있는 동시에 민주주의와도 양립할 수 있는 요소들을 발굴해내는 작업이 가장 절실하다고 생각합니다. 무턱대고 자유민주주의를 버려야 한다고 주장하는 것은 비현실적일 뿐만 아니라 누구도 그런 상황을 원하지 않기 때문이지요.

유교민주주의의 가능성에 대해 생각할 때 우리는 또한 현대 사회가 가치다원적인 사회로 변모해가고 있다는 것을 고려해야 합니다. 가치다원적인 사회는 서로 우열을 비교하기가 불가능한 가치관과 인생관이 둘 이상 존재하는 사회를 말합니다. 이런 사회에서는 인간의 삶에 의미를 주는 궁극적 가치가 다양하게 존재하고, 사람들도 저마다 다른 가치를 추구합니다. 그 때문에 다수의 사람들이 합의한 것이 아니라면 어떤 단일한 가치관과 인생관에 기초해서 공동의 문제를 처리할 수 없습니다. 예를 들면 중세 기독교 사회에서는 영혼의 구원이라는 하나의 궁극적 가치가 존재했기 때문에 그것을 기초로 공동의 문제를 처리한다고 해도 별 무리가 없습니다. 그러나 오늘날과 같은 다원주의 사회에서 정부가 영혼의 구원을 목표로 공공정책을 펴나간다면 다른 종교와 가치관을 추구하는 사람들로부터 완강한 저항을 받게 되겠지요. 유교의 경우도 마찬가지입니다. 현재 한국 사회는 다양한 문화들로 구성되어 있고 이 다양성의 정도가 더 심해지리라 추측되는바, 만일 한국의 정부가 유교적인 삶의 방식을 국민들에게 강요한다면 큰 저항에 직면할 것입니다. 만일 유교민주주의를 유교만을 토대로 한 민주주의로 이해하면 그것은 전체주의적 민주주의와 별다를 바 없게 될지도 모릅니다. 모든 사람들이 다 유교를 믿는 것은 아니니까요.(유교적인 가치관을 강요하는 국가를 '유교적인 완전주의 국가'라 할 수 있습니다. 이것은 유교에서 완전한 삶의 이상을 발견하고 그것을 국민들이 실현할 수 있도록 권장하거나 강제하는 국가를 의미합니다. 싱가포르가 가장 가까운 예라 하겠습니다.)

그러므로 저는 유교민주주의를 유교에서 자유주의, 다원주의, 그리고 민주주의와 양립가능한 한편으로 자유주의의 한계와 결함을 보완해줄 수 있는 요소들을 발굴하여 자유민주주의에 접합시킨 형태로 보고자 합니다. 그것은 유교로부터 그 형이상학적 · 우주론적 내용을 제거하는 한편—왜냐하면 그것은 현대의 다원주의와 자유 · 권리의식과 충돌할 가능성이 높으므로—공동선을 고려하여 자유와 권리의 일방적인 행사를 절제하는 데 도움이 될 수 있는 요소들을 발굴, 자유민주주의에 접합시킨 형태라 생각합니다. 유교의 역할을 상당히 축소시키고 있다는 점에서 불만족스러울 수도 있겠지만 이 길이야말로 현대 한국 사회에서 유교가 민주주의와 결합하여 바람직한 질서와 삶의 원리를 제공해줄 수 있는 유일한 길이라 생각합니다.

저는 유교의 수신修身의 목표로서의 충서忠恕개념에서 유교민주주의를 가능케 하는 요소를 발견할 수 있다고 생각합니다. 여기서 충忠은 진기지심盡己之心, 곧 자기를 다하여 덕을 닦는 것을 말하며, 서恕는 추기급인推己及人, 곧 그 닦은 자신의 마음을 비추어 남을 대우하고 평가하는 것을 의미합니다. 이런 태도는 자신의 입장과 이익만을 생각하는 대신에 남의 입장과 이익도 함께 고려할 수 있는 미덕으로서 사회적 갈등과 충돌을 완화시켜줍니다. 이런 덕성을 습득한다면 자유와 권리의 행사는 사회적 책임과 의무감에 의해 절제되고 규제됨으로써 정치사회의 긴장은 크게 완화될 수 있을 것입니다.

현실적인 질서의 원리로서 자유민주주의는 장점과 아울러 결함과 한계도 지니고 있기 때문에 유교의 수신 원리인 충서의 덕에 의해 보완되어야 합니다. 그러나 충서는 유교적 형이상학—존재일반의 근본원인과 존재방식에 관한 사변적인 탐구 즉, 이기론, 태극설, 음양오행성 등—에 바탕을 두어서는 안 됩니다. 왜냐하면 그것은 현대 사회의 다원주의와 정면 충돌할 수 있기 때문입니다. 이런 형이상학적인 요소를 제거한다면, 사회적 관계 속에서 자신의 이익과 타인의 이익 그리고 공동의 이익을 균형 있게 고려할 수 있는 미덕으로서의 충서는 자유민주주의를 보완할 수 있는 훌륭한 유교적 요소가 될 것입니다. 저는 충서가 서구식 관용보다 훨씬 더 공동체주의적이고 내용이 풍부한 미덕으로서, 자유주의적 질서보다도 훨씬 더 인간적이고 바람직한 질서를 창출할 수 있는 잠재력을 가졌다고 생각합니다.

# 2. 유교의 공론정치를 재조명하다

이번 강의에서는 유교의 공론公論 개념 및 공론정치에 대해 공부해 보도록 하겠습니다. 주지하듯이, 유가의 공론은 많은 개념적 변화와 분화를 거쳤지만, 기본적으로 민심론民心論에 기반하고 있습니다. 민심民心이 곧 천심天心이라는 말처럼 유가의 정치사상에서 공론의 기반은 민초의 마음이며 그러한 공론을 따르는 결정이 타당하고, 공론에 위배되는 결정은 부당한 것이라는 인식이 지배적이었습니다. 예컨대, 주자朱子는 공론을 "천리天理에 따르고 인심人心에 부합되어 천하의 모든 사람이 함께 옳게 여기는 것"이라고 정의했습니다. 공론의 기반이 민심이며 공론에 따르는 정치적 결정이 공정하다는 것이지요.

이처럼 흔한 오해와 달리, 동양 정치에서 민民은 의무만 있고 권리는 누리지 못한 신분적 노예상태가 아니었습니다. 오히려 군주가 반드시 그들의 요구를 만족시켜줄 의무가 있는 대상이었죠. 백성을 티끌처럼 여기면 국가가 망하며 백성을 다친 사람 보듯이 돌보면 국가

가 흥한다는 것이 유가의 기
본적인 입장입니다. 유가에
서 민심을 잃는다는 것은 천
하를 잃는 것이며 이는 역성
혁명의 빌미가 됩니다. 수사
적 표현임을 감안할지라도,
하늘이 백성의 눈과 귀를 통
해 듣는다는 맹자의 주장은
유교적 사유에 있어 민民과
정치의 밀접함을 부각시켜
줍니다.

맹자

그렇다면 이와 관련하여 공론은 어떤 정치적 의미를 가질까요? 먼
저 동양의 전통에서 공론의 기반이 되는 공公 개념은 시대의 변천에
따라 의미가 첨가되거나 분화되었지만 그 원형으로 볼 때 정치적 지
배권력, 지배기구, 지배영역을 의미하는 동시에 국가권력 및 그러한
권력이 행사되는 영역으로 이해할 수 있습니다. 보다 적극적으로 해
석한다면, 이러한 공 개념은 국가의 역할을 강조하는 동시에 원리상
으로 공적 의사결정을 수행하기 위한 논의와 논쟁이 이루어지는 공
동의 장을 강조했다고 볼 수 있습니다. 이런 맥락에서, 공동체 전체의
운용과 운명에 영향을 미치는 권위 있는 의사결정 장소로서의 공론
장 의미가 부각될 수 있습니다. 또한 공公 개념에는 재화의 공정한 분
배 및 '더불어, 함께'라는 공동체적 함의를 내포하고 있다고 합니다.

특히, 주자는 공론에 대해 천리天理에 따르고 인심人心에 부합하여 천
하의 사람들이 모두 함께 옳게 여기는 것이라고 강조했습니다. 이런
맥락에서 유교에서 공론은 천리와 인심에 부합하는 '공정한 의론'과

주자

'모든 구성원이 참여하는 '공개적인 논의'의 두 가지 뜻으로 해석될 수 있습니다. 공개적인 논의를 통하면, 정책을 자세히 심의할 수 있고 독단과 사아私我를 배제할 수 있어서, 최선의 결론을 얻을 수 있다는 것입니다. 그러므로 "국정을 의논하고자 하는 신하들은 모두 거리낌 없이 자신의 의견을 다 밝힐 수 있는 것"입니다.

이러한 주자의 공론은 국가의 융성과 붕괴에서 언로言路의 중요성을 강조한 율곡 이이의 주장과 궤를 같이합니다. 율곡은 "공론은 국가를 존립하게 하는 원기"이며, 위와 아래에 공론이 없으면 그 나라는 망한다고 주장하며 백성에게까지 이르는 전면적인 언로의 개방을 촉구했습니다. 이보다 앞서 조선의 건국공신들도 비슷한 주장을 펼쳤습니다. 이미 조선 초부터 공론은 소통이었으며 국가를 순환하는 담론이었습니다. 그러면 공론은 누구의 의견을 말하는 것일까요?

이이는 공론에 대해 인심이 모두 함께 옳다고 여기는 의견이라고 설명합니다. 물론 당시 현실에서 정치적 의견을 개진하고 공론을 집약할 수 있는 실제적인 기관은 삼사였지만, 이이는 정치권력의 공공성과 도의성을 강조하기 위하여 공론은 백성의 뜻임을 각별하게 강조한 것입니다. 이처럼 다수의 의지에 따라 조성된 공론을 통하여 지배권력을 도덕적으로 변모시키려는 사대부들의 노력은 조선시대 정치사상의 중요한 특징이었습니다. 더욱 적극적으로 해석한다면 이런 공론 개념의 원리는 공공선을 구성하는 쟁론이었으며, 민본주의의 실현을 위한 왕과 신하 혹은 신하들 간의 간쟁은 특정한 국면과 맥락 속에서 사활을 걸고 전개되었습니다.

이런 맥락에서 유가는 공적 영역에 대한 참여와 의사소통을 통한 민심의 반영으로서 공론장을 일관되게 강조합니다. 유학의 경전에서 의사소통 능력 및 참여('말하기'로 상징되는)의 중요성은 입(口)에 대한 고찰을 통해 다양하게 확인할 수 있습니다. 군자君子 역시 입(口)과 연관된 말하는 능력을 기본적으로 포함하고 있으며 유가 전통의 많은 핵심적인 용어들 즉, 알다(知), 믿다(信), 길하다(吉), 선하다(善), 참여하다(合), 환경(命), 역할(名), 조화(和) 등 역시 공통적으로 입(口)을 포함하고 있습니다. '만나 하나가 되다, 합하다'라는 合에 입(口)이 그 기반으로 깔려져 있다는 것, 아울러 합合에는 '참여하다'라는 의미가 있다는 것을 강조합니다. 이는 유가철학에서 공론의 중요성과 연관 지어 생각해볼 때, 구성원 개개인의 발언 능력과 참여, 그리고 의견의 종합을 강조한 것으로 이해할 수 있습니다.

또한 『설문해자說文解字』의 해설에 의하면, 성인의 성聖 글자는 귀(耳) 자에서 의미를 따온 것으로서 성인은 잘 듣는 능력과 연결되어 있으며 입(口)을 고려한다면 성인의 소통능력, 즉 잘 듣고 잘 말하는 능력의 중요성을 강조한 것으로 해석할 수 있습니다. 보다 적극적으로 해석한다면, 성인을 통해 백성들의 일상생활과 의견이 모두 소통되고 다양성과 차이의 공존 속에서 오로지 중간을 취하여 하나된 평화를 이룬다는 중정화평中正和平의 뜻이 담겨 있습니다.

이처럼 담론 실천의 중요성을 포괄적으로 강조하는 '입(口)'자에 담긴 정치적 함의와 공 개념을 고려할 때, 유가 역시 참여자들 사이의 상호존중과 관용을 요구하는 공적 영역을 중요시하는 동시에 공적 논쟁에서 발휘되는 독특한 자질과 능력, 자아발전, 의사소통의 관련 규범을 강조하고 있다고 해석할 수 있습니다.

이처럼 '입'에 기반하여 공론의 개념을 현대화하는 것은 최종적으로 '화이부동和而不同'의 원리로 나아갑니다. '화이부동'은 다양성과 차이의 공존 속에서 조화를 추구하는 것으로 해석할 수 있습니다. 공자에 이르러 화이부동은 적극적인 정치사회적 함의를 가지게 됩니다. 유가의 사회철학에서 기본적으로 화和란 공동체의 조화라고 볼 수 있지요. 『설문해자』에 따르면, '화'는 소리 또는 말로 응대한다는 어울림의 의미를 가집니다. 정치의 세계는 언어와 담론의 세계라는 점을 고려한다면 입과 말의 사회적 질서를 뜻하는 '화'는 동양 전통사상의 핵심 개념이라고 볼 수 있습니다.

공자가 이상적으로 생각하는 정치에서 화和란 획일성을 의미하는 것이 아니라 사람들과 올바름으로 친하되 다름을 수용하며 다양성을 추구하는 것입니다. 반면에 불화不和란 세력을 쫓아 친밀히 하며 자기와 같은 부류에게 무비판적이며, 다름을 수용하거나 허용하지 않는 것이죠. 때문에 그 친밀함은 폐쇄적이고 교만하게 됩니다. 강조하건대, 유교에서 조화는 같음(同) 혹은 획일성을 추구하는 데 있지 않고 다양한 의견의 표출과 그러한 다양성의 공존과 공명과 통합으로서 사회적 조화를 추구하고 있는 것입니다. 대비하자면, 조화를 추구하는 군자에 비해 소인은 조화가 아니라 같음, 획일성을 추구하면서 끊임없이 소모적인 분란을 일으킵니다(同而不和). 나아가 공자는 편당을 지어 다수의 강제를 행사하는 것을 소인의 모습이라 비판합니다. 요컨대, 획일성과 절대 다수에 휘둘리는 것은 군자가 아니라 소인입니다. 군자는 조화를 이루되 획일적이지 않고, 소인은 획일적이되 조화를 이루지 못한다는 것입니다. 더욱이 마을의 모든 사람으로부터 칭

찬받는 인물이라도 자세히 살펴보아야 하고, 공동체 내의 모든 사람이 비난하는 인물일지라도 자세히 살필 것을 요구하고 있습니다. 전자는 부화뇌동과 야합의 가능성이 높기 때문이며, 후자는 비록 소수이지만 다른 대중의 의견보다도 더욱 높은 가치를 가질 수 있기 때문입니다. 이처럼, 유교 경전에서는 숙고하지 않은 다수의 위험성을 경계하라고 강조하고 있습니다.

이런 논의는 대의정치의 다수결주의를 비판적으로 성찰할 수 있게 해주며 실제로 유교적 사유에서 맹목적 대중은 경계의 대상이었습니다. 그러므로 유가적 통치는 대중에 기반하되 추종하지 않고, 대중을 계몽하면서도 대상화하지 않으며, 성찰적인 관계를 기반으로 대중으로 하여금 스스로 덕성을 함양하는 공론 정치를 모색해야 하는 것입니다. 인간 간의 소통 정치를 특별히 강조하는 유가적 전통은 이런 맥락에서 이해할 수 있습니다.

이처럼 인간의 성찰성과 화이부동이라는 유가적 윤리 규범과 원리들은 차이와 다양성의 공동체적 관계를 강조하면서 '대화'로서의 정치를 가능하게 만드는 담론적 자원이 될 수 있습니다. 차이와 이견에 대한 포용, 풍부하고 다채로운 사상과 문화를 융합하여 화해和諧에 도달하게 하는 것이 화이부동의 본질이라면, 한 가지 악기만을 고집하는 것이 아니라 수십 종의 악기가 연출하는 대규모 오케스트라야말로 공론정치의 궁극적인 목표였을 것입니다. 그 의의를 단순화시킨다면, 공론장 및 화이부동의 원리는 성·인종·지역·계급 등의 분열과 갈등을 넘어서, 다양한 소수자 집단을 포용하고 차이와 다양성이 조화를 이루는 통합의 원리를 모색할 수 있게 합니다. 유가가 정치적 이상으로 생각하는 대동세계 역시 다양한 구성원의 공존과 화합을 가장 중시했으며 남녀노소, 빈부귀천을 막론하고 모든 사람이 사람답게 살 수 있는 세계였습니다. 대동세계에 대한 공자의 압축적 묘사를 음미하는 것으로 강의를 마무리하겠습니다.

대도大道가 행해지던 시대에는 천하에 공의公義가 구현되어 어진 사람을 지도자로 뽑고 능력 있는 사람에게 관직을 맡겼으며, 신의를 가르치고 화목을 닦는다. 그러므로 사람들은 자기의 어버이만 어버이로 여기지 않고, 자기 자식만을 자식으로 여기지 않는다. 노인들은 편안히 여생을 보낼 곳이 있고, 장성한 사람에게는 일자리가 있으며, 어린아이에게는 모두 잘 성장할 수 있는 여건이 있다. 홀아비, 과부, 부모 없는 자식, 자식 없는 노인, 폐질에 걸린 자들도 모두 부양을 받는다. 남자는 모두 직분이 있고, 여자는 모두 돌아갈 가정이 있다. 재물이 헛되이 버려지는 것을 싫어하지만 자기만을 위해 모아두지 않으며 스스로 힘쓰지 않는 것을 싫어하지만 자기만을 위해 힘을 사용하지는 않는다. 그러므로 음모는 닫히고 일어나지 않으며 도덕이나 난리가 생기지 않으니 사람들은 바깥문을 잠그지 않는다. 이를 일러 대동大同이라 한다.(『禮記』)

# 3. 조선의 재발견, 유교적 헌정주의

 

이번 강의에서는 조선이 과연 지배집단의 자의적인 통치 혹은 왕의 인치人治에 의존한 정치체제였는지 아니면 법에 의한 지배를 의미하는 입헌체제였는지를 밝혀보려 합니다. 넓은 의미에서, 헌정주의란 통치권력이 일정한 법적·제도적 제한을 수용할 때에만 정당성을 획득하는 정치체제를 의미합니다. 여기서 일정한 법적·제도적 제한이란 한 사회의 최고법으로서 헌법의 지배를 뜻합니다. 넓은 의미에서, 헌법은 공식적인 헌법 문서들뿐만 아니라 정부를 효과적으로 제한하는 많은 관행들이나 정치공동체에 기념비적인 문서들까지 모두 포함합니다. 예컨대, 영국의 불문헌법은 물론이고 미국의 독립선언서 일부나 「연방주의자 문서The Federalist papers」 등도 헌법의 일부가 될 수 있지요. 이처럼 헌정주의가 근거하고 있는 헌법은 실정헌법은 물론 헌법관행들이나 기타 헌법적 자료들을 포괄하는 가장 광의의 의미로 해석할 수 있습니다. 이러한 헌법의 구성원리들은 다음과 같은 세 가지 의미로 정리할 수 있습니다. 첫째, 통치권력을 제약하고 권력을 분리하는 원리이며, 둘째는 마땅히 보호되어야 할 개인들 혹은 집단들의 권리들을 명시하는 원리이고, 셋째는 정치공동체의 가치 지향을 밝히거나 도덕적 성격을 규정하는 원리입니다. 이 세 원리들이 결합하여 헌법의 최고성을 보장하고 통치권력을 제약하는 동시에 강력한 정부를 가능하게 만드는 정치체제가 바로 헌정주의라고 볼 수 있습니다.

그렇다면 조선 창업으로부터 경국대전● 체제의 안정화 단계에 이르기까지 국가의 권력 구조를 규정하고 왕권을 제약했으며 민생 안정을 유교적 민본주의의 최고 목표로 설정했던 조선 초기의 통치 체제를 헌정주의로 규정할 수 있을까요? 저는 이번 강의를 통해 조선에서 민본주의적 목표를 실현하기 위해 왕권과 신료들에 제약을 가했던 중요한 입헌 통치의 요소들—헌법적 문서들과 관행들 그리고 제도들—을 재조명하고, 이런 요소들이 조선 초기의 제도적 장치들 및 권력 구조와 맞물려 작용함으로써 독특한 입헌군주제로 발전하고 있었다는 것을 보여주고자 합니다.

> **경국대전**
> 조선시대의 기본 법전으로 당시까지의 모든 법을 전체적으로 조화시켜 후대에 길이 전할 법전을 만들겠다는 세조의 의지로 편찬에 들어갔다. 1466년 편찬이 일단락되었으나 보완을 계속하느라 전체적인 시행은 미루어졌고, 예종 때에 2차 작업이 끝났으나 예종의 죽음으로 시행되지 못했다. 성종 때에도 수정이 계속되어 1471년 시행하기로 한 3차, 1474년 시행하기로 한 4차 경국대전이 만들어졌으며 드디어 1481년에 5차 경국대전을 완성하여 1485년부터 시행하였다.

건국 이후 조선은 중앙집권체제와 그를 뒷받침하는 통일 법전 편찬을 확립해가는 과정에서 통치권력, 특히 왕권을 제약하고자 치열한 노력을 기울였습니다. 이런 노력들의 효과는 어떤 군주의 치세였는지에 따라 상당한 차이가 있지만 대체로 군주의 권력은 문서나 관행 혹은 제도들에 의해 상당한 제약을 받고 있었으며 당시 지배세력 내부의 정치적 관계는 이런 문서와 제도들이 작용하는 데 실질적인 에너지를 제공했습니다. 임금과 신하 등 다양한 정치세력들 사이의 역학

관계가 조선을 사실상 헌정주의로 이끌었다는 것이죠.

특히 저는 세자들에 대한 철저한 경전 교육 및 왕과 신하의 경연제도를 통해 끊임없이 왕의 덕성을 함양하려 했던 제도적 기제들의 중요성을 강조하고 싶습니다. 이런 제도들은 헌법적 요소들을 왕의 성품과 지성 속에 내면화시킴으로써 유교적 헌정주의의 독특한 제도적 토대로 작용하게 만들었기 때문입니다. 이런 원리 및 과정에 대해 좀 더 자세하게 살펴볼까요?

왕권을 통제하고 권력 행사에 정당성을 부여해주었던 헌법 자료들 중 가장 먼저 거론할 수 있는 것은 사서삼경 및 그 요약 혹은 해설서라고 볼 수 있는 『사서절요四書切要』『대학연의大學衍義』같은 경전들입니다. 이 경전들은 군주가 통치할 시 반드시 유념해야 할 마음가짐들과 치국의 원리들을 포함하고 있습니다. 이 경전의 원리들은 법전에 명확히 명시된 규칙들은 아니었습니다. 하지만 그 기능과 위상에서 결코 공식 법전에 뒤지지 않는 중요성을 갖고 있었습니다. 뿐만 아니라 조선 왕조 전체에 걸쳐 일관되게 국왕들에게 도덕적 수양과 치국의 지침을 제공했습니다. 이런 내용들은 단순히 수사학적 의미만을 갖는 것이 아니었습니다. 그것은 최고통치자나 통치에 참여하는 이들이 지켜야 할 진정성 있는 도덕적 요구로서 정무와 치국에서 실질적인 책무를 부과하고 심리적인 압박을 가하는 제약으로 작용했습니다. 『조선왕조실록』의 많은 내용들은 자연재해마저도 군주와 지배집단의 책임을 묻는 하늘의 뜻으로 해석되었음을 보여줍니다.

사실 최고통치권자로서 왕과 그 후계자인 왕세자의 도덕적 완성에 대한 요구는 왕의 자의적인 권력 행사를 방지할 수 있는 최상의 예방책이자 견제책이었습니다. 비록 왕과 왕세자의 도덕적 수양에 대한 의무를 실정헌법상의 의무로 보긴 어렵지만 최고통치자인 군왕의 도덕적 수양은 통치권위의 획득을 위한 거의 절대적인 필수요건이었지요. 왕세자 교육을 통해 선왕의 자리를 물려받을 세자의 성품과 덕성 그리고 식견을 미리 관리함으로써 왕의 권력을 효과적으로 통제할 수 있었습니다. 실제로, 태종 때 왕세자였던 양녕대군은 왕세자 교육 및 도덕적 수양을 게을리 한다는 이유로 신하들이 폐출 상소를 올리기도 했고 결국 후에 세종이 되는 충녕대군으로 세자가 바뀌었습니다. 즉위 이후에도 신료들은 정책 현안을 놓고 논쟁하는 경연제도의 지속적이고 엄격한 운영을 통해 왕권을 지속적으로 통제하려 했습니다. 만약 왕이 핑계를 대며 경연을 미루고자 할 때에는 이를 비판하면서 경연 개최와 참여를 종용했습니다. 조선의 대표적 폭군인 연산군이 자신에 대한 비판과 간언을 금하기 위해 경연을 폐지한 것도 역설적으로 이런 제도의 입헌적 의미를 증명하는 것입니다.

경연은 세종과 성종의 통치기간에 가장 활발하게 펼쳐졌습니다. 이 시기에 조선 전기 통치의 문치주의가 완성되고 국가의 기틀이 다져진 것은 우연이 아닙니다. 경연 과정에서 의정부와 6조의 신료들이 임금과 정무를 심의하게 되면 임금으로서도 자의적이거나 즉흥적인 정책 결정을 삼가게 되고 좀 더 대의와 원칙에 맞는 결정을 내릴 수 있었습니다. 경연의 주된 내용은 국왕의 마음가짐과 권력행사에 대해 이의를 제기하거나 수정을 요구하는 것으로, 왕권 견제를 목표로 하고 있었습니다.

조선의 헌정주의적 통치를 주장하는 이번 강의의 목적에 비추어 볼 때 이러한 경연제도의 중요성은 강조할 만합니다. 경연은 유교 국가 특유의 방식으로 왕의 권력 행사를 제어했다는 점에서 입헌통치의 토대가 되기 때문이지요. 신료들은 경연을 적극 활용하여 왕의 성품과 덕성을 바람직하게 형성하려 했고 왕이 권력을 자의적으로 행사하지 못하도록 원천적으로 차단하려고 했습니다. 경연은 유교 경전에 산재해 있는 권력 행사의 목적과 원칙들을 지속적이고 반복적으로 강습함으로써 그런 권력 제약의 원칙들을 왕의 인격과 사유 속에 내면화시키는 제도였습니다. 만일 군왕이 자신의 성품과 덕성 속에 내면화된 권력 통제의 기제에 따라 자율적으로 권력을 제어할 수 있다면 그것은 외부의 권력통제와 결합하여 기대 이상의 결과를 내놓을 수 있습니다.

물론 경연이 다른 권력통제 기제들과 상호작용하지 않는다면 아무리 도덕적으로 수양이 깊은 군왕의 경우라도 권력을 남용하여 자신의 사욕을 채우고자 하는 충동을 쉽게 극복하지는 못했을 것입니다. 특히 군왕의 판단에 오류가 있거나 군왕이 상황을 오해할 경우에는 권력 남용이나 폭정을 막기 어렵습니다. 때문에 경연을 통해 군왕의 성품과 덕성 속에 내면화된 입헌통치 기제들은 반드시 외부적 권력 통제 기제들과 상호작용할 필요가 있습니다. 이것이 바로 경연과는 별도로 정부 조직을 체계적으로 구조화하고 권력을 배분하는 헌법적 기제들이 필요했던 이유로, 성종 시기 경국대전 체제의 완성은 비로소 유교적 입헌통치가 기능적·제도적으로 자리 잡았다는 의미가 있습니다.

입헌통치의 관점에서 중요한 것은 어느 정치세력도 절대적인 권력을 독점하지 못하도록 권력 균형을 유지하는 것입니다. 비록 일방의 권력이 다소 유리해도 최소한 다른 권력들이 서로 연합하여 그 지배 권력을 견제할 수 있다면 전제정치에 이르지는 않을 것입니다. 입헌통치의 기반으로서 권력관계의 중요성이 바로 여기에 있습니다. 경국대전 체제 형성기의 조선은 이러한 헌법적 원리들과 기제들은 물론 역동적인 권력 관계 구조를 갖추고 있었습니다. 왕과 신권 사이에 상호견제의 메커니즘이 잘 작동하고 있었고 신권이 왕권을 견제하는 단합된 세력으로 기능할 수 있도록 신권 내부의 권력 분담과 견제도 이뤄지고 있었습니다. 비록 군신의 권력관계에 따라 어느 정도 변화되었지만, 3정승으로 구성된 의정부가 국정을 총괄하고 중앙행정부인 이·호·예·병·형·공조 등 6조를 통솔했으며 언론·감찰 기구로 국왕에 대한 간쟁과 논박을 담당하는 사간원 및 관리들을 감찰하는 사헌부를 설치함으로써 부당한 권력 남용과 비리를 규찰하고 시정하게 했습니다. 헌정주의적 관점에서 정부 기구들 못지않게 중요한 것이 정치세력 사이의 견제와 균형이며 경국대전 체제 확립기의 조선의 권력구조는 어떤 정치세력도 권력을 독점하거나 남용할 수 없도록 철저한 견제와 균형의 원리 위에 세워졌다고 평가할 수 있습니다.

물론 이런 균형 상황을 깨뜨리려는 시도가 없었던 것은 아닙니다. 왕을 포함한 각 정치세력들은 자신의 권력과 영향력을 극대화시키기 위해 노력했습니다. 왕은 왕대로 중앙권력을 독점하려고 노력했고 신료들 역시 자신의 세력들을 더 강화시키기 위해 노력했지요. 의정부의 권력을 축소하고 6조를 왕의 직속으로 두려고 했던 시도나 관직 임용에 있어 신료들의 친인척을 배제하려고 했던 군왕들의 시도가 대표적입니다. 반대로 6조를 의정부 산하에 두어 왕의 직접 통솔 및 문제점을 차단하거나 왕족의 친척들의 권한을 철저하게 제약하려 했던 신료들의 노력도 끊임없이 전개되었습니다. 예외적인 경우이기는 하지만, 중종반정과 인조반정에서 확인할 수 있듯이 신료들에 의해 왕이 폐위당하는 경우도 있었지요. 신료들의 끊임없는 직언과 상소로 인해 조선 임금들이 자신이 마음 놓고 통치할 수 없는 상황을 탄식했을 정도로 신권은 막강했습니다. 이런 상호 견제와 균형의 원리가 정상적인 궤도에서 이탈하지 않도록 압박을 가하는 외적인 힘들—예컨대, 유생들의 집단 상소나 공론 조성에 의한 압박—이 조화를 이룸으로써 경국대전 체제 형성기의 조선은 입헌 체제의 특징을 잘 발전시키고 있었습니다.

무엇보다도 조선의 유교적 헌정주의를 완성시킨 것은 통치이념 내지 통치의 목적으로서 민본주의적 애민사상과 안민安民이었습니다. 임금이 성품과 덕성을 함양하고 경전과 정무를 신료들과 논구하는 것도, 그리고 정부의 권력을 나누어 권력 남용이 일어나지 않도록 하는 것 모두 궁극적으로는 안민이라는 유교적 가치를 실현하기 위함이었습니다. 통치자의 미숙한 성품과 잘못된 판단 등과 같은 실정은 인민의 안위를 해칠 수 있기 때문에 비판받아야 했고요. 군왕의 자의적인 지배를 방지하기 위해 법치를 강조한 것도 안민의 온전한 실현을 위함이었습니다. 이런 민본적 애민사상과 안민이라는 통치 이념을 위해 통치 행위는 유교 경전의 원리들과 법전의 규칙들에 기반하여 정당성과 공공성을 확보해야 했습니다. 만일 조선 초기의 권력 관계가 이런 이념적 토대나 궤도를 벗어나 그 자체의 권력 논리에 의해서만 움직였다면 그것은 전혀 입헌적이라고 보기 어려울 겁니다.

마무리에 앞서 조선의 유교적 헌정주의가 전제하고 있는 인간관을 간략히 살펴보고 현대적 의의를 조명하겠습니다. 입헌체제를 구축하고자 했던 조선 왕조의 정치적 노력은 인간의 양면성에 대한 일정한 이해를 전제하고 있습니다. 인간은 합리적이며 정의감이 있기 때문에 적절한 교육을 받을 경우 자신의 이기심을 절제하고 타인의 입장을 배려하며 공동의 규칙을 존중할 수 있다는 것이죠. 하지만 이런 도덕적 잠재성이 계발되지 않을 경우 인간은 자신의 이익을 극대화하기 위해 타인에게 해를 가할 수 있고 얼마든지 공동의 규칙을 무시할 수 있습니다. 이와 같은 인간 존재의 양면성에 대한 균형 잡힌 이해에 입각하여 조선 질서의 창설자들은 인간의 선한 측면은 극대화시키고 약한 측면은 통제할 수 있는 방식을 도입함으로써 당시의 어떤 나라들보다도 더 정교한 입헌 체제를 수립할 수 있었던 것입니다.

역사적 맥락과 조건이 전혀 다른 상황에서, 이런 유교적 헌정주의와 현대의 자유주의 헌정주의를 동일한 차원에서 비교·평가할 수는 없습니다. 여러분들도 알다시피, 자유주의 사회는 다양한 가치들에 중립적이며 인간의 도덕과 덕성 계발에는 상대적으로 소홀한 측면이 있습니다. 이는 다원주의 시대에 불가피한 측면도 있습니다. 그러나 자유주의 제도의 운용 주체로서 시민의 덕성이 없다면 자유주의 질서도 위기를 맞이할 수밖에 없습니다. 때문에 인간의 잠재적 도덕성을 계발하여 정치질서의 원활한 운영을 모색했던 유교적 헌정주의는 현대의 헌정주의에 중요한 시사점을 제공합니다. 그것은 자유주의 질서의 원활한 운영을 위해서라도 절차적 조건을 갖추는 것뿐만 아니라 자유주의적 덕목과 능력을 함양하는 노력이 중요하다는 것입니다.

# 4. 유교의 충서,
## 인간적인 너무나 인간적인!

    유교와 자유민주주의가 양립가능하며 또 통합가능한가라는 화두는 오늘날 우리 지성계에 던져진 중요한 질문입니다. 앞에서 유교민주주의의 가능성을 살펴보았으므로 이번 강의에서는 범위를 좁혀 자유민주주의를 보완할 수 있는 유교적 요소로서 충서의 의미를 살펴보고자 합니다. 그리고 충서의 미덕은 자유주의적인 미덕으로서의 공손의 미덕과는 어떤 점에서 차이가 있는지를 제 나름대로 설명해보겠습니다. 이 차이가 규명되어야 충서가 유교민주주의를 가능케 하는 핵심적인 요소가 될 수 있는지의 여부를 따질 수 있을 테니까요.

    유교의 사서四書는 『논어』 『맹자』 『대학』 『중용』인데 이 중에 『대학』과 『중용』에는 몸을 수양하는 것(修身)이 얼마나 중요하며 또 어떻게 수양할 것인가에 대한 방법을 설명하고 있습니다. 유교에서 수신은 가족과 사회의 질서를 바람직한 상태로 유지하기 위한 가장 필수적인 조건으로 이해되기 때문에 아주 중요하게 여겨집니다. 여러분도 수신제가치국평천하修身齊家治國平天下의 원리를 귀가 닳도록 들었을 것입니다. 인간의 심성에는 본래 선한 잠재력이 있는 데 이 잠재력을 갈고 닦아야 가족을 올바르게 유지할 수 있고 나아가 사회와 국가도 바르게 이끌 수 있다는 것이지요. 또한 맹자는 도덕적 잠재능력을 계발하지 못한 자는 자기 가족을 이끌기에도 부족한 소인이 되고 그 능력을 잘 계발한 자는 천하를 다스리고도 남음이 있다고 말했습니다. 이처럼 수신은 모든 사회질서의 근본이 되는 출발점으로서, 교육을 강조하는 유교에서 가장 중요시되는 부분입니다. 수신을 잘한 사람은 자기 자신의 내적인 욕망을 잘 통제할 수 있을 뿐만 아니라 대인관계에 있어서도 원만하고 조화를 이룸으로써 이상적인 사회를 창출하는 데 기여할 수 있습니다. 그러므로 수신은 개인적인 의미를 지니면서 동시에 사회·정치적인 의미를 갖습니다.

그러면 수신의 구체적인 의미와 내용은 무엇일까요? 그것은 유교의 정명正名사상과 연관시켜 이해할 때 그 의미가 보다 더 분명하게 드러납니다. 정명사상은 춘추전국시대의 극심한 사회·정치적 무질서를 배경으로 하여 등장한 사상으로 무질서의 원인을 해명하고 질서를 복원시킬 수 있는 방법으로 제시되었습니다. 당시 공자와 그의 제자들은 무질서가 초래된 것은 이름이 바르지 않게 되었기 때문이라고 보았습니다. 임금이 임금답지 못하고, 신하가 신하답지 못하며, 아비가 아비답지 못하고 자식이 자식답지 못하게 되어, 이름과 내실이 어긋난 데서 무질서가 왔다고 본 것이지요. 그러므로 질서를 회복하기 위해서는 '이름을 바로 잡는 것(正名)'이 필요하며 모든 사람이 이름에 맞는 내실을 갖추게 되면 질서가 바로 잡힌다는 뜻입니다. 그러면 어떻게 해야 이름이 바로 잡힐까요? 그 방법이 바로 수신의 원리입니다. 수신을 통해 내적인 도덕적 능력을 깨닫고 닦음으로써 이름과 내실이 일치하는 도덕적 존재가 될 수 있다는 것입니다. 그리고 그 구체적인 수신의 방법이 바로 충서忠恕인 것입니다.

충서는 두 가지 측면을 갖습니다. 하나는 자기를 수양하는 측면이고 다른 하나는 자기수양을 바탕으로 타인을 대하는 측면이지요. 즉, 최선을 다하여 자기 마음을 수양하는 것(盡己之心)과 그 수양된 자기 마음에 비춰 타인의 마음을 헤아려 대우하는(推己級人) 것이 있습니다. 그리하여 자기가 원하지 않는 바를 타인에게 요구하지 않고 자기가 원하는 바를 타인에게 베풀어줄 수 있게 되는 것이지요. 『대학』의 '전 일장傳一章'에는 다음과 같이 쓰여 있습니다. "윗사람에게서 싫은 것을 가지고 아랫사람을 부리지 말며, 아랫사람에게서 싫은 것을 가지고 윗사람을 섬기지 말며, 앞사람에게서 싫은 것을 가지고 뒷사람에게 먼저 하지 말며, 뒷사람에게서 싫은 것을 가지고 앞사람을 따르지 말며, 오른쪽에 있는 사람에게서 싫은 것을 가지고 왼쪽 사람과 사귀지 말며, 왼쪽 사람에게서 싫은 것을 가지고 오른쪽 사람과 사귀지 말 것이니, 이것을 이르러 혈구지도絜矩之道라 한다." 그런데 유교에서는 이 충서를 한마디로 표현하고 있는 개념이 있습니다. 그것이 바로 인仁입니다.

인은 유교에서 다양하게 표현됩니다. 물론 이미 설명한 충서와 혈구지도 역시 인을 설명해주는 개념이지만 여기서는 인을 설명해주는 또 한 가지 표현으로서 극기복례克己復禮의 의미를 살펴보겠습니다. 극기복례는 말 그대로 자기를 극복하고 예로 되돌아간다는 뜻으로 인간관계를 전제로 합니다. 인간관계 속에서 인을 실천한다는 것이지요. 극기복례는 수양된 자기 자신에 비추어서 남을 대함으로써 타인들과 조화를 이룰 수 있게 해줍니다. 공자가 살았던 시대는 지금과는 다른 신분제적인 사회였고 따라서 사회에 위계가 있던 시대였습니다. 그 때문에 오늘날의 관점에서 보면 극기복례로서의 인은 불평등한 인간관계를 정당화하는 보수주의적인 관점이 내포되어 있다고도 할 수 있습니다. 그러나 극기복례를 꼭 신분제적인 사회의 위계구조와 연관시켜 볼 필요는 없습니다. 불평등한 신분제 사회에서 각 계층은 자기 계층에 적합한 도덕적 역할과 의무감에 따라 판단하고 행위할 수 있을 것입니다. 아마 공자가 생각했던 극기복례는 시대적인 한계로 인해 그와 같은 성격을 갖고 있을 가능성이 큽니다. 그러나 평등한 인간관계에 기반한 현대 사회에서도 극기복례로서의 인의 정신은 무리 없이 표현되고 실천될 수 있습니다. 전통적인 아버지와 자식 간의 관계에서 극기복례로서의 인은 실천될 수 있고 평등한 친구사이에서도 인은 실천될 수 있기 때문입니다. 문제는 어떤 자세와 마음가짐으로 상대방을 대하는가인 것이죠.

극기복례로서의 인은 결국 타인들에 대한 관심과 애정이 없다면 사회적 행위를 규제하는 외적인 형식에 불과하게 될 것입니다. 그런 형식이 없는 것보다는 훨씬 더 낫겠지만 공자가 의미한 극기복례로서의 인은 단순한 외형적인 형식을 의미하지 않습니다. 형식적으로만 친절하게 대하는 것은 내실이 빠진 외형에 불과하기 때문에 인으로서의 극기복례는 아닙니다. 그래서 공자는 "인하지 못하면 무슨 소용이 있겠는가?"라고 반문하면서 다음과 같이 말했습니다. "예는 사치하기보다는 검소한 것이 낫고, 상은 잘 치르기보다는 슬퍼하는 것이 낫다." 다시 말해 아무리 올바르고 친절하게 보일지라도 속마음이 그와 다르다고 한다면 진정한 예가 될 수 없다는 것이지요.

저는 극기복례 또는 충서의 미덕에 전제되어 있는 인의 정신이야말로 충서와 예의를 서구의 공손의 미덕과 구분시켜주는 중요한 기준으로 봅니다. 서구 자유민주주의를 지탱하는 미덕인 공손함은 주로 사람들의 외적인 태도를 규제하는 덕목인 듯 보입니다. 타인에 대한 진정한 관심과 애착 때문에 발현되는 것이 아니라 나의 주장이나 이익과 타인들의 주장이나 이익을 적절히 절충하는 태도에 가깝다고 할 수 있겠습니다. 아마도 이런 공손의 태도는 중세 말과 근대 초 종교적 갈등이 전 유럽을 휩쓸었을 때 갈등을 해결해나가는 과정에서 발전했을 가능성이 높습니다. 거기에 더해 사익보다는 공익을 존중하는 정신을 강조한 공화주의적 전통이 접합되어 형성되지 않았나 생각됩니다. 근대의 자유주의 문화는 근본적으로 개인주의적이기 때문에 사람들이 아무래도 더 이기적이 되기 쉽습니다. 그런데 모든 사람들이 다 이기적으로 행동하게 된다면 과연 어떤 일이 벌어지겠습니까? 오히려 자기 자신의 이익을 도모하기가 더 어렵게 되겠지요. 그렇기에 사람들은 타인들의 이해관계와 요구를 고려하여 자신의 이익을 조절할 필요가 있습니다. 이와 같이 공손의 미덕은 타인의 행복과 선에 대한 적극적인 관심이 표현된 것이 아니라, 자기의 이익과 타인의 이익 사이를 적절히 조절할 필요성에 대한 인식으로부터 발생한다고 볼 수 있습니다. 그러므로 자유민주주의의 기본 덕목인 공손은 타인에 대한 적극적인 관심과 애정의 외적인 발현이라고 할 수 있는 극기복례 혹은 서恕와는 뿌리 차이가 있지요. 다시 말해 충서의 미덕은 공손의 미덕보다 더 풍부한 도덕적 의미를 지니고 있는 것입니다.

충서의 미덕은 서구식 관용의 미덕보다 훨씬 더 공동체주의적이고 풍부한 미덕이라 생각합니다. 그것은 자유주의의 공손의 미덕과 잘 양립할 뿐만 아니라, 권리 중심적인 자유주의적 질서의 삭막함과 결함을 훌륭히 보완하는 역할을 할 수 있다고 생각합니다. 그렇게 볼 때, 앞으로 우리가 관심을 갖고 추구해야 할 과제는 충서의 미덕을 민주주의를 지탱하고 보완할 수 있는 민주적인 덕목으로 재해석해 우리의 사고와 행위에서 체현해나가는 일일 것입니다.

# 찾아보기

NGO 341~342, 493
SNS 8, 25, 236, 286, 359~364
UN 344, 488~494

## ㄱ

겔너, 어니스트 251
공동선 40~42, 56~58, 60~62, 96, 112, 127~128, 130~132, 134~137, 239, 263, 268, 303, 326, 328~329, 335, 386~387, 389, 424, 434, 500~501, 503
공동체주의 42, 57, 60, 62 126~131, 135~137, 328, 499, 504, 524
공론장 139, 355~357, 363, 370, 466, 479, 506, 508, 510
공산주의(마르크스주의) 76~77, 79, 82 144~146, 159, 221~227, 325
국제인권선언 488~489
굴드, 캐롤 265~266, 436~437
권력분립 400, 402~403, 407~408, 410~411
권위주의 226~229, 236, 238, 249, 278, 286~287, 306, 316, 318, 375, 388, 407, 501
근대화이론(근대화론) 227~228, 440
기든스, 앤서니 68, 340, 388

## ㄴ

노예제 194~195, 206, 415

## ㄷ

다문화주의 64, 67, 448~452, 454~466, 468~470, 472~474, 492
다수결주의 107, 180, 182, 327, 352, 354, 365, 420~422, 445, 510
다원주의 63~65, 67, 130, 137~138, 144, 280, 352, 357~358, 438, 467, 487. 490, 502~503, 519
다이시, 앨버트 402
달, 로버트 175~176, 178, 232, 263, 279~280, 438
대의민주주의(대의제) 104, 133, 139, 148~154, 159~160, 187, 211, 217, 219, 230, 261~266, 268~272, 352, 436
던, 존 130, 325, 380
드워킨, 로널드 299, 405, 418, 421~422, 435~436

## ㄹ

라즈, 조지프 129, 299
로단, 래리 283
로크, 존 33, 74~75, 110, 136, 170~171, 204, 207, 298~299, 322, 329, 401, 407, 433
롤스, 존 128, 293, 299, 311, 356, 403~404, 435
루소, 장 자크 134, 141~142, 199, 216, 268, 374
링컨, 에이브러햄 104, 106~107, 152

## ㅁ

마르쿠제, 헤르베르트 283, 458
마르크스, 카를 33, 79, 120, 141, 144, 199, 221, 310